山 崎 敏 夫 著

ドイツ戦前期経営史研究

東 京 森 山 書 店 発 行

はしがき

本書は，経営学研究の立場に立って，19世紀末の独占形成期から第2次大戦終結までの時期のドイツにおける企業経営の歴史的な展開について，国際比較の視点をふまえて，また産業間，企業間の比較をとおして考察したものである。企業経営の展開においては，各国の資本主義発展の諸特質に規定されて，基本的に共通する一般的傾向とともに，その国の独自的な諸過程・あり方がみられる。ことに，イギリスに遅れて後発の資本主義国としてスタートしながらもアメリカと同様にいちはやく独占資本主義へと移行し経営学の発祥の母国となったドイツをみると，いずれの歴史的発展段階においても，企業経営の特徴的な現われがみられる。

ドイツ資本主義は，いちはやい独占形成，ヴァイマル共和国という民主国家の誕生，その後の最も反動的なナチス・ファシズム体制の成立という急変を経験するとともに二度の世界大戦をひきおこすまでに，特殊的なあり方をたどった。このようなドイツ資本主義の特殊的な発展が戦前の企業経営のなかにどのように貫いているのか。すなわち，各国に共通する傾向性を示す主要な経営問題にみられるドイツ的な現象形態，その諸特徴が第2次大戦終結までの歴史的過程のなかにいかに貫徹しているのか。アメリカの経営方式の影響を受けながらも，どのような企業経営の独自的展開がみられることになったのか。そこでのドイツ的な経営のスタイルとは何か。そのことは，いかなる意義をもち，社会経済においてどのような帰結をもたらしたのか。また企業経営の特殊ドイツ的な展開は，同国の資本主義発展のあり方をいかに規定することになったのか。この時期の企業経営の展開は，第2次大戦後の時期にどのように受け継がれることになったのか。

本書では，これらの点を，早熟的な独占形成の抱える矛盾，第1次大戦の敗北の結果として誕生しながらもその存立の社会経済的基盤を十分にもちえなかったヴァイマル共和国の時期の経済構造，その帰結として誕生したナチス・

ファシズム体制のもとでの特殊な経済機構との関連のなかで明らかにしている。こうした問題の考察をとおして第2次大戦終結までの時期のドイツにおける企業経営の基本的諸特徴，意義と限界を解明している。本書はまた，今日的なグローバルな視点から，「ライン型資本主義」（M. アルベール）や「調整された市場経済」（P. A. ホール，D. ソスキス）などと呼ばれるような，資本主義的市場化の限界に対する独自の「調整的機能」を組み込んだ第2次大戦後のドイツの資本主義モデルとそのもとでの企業経営の展開を考察する上での重要な基礎を提供している。

このような本書の研究は，つぎの点に特徴をもつ。ひとつには，特定の時期に考察の対象を限定することなく，独占形成期から第2次大戦終結までの時期を広くカバーすることによってこの時期の歴史像を提示していることである。いまひとつには，企業経営の特定の領域やテーマに限定することなく，企業集中，企業構造，管理システム，生産システム，組織構造，経営戦略などの重要な問題領域全般に対象を広げて包括的に分析し，企業経営の全体構造および個別分野の管理制度の内面的な相互関連性を体系的に解明している点である。また本書は経営学の立場からの研究ではあるが，ドイツ経営史という歴史的研究としての性格も同時にもつことから，主要産業の代表的企業の文書館やドイツ連邦文書館，アメリカ国立公文書館などにおいて収集した多くの一次史料を駆使して分析していることである。

本書では，これまでの研究蓄積から多くを学びつつも，こうした考察によって，この分野における研究の空白部分を少しでも埋めることを意図している。そのさい，とくに以下の点に留意して分析を行っている。

第1に，研究方法とも関係するが，経営現象にかかわる，「①発生の規定関係，②その実態（経営課題の解決を可能にした諸方策とそこにみられる問題解決の論理），③意義（企業経営上の意義と社会経済的意義）」の間の因果連関的な関係を，世界資本主義とドイツ資本主義の歴史的条件との関連で明らかにするという点である。企業の行う諸経営・諸方策は直接的・主体的には企業の経営者や管理者によって生み出されるが，彼らの意思決定という主観的判断は，あくまでその企業のおかれている資本主義経済の客観的条件に規定されている。本書では，こうした理解のもとに，各時期の歴史的条件の変化との関連で企業経営の展開過程の考察を行っている。

第2に，「企業経営のあり方は，その国の政治経済社会の歴史的特殊性・条件性に規定される」という見方に立って，社会経済的なドイツ的特質に規定されて同国の企業経営がどのように展開されたかという点について分析することである。本書では，世界経済の動向との関連のなかで，第2次大戦終結までの時期におけるドイツ資本主義の発展が企業経営のなかにいかに貫いているのか，また企業経営の特殊ドイツ的な展開が同国の資本主義発展のあり方をいかに規定することになったのかという点の解明を試みている。

第3に，国際比較の視点に関して，企業経営の有力なモデルをなしたアメリカの方式・システムの影響，導入という点との関連で考察を行うことである。アメリカで生み出された企業経営の方式やシステム，モデルの導入という動きを「アメリカ化」として捉えると，歴史的には，①20世紀初頭の第1の波，②1920年代の第2の波，③第2次大戦後の経済成長期（1945年～1970年代初頭）における第3の波，④1990年代以降の第4の波がみられる。本書では，第1と第2の波においてアメリカの経営方式・システムの導入がどのように行われたのかという点に着目して，企業経営の変化を考察している。

第4に，経済の国際的な関連という点を重視して，現在のEUに至る欧州統合・地域化の動きがすすむ第2次大戦後との比較の視点に立って，「ヨーロッパ」という地域的条件との関連に注意を払いながら，大戦終結までの時期のドイツ資本主義の特殊性とそのもとでの企業経営の展開について考察を行うという点である。第2次大戦後，ドイツは，現在のEUに至る欧州統合・地域化の取り組みを主導し，ヨーロッパに最も重要な基盤をおくかたちで企業と経済の発展を実現してきた。これに対して，第2次大戦終結までの時期には，ヨーロッパという地域に貿易の大きな比重をおきながらも，ドイツは同地域を十分に生かした発展をとげることはできず，この地域を大きな舞台とする2度の世界大戦をひきおこすまでに特殊的な展開をたどった。本書では，こうした対照的な2つの時代の現実をふまえて，ヨーロッパの条件に適合的な経営の構造・スタイルの構築によって同地域を基盤とした強力な発展が実現された第2次大戦後とは異なり，戦前にはこの地域に貿易の大きな比重をおきながらもドイツはなぜ戦後のような発展をとげることができなかったのかという点を企業経営の構造の面からも明らかにするという視点から考察している。

第5に，第2次大戦後との比較の視点から大戦終結までの時期のドイツ資本主義とそのもとでの企業経営の歴史的な展開過程を考察することによって，戦前と戦後の時期にみられる企業経営の「連続性」とそれのもつ意義を明らかにすることである。すなわち，第2次大戦終結までの時期における世界資本主義とドイツ資本主義の特質をふまえて，戦後それらにどのような変化がみられたのかという点との関連で，大戦終結までの時期における企業経営の展開が第2次大戦後にどのように受け継がれていくことになったのか，そこでの評価すべき点の把握をとおして，戦前期における企業経営の展開の意義と限界を明らかにしている。

以上のような問題意識と分析視点のもとに，本書では，つぎのような章別構成で考察を展開している。そこでの考察内容を示すと，つぎのようになる。

まず**序章「ドイツ戦前期経営史研究へのアプローチ」**では，本書全体の考察をとおして解明すべき主要研究課題とその分析の意義を明らかにした上で，分析の枠組み，方法の提示を行っている。また本論での考察をすすめるにあたり重要な意味をもつ歴史的時期区分について，資本蓄積条件と企業経営の現象の面から考察し，それぞれの時期の主要特徴を明らかにしている。さらに独占形成期から第1次大戦までの時期，ヴァイマル期およびナチス期の企業経営の主要問題と各時期の展開を規定した諸要因について考察している。

それをふまえて，***第1部「独占形成期から第1次大戦までの時期における企業経営の展開」***では，19世紀末から20世紀初頭にかけての独占形成期，その後の第1次大戦までの時期における企業経営の展開について考察し，その主要特徴を明らかにしている。まず**第1章「企業集中の展開，独占形成と企業経営の問題」**では，アメリカと同様に第1次企業集中運動の舞台となったドイツにおいて独占が形成されるに至る社会経済的背景を明らかにした上で，企業集中の実態をみるなかで企業経営におけるその機能，独占形成の特徴について，アメリカとの比較をとおして明らかにしている。つづく**第2章「労働管理システムの変革とその特徴――ドイツ独自の取り組みとテイラー・システムの導入――」**では，労働管理システムの変革について，テイラー・システムというかたちで近代的管理システムが20世紀初頭にいちはやく誕生したアメリカとの比較視点のもとに，ドイツにおいてそのような変革がどのようにすすんだかという点の考察を行っている。そこでは，ドイツ独自の取り組みとテイラー・システムの導入の面から考察し，労働管理システムの変革の意義と限界について明らかにしている。さらに**第3章「近代企業の生成と管理機構の変革」**では，企業構造の変化と管理機構の変革について，近代企業の生成と管理の発展をもたらした諸要因をみた上で，管理機構の変革のドイツ的特徴を明らかにするとともに，専門経営者の台頭，経営者企業の出現をめぐる問題について考察している。

つづく***第2部「ヴァイマル期における企業経営の展開」***では，第1次大戦後の大きな世界史的条件の変化と特殊ドイツ的ともいえる国内的条件の変化をふまえて，1920年代に実施された合理化運動のもとでの企業経営の展開について考察し，ヴァイマル期における企業経営の変化とその特徴を明らかにしている。この時期の合理化の過程において企業経営にどのような変化がもたらされたか，そのことはその後の発展にとってどのような意味をもつものであったのかという点の考察をとおして，企業経営の変化のもつ企業の発展と社会経済にとっての意義を明らかにしている。

まず**第4章「企業集中の展開とトラスト企業における生産分業の進展――企業合同の本格的展開とその意義――」**では，1920年代後半の本格的なトラスト形態での企業集中によって産業の合理化と再編成がどのように展開され，そのなかで企業経営においていかなる変化がもたらされたかという点について考察している。すなわち，この時期の企業集中の背景についてみた上で，企業集中の展開を重工業と化学産業について考察し，新しく誕生したトラスト企業において過剰生産能力の整理と製品別の生産分業がどのようにすすんだかという点から，産業合理化の特徴を把握するとともに，企業集中による産業合理化のもつ企業合理化にとっての意義を明らかにしている。

つづく第5章および第6章では，企業レベルの合理化が推し進められるなかで企業経営においてどのような変化がもたらされたかという点について，テイラー・システム，フォード・システムといったアメリカ的管理方式・生産方式の導入の考察をとおして明らかにしている。まず**第5章「テイラー・システムの導入とレファ・システム」**では，テイラー・システムの導入をめぐって，第

1次大戦時および戦後の混乱・インフレーション期の労働組織，管理の領域における企業経営の変化をみた上で，相対的安定期におけるテイラー・システムの修正，レファ・システムの導入とそれにともう労働組織の変革について，主要産業部門の比較をとおして考察している。

また**第6章「フォード・システムとそのドイツ的展開」**では，フォード・システムの導入について，生産の標準化と流れ生産方式の面から考察している。そこでは，電機産業，自動車産業，機械産業を取り上げて考察し，そのようなアメリカ的生産方式による大量生産への移行がどのように，またどの程度実現されたか，それにともない生産と労働の管理がどのように変化したのかという点について考察している。それをふまえて，フォード・システムの導入による大量生産への取り組みが国民経済におよぼした影響についてみるなかで，そのようなアメリカ的経営方式の導入の意義と限界を明らかにしている。

さらに**第7章「企業組織の変革と全般的管理――IGファルベンの事例――」**では，第1次大戦後の1920年代における企業集中と合理化の展開や多角化の推進にともなう組織革新について考察し，企業組織の変革とそれにともなう全般的管理の変化について明らかにしている。そこでは，当時多角化を最も強力に推進した代表的な企業のひとつである化学産業のIGファルベンの事例を取り上げて，アメリカ最大の総合化学企業でありこの時期に事業部制組織を先駆的に生み出したデュポンとの比較の視点から考察し，ドイツ企業の組織革新の意義と限界を明らかにしている。

このような第2部でのヴァイマル期の考察をふまえて，***第3部「ナチス期における企業経営の展開」***では，1933年に始まるナチス期の企業経営の展開について考察し，その特徴を明らかにしている。この時期には，ヴァイマル期と同様に，またそれ以上に合理化運動が国家の強い関与のもとに展開されたが，経済の軍事化と戦争経済への移行にともなう軍需市場の拡大などの特殊ドイツ的な条件のもとでどのような企業経営の変化がみられたか，ファシズム的合理化のもとでの変化の意義と限界を明らかにしている。こうした点について，労働組織・管理の領域を中心に分析している。

まず**第8章「レファ・システムの普及と管理の変革」**では，ヴァイマル期との比較視点のもとに，レファ・システムの導入による管理の変革について考察している。そこでは，まずナチス期のレファの活動とその特徴について，レファへの国家のかかわりとレファの具体的な取り組みを取り上げて考察している。またそれをふまえて，レファの活動が時間研究から作業研究へとその領域を拡大していくなかで，レファ・システムの普及にともない労働組織と管理の変革がどのようにすすんだか，その全般的状況とともに主要産業部門における状況についても考察し，管理の合理化の意義を明らかにしている。

つづく**第9章「軍需市場の拡大とフォード・システムの導入」**では，ナチスの経済の軍事化と戦争経済の推進による軍需市場の著しい拡大という新たな市場の条件のもとで，ヴァイマル期にはアメリカのような進展をみるには至らなかったフォード・システムによる大量生産への移行がどのようにすすんだかという点について，主要産業部門の比較をとおして考察している。そこでは，国家の強力な関与のもとに推進された標準化の取り組みのなかで，フォードの生産合理化策のひとつの柱をなす生産の標準化がどのように展開されたか，また軍需市場の拡大という特殊的条件のもとで流れ生産方式の導入がいかにすすんだかという点について考察している。こうした分析をとおして，フォード・システムによる大量生産の推進と国民経済へのその影響という点における軍需市場の意義と限界を明らかにしている。

以上の分析をふまえて，**結章「研究の総括と本書のインプリケーション」**では，本書において対象とされた企業経営の主要領域の問題について，各章での考察結果の総括を行うとともに，本書での分析をとおして得られるインプリケーションを提示している。すなわち，第2次大戦の終結までの時期におけるドイツ資本主義の発展の特殊性を明らかにした上で，企業経営の展開の特徴を主要な領域のそれぞれについて捉え直す試みを行っている。さらにこの時期の企業経営の展開が第2次大戦後にどのように受け継がれることになったのか，そこでの評価すべき点の解明をとおして，大戦終結までの時期における企業経営の意義と限界を明らかにしている。

このような構成と内容からなる本書は，筆者にとっては，ドイツに関する5冊の日本語の著書（『ドイツ企業管理史研究』森山書店，1997年，『ヴァイマル期ドイツ合理化運動の展開』森山書店，2001年，『ナチス期ドイツ合理化運動の展開』森山書店，2001年，『戦後ドイツ資本主義と企業経営』森山書店，2009年，『現代のドイツ企業――そのグローバル地域化と経営特質――』森山書店，2013年），同じくドイツの企業経営に関する1冊の英書（“*German Business Management : A Japanese Perspective on Regional Development Factors*”，Springer, 2013），さらに経営学研究のあり方を考究した著書（『現代経営学の再構築――企業経営の本質把握――』森山書店，2005年）につづく8冊目の単著となる。第2次大戦後に関する筆者のこれまでの著作に加えて，大戦終結までの時期におけるドイツの企業経営の全体構造を明らかにした本書の刊行によって，独占形成期から今日に至る同国の企業経営の通史的な研究が完結することになる。本書の公刊にあたり多くの先生方に感謝を申し上げなければならないが，ここでは，お二人の恩師の先生に対して御礼の言葉を述べておきたい。

学部・大学院時代の指導教授として私を研究者に育ててくださった前川恭一先生に心から御礼申し上げたい。前川先生との出会いは1982年4月のことであり，筆者が学んだ同志社大学商学部の「経営学」の講義においてであった。当時，「経営学」の講義の受講は学籍番号によって2つのクラスのいずれかに指定されるようになっていたが，前川先生の担当されるクラスでの受講となったのが始まりであった。この授業は，前川先生が最も重要と考えておられた経営学の基本的な問題について，独自の視点もふまえて教授されるかたちであった。例えば2度におよぶ世界大戦がドイツや日本の資本主義の再生産構造における矛盾，限界性に規定されたものであったという点にみられるように，経済的過程の分析の重要性と意義を先生の講義で学んだことが，私が研究者を志す大きな契機となった。中学校や高等学校で学んできたいわば上部構造主体の歴史とは異なる社会の構造，その変化のとらえ方は，実に衝撃的であった。こうした経済過程において中心的な行為主体のひとつとして重要な位置を占める企業の行動と構造の側面に焦点を当てて考察することの重要性と意義を教えていただいた。企業経営の問題をつねに世界資本主義の歴史的条件の変化，各国の資本主義の変化との関連のなかでとらえるという視点，また資本主義が歴史的関係のなかで内在的矛盾を生み出すという作用を注視しながら考察・把握するという視点の重要性を学んだことは，現在に至る私の研究のベースとなっている。

大学院での研究テーマの設定にあたり，私は，学部時代に取り組んでいた日本の下請制を研究したいと考えていたが，前川先生から与えていただいたテーマは，1920年代のドイツの合理化運動であった。私が大学で学んだ時期である1980年代は，自動車産業を中心として日米の貿易摩擦が大きな問題となっており，日本企業の国際競争力を規定する重要な要因のひとつとして下請制が注目を集めた時期でもあり，私の問題意識も，下請制を大企業の生産構造的特質との関連で考察・把握するという点にあった。前川先生は独占企業論のみならず中小企業論の分野の問題も研究されていたが，大学院時代には基礎的な研究をしっかりとやっておくことが重要であり，それは後の研究にも必ず生きてくるということを教えてくださった。その絶好のテーマがヴァイマル期の合理化運動であるという認識から，先生は，このテーマを与えてくださった。

今にして思えば，私がこれまで積み重ねてきた研究とその成果については，確かに人一倍努力してきたつもりではあるが，研究対象のもつポテンシャルに大きく助けられたように感じられる。ヴァイマル期のドイツの合理化運動は，経済学的な領域における重要な問題領域と関係しているだけでなく，企業集中，技術，生産，管理，組織，企業労働などの経営学研究における重要な領域とも深く関連するテーマであり，さらにその後のナチス期との関連などもあわせて，研究対象としてのポテンシャルは実に豊かであった。もとより，貴重な鉱物の存在しない鉱山をいくら掘っても価値のある資源が得られないのと同様に，われわれ研究者の仕事も，対象のもつポテンシャル，そこに内在的に含まれている社会的に重要な問題が存在しなければ，大きな成果をあげることは困難であろう。私のこれまでの数冊におよぶ著書にあらわれた研究成果，ドイツの企業経営に関する独占形成期から今日に至る長い歴史的スパンの研究についても，その大部分は，研究対象のポテンシャルの豊かさによるものであるともいえる。その意味でも，私のこれまでの研究成果における貢献度では前川先生が7，私が3という割合ではないかと思うほどに，研究テーマの設定に始まる恩師の指導の大きな功績を思わざるをえない。1998年5月に前川先生が亡くなられてはや17年の歳月が流れた。もし先生がご存命ならば，本書も含めて，これまでの私の研究をどのようにお考えになられるのか，それをお聞きできないのが残念でならない。本書を先生に捧げ，つぎの研究への一層の精進を心よりお約束したい。

私が格別の感謝を申し上げなければならないもうおひとりの恩師は，学部・大学院の先輩として，また10年以上にわたり同じ大学の学部の同僚として多くの貴重な御教示を与えてくださり，さらに現在もなおご指導を賜っている仲田正機先生（立命館大学名誉教授）である。先生との出会いに恵まれた同志社大学商学部での「経営管理論」の講義（1983年度）以来，私は，自分の研究にとって非常に重要な局面において，有益かつ的確なご教示を頂くことができた。上述の英書である *German Business Management*，前著にあたる『現代のドイツ企業――そのグローバル地域化と経営特質――』，さらに今回出版の『ドイツ戦前期経営史研究』のタイトルの決定にさいしても，先生から多くのご教示を頂いた。書名は著書の内容を的確に示すものでなければならないため，その決定は非常に難しいものであるが，先生はいくつかのふさわしいネーミングの案を提示してくださり，議論しながら決定してきた。そのさい，多くの貴重なことを学ばせていただくことができた。今思えば，仲田先生の御指導なしにはなしえなかった著作も多く，先生から賜った学恩の大きさに驚くばかりである。

私にとっては，大学院時代に先生がご教示下さった重要な事柄を記録したメモが今も懐かしく思われるが，近年では，先生にお目にかかり議論させていただいた内容をテープに録音し，それを何度も聞き直しながら，また議論のさいに書いたメモを基礎にして，それぞれのテーマ・問題領域の主要な論点や分析の方法・視角，研究課題などを詳細に記したレジュメを作成してきた。それをベースにして新しいテーマの著書の執筆に取り組んできた。私の研究室にはこうしたレジュメがいくつもあり，それらは，研究の生命線をなすともいえる重要な役割を果たすだけでなく，先生とのすばらしい思い出として，私の研究の原動力にもなっている。2015年1月12日には先生のご自宅に初めてお伺いし，長時間にわたり御指導を頂くことができた。また同年5月13日，立命館大学の移転間もない大阪いばらきキャンパスの研究室に先生が奥様とご一緒にお訪ね頂いたさいにも，今取り組んでいるつぎの著書の研究テーマに関して貴重な議論とご教示を賜った。どれだけ研究を積み重ねても私にとってははるかにおよびえない学問の造詣の深さを仲田先生に感じながら，つねに厳しく身を律し，また時間の使い方をコントロールして，日々研究に励んでいる。いついつまでも，先生は私の目標であり，最も尊敬する恩師である。本書をお持ちして先生との豊かな議論と語らいの時間に再び恵まれる日を心より楽しみにしている。それと同時に，先生の御指導のもと現在取り組んでいるつぎの著書の1日も早い完成をお約束したい。

また本書は，過去3度のドイツ留学の成果を反映したものでもあるが，同国での研究生活には多くの思い出がある。そのことが私の研究の支えにもなっているが，これらの留学期間中には，多くの方々にお世話になった。最初の留学は1999年9月からの1年間におよぶベルリンでの研究生活であったが，この期間に，目標であった2冊の著書（『ヴァイマル期ドイツ合理化運動の展開』および『ナチス期ドイツ合理化運動の展開』）の原稿を書きあげることができた。ドイツ企業の文書館やベルリンの連邦文書館での一次史料の収集作業に取り組んだのも，このときが最初であった。2度目のドイツ留学は2006年にケルン大学で行ったが，この機会にも多くの企業文書館やコブレンツ連邦文書館，ケルンにあるライン・ヴェストファーレン経済文書館，さらにはアメリカの国立公文書館において一次史料の収集に取り組むことができた。この留学の研究成果は，2009年に刊行した『戦後ドイツ資本主義と企業経営』に結実した。さらに3度目の留学の機会は，2012年10月からの約3ヵ月間のマールブルク大学での研究であった。この短期の留学においても，主要産業の企業文書館やベルリンの連邦文書館などでの一次史料の収集を中心に研究をすすめたが，自分の研究分野に近いクリスティアン・クラインシュミット教授のもとで研究を行うことができたことは幸運であった。著書や論文をとおして多くを学んできた同教授との研究交流は有意義であった。上述の英書の出版をだれよりも喜んでくださったのもクラインシュミット教授であった。また研究上のみならず私生活の面でも格別のご高配を賜り，同教授のご家族との交流の機会にも恵まれた。また3度の留学のさいには，研究室（3度の留学のいずれもが社会経済史研究室）の同僚の研究者や職員の方にも大変お世話になった。篤く御礼申し上げたい。

さらにドイツの各企業の文書館や連邦文書館などのスタッフの方々にも感謝を申し上げなければならない。本書で使用した各種の一次史料の閲覧・収集にあたり，関係の方々から暖かいご配慮をいただいた。鉄鋼業ではティセン（現ティセンクルップ・コンツェルン文書館)，クルップ，化学産業ではBASF，バイエル，ヘキスト，電機産業ではジーメンス，AEG，自動車産業ではダイムラー(メルセデス・ベンツ)，機械産業ではMANの企業文書館を訪問し，一次史料の収集を行った。またベルリンにあるドイツ連邦文書館やアメリカ国立公文書館でも史料の収集に取り組んできた。これらの文書館の職員の方々に篤く御礼を申し上げたい。

なお本書の出版にさいして，森山書店の菅田直文社長には格別のご高配を賜った。本書は，同社から出版した7冊目の単著となるが，専門性の高い学術書の出版事情が厳しくなっているなか，いつもながらの氏のご厚情に対しては感謝の念に堪えない。心より御礼申し上げたい。また本書の刊行にあたっては，立命館大学の「学術図書出版推進プログラム」による助成を受けることができた。記して感謝の意を表したい。

最後に，家族に対しても感謝の言葉を述べておきたい。2012年1月に父を病気で亡くして以来，大阪府堺市の実家には母と兄が2人で暮らしている。父の生前には，私は，毎年春に両親と3人で1泊2日ないし2泊3日の旅行に出かけ，多くの思い出を残すことができた。父が亡くなった年の3月，そしてその翌年の春には，父を偲ぶ思いでもって，母，兄とともに3人で温泉旅行に出かけた。高齢になるのにともない体の自由も少しずつ失われてきた母と一緒に旅をする機会は，恐らく2013年の春が最後になってしまうであろう。大学を卒業して大学院に進学し，最初に前任校である高知大学に就職するまでの4年間は，両親を最も心配させた時期であったのかもしれない。私の志す道を歩ませてくれた両親に，また何も言わず見守ってくれた兄に感謝したい。27歳で就職した後は，1年に3度両親が高知を訪ねてくる日が楽しみであり，京都に移ってからは実家に帰るのが楽しみであった。母の年齢を考えると，そのような機会も時間もあまり多くないのかもしれない。今はただ，母の健康を祈るばかりである。

また妻直美にも感謝の意を表したい。私の3度の留学中に妻が送ってくれた手紙を今読み返してみても，職をもちながらの子育ては大変だったことと思う。これまで家庭を大切に守り，家族の生活を支えてくれたことに心より感謝したい。また，社会のなかに生き生かされている研究者としてどこまでも妥協することなく，どんなに痛んだ身体であってもそれに鞭打つかのように厳しく我が身を律しようとする私を，直美はつねに暖かく見守りながら支えてくれた。心配ばかりをかけてしまったことに対しては，「研究者は社会に生かされているのだから」と答えるほかないが，これからの残された時間は，少しはペースを調整することも覚えて，2人で豊かに生きていけるようにしたいと思っている。そんな私との生活のなかでも，博士学位の授与式（1999年3月），さらに私の所属する立命館大学の経営学部が用意してくれた学位取得のお祝いの会に妻も一緒に出席できたこと，この会の後，恩師前川先生のご自宅をお訪ねして奥様に学位記をご覧頂いたこと，数冊の著書の出版など，直美とも喜びをともにできたのではないかと思う。また同居の義母も高齢になり，心配事が増えるばかりであるが，これまで家事など生活を支えてくれたことに感謝するとともに，いつまでも元気でいて欲しいと心より願っている。

最後にわが子智孝にも思いを述べておきたい。私が最初にドイツ留学のためにベルリンに出発した時にはまだ1歳3ヶ月，2度目の留学時には小学校2年生，そして3度目の留学時には中学2年生であった智孝は，17歳の高校2年生になった。ベルリン滞在中には，毎日幼い子供の写真を見ては，異国の地での2冊の著書作成という困難な課題に取り組んだ。妻が送ってくれた手紙での智孝の様子や，かわいいわが子の写真が，私の心を慰め，また勇気づけてくれた。2度目と3度目の留学のさいには，国際電話での彼との会話が心の安らぎと研究の推進力を与えてくれた。1998年6月5日，男の子が生まれたと知ったその瞬間からこの子の人生に父としてすべての責任を負う覚悟でわが子を抱きしめたことを，今もよく覚えている。人が生きるということにはさまざまな苦労や困難があり，とくに思春期には精神的に不安定になりがちななか，自分の今の状況や行く末，人とのかかわり方など，悩みが多いものである。しかし，そんなひとつひとつがいつか人生に活きる日が来て，人生を切り開く力と輝きを与えてくれるに違いない。そのとき，人は強くなり，また優しくなれるに違いない。同時にまた，どんなときにも楽しいことや喜びもあり，そのときの時間を豊かにしてくれるはずである。思春期の子供には親としても心配事が多いのが常であるが，父としての背中を見せることで，彼の人生の道しるべになりたいと願っている。前著の「はしがき」には，いつの日からか，朝の出勤のさいに，子供が通っていた保育園の近くの路地裏にひっそりと佇むお地蔵様に智孝の幸福と健康を祈るようになったと書いたが，新しいキャンパスに移転したこの春からは，帰りの時間にも，その日と翌日の彼の平安と幸福を祈るようになった。智孝の未来が輝かしいものになるよう歩んでいけることを願ってやまない。

2015年8月　研究のあらたなステップに向けて

山　崎　敏　夫

目　　次

第3部　ナチス期における企業経営の展開

序章　ドイツ戦前期経営史研究へのアプローチ

第1節　本書の問題意識と研究課題

第2次大戦後に世界有数の貿易立国となったドイツと日本は，敗戦国であるという厳しい条件のもとにありながらも，アメリカの世界戦略に組み込まれ，同国の主導と援助のもとに技術や経営方式を導入しながら，また産業集中の独自の体制を構築するなかで，企業と経済の発展を実現してきた。しかし，そのあり方は大きく異なっている。日本は貿易におけるアメリカへの依存がなお強いだけでなく，同国市場での産業分野間や製品分野間での棲み分けができておらず，しかもアジアでの共同市場が成立していない。これに対して，ドイツはヨーロッパ市場において棲み分け分業的な関係を構築することによってアメリカから自立した発展をとげ，ヨーロッパ化してきた。このような相違を規定した重要な諸要因のひとつは，両国のおかれていた地域的条件，それに適応するかたちでの企業経営の展開と産業集中のシステムのあり方にあったといえる。

ドイツと日本の戦後における企業と経済の発展の地域的条件についてみると，アジアにおいて戦後当初からヨーロッパに匹敵する市場が存在しなかったために，日本の企業は，アメリカへの輸出依存が強まらざるをえなかった。また1970年代，80年代の日本的生産システムによる加工組立産業の国際競争力の強化もアメリカへの輸出の一層の増大をもたらしたが，これらの産業はアメリカの基幹産業であったために，同国市場での産業分野間の棲み分けはできず，同国との競争関係は持続したままであった。しかも，今日もなおEUに匹敵するような地域経済統合がアジアでは成立しておらず，日本は，輸出におけるアメリカ依存のもとで，円高・ドル安の傾向というかたちで為替相場の変動という撹乱要因に翻弄されてきた。それだけに，1990年代以降の経営のグローバル化においても，アジアに一層の重点をおいた展開がすすめられてきた。しかしまた，そのことは，傾向としてみれば，為替変動リスクの回避の問題ともあいまって，日本国内における産業空洞化を招くという事態をもたらす大きな要因ともなっており，企業経営にとっても厳しい条件がつきつけられる結果となってきた。

これに対して，ドイツの企業は，戦後，徹底した標準化原理に基づくアメリカ的な大量生産ではなく，労働者の熟練や技能にも依拠したかたちでの，品質や機能の面での製品差別化的な生産の体制，それを支える企業経営の全体的なシステムを構築してきた。こうした企業経営の展開，アメリカの技術や経営方式の導入おけるドイツ的な展開によって，ヨーロッパ市場での耐久消費財，投資財などの分野を中心とする高い競争力を背景として，また欧州各国の産業構造の相違を反映するかたちで，ドイツは，同地域の市場において産業分野や製品分野の間での各国との棲み分け分業的な補完関係を構築し，そのような貿易構造を基礎にして地域に根ざした発展をとげてきた。またドイツの貿易，ことに輸出の3分の2以上がヨーロッパ地域によって占められているという比重の高さも，同国の企業と経済の発展にとって重要な意味をもっている。そのような条件のもとに，ドイツは，アメリカに従属することなく企業と経済の自立的な発展をはかってきた。

しかしまた，このようなドイツ的な経営展開は，品質重視，機能重視というヨーロッパ市場の条件のもとでこそとくに有効であり，その意味でも，市場構造も含めてこうした地域的条件がドイツの発展の重要な基礎をなしてきた。それゆえ，ドイツは，再生産構造（蓄積構造）のヨーロッパ的展開の強化をめざして，またそれに適合的な基盤を整備するために，欧州統合への道を歩んできた。今日，世界がグローバリゼーションの過程に直面しているなかで，ドイツは，EUの市場統合と通貨統合というかたちでの欧州統合によるヨーロッパ化，そのような条件を基盤とした企業経営のヨーロッパ的展開とそれによる経済発展を一層強化してきたといえる(1)。

このように，第2次大戦後にヨーロッパを基軸とした企業と経済の発展を実現してきたドイツであるが，戦前の状況は大きく異なっている。戦後と同様に貿易の約3分の2をヨーロッパが占めるという条件[(2)]にありながらも，第2次大戦前には，ドイツは，同地域の市場を企業の発展にも，また同国の資本主義の再生産構造にも十分に生かすことができなかった。ドイツは，イギリスに遅れて後発の資本主義国としてスタートしながらもアメリカと同様にいちはやく独占資本主義へと移行し，経営学の発祥の母国となるまでに企業と経済の急速な発展をとげてきた。そこでは，ドイツ資本主義の生成・発展に規定された国内市場の狭隘性という厳しい条件のもとで，「独占資本の高い組織性」という点にあらわれているように産業集中の独自の体制を築きながら，またそれに支えられるかたちで企業経営の近代化を推し進め，輸出競争力の強化をはかってきた。保護貿易主義とカルテル容認の産業政策とが一体となった国家の政策体系は，そのような展開を支える重要な基盤をなした。

しかし，第2次大戦終結までの時期のドイツ資本主義は，その再生産構造の限界性の打開のための挑戦でもある第1次大戦を引き起こすことになった。またその敗戦によるヴァイマル共和国という民主国家の誕生をみながらも，その基盤となる経済構造の面での限界性の帰結として，最も反動的なナチス・ファシズム体制が成立し，2度目の世界大戦を引き起こすことになった。このようなあり方をたどったドイツ資本主義の特殊的な発展は，企業経営のなかにどのように貫いているのか。アメリカの経営方式の影響を受けながらもどのような企業経営の独自的展開がみられることになったのか。そこにみられるドイツ的な経営のスタイルとは何か。またそのことはいかなる意義をもち，社会経済においてどのような帰結をもたらしたのか。さらに企業経営の特殊ドイツ的な展開が同国の資本主義発展のあり方をいかに規定することになったのか。そのさい，第2次大戦後の時期と比較して戦前期には世界資本主義はどのような条件にあり，そのもとでドイツはいかなる条件・位置におかれていたのか。こうした世界の資本主義とドイツ資本主義との関係という点をふまえて，同国の資本主義と企業経営の特殊的な発展の過程を明らかにすることは，戦前という時代の認識・理解にとって重要な意味をもつといえるであろう。

そのことはまた，第2次大戦後のドイツにおける上述のような発展とその意義を理解する上でも，重要な意味をもつといえる。ひとつには，第2次大戦前と大戦後の状況の大きな相違は何によって規定されているのか，また戦後にはいかにして戦前の限界性が克服され，企業と経済の発展が可能となったのかという視点から戦後の問題を分析することの重要性である。いまひとつには，第2次大戦後のドイツの資本主義モデルとそのもとでの企業経営の展開を分析する上での基礎を提供するという意義である。戦後のドイツでは，「社会的市場経済」と呼ばれる，市場経済の原理を基礎としながらも社会的不均衡の是正のための措置を組み込んだ経済秩序(3)が基調となっており，それは他国に例をみない特徴的な経済原理をなした。また「ライン型資本主義」(4)や「調整された市場経済」(5)などと呼ばれるような，資本主義的市場化の限界に対する独自の「調整的機能」を組み込んだ資本主義モデルが形成されてきた。第2次大戦後のそのような資本主義のあり方は，戦前の反省にたって構築されたという点や労働運動の高揚，労資間の緊張的な対立的関係をも反映するかたちで成立したものである。それだけに，戦前期のドイツ資本主義とそのもとでの企業経営の展開をふまえてそのようなドイツに特徴的な戦後の資本主義モデルとそのもとでの企業経営の展開，その社会経済的基盤を分析・把握することが，重要となってくるであろう。また例えば第2次大戦終結までの時期の限界性のなかにあって試みられたドイツ的な経営の展開は，戦後に受け継がれ，同国企業の競争力基盤の形成とも関連をもったという面がみられる。それは，例えば自動車産業で戦前にみられた「品質重視のフレキシブルな生産構想」(6)の伝統や，市場の制約的条件に規定されたアメリカより少ない生産量のもとでの量産効果の追求と製品間での需要変動に対する生産のフレキシビリティの確保をめざしたドイツ的な大量生産の伝統(7)が戦後の大量生産システムに受け継がれたという点にみられる。そこには，第2次大戦後の企業経営のあり方にも受け継がれていく独自的要素が多分に含まれており，たんにアメリカ的経営方式の導入の限界にとどまらない意義をもつものである。それゆえ，戦前の特殊ドイツ的な企業経営の展開の意義と限界をふまえて戦後の発展を考察・把握することは，重要な意味をもつといえる。

以上のような問題意識と研究の課題をふまえて，ここで本書のテーマに関連する先行研究の状況についてみておくと，独占形成期から第2次大戦終結までの時期をカバーした研究成果は，日本はもとよりドイツにおいてもきわめて限られている状況にある。この期間のなかの特定の時期に対象を限定した研究書はみられるが，戦前のドイツにおける企業経営の歴史的過程を統一的な研究方法に基づいて包括的に分析した研究書は皆無に等しく，教科書的な概説書が存在するにすぎない。また独占形成期，ヴァイマル期，ナチス期のいずれかの時期に対象を絞った研究をみても，特定の企業経営の領域や経営方式のみを取り上げた研究や特定の産業部門に考察を限定したものが多く，企業経営の主要な領域の問題を包括的にカバーした研究成果はみられない(8)。この点，本書では，企業集中，企業構造，管理システム，生産システム，組織構造，経営戦略などの企業経営の主要な領域の問題を広く取り上げて分析している。こうした既存の研究の状況をふまえて，本書では，経営学研究の立場に立って，国際比較，とくにアメリカとの比較の視点に基づいて，また産業間，企業間の比較の視点から第2次大戦終結までのドイツにおける企業経営の歴史的過程を総合的かつ包括的に解明することによって，この分野における研究上の空白部分を埋めることを目的としている。

第2節　研究の枠組みと方法

このように，本書は，現代資本主義分析，世界資本主義分析の一環として，戦後との比較の視点のもとに，また国際比較，産業間および企業間の比較の視点から，1870年代以降に始まり20世紀初頭に至る独占形成の時期から第2次大戦終結までの時期におけるドイツの資本主義と企業経営の発展過程を歴史的に考察し，その諸特徴を解明することを課題としている。そのような考察を行うにあたり重要な問題となってくるのは，研究の方法・枠組みをどのように設定するかということである。

本書は第2次大戦終結までの時期におけるドイツの経営史の研究であるが，その基本的なアプローチからいえば，経営学の立場に立っている。本書では，「経営学とは，経済活動の中心的な行為主体のひとつである企業の行動メカニズム（行動と構造）の面から経済現象の本質的解明を行い，それをとおして現代経済社会，とりわけ現代資本主義経済社会のしくみや構造，そのあり方などを考究するものである」という立場に立っている(9)。筆者の研究のこれまでの基本的なスタンスは，その国の社会経済的な特質に規定されて企業経営がどのように展開されてきたかということを分析するというものであった。本書では，「企業経営のあり方は，その国の政治経済社会の歴史的特殊性・条件性に規定される」という見方に立って，それぞれの歴史的発展段階における諸条件のもとで，ドイツ的な特質が第2次大戦終結までの歴史のなかにどのように現れているか，ドイツ資本主義の発展が企業経営のなかにいかに貫いているのかという点を明らかにすることを主要な研究課題としている。

筆者はこれまで，「批判的経営学」，なかでも「企業経済学説」の研究方法を受け継ぎながらも，それを今日的に発展させるかたちで分析の方法・フレームワークを構築してきた。「企業経済学説」においては，「政治経済学――部門経済学――企業経済学」という経済科学の体系のもとに，それらの相互の関連性のなかで企業経営の変化を分析し把握するという点に研究方法の重要な特徴がみられる。すなわち，「政治経済――産業経済――企業経済（経営経済）」の相互の関連のなかでそれぞれの問題がどのように規定されたか，またその国のどのような独自的な企業経営のあり方，特徴が生み出されることになったのかという点の解明が，行われてきた(10)。そこでは，客観的な変化の社会科学的意義，変化・発展の法則的な関係性を明らかにすることが重視されてきた。本書では，こうした研究の流れを受け継ぎ，企業レベルに固有の諸要因に限定されることなく，企業経営をとりまく経済的要因と産業的要因を十分に取り込んで分析し，企業の活動がその国の資本主義の再生産構造（蓄積構造）を築いてきた過程を解明している。このような分析のアプローチは，企業経営，それとも深いかかわりをもつ産業集中の問題の考察をとおして，ドイツ資本主義をとらえようとするものである。こうした意味において，本書の研究は，経済学の一環としての企業経営の分析という性格をもつ。

本書では，歴史的過程を経て現在も存在している資本主義経済社会とは何か，そのひとつの構成要素であり中心的行為主体である企業とその経営のありようの解明（科学的認識・把握）に研究の中心的課題をすえて，経営現象の法則的把握・認識を行うことを意図している。ここにいう「法則的把握」とは，ひとつひとつの個別的現象を貫く一般的傾向性（「共通性」）とそれを規定する諸関係・要因の抽出を行い，そのなかで同時に「特殊性」（差異性）を解明するということにある。企業の行う経営の諸方策は，資本主義の発展段階にしたがって，そこに作用する諸経済法則に基づいて必然的に変化せざるをえず，資本主義の変化する客観的諸条件に適応せざるをえない。企業の行う諸経営・諸方策は直接的・主体的には企業の経営者や管理者によって生み出されるが，彼らの意思決定という主観的判断は，あくまでその企業のおかれている資本主義経済の客観的条件に規定されている(11)。

この点に関して重要な点は，経営学研究の対象となる，それゆえまた本書においても対象となる経営現象のほとんどは「大量的」現象となったものであるということにある。特定の経営方式なりシステムが生み出された国や企業を超えて，また産業を超えて広く普及した一般的現象となったということには，ある歴史的条件のもとでそうした現象が生み出される，あるいは導入される「必要性」の存在とともに，それらが「有効性」をもったということが背景にある。

それゆえ，企業の経営問題・現象の考察においては，つぎのような分析の枠組みが重要となる。すなわち，そのときどきの資本主義の世界史的諸条件のもとで，企業の属する国の資本主義のおかれている，各時期における歴史的，特殊的，具体的諸条件，ことに市場条件とそれに規定された競争構造の変化のもとで，そのような諸条件に適応して利潤を増大させるために企業経営の解決すべきどのような問題が発生したのか。それへの対応策として企業の構造や経営の方式，システムがどのように変化せざるをえなかったか。そのことはどのような意義をもったのか。こうした点の解明をとおして各時期にみられる，また各国にみられる諸特徴を明らかにしていくことが重要となる(12)。

すなわち，経営現象にかかわる，「①発生の規定関係，②その実態（経営課題の解決を可能にした経営の方策とそれによる問題解決の論理），③意義（企業経営上の意義と社会経済的意義）」の間にみられる因果連関的関係を抽出することによって，企業のみならず，産業，資本主義経済が発展し再編されていくメカニズムを把握し，そこにみられる「一般性」と「特殊性」を明らかにするということである。上記の①の「発生の規定関係」については，特定の経営現象がある時期におこらざるをえない歴史的必然性（「歴史的特殊性」）を解明するということである。また②の「実態と問題解決の論理」においては，資本主義の歴史的条件の変化や産業経済的諸条件のもとでの企業の対応すべき経営問題の現われ方に規定された現実の経営展開，そこで採用された諸方策でもって問題解決が可能となったメカニズムを明らかにするということである。さらに③の「意義」についていえば，企業経営の変化が企業の発展やその後の経営展開にとってどのような意義をもったかという点のみならず，広く社会経済において果たした役割，もたらされた帰結をも明らかにするということである。

本書では，こうした分析をとおして，経営現象をたんに個別企業の行為者の主観的な意思決定のあらわれという一断片においてではなく，経営者や管理者の意思決定をとおして展開される経営現象の発生の規定関係，諸現象のありようおよび意義の間にみられる関連性をその総体のなかで捉えることによって，分析における科学性・客観性を追求しようとしている。それをとおして企業経営の構造，基本的特徴だけでなく，資本主義経済社会の各時期にみられる新しい傾向，諸特徴，問題点を解明することが意図されているのである。

第3節　歴史的時期区分と各時期の主要特徴

以上の考察において，本書の基本的な研究方法・枠組みについてみてきたが，つぎに，第1章以下の本論での考察をすすめるにあたり重要な意味をもつ歴史的時期区分を行い，それぞれの時期の主要特徴について明らかにしておくことにする。ここでは，資本蓄積条件からみた時期区分と企業経営の現象面からみた時期区分についてみることにしよう。

まず資本蓄積条件からみた時期区分としては，つぎの4つの時期に分けることができるであろう。すなわち，①自由競争段階（19世紀初頭から19世紀後半），②独占形成期（19世紀末から20世紀初頭）から第1次大戦までの時期，③第1次大戦終結から世界恐慌までの時期（1918～29年），④世界恐慌から第2次大戦終結までの時期（1929～45年）である。

自由競争段階には，一国の生産力水準は，基本的には，慢性的に市場規模を上回るにはまだ至っていない。その後の独占形成期は，アメリカとドイツにおいて生産力水準が慢性的に市場規模を上回るという状況が傾向として定着してきた時期である。第1次大戦後の時期は，市場問題の激化がみられた時期であるが，社会主義国ソビエトの誕生と資本主義陣営内で激しい競争を繰り広げながらもその一面では協調せざるをえないという状況が生み出され，資本主義陣営のなかでの相互の結びつきが強まる時期である。さらに，1929年に始まる世界恐慌から第2次大戦終結までの時期には，主要資本主義国において生産力が市場を上回るという関係が定着し，需要不足という問題が深刻化するなかで，アメリカとドイツを中心に国家による経済過程への介入の始まりがみられることになる。ことにドイツでは，ナチス・ファシズム体制のもとで，軍需市場の著しい拡大，労資関係の枠組みの大きな変化など，企業にとっての資本蓄積条件は大きく変化した。

つぎに，このような資本蓄積条件の変化のもとでどのような企業経営の展開がみられることになったのか，企業経営の現象面からみた時期区分についてみておくことにしよう。それは，大きく，①自由競争段階（19世紀初頭から～19世紀後半），②独占形成期（19世紀末から20世紀初頭）から第1次大戦までの時期，③第1次大戦終結から第2次大戦終結までの時期（1918～45年）の3つの時期に分けることができる。

まず自由競争段階は，社会的分業がすすむなかで専門化，ことに専業化による経営効率の向上をはかることが重要な意味をもった時期であり，全体的にみれば，企業の発展，経済発展に大きく寄与する特別な経営現象や企業経営のしくみはまだみられなかった。その後の独占形成期は，（1）生産，販売，購買などの基本的職能活動を内部化した垂直統合企業が出現し，階層制管理機構が生み出された[(13)]ほか，（2）企業集中（カルテル，シンジケート，トラスト）の展開（第1次企業集中運動），（3）テイラー・システムのような近代的な労働管理システムの誕生がみられた時期である。さらに第1次大戦後から第2次大戦終結までの時期には，（1）第1次大戦中・戦後に拡大され蓄積された過剰生産能力の処理が重要な問題となるなかで，それへの対応のための手段として企業集中がトラストの形態をもって本格的に取り組まれる（第2次企業集中運動）一方，（2）多角化が一部の大企業において先駆的に取り組まれ，多角化した事業構造に適合的な管理機構として事業部制組織が形成された[(14)]ほか，（3）フォード・システムの展開など，アメリカを中心に現代的な経営方式の展開がいちはやく始まることになる。ことにドイツでは，第4節でみるように，第1次大戦後の国内外の諸条件の変化のもとで，経済再建のためのいわば「国民的運動」として，国家の関与・支援と労資協調路線のもとに合理化運動が展開され，そのことが，アメリカ的経営方式・システムの導入も含めて，企業経営の変革・発展をもたらす直接的な契機となった。またその後のナチス期には，労働統制と軍需市場を基盤とするファシズム的合理化の組織的な取り組みが推進されたが，それは技術と労働組織の領域の合理化を中心にしており，ヴァイマル期と同様に，経営方式の発展の大きな契機をなした。

第4節　独占形成期から第2次大戦終結までの時期における企業経営の展開とその規定要因

以上の考察をふまえて，つぎに問題となってくるのは，前節で区分された各時期において企業経営の展開はどのような諸要因によって規定され，促進されることになったのかという点である。そこで，つぎに，この点についてみていくことにしよう。

1　独占形成期から第1次大戦までの企業経営の展開とその規定要因

まず独占形成期についてみると，この時期以降に企業経営の特別な方策が展開され，それらは企業の発展においても，また経済の発展においても重要な役割を果たすようになった。1870年代から20世紀初頭までの時期がその最初である。生産力水準が市場の吸収力を上回るという傾向が定着するにはなお至っていないという状況と社会的分業の進展のもとにあって経済効率の向上の重要な手段として「専門化」＝「専業化」が大きな意味をもっていたそれまでの時期とは，状況は大きく異なってきた。1873年にはドイツにおいて過剰生産恐慌が発生したが，アメリカでもほぼ同時に恐慌がおこった。この年の恐慌は，それまでの時期のように先発の工業国であり「世界の工場」と呼ばれるまでに高い競争力を誇っていたイギリスの恐慌の余波を受けたものではなく，ドイツとアメリカという後発の工業国が自前の工業生産力でもってひきおこされたものであった。アメリカとの同時恐慌であったために，ドイツにとっては，有力な輸出先としてのアメリカ市場への展開において大きな制約性が画されることになった。またその後も約10年のインターバルでもって恐慌が慢性化し，事態は一層深刻なものとなった。そのことが意味することは，生産力水準が市場の吸収能力を上回るという状況が傾向として定着したということであり，まさにドイツ資本主義の構造変化がおこったといえる。

こうして，生産力水準が市場の吸収能力を上回るという状況が慢性化の傾向を示すなかで，持続的な価格の低落がおこり，それへの対応を迫られることになった。そのような事態へのとりうる対応策のひとつは，生産コストの引き下げによる利潤の確保・維持という方法であり，労働管理システムの改革が取り組まれることになった。またその一方で，競争の制限ないし排除による価格の維持をはかる独占化，そのための手段としての企業集中が大きな意味をもつようになってきた。もちろん，長引く不況のもとで多くの企業が倒産し整理・淘汰されるとともに，生き残った有力な企業による買収・吸収がすすむなかで生産の集積がすすんだことが，そのような独占化の基盤をなした。このようにして，カルテル，シンジケート，トラストといった形態での企業の集中が進展するとともに，労働管理のための特別な方式・システムの開発・導入が取り組まれることになった。

またこのような経営環境の大きな変化への対応をはかる上で，製造企業にとっては，それまでの製造業務に重点をおいた専門化というかたちでの専業化ではなく，市場の状況を把握しその変化により適切に適応していくためには，内部化による販売職能の統合が必要となってきた。同時にまた，ビジネス・プロセスをより円滑に遂行するためには購買職能の統合も重要な意味をもつようになってきた。こうして垂直的統合がすすむことになったが，それにともない，管理機構の変革も重要な課題となってきた。そのような経営課題への対応として，職能統合と管理機構という2つの面での大きな変革がもたらされ，企業構造の変革がすすむことになった。

そのような事情から，19世紀末から20世紀初頭の独占形成期，さらにその後の第1次大戦勃発までの時期において，企業集中の進展と独占の成立，労働管理システムの改革，さらに企業構造と管理組織の変革という3つの領域において，企業経営の大きな変化がもたらされることになった。こうして，この時期には，資本主義の自由競争段階とは異なり，企業経営の特別な方式やシステムが展開されるようになった。

2 ヴァイマル期における企業経営の展開とその規定要因

つぎに，ヴァイマル期についてみると，この時期には，第1次大戦後の大きな世界史的条件の変化と特殊ドイツ的ともいえる国内的条件のもとで，企業経営の新たな展開がみられることになった。この時期の企業経営の変化，経営方式の発展の重要な契機をなしたのは，1920年代の相対的安定期の合理化運動(15)であった。それゆえ，ここでは，まず合理化運動の展開について，その社会経済的背景とそれに規定されたこの運動の性格をみた上で，合理化の推進にともないどのような企業経営の変化がもたらされたかという点を考察することにしよう。

(1) 1920年代の合理化運動の展開

まず1924年から29年までの相対的安定期に展開された合理化運動についてみると，それは，資本主義をめぐる第1次大戦後の世界的条件の変化とヴェルサイユ条約によってもたらされた国外的条件，さらにドイツ革命によってもたらされた国内的条件の変化に規定されていた。ドイツは，敗戦によって，巨額の賠償金支払いの強制，領土の割譲，一切の植民地の喪失を余儀なくされ，深刻な打撃を受けた。しかしその一方で，ヨーロッパにおける資本主義的秩序の維持，反ソビエト政策の遂行，イギリスおよびフランスに対するアメリカの戦時債権の回収問題が密接な関係をもつかたちで，ドイツの復興の問題は，ドイツ自体にとってのみならず，資本主義陣営の新たな覇権のリーダーとなったアメリカにとっても，重要な課題のひとつとなった(16)。そうしたなかで，インフレーションの終熄を受けて1924年にはドーズ・プランによるアメリカからの信用の供与が始まり，合理化のための資金が流入した。

また国内的条件の変化をみると，1918年のドイツ革命の流産の対価として労働者階級に対して認めざるをえなかった経済的譲歩（とりわけ8時間労働日，賃金制度の改善，労働組合と賃金協定の承認など）による負担にみられる厳しい条件のもとで，ドイツの資本主義と企業の復活・発展が推し進められなければならなかった。また著しいインフレーションの昂進による国内市場の一層の狭隘化，資本不足とそれに規定された資本コストの負担のもとで，1923年のインフレーションの終熄にともなう為替ダンピング効果による輸出競争力の喪失は，輸出増大のためのコスト引き下げ，合理化の徹底した推進を不可避にした。その一方で，この時期の合理化の展開を可能にしたいまひとつの国内的条件には労資関係の変化があった。1920年代に自由労働組合幹部を中心に形成された「経済民主主義論」がこれに深く関係している。すなわち，1923年秋の革命運動の敗北によって「社会主義化」の前提が事実上なくなったのにともない，労働側にとっても，労資協調の側面が強調されざるをえなくなったが，合理化運動の推進のための社会化にかわる新しいイデオロギーとして経済民主主義論が登場することになる。この時期の自由労働組合幹部の主張する経済民主主義論は，生産力主義的な考え方のもとに，合理化など経済発展への協力によって労働者の経済的地位を向上させるという政策の基礎をなした(17)。そのような考え方に立てば，当時彼らの目標とするアメリカ的な高水準の社会生活の実現は何よりもまず高い生産力水準を前提とするものであり，合理化はそれを実現するための最も重要かつ有力な手段として受けとめられた。こうして，合理化への協力が打ち出されたのであった。

このような状況のもとで，当時のドイツにおいては，本来個別企業のレベルの問題として取り上げられるべき合理化が，いわばひとつの「国民的運動」として広く全国家的・全産業的な次元で問題とされ，強力かつ集中的に展開された。そこでは，「労資協調」路線のもとに労働者・労働組合をも巻き込んだかたちで，また国家の強い関与・支援のもとに合理化が展開されることになった(18)。

(2)　合理化の推進と企業経営の変化

このようにして一大国民運動のかたちで展開されることになった合理化の過程において，さまざまな領域で経営方式の変化がもたらされ，企業経営は大きく変化することになった。そこで，1920年代の相対的安定期に展開された合理化とそこでの企業経営の主要問題についてみると，この時期の合理化は，主として，その初期にみられたトラストの形態での企業集中による産業の合理化と再編成によって，また個別企業レベルでは，生産技術の発展による合理化，すなわち「技術的合理化」(19)と，テイラー・システム，フォード・システムに代表されるアメリカ的管理方式・生産方式の導入による労働組織の合理化，すなわち「労働組織的合理化」によって推し進められた。しかしまた，この時期の企業集中と合理化の推進は企業組織全体の合理化を必要とし，主要産業の代表的企業において組織革新が取り組まれた。

まず本格的なトラストの形態での企業集中の展開とそれにともなう企業経営の変化についてみると，第1次大戦後の混乱・インフレーション期に温存・蓄積された過剰生産能力は，インフレーションによる国内市場の一層の狭隘化と輸出における諸困難のもとで，相対的安定期には一挙に顕在化することになった。また重工業では，領土の割譲によってライン＝ヴェストファーレン地域の石炭と鉄鋼との間で築かれてきたそれまでの分業関係が引き裂かれた結果，均衡を失った産業組織をいかにして再編成するかということが重要かつ不可避の課題となった。そのことが，1926年の合同製鋼の誕生をもたらした大規模な企業集中＝トラスト化をひきおこすとともに，そのような企業集中をテコとした生産組織の再編成がかつてない組織的なかたちで推し進められることになった。戦争・敗戦の影響に程度の差はみられるものの，同様のことは，この時期に巨大トラスト企業であるIGファルベンを生み出した化学産業にもほぼあてはまる。このような企業集中をテコとする産業の合理化と再編成は，個別企業レベルでの生産の合理化をより効率的に推し進めるための条件をつくりあげるという重要な課題を担うものでもあった。

また企業レベルの合理化とそれにともなう企業経営の変化についてみると，テイラー・システム，フォード・システムといったアメリカ的管理方式・生産方式の導入が推し進められることになったのには，つぎのような背景があった。上述のようなドイツ革命の結果としての労働者側への経済的譲歩は，賃金の下方硬直性をもたらしたが，相対的安定期の合理化運動の厳しい出発条件のもとで，「ドイツ独占体にとっての合理化運動の目標のひとつは，この『譲歩』を骨抜きにし，反故にすること」にあった。すなわち，ドイツの合理化運動の真の狙いは，生産性の向上によって労働時間の短縮，賃金の引き上げ，製品価格の引き下げを実現するという当時の労働組合の目標とはうらはらに，「むしろそれまでに労働者が勝ち取った諸成果をなしくずし的に奪い去り，目に見えないかたちで労働の強度をいっそう高めることにあった」(20)。テイラー・システム，フォード・システムといったアメリカ的方式は，まさに企業側がこのような目標を達成するための有力な手段をなした。資本不足とそれに規定された資本コストの重さのもとで資本支出をともなう技術的合理化の展開には一定の制約があり，それだけに，テイラー・システムは，資本支出をともなわない合理化方策としてとくに重要な意味をもった。またこの時期には，輸出市場における最大の競争相手であるアメリカ企業は電機，自動車，機械といった加工組立産業部門を中心にフォード・システムによる大量生産への移行を強力に推進しており，それだけに，同国の企業との競争に打ち勝つためには，ドイツにおいても，それなりに大量生産体制を構築することが重要な課題となった。こうした事情からも，フォード・システムの導入が不可避の最重要課題となった。

さらに合理化の展開や事業構造の変化にともない，企業組織の変革が重要な経営課題となってきた。トラストによって誕生したIGファルベンや合同製鋼では，産業規模レベルでの企業集中が行われた結果，その巨大な企業の諸活動を効率的に管理し，統制し，また調整をはかるために，そこに結合された多くの企業・工場・販売組織などをいかにして再編成し，企業組織全体の合理化をはかるかが重要な課題となった。

トラスト化された各企業のいくつもの製品を生産する多くの工場の間で製品別に生産を集中し，専門化させることは，トラスト全体における一種の「契約による分業」の観点から各製品別にその市場を分割し，それに基づいて各製品の生産の割当を行うものであった。そこでは，閉鎖されずに残された各工場は製品別あるいは地域別に分散していたために，特定の製品ないし関連する製品を生産する工場群が主要な地域に形成されることになり，これらの各工場は，独自の生産計画を策定し最も有利な生産条件のもとで生産を行うことが主要な課題とされた。その効率的な遂行のために，管理の分権化によって企業組織をいかに再編するかということが重要な課題となった。またIGファルベンのように多角化を展開した企業では，1920年代に事業部制組織をいちはやく導入したアメリカのデュポンと同様に，職能部制組織のもとでは十分に解決することのできない管理上の問題に直面することになった。そうした問題に対応するために，新たな編成原理による組織の変革が不可避となってきた。こうして，企業組織の革新が取り組まれることになった。

3 ナチス期における企業経営の展開とその規定要因

またナチス期についてみると，この時期にも，ヴァイマル期と同様に，国家の強力な関与のもとに推進された合理化運動が，企業経営の変化，経営方式の発展の重要な契機をなした。ナチス期には，とくに1936年に始まる経済の軍事化のもとで，またその後の戦争経済への移行のもとで，ファシズム的合理化運動ともいうべきかたちで合理化が強力に展開された。そこでは国家のかかわりが一層強化され，しかもそれがより直接的なものに発展したことに，ヴァイマル期の合理化運動との相違をみることができる[21]。それゆえ，ここでは，まずそのような合理化運動の社会経済的背景と特徴についてみた上で，合理化の推進にともないどのような企業経営の変化がもたらされたかという点を考察することにしよう。

(1) ファシズム的合理化運動の展開

そこで，ナチス期の合理化運動についてみることにしよう。その社会経済的背景としては，労働力不足と労働政策の展開，原料不足と原料自給化政策の推進，経済の軍事化にともなう市場の諸条件の変化をあげることができる。

まず労働力不足についてみると，とくに1936年に始まる第2次4ヵ年計画の強行による労働力不足の深刻化のもとで，特殊技能労働者，半熟練労働者および他の産業部門の労働力の教育のために速成職場の拡大や教育方法の開発が推し進められたほか，生産技術的合理化や組織的合理化のさまざまな諸方策の結合による労働の一層の機械化により大きな重点をおいた努力が行われた[22]。G.ゼーバウアーは1938年に，特定の原料の不足，またそれ以上に，熟練をもつ専門労働力の不足は経営管理者や労働者にとって合理化を不可避の課題にし，適切な労働の配置の統制が社会経済的合理化のとくに重要なひとつの領域をなしたと指摘している[23]。例えばジーメンス・シュッケルトの1935/36年度の工場管理本部の内部文書でも，原料調達の諸困難とならんで，とくに適した労働力の不足が顕著になっており，工場は専門労働者の不足を速成教育による半熟練労働者や不熟練労働者，見習いや女性労働者の投入などのさまざまな諸方策によって克服しようと試みたとされている[24]。またナチスの労働政策のもとで，ヴァイマル体制下の労働関係を規制していた法律，経営協議会法，労働協約・争議調整令，調整制度令，労働委任官法が廃止された[25]。また労働組合の解体，資本家と労働者との階級的区別を消し去るための「経営共同体論」，さらに「指導者原理」のような資本家と労働者を指導・被指導の関係（搾取関係の否定）においてとらえる理論[26]などによって，労働対策をより容易にするかたちで，合理化推進のための条件が築かれた。また戦時中には徴兵による労働力不足が一層深刻化したが，軍需生産に対する戦争の要求は生産の課題を根本的に拡大することになり，こうした理由から，国民経済の成果の悪化を阻止するために合理化が不可避の課題となった[27]。戦時期には生産および労働組織を合理化することへの工業企業に対する国家の圧力は，一層顕著になった専門労働力不足を背景にして，ドラスティックに強まることになった[28]。

また原料不足の問題をみると，原料不足は，個々の工場における生産の中断をたびたび引き起こし，それへの対応として，乏しい原料の節約や代用を可能にするような発明を行うために研究開発活動のかなりの部分が利用された[29]。例えばジーメンス・シュッケルトの1935/36年度の工場管理本部の内部文書でも，不十分な外貨の保有，割当制度および国内原料の利用の結果，原料調達には困難を伴い，同年度にはそうした諸困難は国内業務の抑制をもたらしたが，代替原料となる新しい原料への転換による対応がはかられたことが指摘されている[30]。また自動車産業でも，賃金と利子がさしあたり変わらずむしろ材料費が上昇するという状況のもとで，企業の生産過程の合理化がコスト引き下げの唯一の機会でありつづけたとされている[31]。この時期にはまた原料不足の問題への対応は，再軍備の目的ための原料自給化政策が国家によって強力に推進されることによっても取り組まれ，それは第2次4ヵ年計画によって決定的な進展をみることになった。そこでの最も重要な領域のひとつは，国内原料による輸入原料の代替，合成製品による天然原料の代替にあり，それは，とくに化学産業をはじめとするそれに関係する産業の一層組織的かつ強力な合理化の推進をもたらした[32]。

さらに経済の軍事化と戦争経済への移行にともなう軍需市場の著しい拡大も，合理化運動の強力な展開をもたらす重要な要因となった。多くの産業部門は軍需景気および戦時景気において大きな躍進をとげたが，そのことは軍需関連の産業において顕著にみられ，軍需品の大量生産のための取り組みが合理化の推進を不可避の課題とした。例えばダイムラー・ベンツをみても，軍需景気は，専門労働者不足の深刻化とともに，1930年代半ばには合理化を促進することになった(33)。

このように，ナチス期には，投資統制や原料統制，さらに労働統制（とくに労働力市場統制と労働組合の解体）など，国家による合理化促進のための条件の整備がはかられる一方で，合理化諸方策の展開それ自体に対する国家的機関による直接的な支援・促進策が展開された。そのような条件のもとに，1929年までの諸年度にはドイツ産業の比較的小さな領域のみをとらえたにすぎずその後の恐慌期には停止に至った生産技術的および労働組織的な合理化の運動が，35/36年以降，再び強力に開始されたのであった(34)。こうして，ドイツは，失業の克服後，第2次4ヵ年計画の始まりでもって，ヴァイマル期に続く第2の大規模な計画的な国民経済的合理化を経験することになった(35)。その過程は，軍需生産の増大という課題への対応であると同時に，軍需市場の著しい拡大という市場の条件の大きな変化のもとで，世界恐慌のなかで顕在化した1920年代の合理化の限界性を克服せんとするものでもあった。

(2)　合理化の推進と企業経営の変化

このような特殊ドイツ的な条件のもとで展開された合理化運動の過程において，ナチス期には，企業経営の新たな展開がみられた。この時期に取り組まれた合理化の主要な諸方策は，ヴァイマル期と同様に，技術と労働組織・管理の領域にあった。なかでも，後者についてみると，1920年代にテイラー・システムがドイツの条件にあわせて修正されることによって誕生したレファ・システムは，時間研究を超えて広く作業研究の有力な方式として発展し，それを基礎にした作業準備，作業管理，作業編成（設計）の合理化が推し進められた。その意味では，ナチス期になって初めて，テイラリズムのドイツ版であるレファ方式は十分な普及をみるに至ったといえる。また例えば1942年に作成された「製鉄・金属賃金目録」（＞Lohnkatalog Eisen und Metall――LKEM＜）でもって，最初の職務評価方式がドイツ産業の広範な，また中心的な領域に導入されたほか，それと平行して，賃金形態の根本的な「近代化」，すなわち出来高給の多様な諸形態の利用や生産技術の発展への賃金制度の適応もはかられた[36]。

この時期の労働組織の合理化のいまひとつの重要な領域は，フォード・システムの導入にあった。そこでは，経済の軍事化による軍需市場の著しい拡大という新たな市場の条件のもとで，ヴァイマル期にはアメリカのような進展をみるには至らなかったフォード・システムによる大量生産への移行が強力に推進されることになった。R.ハハトマンが指摘するように，大量生産および合理化運動は，ナチス体制の連続的な販売，戦争準備および軍備政策によって，また国家の側で組織的に推進された標準化および定型化によって初めて，広い基盤の上に可能となった[37]。そうしたなかで，より発展した流れ生産システムが加工産業においてより大規模に利用されたほか，標準化・規格化・定型化の取り組みが，国家の関与によって，企業レベルでも一層強力に取り組まれることになった。

このように，ナチス期には，生産技術の発展を利用した合理化とともに，労働組織の合理化の推進が企業経営の大きな変化をもたらす要因となった。そこでの経営方式の展開は，ヴァイマル期のそれの一層の拡大・強化であるとともに，それまでの限界を克服せんとするものでもあった。それゆえ，ヴァイマル期との比較視点のもとに，ナチス期のレファ・システムとフォード・システムの導入について考察し，その特徴を明らかにするなかで，企業経営においてどのような変化がみられたか，そのことはいかなる意義と限界をもったかという点について，民需とは異なる軍需市場の特質の影響なども考慮に入れて解明することが重要な課題となってくる。

以上において，研究の課題，分析の枠組みと方法，歴史的時期区分と各時期の主要特徴，さらに独占形成期，ヴァイマル期およびナチス期における企業経営の展開とその規定要因について考察してきた。本書では，歴史的な比較の視点から，またドイツとほぼ同じ時期にいちはやく独占形成を果たしただけでなく経営方式の代表的モデルを生み出してきたアメリカとの国際比較の視点から，それぞれの歴史的発展段階に固有の特徴的規定性をふまえて，その当時の主要な経営現象を取り上げ，そのドイツ的な現象形態，諸特徴が第2次大戦終結までの歴史的過程のなかにいかに貫徹しているのかという点について，明らかにしていくことにする。

第1章以下の本論では，まず第1部において，独占形成期から第1次大戦の始まりまでの時期における企業経営の展開について，企業集中の展開と独占形成，労働管理システムの変革，近代企業の生成と管理機構の変革をめぐる問題を取り上げて考察する。つづく第2部ではヴァイマル期を取り上げ，1920年代の企業集中とそれによる産業再編成，テイラー・システムの本格的導入，フォード・システムの導入のほか，企業組織の変革をめぐる問題についてみていく。さらに第3部では，第2部での考察をふまえて，ナチス期の展開について，1920年代のテイラー・システムの本格的導入にあたりドイツ独自の方式に修正されたレファ・システムのより大規模な普及にともなう労働組織と管理の変革，軍需市場の拡大という特殊的な条件のもとに推進されたフォード・システムの導入の問題を取り上げて考察を行うことにする。

なおそのさい，本書のテーマに関する各分野の多くの研究や報告のほか，各種の一次史料を駆使して考察を行う。すなわち，ドイツの主要企業の営業報告書，主要産業の代表的企業の文書館やドイツ連邦文書館，アメリカ国立公文書館などに所蔵されている各種の一次史料をも駆使して分析を試みることにする。

(1) この点については，T. Yamazaki, *German Business Management : A Japanese Perspective on Regional Development Factors,* Springer, Tokyo, 2013, 拙書『現代のドイツ企業――そのグローバル地域化と経営特質――』森山書店，2013年を参照。

(2) 第2次大戦前のドイツの貿易構造については，柳澤　治『資本主義史の連続と断絶 西欧的発展とドイツ』日本経済評論社，2006年，第2章，大島隆雄「ドイツ資本主義とヨーロッパ市場――EC成立の歴史的前提――」，林　昭編著『EC統合と欧州の企業・経営』法律文化社，1992年，藤村幸雄「第一次大戦前のドイツの貿易構造」，大塚久雄・武田隆雄編『帝国主義下の国際経済』東京大学出版会，1976年などを参照。

(3) 拙書『戦後ドイツ資本主義と企業経営』森山書店，2009年，第3章第1節を参照。

(4) M. Albert, *Capitalisme contre Capitalisme,* Paris, 1991〔小池はるひ訳『資本主義対資本主義：21世紀への大論争』竹内書店，1996年〕.

(5) P. A. Hall, D. Soskice, An Introduction to Varieties of Capitalism, P. A. Hall, D. Soskice (eds.), *Varieties of Capitalism : The Institutional Foundations of Comparative Advantage,* Oxford University Press, 2001〔遠山弘徳・安孫子誠男・山田鋭夫・宇仁宏幸・藤田奈々子訳『資本主義の多様性：比較優位の制度的基礎』ナカニシヤ出版，2007年〕参照。

(6) Vgl. M. Stahlmann, *Die Erste Revolution in der Autoindustrie. Management und Arbeitspolitik von 1900-1940,* Frankfurt am Main, New York, 1993.

(7) Vgl. T. v. Freyberg, *Industrielle Rationalisierung in der Weimarer Republik : Untersucht an Beispielen aus dem Maschinenbau und der Elektroindustrie,* Frankfurt am Main, New York, 1989, T. Siegel, T. v. Freyberg, *Industrielle Rationalisierung unter dem Nationalsozialismus,* Frankfurt am Main, New York, 1991.

(8) 代表的な優れた研究ではあるが特定の時期に対象が限定されているものとしては, T. v. Freyberg, *a. a. O.,* T. Siegel, T. v. Freyberg, *a. a. O.,* R. Hachtmann, *Industriearbeit im 》Dritten Reich《,* Göttingen, 1989, G. Stollberg, *Die Rationalisierungsdebatte 1908-1933 : Freie Gewerkschaften zwischen Mitwirkung und Gegenwehr,* Franfurt am Main, New York, 1881, J. Bönig, *Die Einführung von Fließbandarbeit in Deutschland bis 1933. Zur Geschichte einer Sozialinnovation,* Teil I, Münster, Hamburg, 1993, W. Zollitsch, *Arbeiter zwischen Weltwirtschaftskrise und Nationalsozialismus. Ein Beitrag zur Sozialgeschichte der Jahre 1928 bis 1936,* Göttingen, 1990, E. C. Schock, *Arbeitslosigkeit und Rationalisierung : Die Lage der Arbeiter und die Kommunistische Gewerkschaftspolitik 1920-28,* Frankfurt am Main, New York, 1977, P. Hinrichs. L. Peter, *Industrieller Friede? Arbeitswissenschaft und Rationalisierung in der Weimarer Republik,* Köln, 1976, A. Reckendrees, *Das "Stahltrust"-Projekt : Die Gründung der Vereinigte Stahlwerke A. G. und ihre Unternehmensentwicklung 1926-1933/34,* München, 2000などをあげることができる。しかし, これらの多くは, 考察対象を企業経営の特定の領域の問題に限定しており, 例えばフライベルクの研究, ジーゲルとフライベルクの共著では, 技術の合理化のほかテイラー・システムやフォード・システムの導入を軸とする生産過程の変化に重点をおいている。またベェニヒの研究もフォード・システムの根幹をなす流れ作業の導入の問題に対象の重点がおかれている。またレッケンドレースの研究では, 合同製鋼の誕生をもたらした企業集中や同トラストにおける生産の変化, 企業組織の問題などが考察されているが, 1926年の同社の成立とその後の発展に考察が限定されている。

独占形成期から第2次大戦終結までの時期のうち比較的長い期間を考察対象としている研究としては, H. Homburg, *Rationalisierung und Industriearbeit : Arbeitsmarkt—Management—Arbeiterschaft im Siemens-Konzern Berlin 1900-1939,* Berlin, 1991, M. Stahlmann, *a. a. O.,* V. Trieba, U. Mentrup, *Entwicklung der Arbeitswissnschaft in Deutschland : Rationalisierungspolitik der deutschen Wirtschaft bis zum Faschismus,* München, 1983などがあげられる。しかし, 例えばシュタールマンの研究は自動車産業の生産過程の変化が考察の中心をなしているほか, ホムブルクの研究でも電機産業のジーメンスにおける生産過程の変化に考察の対象が限定されており, 分析の対象が特定の領域に, また特定の産業部門に限定されている。そのほか, 独占形成の問題を扱った研究も数多くみられるが (第1章の注を参照), そのほとんどは, この限定された領域に考察の対象を限定している。

一方, 教科書的な概説書としては, 例えばT. Pierenkemper, *Unternehmensgeschichte.*

Eine Einführung in ihre Methoden und Ergebnisse, Stuttgart, 2000, C. Kleinschmidt, *Technik und Wirtschaft im 19. und 20. Jahrhundert,* München, 2007などがある。前者は，経営史研究の状況と理論的・方法的問題，19世紀の企業の発展を扱っているが，20世紀以降のドイツ企業の経営史が十分に扱われてはいない。また後者の文献は，技術と経済，それらの関連という点に着目して企業経営の問題，歴史的展開を考察しているが，大学での講義用のテキストとしての概説にとどまっている。さらに編著書として編集・出版された著書の場合には，各章のテーマが全体として戦前期の企業経営の主要領域，経営方式・問題を包括的に，また通史的に扱われていないという状況にある。

また日本の研究をみても，例えば科学的管理法の導入に考察対象を絞った井藤正信『ドイツ科学的管理発達史』東京情報出版部，2002年，19世紀末のドイツ電機産業の生産過程の変化に焦点をあてた今久保幸生『19世紀末ドイツの工場』有斐閣，1995年，鉄鋼業のクルップにおける労働の変化と企業社会の実相を考察した田中洋子『ドイツ企業社会の形成と変容――クルップ社における労働・生活・統治――』ミネルヴァ書房，2001年，ナチス期の自動車産業に重点をおいた西牟田祐二『ナチズムとドイツ自動車工業』有斐閣，1999年，工作機械産業の発展史を取り上げた幸田亮一『ドイツ工作機械工業成立史』多賀出版，1994年，同『ドイツ工作機械工業の20世紀――メイド・イン・ジャーマニーを支えて』多賀出版，2011年，自動車産業の発展史を考察した大島隆雄『ドイツ自動車工業成立史』創土社，2000年などの優れた研究がある。しかし，それらは，いずれも特定の時期に，あるいはまた企業経営の特定の領域あるいは産業に考察を限定しており，第2次大戦終結までの企業経営の展開を広くカバーしたものではない。以上の点からも明らかなように，第2次大戦終結までの時期におけるドイツの企業経営の歴史的過程の考察においては重要な残された研究課題があるといえる。

(9) 筆者のこうした基本的立場については，拙書『現代経営学の再構築――企業経営の本質把握――』森山書店，2005年第1章および第3章を参照。

(10) 例えば，前川恭一『現代企業研究の基礎』森山書店，1993年，同『ドイツ独占企業の発展過程』ミネルヴァ書房，1970年，同『日独比較企業論への道』森山書店，1997年，上林貞治郎『経営経済学・企業理論』所書店，1976年，同『新版現代企業総論』森山書店，1987年，上林貞治郎ほか『経営経済学総論』大月書店，1967年，林 昭『現代ドイツ企業論　戦後東西ドイツ企業の発展』ミネルヴァ書房，1972年などを参照。なお「企業経済学説」のこれらの論者にみられる研究方法のもつ問題点については，前掲拙書『戦後ドイツ資本主義と企業経営』，23-24ページの注19を参照。

(11) この点については，拙書『ドイツ企業管理史研究』森山書店，1997年，3-4ページ，同『ヴァイマル期ドイツ合理化運動の展開』森山書店，2001年，5ページ，前川，前掲『現代企業研究の基礎』，188ページを参照。

(12) 前掲拙書『ドイツ企業管理史研究』，3ページ，同『ヴァイマル期ドイツ合理化運動の展開』，5ページ参照。

(13) A. D. Chandler, Jr., *The Visible Hand：Managerial Revolution in American Business,* Harvard University Press, 1977〔鳥羽欣一郎・小林袈裟治訳『経営者の時

代――アメリカ産業における近代企業の成立――』東洋経済新報社，1979年〕，A. D. Chandler, Jr., *Scale and Scope*：*The Dynamics of Industrial Capitalism,* Harvard University Press, 1990〔安部悦生・川辺信雄・工藤 章・西牟田祐二・日高千景・山口一臣訳『スケール・アンド・スコープ　経営力発展の国際比較』有斐閣，1993年〕，前掲拙書『ドイツ企業管理史研究』，第1章第2節および第6章などを参照。

(14)　例えば，A. D. Chandler, Jr., *Strategy and Structure*：*Chapters in the History of the Industrial Enterpreise,* MIT Press, 1962〔有賀裕子訳『組織は戦略に従う』ダイヤモンド社，2004年〕，前掲拙書『ドイツ企業管理史研究』，序論Ⅱ4(3)，第2章第3節および第8章などを参照。

(15)　1920年代の相対的安定期の合理化運動について詳しくは，前掲拙書『ヴァイマル期ドイツ合理化運動の展開』を参照。

(16)　同書，第1章を参照。

(17)　大橋昭一『ドイツ経済民主主義論史』中央経済社，1999年，107ページ。

(18)　この点については，前掲拙書『ヴァイマル期ドイツ合理化運動の展開』および吉田和夫『ドイツ合理化運動論　ドイツ独占資本とワイマル体制』ミネルヴァ書房，1976年を参照。

(19)　前掲拙書『ヴァイマル期ドイツ合理化運動の展開』，第2章第2節および第2部の各章を参照。

(20)　前川恭一・山崎敏夫『ドイツ合理化運動の研究』森山書店，1995年，16-17ページ。

(21)　ナチス期のドイツの合理化運動について詳しくは，拙書『ナチス期ドイツ合理化運動の展開』森山書店，2001年を参照。

(22)　Vgl. T. Siegel, T. v. Freyberg, *a. a. O.,* S. 295-296.

(23)　G. Seebauer, Pflicht zur Rationalisierung, *Der Deutsche Volkswirt,* 12. Jg, Nr. 29, 14. 4. 1938, S. 1382-1383.

(24)　Vgl. Direktionsbericht der Zentral-Verwaltung, S. 1-2(in：Chronik 1935/36. Bericht der ZW und der Werke, S. 1-2), *Siemens Archiv Akten,* 15/Lg562, Jahresbericht des Schaltwerks für das Geschäftsjahr 1935/36(31. 12. 1936), S. 2(in：Chronik 1935/36. Bericht der ZW und der Werke, S. 96), *Siemens Archiv Akten,* 15/Lg562, Kleinbauwerk Ⅰ und Ⅱ. Jahresbericht 1935/36 (Chronik) (30. 12. 1936), S. 10-11(in：Chronik 1935/36. Bericht der ZW und der Werke, S. 153-4), *Siemens Archiv Akten,* 15/Lg562, Jahresbericht der Siemens-Elektorowärme G.M.B.H. zum Geschäftsjahr 1935/36(31. 12. 1936), S. 6(in：Chronik 1935/36. Bericht der ZW und der Werke, S. 228), *Siemens Archiv Akten,* 15/Lg562, Bericht des Nürnberger Werkes für die Zeit vom 1. Oktober 1935 bis 30. September 1936(28. 12. 1936), S. 8 (in：Chronik 1935/36. Bericht der ZW und der Werke, S. 183), *Siemens Archiv Akten,* 15/Lg562.

(25)　塚本　健『ナチス経済――成立の歴史と論理――』東京大学出版会，1964年，271ページ。

(26)　前川，前掲『現代企業研究の基礎』，190-1ページ。

(27)　Vgl. Rationalisierung mit neuen Vorzeichen, *Wirtschaftsdienst,* 27. Jg, Heft. 5, 30. 1.

1942, S. 61.

(28) R. Hachtmann, *a. a. O.,* S. 78-79.

(29) Vgl. T. Siegel, T. v. Freyberg, *a. a. O.,* S. 293.

(30) Vgl. Direktionsbericht der Zentral-Verwaltung, S. 1-2(in：Chronik 1935/36. Bericht der ZW und der Werke, S. 1-2), *Siemens Archiv Akten,* 15/Lg562, Jahresbericht des Schaltwerks für das Geschäftsjahr 1935/36(31. 12. 1936), S. 3(in：Chronik 1935/36. Bericht der ZW und der Werke, S. 97), *Siemens Archiv Akten,* 15/Lg562. 1935/36年の営業年度には，例えばジーメンス・シュッケルトの電動機工場では，国内原料による外国原料の代用は，価格面の理由から外国の原料が利用されていたすべてのケースにおいて容易に実施されることができたと指摘されている。Elektromotorenwerk. Jahresbericht 1935/36(Chronik)（30. 12. 1936), S. 9(in：Chronik 1935/36. Bericht der ZW und der Werke, S. 128), *Siemens Archiv Akten,* 15/Lg562.

(31) G. Stahl, Automobilverbilligung als Imperativ, *Der Deutsche Volkswirt,* 11. Jg, Nr.22, 26. 2. 1937, S. 1068.

(32) この点については，前掲拙書『ヴァイマル期ドイツ合理化運動の展開』，第4章を参照。

(33) C. Thieme, *Daimler-Benz zwischen Anpassungskrise, Verdrängungswettbewerb und Rüstungskonjunktur 1919-1936,* 1. Aufl., Stuttgart, 2004, S. 298.

(34) R. Hachtmann, *a. a. O.,* S. 302.

(35) G. Seebauer, *a. a. O.,* S. 1384.

(36) Vgl. R. Hachtmann, *a. a. O.,* S. 302.

(37) Vgl. *Ebenda,* S. 302-303.

第1部　独占形成期から第1次大戦までの時期における企業経営の展開

第1章　企業集中の展開，独占形成と企業経営の問題

第1部の最初の章である第1章では，19世紀末から20世紀初頭にかけての独占形成期およびその後の第1次大戦までの時期の企業集中の展開と独占の形成，そこでの企業経営の問題について考察する。この時期には第1次企業集中運動と呼ばれる企業の集中の大きな波がみられたが，ドイツとともにその舞台をなしたアメリカとの比較の視点のもとにみていくことにする。まず第1節において，第1次企業集中運動の展開の社会経済的背景をみるなかでその歴史的特殊性を明らかにする。それをふまえて，第2節では，企業集中の実態を考察するなかでその機能，独占形成におけるドイツ的特徴をおさえるとともに，独占規制政策の影響についてみていく。さらに第3節では，独占形成期のドイツにおける企業集中の意義と限界を明らかにする。

第1節　第1次企業集中運動の展開とその歴史的背景

まず19世紀末から20世紀の初頭にかけて最初の企業集中運動がおこり，それをとおして独占が形成された問題について，その社会経済的背景をみておくことにしよう。この時期に企業集中の大きな波がおこり独占がいちはやく形成されたのは，アメリカとドイツであった。そのような現象がなぜその当時に両国において発生したのか，その歴史的特殊性は，基本的には，1873年の過剰生産恐慌に端を発する両国の資本主義の構造的変化に規定されている。1857年や66年の恐慌は，「黄金時代を謳歌したイギリスが世界市場にゆるぎのない

『工業独占』を打ち立てていた時期の世界恐慌であり，なおイギリスを主要な舞台とした世界恐慌であった」が，1873年の恐慌は，「ドイツやアメリカ合衆国の新興の工業国を主要な舞台とする世界恐慌」(1)であった。このことは，アメリカとドイツがもはや自らの高い生産力によって過剰生産恐慌をひきおこすだけの発展をとげていたということを意味するものである。そうしたなかで，ドイツにとっては，同時恐慌というかたちで，有力な輸出先としてのアメリカ市場への展開において大きな制約性が画されることにもなった。

こうした過剰生産恐慌は慢性化することになり，生産力水準が市場の吸収能力を上回るという状況が傾向として定着するなかで，持続的な価格の低落がおこり，それへの対応を迫られることになった。そのような事態へのとりうる対応策のひとつは，生産コストの引き下げによる利潤の確保・維持という方法があり，労働管理システムの改革が取り組まれることになった（第2章参照）。またその一方で，競争の制限ないし排除による価格の維持をはかる独占化，そのための手段としての企業集中が大きな意味をもつようになってきた。そうしたなかで，ドイツでは，カルテルの形成がすすんだ。しかし，そのような独占化，市場支配力の強化は，企業間のたんなる協定や合同によって無条件に成立しうるものではなく，生産の集積の進展がその前提となる。

このような1873年の不況とならぶドイツにおけるカルテル化のいまひとつの重要な契機は，79年の保護関税制度への移行にあった。1879年に設定された関税率は，外国の競争相手を考慮することなく集中を推し進めることを可能にし，協定への合意を容易にした。保護関税は，競争を国内市場に限定し競争に参加する企業の数を減少させることによって，カルテルの成立を容易にするとともに，加速することになりうる。それゆえ，保護関税がない場合には，カルテルは国際的なものとならざるをえない(2)。例えばドイツにおける銑鉄に対するカルテル化の努力は1880年代にまでさかのぼるが，この時期には，保護関税の動きによって，厳格なカルテルの形成が効果的に支えられた(3)。カルテルは国内市場に対しては各メンバーに価格と割当てを設定した。これに対して，加盟企業にとっては，それをこえる量が世界市場価格で販売されうる国外市場は開かれており，こうした条件のもとでは，ある部門の企業にとっては，カルテルへの加盟は利益の多いものであった。それによって，国内における統一的な価格・数量政策が中期的に可能となった。それゆえ，1879年以降の保護関税政策は，集中過程・カルテル化の過程のひとつの重要な前提条件であった[(4)]。

関税保護がなければ，国内市場におけるカルテルの高価格の設定は，輸入品のより低い価格に対して競争力をもちえないという結果とならざるをえない。こうして，1914年以前のドイツにおける国民経済のカルテル化は，第一に関税政策の結果であった。例えば鉄鋼製品に対する関税は，国内の供給業者に関税の一部を生産者レントとして吸収する可能性を与えることになったが，その前提条件は，カルテルの形成による国内の競争相手の排除であった。原料産業におけるこうしたカルテルはまた，加工産業のカルテル化および垂直的な集中を促進することにもなった[(5)]。1909年と1910年を例外として1897年以降生産者が集中した銑鉄カルテルでも，関税の利用のもとで，高い銑鉄価格の維持が可能となった。その結果，生産はドイツの需要を上回っていたにもかかわらず，価格において関税および運賃の差異を徹底的に利用することができた[(6)]。「カルテルの形成は保護関税等の貿易規制による外国の競争の排除，それによる国内市場保護によって促進された」。また国際市場においても，国内市場での特別利潤を背景にしてダンピングを通じて販路の拡大をはかることが可能となったのであり，カルテルによる制限的取引慣行は，保護主義的な貿易体制と不可分の関係にあった[(7)]。

またこの時期の企業集中運動については，生産力と市場との関係における大きな変化とともに，生産技術の発展とそれを基礎とする産業の著しい発展，新興産業部門の成立・発展，それを支える株式会社制度の発展・普及という事情があった。すなわち，「19世紀末から20世紀初頭にかけての電化と化学化の新しい生産技術の発展によって，それまでの基幹産業（石炭・鉄鋼業）と共に，新しい基幹産業（電機・化学工業）の成立・発展がうながされ，必要投下資本の規模が大きくなり，巨大資本の急速な形成が必要となった」。そうしたなかで，「株式会社の普及によって，急速な資本の集積が可能となっただけではなく，この制度が資本の集中の手段としても役立ったこと[(8)]」もその重要な背景となっていた。そのさい，銀行業でも集中と集積がすすむなかで，銀行が産業企業の集中のオルガナイザーとしての機能を果たしたことも，企業集中を大きく促進する要因となった[(9)]。

第2節　アメリカとの比較でみたドイツの企業集中の展開と独占形成

1　アメリカにおける企業集中の展開と独占形成

以上のような第1次企業集中運動の展開における歴史的特殊性をふまえて，つぎに，ドイツにおける企業集中の展開と独占形成，そこでの企業経営の問題について考察を行うことにする。ここでは，ドイツ的な特殊性をより明らかにするために，国際比較の視点からアメリカとの比較をとおしてみていくことにしよう。

そこで，まずアメリカについてみると，同国では，カルテルの形成はほぼ1870年代に始まるが，商品全体の卸売物価指数が1869年から86年までの間に45.7%も低下するという状況のもとで，「ほとんどの製造業者にとって，上昇する産出と下落する物価への唯一可能な対応は，生産を削減して物価を維持するために，全国的な連合体を結成することであった」。このようにして，1880年代までに，「こうした連合体は，ほとんどのアメリカ産業において，ビジネスを遂行するにあたっての一般的な方法となった。価格や生産を統制する目的で設立された業界団体は，木材，木工製品，床板，家具，さらには棺桶の製造までをふくむ機械制産業や，靴，馬具，その他の皮革製品を生産する産業に出現した」。そのような業界団体はさらに，精製その他の化学志向産業（石油，ゴム製履物，火薬，ガラス，紙，皮革類を生産する産業）や，鋳造および溶鉱炉産業（鉄，鋼，銅，真鍮，鉛，その他の金属を製造する産業）で，また「金属を鉄棒，針金，レール，釘，鉄板，その他あらゆる種類の製品や機械に加工する産業でも生じた」。しかし，内密のリベートによる価格の切り下げ，報告書の偽造もしくは売上げを記録しないといった方法で収入を増加させようとする動きや，事業量を増やすための価格の切り下げといった抜け駆け行為が横行した。しかし，「カルテル協定は，法的な契約としての拘束力をもたなかったし，裁判に訴えてそれを強制することもできなかった」ために，多くの場合，あまり有効な解決策とはなりえなかった[(10)]。

こうして，カルテルという緩い企業結合の形態からトラスト（企業合同）というより強固な結合形態へとすすむことになった。「企業連合体に加盟している各社に対しさらに有効な統制を行おうとするならば，構成企業を合併して単一の法的に規定された経営体とする必要があった[11]」。そのようなトラスト化の動きは1880年頃に始まり，90年代には一般的となるが，82年のスタンダード・オイル・トラストの成立や1901年のUSスティールの誕生にその最も典型的な事例をみることができる。企業結合の形態としては，1890年のシャーマン反トラスト法による規制の強化のもとで，ニュージャージー州「一般会社法」を利用した持株会社方式での結合形態が普及した。しかし，それが果たす機能は，トラストの場合とほとんど変わるところはなかった。この時期のアメリカにおいては，合併あるいは合同という企業がとりうるひとつの戦略オプションが，さまざまな産業に属するきわめて多数の企業によって史上初めて同じ時期に集中して選択され，それまでにみたこともないような巨大企業が一挙に多数生み出されることになった[12]。

しかし，より重要なことは，こうしたトラストあるいは持株会社方式での集中が果たした企業経営上の役割・意義である。そのような方式での企業の結合では，競争制限や価格の規制はカルテル以上に有効に機能したが，そのような機能とともに重要な意味をもったのは，合理化の機能であった。すなわち，合併に参加した企業がもつすべての製造施設のなかで過剰な生産能力を整理し，最も有利な条件（例えば技術水準や立地条件）をもつ製造施設への生産の集中化をはかることが可能となった。この点について，例えばA. D. チャンドラー，Jr.（A. D. Chandler, Jr.）は，1880年代の成功をおさめた先駆的なトラストのうち6社（スタンダード・オイル・トラスト，綿実油トラスト，亜麻仁油トラスト，鉛加工トラスト，ウイスキートラスト，砂糖トラスト）はいずれも生産を集中し合理化を行なうために形成されたものであった，と指摘している[13]。また前川恭一氏も，この時期のアメリカの独占支配の担い手である主要企業をみると，企業合同あるいは企業買収を繰り返すことによって，またそのなかで，「たえず非能率工場を整理し，生産性の高い優良工場に生産を集中することにより，またさらに自己蓄積に基づく大規模な投資を行うことにより，立地的にみても広大な中西部に，一つのまとまった近代的な巨大結合工場からなる垂直的・水平的結合企業を作りあげてきた」とされている[14]。

このように，独立した単独企業において過剰生産能力の整理と残された製造施設のなかでの生産の集中化を行う場合と比べると，企業合同によるそのような合理化は，はるかに大きな効果をもたらすことになった。しかも，その産業において生産が高度に集積されていればされているほど，大きな合理化効果を期待することができた。本来，生産力が市場の吸収力を上回り過剰生産の傾向にあるなかで，独占化による価格の維持・吊り上げによっては必ずしも十分な効果をあげうる条件にはない。企業合同をテコとしたこのような合理化機能による生産コストの圧縮が価格の引き下げを可能にすることによって，低落傾向にある価格の規制をより有効に機能させるための条件が築かれることになったのである。この点は独占化による市場支配，価格の規制をめぐる問題，すなわち独占の機能が発揮されるさいの条件を考える上で重要である。

2　ドイツにおける企業集中の展開と独占形成

(1)　ドイツにおける企業集中の展開とその特徴

このようなアメリカの企業集中の展開とその特徴をふまえて，つぎに，ドイツにおける企業集中の展開についてみることにしよう。それは，同国の資本主義発展の特殊性に強く規定されるかたちでアメリカとは異なる展開となった。ドイツでは，資本主義への移行の仕方に規定されて，「国内市場の形成も相対的に狭小であり，先発資本主義国の競争圧力を受けるなかで，下からの十分な自成的展開を待つことなく，『上からの資本主義化』が強力に推し進められた」。その一方で，「高率の保護関税が設けられ，また対外進出のために，ダンピングが盛んにおこなわれ，その損失を国内消費者に転嫁するためにも国内市場の独占支配が必要とされた」。そのため，「いわば早熟的なかたちで独占が形成され，主としてカルテルによる独占組織が先行した」(15)。ドイツでは，1870年代以降20世紀初頭までに，カルテルは，「全経済生活の基礎の一つ」(16)となった。

カルテルによって安価な輸出がある程度促進されるという関係にあり，カルテルによる国内市場における価格のコントロールを基礎にしたドイツ産業の輸出ダンピングは，外国での経済力の確保・向上をもたらすものであった(17)。そのような関係性にも規定された独占形成のあり方は，ドイツ資本主義の特殊性を強く反映したものであった。こうした事情もあり，企業を買収するさいにもカルテルの割当の増加を目的としたものが多かった。また「コンビネーション的結合の場合にも，カルテルやシンジケートによる原料・半製品の価格対策のために，それらの諸部門の企業を買収することが多かった」。こうして，この時期の企業集中においては，「傾向的には流通面での取分に主たる関心がおかれていた」という状況にあった(18)。ドイツでは共同の販売組織をもつシンジケートの形態でのカルテルが多くみられたことが特徴的であるが，そのことは，こうした事情を反映したものでもあった。

しかしまた，市場は，同時に生産を規制することなしには販売や価格によってコントロールされえず(19)，カルテルには生産制限のための生産割当を行うものも多くみられた。例えば1893年に成立したライン・ヴェストファーレン石炭シンジケートでも，価格の固定による価格競争の防止とともに，異なるメンバーへの生産割当による石炭生産の規制が目的とされていた(20)。そのような生産割当カルテルにおける割当量の決定は参加企業の生産実績などをベースにしていたが，参加企業のもつ生産設備の廃棄や非能率工場の閉鎖は，各企業の自由な意思決定にまかされていた。そのため，アメリカにおいてみられたような企業合同（トラスト化）による徹底した過剰生産能力の整理が取り組まれることは少なく，多くの遊休設備や非能率工場が温存される結果となったばかりでなく，合同企業全体のレベルでの生産の集中化による最善の生産力構成への組み替えも，十分にはすすまなかった。そのことは，当然，アメリカ企業との競争において，ドイツ企業は，生産コストの面でも不利な条件に追いやられざるをえなかった。

もちろん，ドイツでも，企業合同は行われており，電機産業のほか炭鉱業や鉄鋼業でもみられたが，多くの場合，企業集中の形態としてカルテルが中心をなした。「一般的に，カルテルは，例えば石炭業のように，生産過程が比較的単純で斉一的な部門では，その効果をよりよく発揮しうるが，生産過程が複雑であり，また多品種生産であり，またさらに新製品が比較的短いサイクルで開発されるようなところでは，必ずしも大きな意味を持つとは限らない(21)」。少なくともカルテルやシンジケートのより緊密な結合の形態に関する限りでは，大量に生産される財，ほとんど質的な相違のない同質的な財は，カルテル協定にとって最も適しているといえる(22)。そのような製品は石炭，鉄およびカリのような原料の領域において典型的にみられ，カルテル化が最初にまた最も完全に達成されたのは，こうした産業においてであった(23)。

例えば炭鉱業では，そのような製品の斉一性に加えて，石炭の産出地という地理的な状況に規定された利害の共通性や採掘のコストの類似性，輸送コストとの関係での製品の限られた価値も，企業間の協定の成立を容易にする要因として作用した。帝国議会に提出された1907年のカルテル組織に関する覚書でも，炭鉱業は，経済全体の発展にとってのその重要な意義のみならずカルテル化の運動が最も広く展開されたという理由により，必然的な起点をなすと指摘されている(24)。原料産業の場合，製品の斉一性に基づく価格規制の容易さのみならず，その原料を利用ないし加工して生産される製品の生産量によって必要消費量が規定されることになる。そのために，カルテルによってカバーされる集中度が高ければ高いほど，価格のコントロールが可能となりうる。これに対して，例えば電機産業では，カルテルは，製品の多様性のために大きな諸困難に直面せざるをえなかった。また技術発展のテンポは，特定の製品に対しては，一時的にカルテルの形成を可能にしなかった(25)。また機械産業では，カルテル化は最も大きな諸困難に直面しており，顧客自身の仕様にあわせて製造される製品の著しい多様性が，そうした試みを極度に困難なものにした(26)。

このような事情もあり，ドイツでは，カルテルはまず，石炭・鉄鋼業や化学産業のように，代替可能な製品や大量製品を生産する産業部門において形成された。専門的な製品を生産する産業あるいは半製品の加工を対象とする産業では，カルテルは最も弱く，また最も少なかった。すなわち，大量製品の生産と限られた数の大経営という両者の前提条件が欠如しているところでは，カルテルの形成は，最もゆっくりとすすんだのであり，最も弱いものであった(27)。1905年には，カルテルの数は，炭鉱業では19，鉄鋼業では62にのぼっていたが，電機産業ではわずか2つにすぎなかった。総生産額に占めるカルテル加盟企業の生産額の割合をみても，これらの産業の間で大きな開きがみられた。1907年のその割合は，例えば炭鉱業で74%，なかでも石炭業では82%，粗鋼では50%であり，ドイツ産業全体の数値である約25%を大きく上回っていたが，電機産業ではわずか9%にとどまっていた(28)。

そこで，**鉄鋼業**についてみると，製鋼業は多くの異なる種類，等級および形状の鋼を生産するので，この産業におけるカルテルの数は石炭業や製鉄業におけるその数を上回っていたが(29)，カルテルによる価格の規制の効果では，製品間でも大きな相違がみられた。1904年に誕生した製鋼連合（Stahlwerksverband）においては，A製品（半製品，レール，形鋼など）はあらゆる点でシンジケート協定の規定のもとにおかれ，生産と販売がすべて規制された。これに対して，A製品に含まれない他の圧延製品であるB製品（棒鋼，線材，鋼板，鋼管など）では，協定は割当（供給の割当），すなわち各工場のパーセンテージでの割当の決定が企図されたにすぎない。これらの製品は，製鋼連合の手によってではなく各製鋼業者の手によって，あるいは彼らが加わっていた他のカルテル（線材カルテルや鋼管カルテルなど）によって販売された。こうした事情は，完全なシンジケート化がなされていたオーバーシュレジェン地域の製鋼カルテルの場合とは大きく異なっていた(30)。

こうしたカルテル規定や協定のあり方は，集中化による規制の効果に大きな影響をおよぼす要因となった。カルテルが存在しなかった1909年および1910年には，ドイツとその主たる競争相手であるイギリスとの鉄の価格差は，とくに小さかった。1900年以降第1次大戦までの時期におけるドイツの銑鉄価格は，イギリスのそれを上回っていた。これに対して，圧延鉄の価格は，外国，とくにイギリスよりも低かった。その主たる理由は，ドイツでは第1次大戦前には銑鉄や斉一的な性格をもつ半製品に対しては強力なシンジケート化がみられたが完成製品（棒鋼，薄板，鋼管，線材のような斉一的でない製品）にはそのような強固なシンジケート化がみられなかったことにあった(31)。

石炭・鉄鋼業では，石炭業と鉄鋼業の両者の事業を統合した混合企業の存在という特殊ドイツ的な状況が，カルテルのあり方，効果，さらには独占体の支配力にも大きな影響をおよぼすことになった。銑鉄生産においては，他の大規模なカルテルにおいてのように販売が主要な問題となったのではなく，自家消費が重要な事柄であった。銑鉄生産の最大部分を自ら消費し，そしてその残りの部分を市場においてより安価で販売することによってより高い競争力をもつことのできた混合企業のタイプは，銑鉄を市場に投入せざるをえない単純高炉企業に対して，不平等な競争条件を生み出すことになった。そのような状況のもとで，大規模な混合企業と高炉企業との間の対立が深刻な問題となった[32]。混合企業の存在はまた，純粋な石炭炭鉱と製鉄所炭鉱との間でも対立を引き起こしたのであり，後者の行動は，第一にその鉄の利害によって規定されていたのであり，石炭の利害によって規定されていたのではなかった[33]。

混合企業は，カルテルから生産量の大部分に対するコントロールを奪い取り，それでもって，鉄鋼部門における集中度と生産能力を引き上げた。混合企業が普及すればするほどカルテルは効果的ではなくなり，高い生産統合度のためにわずかな構造適応力しかもたなかった一握りの供給者の寡占的競争が，はるかに強力に形成された。そのことによる競争の激しさと保護関税による独占形成への持続的な刺激は，ヴァイマル期に初めて活発になった競争制限の新しいまたより完全な諸形態へと混合企業をおしやることになった[34]。ドイツに特徴的な混合企業の発展は，独占体の支配力に大きな変化をもたらした。独占体の支配力は，従来のように石炭，銑鉄あるいは製鋼などの個々の生産部門の内部にとどまることなく，いわば「統一的な方策」によって，石炭・鉄鋼業という意味での重工業部門全体にまでおよぶようになった。そのことによって，混合企業の支配という段階における資本の再生産のための機構自体が，確立することになった[35]。

これに対して，**電機産業**では，技術の重要性の高さや技術の進歩のテンポがはやかったことなどのために，特許プール協定を含む技術面での協力を基礎としたかたちでのカルテル形成が重要な意味をもった。さらにまた，基本的に注文生産のかたちをとる重電部門の製品では，規格品のようなカルテル価格の設定は困難であった。とくに入札制度が採用されている場合には，落札価格の操作を中心とする入札に関する協定が行われるなど[36]，カルテルの形成は，他の産業部門と比べても特殊的なかたちをとった。こうしたカルテルの限界もあり，当初から企業合同や資本参加，協定などによる原料の領域への支配の拡大がみられた[37]。企業合同は，AEGによるウニオンやラーメイター・コンツェルンの合併，ジーメンスによるシュッケルトの合併などにみられるが，そこでは，アメリカのトラストのように，重複部門の切り捨て，製造部門の配置換えや管理部門の縮減などの合理化が推進された[38]。

また**化学産業**では，その製品の数の多さおよび多様性のためにカルテル化には限界もみられたが，企業の集中はすでにはやくから始まっていた。同産業では，同質的な商品のみがカルテル化されることができたので，統一的な市場価格の達成を目的として，さまざまな化学製品を代表する非常に多くのカルテルが形成されたが[39]，それよりも強固な企業結合形態がとられる傾向にあった。

1900年代に入ってからの数年のうちに2つの集中（ヘキスト，カッセラおよびカレによる3社連合とBASF，バイエルおよびアグファによる3社同盟）が成立した。またそれとならんで，とりわけ医薬品産業では多くの重要な中規模企業や専門企業が存在しており，それらは1905年により緩い形態での利益共同体へと集中された。こうした集中の上にたって，この利益共同体や上述の2つの利益共同体のほか，他の企業との間でもカルテル協定が成立している，化学産業の多様な生産プログラムや企業の専門化は，激しい競争を妨げてきたのであった。多様性のゆえにすべての企業が多くのカルテルに加わっていたという事情も，そのような競争の抑制・排除に寄与したといえる[40]。3社同盟は，「利益の集中と配分」を核心とする利益共同体協定であり，「特許紛争の排除，新たな染料製品の出現にともなう競争排除，生産方法の交換，販売組織（とくに在外販売組織）の統一，また増資にさいしての共同歩調などを定めていた」。この協定では株式交換は行われなかったが，3社連合では，「株式ないし資本持分の相互持合い」を基礎にして「原料購買における協同，特許・ライセンスの交換，外国工場の協同建設，製品の生産・販売上の協同が定められ」ていた[41]。その意味でも，両者の集中は，たんなるカルテルよりも広い範囲の協力とより強固な機能を発揮しうるものであった。しかし，化学産業では，こうした集中はその後の第1次大戦中の拡大利益共同体協定の成立へと発展していったにもかかわらず，同産業をほぼ全体的に包含する強固な企業合同が成立するのは，1920年代の合理化の時期になってからのことである。

(2)　ドイツにおける独占規制と企業集中

つぎに，当時の独占規制との関連で企業集中の問題をみると，カルテルが優勢なかたちでの企業集中の展開は，ドイツに特徴的な独占規制のあり方とも深く関係していた。ドイツでは，アメリカとは大きく異なり，カルテルに対しては国家による強い独占規制の政策がとられず，むしろ産業政策や貿易政策の観点からそれを容認する国家の政策がとられてきた。ドイツの政治当局は，国家レベルでの産業の発展をオープンな無制限でまた自由参加の競争としてよりはむしろ国家の枠組みでの合理的でかつ規則的な過程とみなしていた[(42)]。ライン・ヴェストファーレン石炭シンジケートの成立をみた1893年から1914年までの時期は，カルテルの急速な拡大によって特徴づけられるが，とくに1890年および97年の帝国最高裁判所の判断では，カルテルは67年の営業法によって規定された営業の自由に抵触しないものとされた。カルテル協定において取り結ばれる義務は，拘束力のあるものされた[(43)]。

第1次大戦前には，帝国最高裁判所の判決によれば，カルテルが各人の個人的自由を，あるいは営業の自由によって守られた公共の利害をかなりの程度制限する場合にのみ，良俗違反の行為について定めた民法典第138条に抵触するとされた。実際には，こうした規定に基づくと，あるカルテルの存在は問題とはならないということになった[(44)]。この時期には，帝国最高裁判所は，カルテル協定が無効ではないということを繰り返し認めてきたのであり，カルテルはよい慣行に抵触するものでありそうした理由から無効であるとする見解を棄却してきたのであった[(45)]。本来，大部分のカルテル立法の基本的な傾向は，強制カルテル法を例外として，カルテルの影響および力の制限に向けられるものであるが[(46)]，ドイツでは，状況は大きく異なっていた。当時の法的見解によれば，カルテル協定はなんら公共の利益に抵触せず，民法上は合法的な契約であるとみなされており，その他の協定とカルテル協定との間にはなんらの相違も存在しないものとされていた[(47)]。

またドイツでは，カルテルに景気変動を緩和するひとつの適切な手段をみる傾向にあり，法的規制に対しては消極的な立場がとられてきた。例えば1902年および1906年のカルテルに関するアンケートでも，カルテルのそれまでの危険性は法的な介入を正当化するものではないとされた。そこでは，カルテルの行動は，ほぼつねに存在するアウトサイダーの競争，外国の競争相手や不満をもつカルテルメンバーの潜在的な競争などによって十分に抑制されると結論づけられていた[(48)]。ドイツの裁判所は，歴史学派のカルテル理論を前提にして，国民経済のカルテル化はより高度でより適合的でかつより安定的な生産の方法への必要な一歩であるという結論に達した[(49)]。1914年以前には，市場支配力の諸問題の経済政策的に実施可能な解決に関する議論は，ほとんどもっぱら帝国議会によって行われており[(50)]，そこではカルテル問題が論争となった。しかし，具体的な政治論争のなかでも，「明確なカルテル批判が提示されることなく曖昧なまま終始した」。その結果，「カルテル・独占批判の不徹底なあり方が，ドイツに特徴的なカルテル親和的思想の形成に影響を及ぼした」のであった[(51)]。

こうしたカルテル容認の傾向が集中化の動きを拡大させることになったのであるが，カルテルに対する緩い規制のあり方は，法制度的には1923年のカルテル令の公布まで続いた。このカルテル令以前のドイツのカルテル政策は，集団的独占をほぼ完全なフリーハンドとするものであり，カルテルの自由が支配することになった[(52)]。すでに1914年8月28日の協定に関する会議において，政府は，買い手の被害をもたらすような協定の権力の過度な行使を妨げるという希望において最低限度の要求を出してはいた[(53)]。しかし，それが法制化され初めてカルテルに対する規制が加えられることになるのは，1923年のカルテル令においてであった。同年には，政府は，カルテルおよびコンツェルンの力に対して断固とした諸方策を講じることを決定しており[(54)]，それはカルテル令というかたちで結実することになったが，そこでも，カルテルの禁止を基本とする法制化の方向はとられなかった。すなわち，このカルテル令は，カルテルを原則的には認めた上でその乱用に対しては規制を加えようとするものにとどまっており[(55)]，「乱用原則」ではなく「禁止原則」に基づいてカルテルの絶滅がめざされた第2次大戦後の競争制限防止法[(56)]とは，大きく異なるものであった。

当時，カルテルの価格政策に関する苦情がさまざまなサイドから経済省に訴えられていた。そのような苦情の主要な理由は，当時まだふさわしくはなくまた乱用をもたらすような異なる経済体制から展開される手段でもってカルテル連合が活動していたということにあった[(57)]。また国民経済委員会には2つの請願が出されており，そのひとつはアメリカを手本としたカルテル禁止の要求であり，いまひとつはカルテルの監視を求めるものであった。しかし，1923年4月5日の経済省のある文書では，同省の代表者はこうした要請に反対する立場であったとされている[(58)]。さらにバイエルン州政府の見解をみても，カルテル組織は当時の経済と生産の状況のひとつの必然的な付随現象であり，自由な競争への圧力とならんで，生産および販売の安定した秩序の要求も否定できないものであったとされている[(59)]。

カルテル令は，本質的に新しいなんらかの法的な原則を規定するのではなく，たんに独占的結合から生じる乱用のより強力な抑制のための新しい法的基礎を提供するものにすぎなかった。そのために，カルテル令のもつ意義は，この法令の役割についてのカルテル裁判所の見解に依存しており，裁判所はドイツの経済生活に過度の介入をしようとはしない傾向にあった[(60)]。アメリカでは，不当な競争に関する規定が独占の排除にとって大きな意義をもつようになっており，それは提訴権を与えられた連邦取引委員会（Federal Trade Commission）の活動の非常に大きな部分であったが[(61)]，ドイツの状況は大きく異なっていた。第2次大戦前には，1923年のカルテル令の公布以降も，緩い独占規制の政策のもとで，経済集中，産業集中のカルテル的特質が続いていくことになった。こうして，経済発展における産業集中の意義を重視したドイツのゆるい独占規制の政策は，その後のあり方にも大きな影響をおよぼすことになった。

このような独占規制のあり方をその後の時期との関連でみると，ナチス期には，政府によるカルテル容認の立場は一層強化された。それは，1933年7月15日の「1923年のカルテル規定の変更のための法律」(„Gesetz zur Aenderung der Kartell-Verordnung von 1923“）や「強制カルテルの設立に関する法律」(„Gesetz über die Errichtung von Zwangskartellen“）にみられる。政府は，個々の経済部門において競争の激化やそれと結びついた不経済的な価格の形成が国民経済的に重要な企業の崩壊を引き起こすということでもって，これらのカルテル立法を根拠づけたのであった[(62)]。また経済大臣の訓令や，戦争経済のもとでのカルテルの課題の変化も，政府のカルテル強化の政策を示すものである[(63)]。このように，ドイツでは，厳しい独占規制政策が展開されたアメリカとは異なり，ゆるい独占規制政策が第2次大戦争の終結まで続いたのであった。

第3節　独占形成期のドイツにおける企業集中の意義と限界

以上の考察からも明らかなように，ドイツにおける独占形成期の企業集中の展開は，アメリカとは異なるものとなった。それをふまえて，つぎに，この時期の集中化の意義と限界についてみることにしよう。

1　カルテルを基軸とする企業集中の意義と限界

独占形成期の企業集中がカルテルやシンジケートを基軸として展開されたことの意義のひとつは，1870年代以降のドイツ資本主義の大きな構造変化に対して市場支配の機構の創出によって対応しようとした点にある。上述したように，ドイツにおけるカルテルによる制限的取引慣行は，保護主義的な貿易体制と不可分の関係にあり，一方での輸出ダンピングによる輸出の増進と他方での保護主義的な貿易政策による国内市場における外国企業との競争の制限という政策とも密接に関連していた。それだけに，当時にあっては，カルテル，シンジケートは，独占的大企業にとっても，またドイツ資本主義の発展にとっても，不可欠な要素とならざるをえなかった。

しかし，上述のアメリカにおけるトラストの展開とそこでの合理化機能の追求という面との関連でみると，カルテルによる対応は大きな限界をもたらすものでもあった。例えばライン・ヴェストファーレン石炭シンジケートでは，1893年の設立時の生産割当量は33,579,309トンであったが，1903年10月1日の新たな設立のさいには63,606,440トンであり，1893年の割当量の1.89倍とされた。割当量はさらに，1908年7月1日までに，1893年のそれの2.32倍にあたる77,754,834トンにまで引き上げられた。しかし，実際の採炭高は，そのときどきの割当量よりも急速に増大した(64)。製鋼連合でも同様の傾向がみられ，そのことは，生産の制限にもかかわらず，生産の増大を促進することになった(65)。石炭と鉄における企業連合の活動は，急速な生産増大や拡大を妨げることはできず，生産が需要を上回るという状況が継続した。このように，過剰生産はカルテルによって阻止されることはできず，こうした企業連合は，価格を高く保つことには成功したが，メンバーの拡張の意欲に対しては無力であり，絶対的な意味での生産制限は寓話にすぎなかったといえる(66)。

さらに，当時のカルテルを基軸とする企業集中とそれをテコとした独占の形成，トラスト化の遅れによる合理化機能の追求の不徹底は，生産割当カルテルによる需要への生産能力の適応・調整の限界ともあいまって，国内市場における人為的な高価格の固定化によって，価格機構を媒介とする市場メカニズムの機能を阻害した。また価格カルテルでは，価格の決定において大規模な工場の生産コストよりも高い弱小企業の工場の生産コストが考慮されざるをえず[(67)]，それだけ高い価格が設定されることになった。なかでも，カルテル化されていない加工産業は，一方では，シンジケート化されていない国内の競争相手や外国の競争相手によって，他方では，原料や半製品の国内価格の高騰によって，大きく，また二重のかたちで弱体化し，損害を被ったのであった[(68)]。

カルテルによる高い価格の維持は，市場の原理による需給の均衡を遅らせ，市場の回復を阻害し，生産力と市場との均衡化という点で大きな限界を抱えることにならざるをえなかった。その結果，生産力と市場とのアンバランスの長期化，過剰生産能力の温存，操業度の低下あるいは低迷によって，高コスト構造が温存されることになった。そのような高コスト構造のもとで，トラストによる合理化機能を徹底して追及してきたアメリカ企業との競争力格差も一層大きなものとならざるをえなかったといえる。トラスト化は生産を低廉にし，そしてそのような方法で収益性を向上させようとするものであるのに対して，カルテル化は，価格の引き上げによって収益性を改善しようとするものであり[(69)]，それ自体として大きな問題を内包するものであった。第4章において詳しく考察するように，ドイツにおける本格的なトラストの形成，それによる合理化効果の追求は，1920年代のことである。

2　シンジケートによる販売機能の統合の意義と限界

また，この時期の企業集中を企業の内部構造の変化および企業行動の変化との関連でみると，第3章でもみるように，シンジケートによる販売は，自前の販売部門の創設に代わる前方統合の手段をなした。当時のドイツにおける企業連合の形態としては，シンジケートが重要な役割を果したが，そのような強力なカルテルは加盟企業の製品を共同で販売したので，カルテルやシンジケートへの加盟は，企業が自前の販売組織の創出なしに前方統合を行うひとつの方法であるとみなすことができる[70]。統合の方法としては，産業部門や製品部門による差異も大きかったとはいえ，全般的にみると，1887年から1907年には，急増するシンジケートへの参加による部分的な統合化への動きがとくに重要であった。そのような傾向は，とくに石炭業のほか鉄鋼業や金属産業において顕著であった[71]。シンジケートというかたちでの企業集中の展開は，企業の内部組織という点での構造変化そのものではなかったとはいえ，広い意味でいえば，企業構造の変化をもたらすものであったといえる。

ただ，そのような販売の統合を管理的調整の問題との関連でみると，シンジケートによる需給の調整の機能は，自前の販売部門の創設による統合の方法でのそれと比べると，大きな限界をもつものとならざるをえなかった。A. D. チャンドラー，Jr.がアメリカ企業を対象として明らかにしたように，生産と流通の統合による管理的調整の機能は，製造企業が市場との対話をとおして生産と市場（消費）との間の調整，それをとおしたスループットの調整，速度の経済の実現を可能にするものであった[72]。この管理的調整の意義をめぐる問題は，A.スミス（Adam smith）が「見えざる手」と呼んだ市場メカニズムによる需給調整[73]のもつ限界への企業レベルでの対応であった。

もとより，市場メカニズムによる需給調整の機能は，ある地域市場における特定の製品のトータルな需給のただ一時点の瞬間での均衡をもたらすにすぎない。それゆえ，企業間の製品の仕様や特性，競争力の相違などを反映して，個々の企業のレベルでみれば，市場メカニズムの作用による需給の均衡は，自社における生産と市場との調整が自動的にはかられるということを意味しない。それだけに，資本主義的な「生産と消費の矛盾」に対して企業がマネジメントによる管理的調整というかたちで主体的に対応することによって，一資本としての個別企業のレベルでも，また社会的総資本としての資本主義システムのレベルでも，資本の再生産のより効率的な実現のための重要な条件が築かれてきたのであった。1873年恐慌に端を発する資本主義の構造変化は，その後の20世紀段階も含めて，管理的調整による企業の主体的な生産と市場との調整，市場を起点とするビジネスプロセスの全体的な調整が決定的に不可欠となったということを示すものである。したがって，マネジメントによる管理的調整への移行ということのもつ意義は，きわめて大きなものであるといえる。

こうした点からみると，シンジケートによる生産と市場との調整では，そのような企業連合の組織に加盟している企業全体の生産量と販売量の調整，価格の決定・調整の機能をある程度発揮することはできても，個別企業のレベルでの調整となると，それを十分に可能にするような機構をもちえない。本来，内部化による垂直的統合というかたちでの企業の内部構造的変化によってこそ，管理的調整の機能の発揮が可能になるのであり，こうした点において，シンジケートによる調整の機能は，大きな限界をもつものとならざるをえなかった。また販売の統合を行っていた製造企業の場合でも，シンジケートによる協同販売という間接的な方法にならざるをえなかったという事情は，管理的調整の機能の発揮という点で大きな限界をもたらすことにならざるをえなかったといえる。

（1）大野英二『ドイツ資本主義論』未来社，1965年，32ページ参照。
（2）R. Liefmann, Kartelle, L. Elster, A. Webwer, F. Wieser(Hrsg.), *Handwörterbuch der Staatswissenschaft,* vierte, gänzlich umgearbeitete Auflage., V. Band, Jena, 1923, S. 614, R. Liefmann, *Unternehmensverbände*(*Konvention, Kartelle*). *Ihr Wesen und ihre Bedeutung,* Leipzig, 1897, S. 66.
（3）H. Wagenführ, *Kartelle in Deutschland,* Nürnberg, 1931, S. 63.
（4）H. Bechtold, *Die Kartellierung der deutschen Volkswirtschaft und die sozialdemokratische Theorie-Diskussion vor 1933,* Frankfrt am Main, 1986, S. 81-82.
（5）*Ebenda,* S. 114.
（6）Vgl. M. Doering, Die Entwicklung des deutschen Eisenpreises im internationalen Zustimmung, *Weltwirtschaftliches Archiv,* 22. Band, 1925, Ⅱ, S. 325-326.
（7）柳澤　治『資本主義史の連続と断絶　西欧的発展とドイツ』日本経済評論社，2006年，162-163ページ。
（8）前川恭一『現代企業研究の基礎』森山書店，1993年，112-113ページ。
（9）O. Jeidels, *Das Verhältnis der deutschen Großbanken zur Industrie mit besonderer Berücksichtigung der Eisenindustrie,* Leipzig, 1905〔長坂　聰訳『ドイツ大銀行の産業支配』勁草書房，1984年〕が古典的研究である。邦語文献では，大野英二『ドイツ金融資本成立史論』有斐閣，1956年，戸原四郎『ドイツ金融資本の成立過程』東京大学出版会，1963年が先駆的研究である。
（10）A. D. Chandler, Jr., *The Visible Hand：Managerial Revolution in American Business,* Harvard University Press, 1977, pp. 316-317〔鳥羽欣一郎・小林袈裟治訳『経営者の時代――アメリカ産業における近代企業の成立――』，下巻，東洋経済新報社，1979年，554-555ページ〕.
（11）*Ibid.,* pp. 319〔同上訳書，下巻，557ページ〕.

(12)　谷口明丈『巨大企業の世紀　20世紀アメリカ資本主義の形成と企業合同』有斐閣，2002年，6-7ページ。同書では，アメリカにおける19世紀末から20世紀初頭の世紀転換期の企業合同運動とそこでの巨大企業の形成の過程が考察されている。
(13)　A. D. Chandler, Jr. *op. cit.*, pp. 320-331〔前掲訳書，下巻，559-576ページ〕参照.
(14)　前川，前掲書，164ページ。
(15)　同書，163ページ，179ページ。
(16)　W．I．レーニン「資本主義の最高の段階としての帝国主義」『レーニン全集』，第22巻，大月書店，1957年，232ページ。
(17)　Vgl. R. Liefmann, *Unternehmensverbände,* S. 167, Bericht der Zentral-Stelle für Gewerbe und Handel betreffend Erhebungen über Zahl, Bestand und Wirksamkeit der in Württemberg ansässigen Kartelle(11. 6. 1902), S. 6, *Bundesarchiv Berlin,* R1501/107158.
(18)　前川，前掲書，165ページ。例えば石炭業におけるそのような目的の企業の合併・買収については，戸原，前掲書，273-276ページおよび305ページ参照。
(19)　E. Maschke, Outline of the History of German Cartels from 1873 to 1914, F. Crouzet, W. H. Chaloner, W. M. Stern(eds.), *Essays in Eropean Economic History 1879-1914,* London, 1969, p. 231.
(20)　R. K. Michels, *Cartels, Combines and Trusts in Post-War Germany,* New York, 1928, pp. 68-69.
(21)　前川，前掲書，165ページ参照。
(22)　R. Liefmann, *Cartels, Concerns and Trusts,* London, 1932, p. 29, R. Liefmann, *Unternehmensverbände,* S. 61.
(23)　E. Maschke, *op. cit.,* p. 228.
(24)　Denkschrift über das Kartellwesen, Dritter Teil, Die Kartelle des Kohlenindustrie (21. 3. 1907), S. 1-2, *Bundesarchiv Berlin,* R/3001/7921.
(25)　H. Wagenführ, *a. a. O.,* S. 143.
(26)　E. Maschke, *op. cit.,* p. 238.
(27)　J. Riesser, *Die deutsche Großbanken und ihre Konzentration im Zusammenhang mit der Entwicklung der Gesamtwirtschaft in Deutschland,* 4. Aufl., Jena, 1912, S. 147.
(28)　Vgl. W. Fischer, Bergbau, Industrie und Handwerk 1914-1970, H. Aubin, W. Zorn (Hrsg.), *Handbuch der deutschen Wirtschafts- und Sozialgeschichte,* Bd 2, Das 19. und 20. Jahrhunder, Stuttgart, 1976, S. 811, H. König, Kartelle und Konzentration (unter besonderer Berücksichtung der Preis- und Mengenabsprachen), H. Arndt (Hrsg.), *Die Konzentration in der Wirtschaft,* Erster Band, Stand der Konzentration, Berlin, 1960, S. 307, S. 310-311.
(29)　R. K. Michels, *op. cit.,* pp. 94-95.
(30)　Vgl. A. Böllter, *Eisenindustrie und Stahlwerksverband. Eine wirtschaftliche Studie zur Kartellfrage,* Leipzig, 1907, S. 77-78. なお製鋼連合については，戸原，前掲書，309ページをも参照。
(31)　Vgl. M. Doering, *a. a. O.,* S. 321, S. 323-324, S. 326-328.

(32) F. Pinner, Der Zusammenbruch der deutschen Roheisensyndizierung, *Die Bank,* 1.Jg, 1908, S. 971-972.

(33) L. Silberberg, Aus der deutschen Kohlenindustrie. Zum Stande der Kartelbewegung, *Die Bank,* 3. Jg, 1910, S. 1046-1047.

(34) H. Bechtold, *a. a. O.,* S. 106.

(35) 戸原，前掲書，310-3ページ参照。1890年代以降，とくに1900年以降の重工業独占体の成立における混合企業の重要性と意義については，大野，前掲『ドイツ金融資本成立史論』，64-70ページをも参照。

(36) 吉田正樹「アメリカおよびドイツ電機産業におけるカルテル形成とその国際化について――戦前のＧＥを中心にみた特許支配とカルテルによる市場統制――」『三田商学研究』（慶應義塾大学），第30巻第4号，1987年10月，57-62ページを参照。

(37) R. A. Brady, *The Rationalization Movement in German Industry. A Study in the Evolution of Economic Planning,* Berkeley, California, 1933, p. 177.

(38) 居城　弘「ドイツ電機工業の独占形成過程（下）」『経済学研究』（北海道大学），第21巻第4号，1972年3月，115-120ページ。

(39) E. Maschke, *op. cit.,* p. 230.

(40) H. Pohl, Die Konzentration in der deutschen Wirtschaft vom ausgehenden 19. Jahrhundert bis 1945, H. Pohl, W. Treue (Hrsg.), *Die Konzentration in der deutschen Wirtschaft seit dem 19. Jahrhundert,* Wiesbaden, 1978, S. 11-12. この時期の化学産業における利益共同体協定については，工藤　章『現代ドイツ化学企業史――IGファルベンの成立・展開・解体――』ミネルヴァ書房，1999年，第1章，加来祥男『ドイツ化学工業史序説』ミネルヴァ書房，1986年，第3章，米川伸一「ドイツ染料工業と『イー・ゲー染料株式会社』の成立過程」『一橋論叢』（一橋大学），第64巻第5号，1970年1月などをも参照。

(41) 工藤，前掲書，28-29ページ。

(42) M-L. Djelic, Does Europe mean Americanaization? The Case of Competition, *Competition and Change,* Vol. 6, Issue 3, September 2002, p. 237.

(43) Vgl. H. Pohl, *a. a. O.,* S. 8, U. K. Reuter, *Erfahrungen mit staatlicher Kartellpolitik in Deutschland von 1900 bis 1964 unter besonderer Berücksichtung der Zellstoffindustrie,* Zürich, 1967, S. 34.

(44) Die Schrift von der Sozialisierungs-Kommission an den Herrn Staatssekretär in der Reichskanzelei (22. 2. 1923), S. 15-16, *Bundesarchiv Berlin,* R43-1/1201. 当時のドイツ民法典第138条の規定については，F. Leske, *Vergleichende Darstellung des Bürgerlichen Gesetzbuches für das Deutsche Reich und des Preußischen Allgemeinen Landrechts,* Berlin, 1901を参照。

(45) Vgl. Denkschrift über das Kartellwesen, Zweite Teil, Vorschriften des inländischen Zivil- und Strafrechts unter Berücksichtigung der Rechtsprechung des Reichsgerichts, S. 7-9, *Bundesarchiv Berlin,* R1501/107163.

(46) L. Mayer, *Kartelle, Kartellorganisation und Kartelpolitik,* Wiesbaden, 1959, S. 34.

(47) U. K. Reuter, *a. a. O.,* S. 34-35.

(48)　R. Isay, *Die Geschichte der Kartellgesetgebung,* Berlin, 1955, S. 32.

(49)　H. Bechtold, *a. a. O.,* S. 114.

(50)　F. Blaich, *Kartell- und Monopolpolitil im kaiserlichen Deutschland,* Düsseldorf, 1973, S. 293.

(51)　田野慶子「第一次大戦前ドイツにおけるカルテル問題――帝国議会(Reichstag)の論争を中心に――」『和洋女子大学紀要』(文系編)，第31集，1991年３月，54ページ。

(52)　U. K. Reuter, *a. a. O.,* S. 34, S. 39.

(53)　Denkschrift, betr. Schaffung eines Kartellgesetzes(Oktober 1921), S. 1, *Bundesarchiv Berlin,* R/3101/12361.

(54)　Die Schrift von Dr. W. Necker an den Herrn Reichskanzler Dr. Stresemann(10. 10. 1923), *Bundesarchiv Berlin,* R43-1/1201.

(55)　Die Schrift des Reichsrates, Nr. 78, Tagung 1922(29. 3. 1922), *Bundesarchiv Berlin,* R/3101/12362, Denkschrift, betr. Schaffung eines Kartellgesetzes(Oktober 1921), S. 2, *Bundesarchiv Berlin,* R/3101/12361, Vortrag des Referenten(30. 10. 1923), *Bundesarchiv Berlin,* R43-1/1201, 柳澤　治「ドイツにおける戦後改革と資本主義の転換――独占規制を中心に――」，田中豊治・柳澤　治・小林　純・松野尾裕編『近代世界の変容　ヴェーバー・ドイツ・日本』リブロポート，1991年，74ページ。カルテル令の規定については，Verordnung gegen Miẞbrauch wirtschaftlicher Machtstellungen (Oktober 1928), *Bundesarchiv Berlin,* R43-1/1201を参照。

(56)　Developments concerning the German Cartel Law(1956. 7. 3), pp. 1-2, *National Archives,* RG59, 862A. 054.

(57)　Niederschrift über die informatorische Besprechung betreffend Fragen des Kartellwesens vom 30. Oktober 1920(1. 11. 1920), S. 1, S. 6, *Bundesarchiv Berlin,* R/3101/12361.

(58)　Die Schrift vom Reichswirtschaftsministreium über das Kartellgesetz(5. 4. 1923), S. 1, *Bundesarchiv Berlin,* R43-1/1201.

(59)　Erklärung der bayerischen Staatsregierung, S. 2, *Bundesarchiv Berlin,* R/3101/12361.

(60)　R. Liefmann, *op. cit.,* pp. 173-174.

(61)　Vgl. Die Schrift von der Sozialisierungs-Kommission an den Herrn Staatssekretär in der Reichskanzelei(22. 2. 1923), S. 7, S. 11, *Bundesarchiv Berlin,* R43-1/1201.

(62)　Widerspruchvolle Kartell-Politik? *Die Bank,* 27. Jg, Heft 48, 28. 11. 1934, S. 1733.

(63)　Vgl. Kartell-Pädagogik, *Die Bank,* 30. Jg, Heft 34, 25. 8. 1937, Gewandelte Kartell-Aufgaben, *Die Bank,* 33. Jg, Heft 3, 17. 1. 1940. なおナチス期の国家によるカルテル強化の政策については，柳澤　治『ナチス・ドイツと資本主義　日本のモデルへ』日本経済評論社，2013年をも参照。

(64)　J. Mendel, Die produktionsregelnde Tätigkeit der Syndikate, *Die Bank,* 1. Jg, 1908, S. 1086-1087.

(65)　*Ebenda,* S. 1090.

(66)　*Ebenda,* S. 1093.

(67)　E. Maschke, *op. cit.,* p. 247.

(68)　J. Riesser, *a. a. O.,* S. 152.

(69)　L. Silberberg, *a. a. O.,* S. 1049.

(70)　J. Kocka, The Reise of the Modern Industrial Enterprise in Germany, A. D. Chandler, Jr., H. Daems (eds.), *Managerial Hierarchies. Comparative Perspectives on the Rise of the Modern Industrial Enterprise,* Harvard University Press, 1980, p. 80 参照.

(71)　J. Kocka, Groẞunternehmen und der Aufstieg der Manager-Kapitalismus im späten 19. und frühen 20. Jahrhundert, Deutschland im internationalen Vergleich, *Histrische Zeitschrift,* Bd. 232, 1981, S. 48-50〔加来祥男編訳『工業化・組織化・官僚制――近代ドイツの企業と社会――』名古屋大学出版会，1992年，34-5ページ〕，H. Sigrist, Deutscher Groẞunternehmen vom späten 19. Jahrhundert bis zur Weimarer Republik, *Geschichte und Gesellschaft,* 6. Jg, Heft 1, 1980, S. 69-72.

(72)　A. D. Chandler, Jr., *op. cit.,*〔前掲訳書〕参照.

(73)　A. Smith, *An Inquiry into the Nature and Causes of the Wealth of Nations,* A selected edition, edited with an introduction and commentary by K. Sutherland, Oxford University Press, 1993, pp. 291-292〔山岡洋一訳『国富論　国の豊かさの本質と原因についての研究』，下巻，日本経済新聞社，2007年，31-32ページ〕.

第2章　労働管理システムの変革とその特徴
――ドイツ独自の取り組みとテイラー・システムの導入――

本章では，独占形成期から第1次大戦までの時期における労働管理システムの変革について考察を行う。ここでは，テイラー・システムというかたちで近代的管理システムがこの時期にいちはやく誕生したアメリカとの比較視点のもとに，ドイツにおける労働管理システムの変革がどのようにすすんだか，その意義と限界について明らかにしていく。

以下では，まず第1節において，19世紀末から20世紀初頭にかけて労働管理システムの変革の取り組みが行われるようになった歴史的背景をみた上で，第2節では，第1次大戦までの時期の工場管理の近代化と労働管理システム変革の取り組みの重点について考察する。つづく第3節では，そのような取り組みの代表的事例について考察し，それをふまえて，第4節では，この時期の労働管理システムの変革の限界とそれを規定した諸要因についてみていく。

第1節　労働管理システムの変革の歴史的背景

まず19世紀末から20世紀初頭にかけての時期に労働管理システムの変革の取り組みが必要となってきた歴史的背景についてみることにする。この時期の労働管理システムの変革の推進の背景・基盤となったのは，1873年の過剰生産恐慌以降にみられた資本主義の構造変化であった。この時期の恐慌は，当時アメリカ，ドイツのような急成長をとげた新興の工業国での同時恐慌であり(1)，またそれ以降，恐慌がほぼ10年のインターバルでもって慢性化した。そうしたなかで，対応策として，一方では市場支配を目的とした独占化が追求されることになったが（第1章参照），いまひとつの対応策は，生産コストの引き下げの試みであった。

しかし，当時の状況をみると，19世紀末には，多くの企業の工場では第1次産業革命技術はほぼ吸収済であり，「産業革命」がもたらした技術上のいろいろな可能性は汲み尽くされており[2]，生産能力が需要を上回るという状況のもとで，長引く不況下での既存の労働手段の重い固定費負担という問題もあり，労働手段レベルでの大幅なコスト圧縮の可能性はむしろ小さく，限界があった。したがって，「費用削減の余地がまだ大きかった唯一の領域は，組織＝管理の方面だけ」であり，「まだ圧縮しうる生産要素は，労働だけだった」[3]といえる。この点はアメリカとともにドイツにもあてはまり，そのような事情からも，労働組織の変革による管理の強化が重要な課題となってきたのであった。

そのような大きな歴史的条件の変化のもとで，当時支配的であった内部請負制度のもとでの各職場の間接的な，また企業側からみれば労働者に対する間接的な管理の形態の限界が顕著になってきた。W.ピーペルによれば，ドイツの内部請負制度は，基本的には，①協同請負作業制度（Genossenschaftliche Akkordarbeit）（炭鉱業等），②請負親方制度（Akkordmeistersystem）（主に製鉄業，機械産業），③中間親方制度（Zwischenmeistersystem）（衣料品等の家内工業），④請負企業者制度（Subunternehmersystem）（建設・建築業・道路・鉄道建設・その他の土木業，製鉄業，煉瓦製造業，農林業およびとくに炭鉱業）の4つの諸類型に分類されるが[4]，アメリカの場合と同様の管理上の問題が発生することになった。

例えば機械産業のレーヴェ社では，内部請負制度のもとで職長によって繰り返し行われた出来高単価の切り下げは，労働者側の組織的怠業を引きおこす要因となり，そのことは労働生産性の停滞・低下をもたらした[5]。また他方で，19世紀末におけるアメリカの機械製品のドイツ市場への強力な進出が，「個別資本にとって製品の品質向上と原価切り下げを最大の課題とし」，「新たな機械体系を技術的土台として管理改革が促進される」ことになった[6]。また電機産業でも，経営側にとって，1880年代半ば以降にみられた工場や現場組立の拡大のなかで，「一層の生産性の引上げと生産費の引下げのために，職場ぐるみの組織的抵抗を抑え，また現場組立作業組の自立的行動を統制しつつ生産過程等の改革を有効に進めるには，職長の権限の規制や現地組立制度の統制と並び，そうした抵抗の基盤をなすこれらの万能的熟練工たちの個別的ないし組織的な職場規制力の解体が，重要な管理課題となりつつあった」[7]。そうしたなかで，ドイツでも，合理化および工場組織の近代化の始まりが1880年代にみられることになるが[8]，20世紀初頭になって労働管理システムの変革がより意識的に取り組まれることになる。

第2節　労働管理システムの変革の取り組みとその重点

そこで，つぎに，この時期における労働管理システムの変革の取り組みについて考察を行うことにするが，まずその重点がどこにおかれていたかという点について，みておくことにしよう。そのひとつは，テイラー・システムの導入の試みであった。ドイツにおけるテイラー・システムの導入の根本的基盤をなしたものは，1871年以降のドイツ資本主義の発展による大規模経営の出現，そこにおける管理の必要性であったが，ドイツ資本とアメリカ資本との競争が直接的背景となっており，さらに直接的には，アメリカとの技術のギャップに脅威を感じる技師たちの要請によるものであった[9]。このような事情から，ドイツにおいて，はやくから，テイラー・システムに強い関心を抱いていたのは「ドイツ技師協会」（Verein deutscher Ingenieuer）であった。それはドイツの経営科学（Betreibswissenschaft）の最も重要な主唱者であり，またテイラー・システムの紹介とその受け入れの検討にさいして，最も重要な役割を果した。彼らは，アメリカを世界市場における重要な競争相手とみなしており，1903年には，彼らの間で「アメリカの脅威」ということがいわれるようになっていた。それだけに，彼らの間では，アメリカに対抗するためにも，新しい技術的および労働組織的な諸方策でもって対応をはかるべきだという考え方が強かった[10]。こうして，20世紀初頭には，テイラー（F. W. Taylor）の新しい能率向上の方法を信奉した技師たちによるドイツの工場へのアメリカ的な手法の移転の取り組みが，開始されることになった[11]。

H.ホムブルクは，第1次大戦前のドイツの企業におけるアメリカ的管理方式の「導入」を，1902年から1908年までの段階と1908年以降の段階の2つに分けて考察している。すなわち，第1段階では，1900年から1902年にかけての不況は，ドイツの企業がそれまでの伝統的な経営組織の形態では十分な効果をあげることができないということを明らかにした。そこでは，技師たちによる近代的な工場組織のアメリカ的な方式についての議論は，当時ドイツで支配的であった出来高給と，ハルシーの割増給制度やテイラーの差別的出来高給制度といった新しいアメリカの賃金形態との比較に集中するようになっていた。しかし，この段階では，テイラーの賃金制度はまだあまり知られておらず，考察もされてはいなかった。つぎの第2段階では，1907年から1908年にかけての不況をひとつの契機として，ドイツではテイラー・システムが本格的に注目されるようになった。テイラー・システムは，賃金制度だけでなく全面的に取り上げられ，そのシステムの個別の諸要素の導入を試みる企業も増えてきた(12)。

この時期にはまた，従来の職長（親方）の機能を分割し，計画と執行の分離をはかろうとする傾向がみられた。自由労働組合による合理化論争がテイラー・システムをめぐる論争として1908年に始まり，そこでは，1913年から14年にかけて，あらゆる諸問題が論じられるようになってきた。G.シュトルベルクは，この頃に若干のドイツの経営において，1870年代の工場親方制度（Werkstattmeister-System）から技術担当室（die techinische Büro）制度への一般的な発展がみられたとしている。そこでは，時間研究に基づく労働時間・賃金の事前決定，職長の職能分割およびテイラー式機械テストの実施のためのわずかな取り組みがみられた。こうした取り組みにおいては，テイラー・システムとは異なり，散発的な時間研究，職能的職長および事務室による賃金の事前決定がみられたとして，2つの機械製造企業（ベルリン・アンハルト機械製作会社，ボルジヒ）と2つの電機企業（AEG,ジーメンス）の事例があげられている(13)。

またO.ヤイデルスは，ライン・ヴェストファーレン製鉄業における20世紀に入ってからの数年間の工場組織の諸変化について，約60の工場を訪問し，インタビュー調査を行い，その結果をまとめている。それによると，あまり発展していない旧来の経営における賃金設定の所管職制は親方（職長）であり，そのような経営では，会計計算や出来高給の設定はまだ彼にとってはあまり大きな負担とはなっていなかったので，彼は工場管理に対する独立性を保っており，工場管理による作業の管理を免れていた。しかし，経営の拡大と強化とともに，職長の機能を2つの担当部門に分割しようとする傾向がみられた。すなわち，第1の傾向は，理論的な計算に精通し，経営技師とともに出来高給を設定する上級職長（Obermeister）と，労働の交付と監督だけを担う下級職長（Untermeister）とへの分割である。また第2の傾向は，すべての計算可能な出来高給の決定を技術管理部門に移すというものであり，「請負給設定職制の整理」である[14]。このような工場管理の改革は，もちろん上述の如き経営規模の拡大に規定されたものであったが，出来高単価の決定と運用（賃率切り下げ）における職長の専横も大きな要因をなしたといえる[15]。これらの2つの傾向のなかでも，第1の傾向に関していえば，下級職長の職務は，出来高給の設定の代わりに作業の監督とされ，一方，上級職長の職務においては，請負労働の内容の継続的な改善に重点がおかれることになった。その結果，両者の職長は，労働方法の完成に取り組まなければならなくなった[16]。また第2の傾向に関しては，出来高給の設定が技師の所管とされるようになったのは，技師のもつ技術的知識によるものではなく，工場長を兼務する技師には労働者との直接的な接触がほとんどなかったということによるものであった[17]。

このように，工場親方制度による分散的・間接的な管理形態から技術担当室（技術管理部門）による直接的・集中的な管理体制への移行を推し進めんとするドイツ独自の試みもみられたのであった。しかし，ここでは，依然として，出来高払い算定の基礎は労働科学やテイラー主義に基づいたものではなく，それまでの経験におかれていたということに注意しておかなければならない[18]。

また，この時期に電機産業や機械産業において科学的管理法を含めた管理問題が集中して現れた理由としては，つぎの点があげられる。すなわち，装置労働手段が製造工程の中軸をなす化学産業や鉄鋼業などの部門とは異なり，工作機械に代表される機械的労働手段が中心をなすこれらの産業部門では，さまざまの種類の機械と多種の職種に分かれた労働者を抱えることによって管理問題が複雑化したことである。またこれらの部門は経営数，労働者数で最も重要な部門をなすとともに工業輸出品の中心をなし，イギリス，アメリカとの激しい競争にさらされた部門であったということである[19]。

第3節　労働管理システムの変革の代表的事例

それゆえ，つぎに，第1次大戦前にテイラー・システムの導入によって，あるいはそれ以前に労働組織の改革に取り組んだ企業の事例をみていくことにしよう。ここでは，いくつかの主要産業部門を中心に考察する。

レーヴェ社（Ludwig Loewe & Co., AG）の事例――この会社では，1897年にアメリカ人技師リビーが上級技師として任用され，彼は当時ドイツで一般的であった出来高給制度を廃止し，工場管理者による厳密な作業時間の決定と管理のもとで，時間賃金にそれを変更した。しかし，その結果，1年もたたぬうちに生産高が20%以上も低下し，この改革は失敗に終った。このときリビーの助手をつとめていたG.シュレェジンガー（Georg Schlesinger）がグラスゴーに派遣され，彼はローワンらのもとで割増給制度の研究を行った[20]。このような賃金制度の改革の失敗は，労働者の反対，ストライキに原因があったが，「内部請負親方ではなく，賃金や原価データを経営側が掌握したもとでの『近代出来高賃金制』が定着することになった[21]」。そこでは，請負親方制が廃止され，技術室，計算室が整備され，賃率決定を含め事務労働が職長から取り上げられ，熟練工の仕事も各種のカードで指図されるようになっている[22]。このように，賃金制度の変革の試みは，管理改革の契機となった。

この時期にはまた，「それまでの請負人まかせの原価計算を経営側が掌握するために，各種伝票制度が整備されるとともに，会計担当職員の充実と工場会計部門の整備が計られ」た。すなわち，「営業簿記（Geschäftsbuchführung）から経営簿記（Betriebsbuchführung）が分離され，新たな工場記帳制度が採用され」た。そこでは，「注文伝票や出来高伝票，部品表などの伝票が製造工程にともなって移動し，最終的には経理課（Kalikulationsbüro）で集計されるようになっている[23]」。

このように，レーヴェ社では，早い時期から労働組織の改革が取り組まれているが，賃金制度の変更だけではなく，組織的な作業準備および事前計算がさらに拡大されたほか，一種の職能的職長制度の導入もみられた。工場の組織自体に関しては，同社では，手段が多少異なっていたという面はあっても，テイラーとほぼ同じ道を歩んだ[24]。さらにこの会社はシュレェジンガーの協力によって工作機械運転作業の時間研究を行ったが,「そのデータは同社の工場管理にだけでなく,レーヴェ製の工作機械を設置した多くの機械工場での管理強化の指針として用いられたという点で,ここでの時間研究の波及効果はきわめて大きかった[25]」。

こうした取り組みの結果,「旧来の機械工の万能的熟練が変容し,一方で半熟練工が増大するとともに,他方で熟練そのものの限定,標準化が促進され,これに応じて内部請負制も解体しライン・スタッフ的管理組織にとって代わられた」。さらに「従来,内部請負親方が有していた原価計算機能を計算室が把握することにより,資本が直接,生産過程を数的に一元的に掌握できるようになった[26]」。

しかし,このような変革がみられたのは,武器製造のような大量生産部門においてであり,そのような軍事部門や大衆消費手段の生産部門とは異なり,生産手段である工業用機械設備の多くは大量生産に不向きであり,工作機械の生産においては,こうした発展が全面的にすすむにはまだ一定の限界があった[27]。またレーヴェ社では,専門化が十分にすすんでおらず生産される製品が多様であったことが,作業の諸要素の研究の面において,テイラー化の徹底にとってのひとつの障害となった[28]。

アウアー社の事例――つぎにベルリンに本拠をおく白熱電球の製造企業のアウアー社についてみると,そこでは,テイラーの助手であり,また弟子であったF. B. ギルブレス(F. B. Gilbreth)が,1914年末から15年末まで,この会社において合理化顧問(Rationalisierungsberater)として働いていた[29]。彼は,6人のアメリカ人技師と30人のドイツ人助手とともに「計画部」(“Planabteilung”)を設置し,生産,在庫および管理における労働組織の変革に取り組んだ。その結果,製造部門においては,作業の管理および割り当てに従事する職員の職務が細かな点に至るまで決定され,作業のさらなる規定が決められるようになったほか,企業内の書類用紙,道具および材料の分類は「テイラー化」された。また在庫管理が組織化され,女子職員が制服を保管するようになり,事務机の整頓方法がギルブレスの動作研究に基づいて決められた。書式は単純化されたほか，中央記録室が設置され，女子の速記タイプ係が10指式のブラインド・タイプシステムの準備を行った(30)。

このように，テイラー・システムの個別の諸要素が注目されるようになり，個別的ながらその導入も進展をみたが，この時期には，まだ時間研究はほとんど実施されておらず，それを行っていた企業はわずかしかみられなかった。もとより，資本による直接的な作業管理に基づく労働力の規制，管理の強化は，時間研究による作業の標準化・客観化によって可能となるのであるが，テイラー・システムの課業管理の基礎となる時間研究，それに基づく作業の標準化・客観化は，この時期にはまだあまりすすんではいなかった。その意味では，第1次大戦前のドイツにおいてテイラー・システムの導入に最も積極的に取り組み，その全面的な実施を試み，それまでにない反響を呼びおこしたのは，ボッシュ社（Robert Bosch G.m.b.H.）(31)であった。

ボッシュ社の事例——この会社では，いちはやく経営の改善のための努力が行われていた。すでに1904年にアメリカの工作機械の導入にともない工具工場がつくられ，それまで熟練工が担当していた工具の保守のための労働がこれに吸収された。また1907年から1908年にかけて原価管理部が組織され，1908年には出来高部が設置され，出来高単価の決定がこの部署に移された。それによって，職長は，出来高単価の決定に関与せず，生産の監視とその改善にあたることになった。また1909年にはそれまで支配的であった組別の出来高給（Kolonnensystem）に代えて，個人別の出来高給制度が導入された。この頃には，伝統的な複雑な職長の活動から個々の諸機能が切り離され，専門化された中央工場管理部（Zentralbetriebsabteilung）に移された(32)。また職能的職長制度が部分的にではあるが導入されたほか(33)，職員によるストップ・ウォッチを用いた時間研究が行われるようになっている。こうしたなかで，この会社は，1912年から13年にかけて深刻な売上不振に見舞われ，この売上不振の打開策として，要素投入をできる限り効率的に組織する必要性が高まった。そのための手段として，テイラーの諸方法が導入されることになった(34)。1913年に売上不振が顕著になったとき，経営側は，綿密な作業分析と時間研究に基づいて，出来高の統制の強化をはかった[35]。

ボッシュ社における作業のテンポは，一般の労働者にとっては到底達成しえないほど高い水準に求められていた。それは，1909年以降「ボッシュ・テンポ」（Boschtempo）と呼ばれ，評判が悪かったが，この売上不振に直面して，経営側は，労働者を無視したテイラー・システムの導入を強行した。経営側は，最高可能と考えられる課業の設定，出来高賃率の切り下げなど，労働者の犠牲のもとにこの売上不振を乗り切ろうとした。このような経営側のテイラー・システムのいわば無批判的な導入による労働者への圧迫の結果，1913年5月31日，2人の古参工具製作工の解雇通知をきっかけとして，ストライキがおこった。

このようなストライキがおこる以前から，ボッシュでは，出来高賃率の設定については労働者・労働組合の共同決定の権利が，また賃率の変更や解雇については労働者の関与といった権利が認められていた。労働者のこうした権利を保証する労働協約は，テイラー・システムの導入の障害となっていた。経営側は，労働者に認められていたこうした権利を廃止し，テイラー・システムによる労働組織ならびに管理機構の再編・強化を推し進めようとした。労働争議は，労働者側のもつ共同決定の権利を奪いとり一方的な解雇や労働条件の変更を行おうとする経営側の試みに対する労働者の不満の高まりによるものでもあった[36]。この争議は結局，労働者・労働組合側の敗北で終わり，その結果，経営側は，自らの目標を達成し，また同時に最も近い将来のために，このような成果を守るための最適な諸条件を生み出した。すなわち，経営側は，労働者に対する職場管理の自律性および労働組合に対する企業管理の自律性を獲得したのである[37]。

ただここでは，労働者，労働組合は彼らの犠牲においてテイラー・システムの導入が行われることに反対したのであり，必ずしもテイラーの合理化諸方策そのものを全面的に拒否していたわけではなかったことに注意しておかねばならない。争議で争われたのは，テイラー・システムの導入そのものではなく，制度化されていた労働者・労働組合側の経営参加のいかんであった[38]。とはいえ，ボッシュでは，テイラー・システムは，労働生産性を向上させまた社会平和を保つというその主張を実現することはなく，科学的管理の中心をなす前提としての計画労働と執行労働の分離は，企業管理と労働者との関係における決定的な断絶をもたらさざるをえなかった[39]。

ジーメンス社の事例――またこの時期の技師による工場管理の取り組みのいまひとつの重要な事例をなすのは，電機産業のジーメンスであった。これについては，19世紀末から20世紀初頭のドイツ電機産業における工場の生産・労務管理機構の変革を「職長経済」の「技師経済」への転化として考察した今久保幸生氏の研究がある。同氏は，そこでの工場管理機構の変革は「構想と執行の分離原則による工場管理の直接化・集権化，およびその実現機構としての『ライン・スタッフ組織』の形成を基本内容としていた」とした上で，それを「資本による労働過程の直接管理化の最初の本格的表現としての『近代的管理の成立』」という概念で捉えている。こうした職長経済から技師経済への転化を作業機構の発展段階との関わりで捉えると，つぎの3つの段階に大別しうるとされている。すなわち，19世紀末の総合電機企業であるジーメンス&ハルスケにおける工場管理機構の展開は，およそ①1870年代初頭以降80年代半ばまでの万能職場作業組織段階（第1期），②1880年代後半以降90年代半ばまでの機種別職場作業組織段階（第2期），③1890年代後半からの品種別職場作業組織への移行段階（第2期後半から第3期）に照応するものであった[40]。

「職長経済」の「技師経済」への転化が始まる第2期の改革は，上級職長（Obermeister）制度が導入されたことに重点がおかれていたが，その導入は，作業場の拡大と分化，とくに機種別職場作業組織の登場にともなう職長経済の機能不全の状況への対応として推し進められたものであった。この上級職長制度は，ひとつには，「旧来の作業場ライン系統中作業場長補佐を廃止してこれを上級職長という部門担当の新ライン職制に変更し，後者の機能は作業場長と職長の職能を各々タテに分割して設定したもの」であった。この職長制度はまた，「機種別職場作業組織の登場に伴うスタッフ職務分化と職務当たり人員増大（分業に基づく協業の進展）による，多目的スタッフ部門の変容と結び付いていた」。しかし，上級職長制度は，直ちに管理運営の画期的変化をなす職長経済の最終的解体と技師経済への移行を意味せず，いわば後者の準備形態にすぎなかった[41]。すなわち，機種別職場作業組織段階の物的機構においては，少なくともその初期には職長経済の最終的な排除を可能にするだけの技術的条件は整っていなかったこと，また職長経済における職長のライン・スタッフ管理職制としての存在が直ちに決定的な阻害要因となるには至っていなかったことがあった[42]。さらに，大量生産や規格化が問題となりえなかった当時の生産過程においては，職場における構想と執行の分離の実現には，まだ大きな距離があった。数的にみても熟練工の割合が高く，組み立てをはじめ各基幹部門の作業における万能性や知的判断力に基づく手工業的工場熟練の要素の占める比重は大きかった。後者が生産全体に規定的であり，以上の両面において，熟練工はなお基幹労働者であって，彼らの仕事に対する自律的規制力は維持されていた[43]。

さらに第3期になると，1890年代後半からの品種別職場作業組織による大量生産への移行が，管理機構の再編を要請した。ジーメンス&ハルスケでは，強電か弱電かという製品特性に規定されて，現場組立を除き，経営技師制度（強電工場のケース）と改良型上級職長制度（弱電工場のケース）の2類型の工場・作業場ライン・スタッフ統轄機構（技師経済）が形成された。前者にあっては，経営技師・製造グループ長と製造グループ課による生産・労務管理の直接統制によって，現場職制の規制力が基本的に解体された。各レベルの現場職制は，管理対象あるいはたんなる執行者に転化した最も先進的な工場管理機構をなした。また後者の改良型上級職長制度については，「現場経験をもつ上級職長以下の職制が基本管理単位の裁量権をもつが，もはやこの制度は旧型の職長経済の体現物ではなく，同時に充実されたスタッフ組織とともに近代的管理の1形態となっている」。この2類型の技師経済は，「AEG，F&Gカールスヴェルク，シュッケルト社等他の主要企業の諸工場でも，多かれ少なかれ同じ理由や職場作業組織の発展の相違などに規定されて，同じ段階に観察された基本的な工場統轄機構類型であったと想定しうる」とされている[44]。

しかし，職長経済の技師経済への転化は，基本的には，「質的に新たな生産力的飛躍と労資関係上の変革をもたらしたとはいえ，そのことは，この変革によってこの時期の工場の管理問題がすべて解決されえたこと，また資本蓄積と労資関係に影響を及ぼす重要な管理問題の発生が完全に抑えられえたこと」を意味したわけではない。そのような限界は，「一面では品種別職場作業組織への作業機構の変革の不徹底と対応する，技師経済への転化の（基本的実現にもかかわらずなお残る）不徹底性に規定されていた」。こうした限界は，他面では，「品種別職場作業組織や当時の技師経済そのものの限界――例えば作業の時間的強制進行性の欠如，管理手段の機械化の不足と強制機構化の欠如――にも規定されていた」(45)。また20世紀の初頭になっても，「労働者総数に占める熟練工の比重はまだ依然として大きく」，彼らは，「熟練度別労働力類型としては，1895年までと同様，最大の勢力をなしており」，「その多くが依然として電機工業にとって戦略的位置を占める分野に従業していた」。さらに，量産部門からの熟練工の駆逐にもかかわらず，新規分野の開拓によって，そこでの熟練工への新規需要が生み出されることになった。その結果，「管理機構の変革は，経営側の意図しない新たな労働側の主体形成の場をつくることにもなった」とされている(46)。

このような限界は，20世紀段階になって導入される「時間研究や動作研究に基づく課業設定を基本内容とする課業管理によって，熟練工の仕事の内容を経営側が『科学的』かつ直接的に把握し，その作業を徹底的に管理統制するまでには至らなかった」ことにその原因をもつといえる(47)。例えばジーメンス・シュッケルトの代表的な工場部門である電動機工場（ジーメンス・シュッケルト）をみても，1912年のシャルロッテンブルクからノンネンダムへの工場移転の後にようやく時間研究が開始されており，それは，出来高部の設置によってすすめられた(48)。

このように，電機産業の場合，工場管理の変革の動きは，作業組織の変革との関連でとらえることが重要であるが，この点を上述の機械産業，とくに工作機械産業との比較でみると，電機産業における取り組みはすすんでいたといえる。幸田亮一氏がドイツ・ナイルス社の事例で指摘されているように，「工作機械製造工場での機械設備の配置は，もっとも進んだところでも機種別配置にとどまった」のであり，それは，「大量生産型の電機や銃器，ミシン工場で製品別配置が見られたのと違う点である」。その理由として，同氏は，「工作機械の場合，第一に，いくら需要の大きい工作機械でも生産財であるため，消費財ほど大きな製造ロット単位になることはなかったからであり，第二に，迂回生産の頂点に立つ工作機械の製造においては経営リスクを回避するために弾力的な職場編成が要求されたからである」と指摘されている。「互換性部品を用いた同一機種のロット生産は明らかにアメリカの影響によるものであった」。しかし，ドイツの工作機械産業では，「市場の多様性のため，大手メーカーにおいても同一機種の量産への特化は進まず，量産と注文生産を組み合わせた方式が維持された」のであった(49)。また当時生産規模が小さかった輸送機械産業をみても，例えばオペルでは，経営管理は科学化されておらず，少なくとも第1次大戦までは賃金部や作業部はまだ存在しておらず，人事業務の組織的な把握や調整には何ら価値がおかれていなかった(50)。

鉄鋼業の事例――また加工組立産業との比較のために，鉄鋼業のケースをみておくことにしよう。そこでは，能率給制度がひとつの重要な管理手段として役立ったが，第1次大戦前には，出来高給制度に関しては，科学化および制度化はまだ始まりにさしかかったところであり，せいぜい「半科学的」とみなされうるにすぎないとされている。そのような制度化および官僚制化は，賃金リストの作成，賃金の支払い，統制および事後計算を行う賃金部（Lohnbüro）の設置をとおしてすすんだ。C.クラインシュミットは，例えばテイラーの方法に依拠した，あるいは作業研究や時間研究の形態での出来高給制度の科学化については，第1次大戦前の鉄鋼業においては述べることはできないとしている(51)。鉄鋼業における合理化の企業戦略は，生産の流れの連続化および統制とならんで，労働過程の管理の進展をも意味したが，この時期には，こうした管理の進展は，とくに労働時間および賃金政策の領域において成し遂げられたのであり，労働組織の適切な変化によって成し遂げられることはあまりなかったとされている(52)。

第1次大戦前の鉄鋼企業における工場管理の問題に関する日本での研究としては，大塚 忠氏と田中洋子氏の研究がある。大塚氏によれば，「技術者経済」がクルップ鋳鋼を先頭にしてルールの鉄鋼大企業において確立されていくのは1870年代のことであり(53)，この時期に「科学を駆使した実験が繰り返され」，生産過程の合理化が追求された。しかし，他方で，実地経験が優位にあった体制は，クルップでも，なかなか崩壊しなかった。「理論的知識の優位が必ずしも確立していない中で技師・技術者層の充実が求められたことは，同時に将来の職長，ないし技師・技術者あるいは事業所長層の後継者である労働者に対してもまず第一次的には，作業に精通した労働者であることが要求され，またそのような労働者が求められるようになった」とされている(54)。この点からすれば，今久保氏は，クルップ社においてこの時期に「技術者経済」が確立していたとはいえないと指摘されている(55)。

また田中氏は，鉄鋼業のクルップの事例を取り上げて，直接雇用の工場マイスター制，それに続く作業場長の導入，さらに技術者の採用による工場長の導入に至る管理の改革について考察されている。同社では，労働者を直接管理しようとする指向性をもっていたことから，マイスター請負制は導入されていなかった。1830年代から40年代には，「基幹労働者と工場マイスターにもとづく体制」がいちはやく整備された。その後1950年代には，工場の拡大に対応するために，マイスターのマイスターとしての性格をもつ作業場長を中心とする管理体制への移行がすすめられた。しかし，1860年代になると，急激な工場拡大のもとで，また他の鉄鋼企業との技術面の競争もあり，「マイスターと作業場長による工場管理の方法は，技術面に限らず，労働者管理の面でも大きな問題を抱え」ることになった。こうした事態を打開するために工場長（Betriebsfürer）制度が導入され，マイスターが1850年代までもっていた権限のほとんどが縮小され，新しいポストである工場長に吸収され，作業場長のポストも徐々に消滅していった。こうして，1870年代以降も続く大企業としての管理体制の基本的な枠組みが，60年代に形成されることになった(56)。また田中氏はある論稿において，管理の変革を捉えるためのいくつかの指標をあげている。オーバーマイスターについての指摘もそのひとつであるが(57)，今久保氏は，田中氏があげているいくつかの指標は，「1890年代後半からの電機大企業における技師経済への移行と対応する改革の指標を示すというよりは，むしろ1888年からの電機工業における上級職長制度の導入と対応する改革のそれを示すものであるように思われる」(58)と指摘されている。

第4節　労働管理システムの変革の限界とその要因

これまでの考察から明らかなように，ドイツにおいても，第1次大戦前に工場管理の変革を目的とした独自の取り組みを行っていた企業もみられたし，またテイラー・システムの全面的な導入・実施を試みた企業は存在した。しかし，このような事例はまだわずかしかみられず，テイラー・システムの導入にしても，その諸要素を個別的に導入し，実施している場合が多かった。この時期には，管理機能の集権化というテイラーの原則，課業に基づく出来高給の実施および時間の節約の原則に基づく作業遂行の標準化は，産業の広い領域において普及したが，あらゆる形態での組織的な作業研究は，第1次大戦まではためらいがちにしか実施されていなかった。時間・動作研究（ストップ・ウォッチ法）は，ゆっくりとしか普及しなかった(59)。例えば，それは機械産業および電機産業の大経営において実施されており，その代表的な企業としては，ジーメンス，AEG，ボッシュ，ダイムラー，ベンツなどがあげられる(60)。

時間・動作研究を基礎にした労働力の支出過程そのものへの直接的な規制が可能になり，企業の側による直接的・集中的な管理体制の本格的な確立をみるのは，テイラー・システムの本格的な導入・実施をみる第1次大戦後の合理化運動の時期のことである。第1次大戦前にこのような工場管理の改革に取り組んだのは，機械産業，電機産業など特定の産業部門のなかでも，輸出志向の強い一部の大規模企業に限られていた。ドイツでは，工場管理の近代化の問題は，世界市場の確保・拡大の要請のなかで解決を迫られた大きな課題となった。機械産業でも，大経営では，従来の万能的職長である親方や熟練工に大きく依存した間接管理の形態から直接管理の体制への転換がはかられており，そこでは，技術・管理スタッフ部門が整備され，職能的職長化がすすんだ(61)。

これに対して，中小経営での親方的職長は，「経営計算制度の整備により一部制限されるようになったとはいえ，依然として大きな権限を保ち続けた」とされている(62)。このことは，工作機械産業では，中小経営だけでなく多品種少量生産タイプの大経営にもあてはまり，これらの経営では，旋盤工には，「一定の経験と理論に基づく判断が委ねられたままであった」(63)。また電機産業でも，中小経営においては，技師経済への管理改革がジーメンス＆ハルスケ社の工場などの大手企業・工場のようには導入されなかったか，あるいは大工場ほどにはすすまず，職場や作業における労働者の規制力の解体の面での限界は，一層強い程度で妥当した(64)。

このように，ドイツでは，全体的にみると，第1次大戦の始まりにおいてもテイラー・システムの受容は，アメリカにおいてよりもはるかに立ち遅れていた。アメリカのテイラー協会のような組織も存在せず，テイラーの管理は，ドイツの商科大学で教えられることもなかった(65)。

それでは，ドイツにおいて，第1次大戦前にテイラー・システムの本格的な導入・実施がなぜみられなかったのであろうか。つぎに，この点についてみておくことにしよう。

ドイツでは，アメリカとは異なり，企業側による直接的な管理体制への移行を推し進めんとして一部で設置された技術担当室（技術管理部門）は，製鋼工場・圧延工場，自転車ないし炉のような大量生産を行う経営ではなく，わずかな例外はあるものの，1914年以前にはまだ大量生産がみられなかった機械産業において必要とされた(66)，ということである。このことは，機械産業のもつ特性と深く関係していた。

またそのことと関連して，この時期にはまだ時間研究に基づく作業の標準化・客観化を本格的に推し進める必要性は，アメリカの場合ほどには大きくなかったということである。もともとテイラー・システムは能率向上のための高度な手段であり，それは標準化と専門化の原理に基づく大量生産技術であるといえる。それゆえ，テイラー・システムの実施は，大量の生産を可能にする大量販売を前提とするわけで，基本的には，それを実現する国内市場なしには不可能である。しかし，ドイツでは，アメリカとは異なり，大量販売を可能にするだけの一般消費財の市場は存在せず，その意味では，テイラー・システム導入の条件はまだ出来ておらず，このような合理化方策の導入を急速かつ本格的に推し進める必要性は必ずしも強いものではなかったといえる(67)。電機産業や機械産業においても，輸出市場における競争力強化のためにテイラー・システムの本格的な導入を急務としたのは，大量生産を志向し，輸出市場への進出を強力に推し進めようとした，ほんのわずかな大規模企業のみであった。

さらに，ドイツでは，一般的な傾向としてみれば，労働力が豊富であり，熟練労働力にしてもアメリカのように不足していたわけではなく，したがって労働力にかかるコストもアメリカほど高いものではなかったということである。そのために，「比較的規模の大きい工場経営においても，賃金水準の低さは，そのかぎりでは機械化，専用機械の導入に対して阻止的に作用するわけで，そこでは内部請負制度が根強く残存し，請負親方（職長）——職人——従弟という家父長的労働関係が維持され」，「工場内分業に基づく新しい労働組織の新編成は，ごく限られた経営においてしかみることはできなかった」(68)ということである。

また最後に，労働組合がテイラー・システムの導入に対して，どのような立場をとっていたかをみると，第1次大戦までは，労働組合と社会民主党の関係者の多くは，テイラー・システムを「アメリカの病原菌」（"amerikanischer Bazillus"）として拒否していたとされている(69)。とはいえ，労働組合は，テイラー・システムそれ自体を全面的に否定していたのではなかった。つまり，自由労働組合は，少なくとも労働者の立場から否定すべきテイラー・システムの側面や要素を経営参加などによってなくし，犠牲が労働者に転嫁されない限り，そのシステムの導入には必ずしも反対しない，という態度をとっていたのである(70)。しかし，経営参加による経営側に対するそのような規制が容易には可能でなかった当時の状況からすれば，労働側にとっては，テイラー・システムは，十分に受け入れられるものではなかったといえる。

労働管理システムの変革による近代的管理システムへの移行におけるこうした限界が克服されるのは，ヴァイマル期の合理化運動の時期のことになる。そこでは，テイラー・システムは，レファ・システムへの修正というかたちをとってドイツ企業に本格的に導入されることになるが，この点については，第5章において考察を行うことにする。

（1）1873年恐慌がドイツやアメリカ合衆国という新興の工業国を主要な舞台とする世界恐慌であったことについては，大野英二『ドイツ資本主義論』未来社，1965年，32ページ参照。

（2）D. S. Landes, *The Unbound Prometheus. Technological Change and Industrial Development in Western Europe from 1750 to the Present,* Cambridge University Press, 1969, p. 237〔石坂昭雄・冨岡庄一郎訳『西ヨーロッパ工業史1　産業革命とその後　1750-1968』みすず書房，1980年，257ページ〕。

（3）*Ibid.,* p. 302〔前掲訳書，328ページ〕参照。

（4）W. Pieper, *Die Vergebung von Gruben-Gesteinsarbeit an besondere „Unternehmer" im Ruhr-Lippe-Steinkohlenbergbau,* Jena, 1919, S. 1-34.

（5）Vgl. H. Reichelt, *Die Arbeitsverhältnisse in einem Berliner Grossbetrieb des*

Maschinenbauindustrie, Berlin, 1906, S. 87-88.

（6） 幸田亮一「レーヴェ社における工場管理――第1次大戦前ドイツ機械工業の発展と工場改革(2)――」『経済論叢』（京都大学），第130巻第1・2号，1982年7・8月，99ページ。レーヴェにおける工場管理の改革については，大野，前掲書，260ページをも参照。

（7） 今久保幸生『19世紀末ドイツの工場』有斐閣，1995年，376ページ。

（8） A. Möller, *Kienzle. Ein deutsches Industrieunternehmen im 20. Jahrhundert,* Stuttgarut, 2004, S, 295.

（9） 大橋昭一「ドイツにおけるテイラーシステムの導入過程（Ⅱ）」『商学論集』（関西大学），第29巻第5号，1984年12月，51ページ参照。

（10） Vgl. V. Trieba, U. Mentrup, *Entwicklung der Arbeiswissenschaft in Deutschland：Rationalisierungspolitik der deutschen Wirtschaft bis zum Faschismus,* München, 1983, S. 79.

（11） J. A. Merkle, *Management and Ideology,* Berkley, Los Angeles, London, 1980, S. 177.

（12） Vgl. H. Homburg, Anfänge des Taylorsystem in Deutschland vor dem Ersten Weltkrieg, *Geschichte und Gesellschaft,* 4. Jg, Heft 2, 1978, S. 174-176.

（13） Vgl. G. Stollberg, *Die Rationalisierungsdebatte 1908-1933：Freie Gewerkschaften zwischen Mitwirkung und Gegenwehr,* Frankfurt am Main, New York, 1981, S. 31, S. 36, S. 41. また前川恭一『現代企業研究の基礎』森山書店，1993年，183-184ページをも参照。

（14） Vgl. O. Jeidels, *Die Methoden der Arbeiterentlohnung in der rheinisch-westfälischen Eisenindustrie,* Berlin, 1907, S. 1, S. 4, S. 106〔大江暢博・肥前榮一訳『ライン-ヴェストファーレン鉄工業における賃金支払い方法』八千代出版，2009年，序文，1ページ，3-4ページ，110ページ〕.

（15） Vgl. *Ebenda,* S. 116-117〔同上訳書，120-121ページ〕.

（16） *Ebenda,* S. 137〔同上訳書，142ページ〕.

（17） *Ebenda,* S. 98〔同上訳書，102ページ〕.

（18） G. Stollberg, *a. a. O.,* S. 35.

（19） 幸田亮一・井藤正信「ドイツにおける科学的管理法の展開」，原 輝史編『科学的管理法の導入と展開――その歴史的国際比較――』昭和堂，1990年，160-161ページ参照。

（20） G. Stollberg, *a. a. O.,* S. 37.

（21） 幸田亮一『ドイツ工作機械工業成立史』多賀出版，1994年，256ページ。

（22） 幸田・井藤，前掲論文，175ページ。

（23） 幸田，前掲書，257ページ。営業簿記と経営簿記への分割とそれぞれの機能を担当するシステムについて，詳しくは，J. Lilienthal, *Fabrikorganisation, Fabrikbuchführung und Selbstkostenberechnung der Firma Ludw. Loewe & Co. Actiengesellschaft,* Berlin, 1907, Einleitung, S. 3-4, Die Geschäftsbuchführung, S. 5-40, Die Betriebsbuchführung, S. 40-139をも参照。

（24） Vgl. F. Wegeleben, *Die Rationalisierung im Deutchen Werkzeugmaschinenbau.*

Dargestellt an der Entwicklung der Ludw. Loewe & Co. A.-G, Berlin, Berlin, 1924, S. 145, S. 151-152.

(25)　幸田・井藤，前掲論文，175ページ。

(26)　幸田，前掲論文，116-117ページ。

(27)　同論文，118ページ参照。

(28)　F. Wegeleben, *a. a. O.,* S. 146-147.

(29)　E. Pechhold, *50 Jahre REFA,* Berlin, Köln, Frankfurt am Main, 1974, S. 36, G. Stollberg, *a. a. O.,* S. 38.

(30)　*Ebenda,* S. 38.

(31)　ボッシュ社におけるこの時期のテイラー・システムの導入については，井藤正信『ドイツ科学的管理発達史論』東京経済情報出版，2002年，井藤正信『ドイツにおける科学的管理の導入と展開』（愛媛大学法文学部経済学研究叢書 8），1995年，幸田・井藤，前掲論文，大橋昭一「ドイツにおけるテイラーシステムの導入過程（Ⅰ）」『商学論集』（関西大学），第29巻第4号，1984年10月を参照。

(32)　Vgl. H. Homburg, *a. a. O.,* S. 183, Robert Bosch AG, *Fünfzig Jahre Bosch 1896-1936,* Stuttgart, 1936, S. 208, S. 210, Ernst Kenngott, 25 Jahre treuer Arbeit, *Der Bosch=Zünder,* 5. Jg, Heft 3, 28. 3. 1923, S. 114, K. Krauß, Ein Kurzer Rückblick, *Der Bosch=Zünder,* 6. Jg, 6. Heft, 30. 6. 1924, S. 131.

(33)　ボッシュ社の工場管理組織については，井藤，前掲『ドイツ科学的管理発達史論』，90ページの組織図を参照。

(34)　H. Homburg, *a. a. O.,* S. 181.

(35)　井藤正信「第一次大戦前のドイツへのテイラー・システムの導入――ボッシュ社の事例を中心にして――」『経営論集』（明治大学），第32巻第4号，1985年3月，76ページ。

(36)　Vgl. H. Homburg, *a. a. O.,* S. 184-189, Ernst Kenngott, *a. a. O.,* S. 114. ボッシュ社の労働争議については，大橋，前掲論文（Ⅰ），9-12ページが詳しい。

(37)　H. Homburg, *a. a. O.,* S. 192.

(38)　Vgl. G. Stollberg, *a. a. O.,* S. 117. この点については，大橋，前掲論文（Ⅰ），12ページをも参照。

(39)　H. Homburg, *a. a. O.,* S. 193.

(40)　今久保，前掲書，355-7ページ参照。ドイツにおける「職長経済」から「技師経済」への転化の問題については，L. H. Ad. Geck, *Die soziale Arbeitsverhältnisse in Wandel der Zeit. Eine geschichtliche Einführung in die Betriebssoziologie,* Berlin, 1931, S. 55, W. Sombart, *Das Wirtschaftsleben in Zeitalter des Hochkapitalismus,* 2. Halbband, München, Leipzig, 1927, S. 891-894, A. Riedler, *Emil Rathenau und das Werden der Großwirtschaft,* Berlin, 1916, S. 141-151などを参照。

(41)　今久保，前掲書，390-391ページ。電機産業のジーメンスにおける上級職長の機能については，同書のほか，Verfügung(31. 12. 1887), *Siemens Archiv Akten,* 68/Li180をも参照。

(42)　今久保，前掲書，417ページ。

(43)　同書，408ページ。
(44)　同書，457-458ページ。
(45)　同書，495-496，ページ，498ページおよび今久保幸生「19世紀末ドイツ電機工業における経営・労務政策(10)」『佐賀大学経済論集』，第22巻第5号，1990年1月，99-100ページ。
(46)　同論文，103ページ，105ページ，107ページ。
(47)　今久保，前掲書，499ページ，597ページおよび603ページ参照。
(48)　Bericht über die betriebstechnische Konferenz am 2. Februar 1921, S. 4, *Siemens Archiv Akten,* 11/Lf494.
(49)　幸田，前掲書，174-175ページ参照。
(50)　A. Kugler, *Arbeitsorganisation und Produktionstechnologie der Adam Opel Werke (von 1900 bis 1929)*, Berlin, 1985, S. 21.
(51)　C. Kleinschmit, *Rationalisierung als Unternehmensstrategie. Die Eisen und Stahlindustrie des Ruhrgebiets zwischen Jahrhundertwende und Weltwirtschaftskrise,* Essen, 1993, S. 81, S. 83-84.
(52)　*Ebenda,* S. 78. 化学産業の状況について，加来祥男氏は，「ドイツのタール染料工場の作業管理・労務管理のあり方は企業間で差異がみられたが，全体の傾向としていえば，監督や職長の権限が分解され，その一部が作業主任やさらには経営管理部門に吸収されていく傾向にあった」と指摘されている。加来祥男『ドイツ化学工業史序説』ミネルヴァ書房，第5章，245-246ページ。
(53)　大塚　忠『労使関係史論――ドイツ第2帝政期における対立的労使関係の諸相――』関西大学出版部，1987年，278ページ，大塚 忠「ルール鉄鋼業の労働市場と賃金 1865-1880」『経済論集』（関西大学），第36巻第1号，1986年5月，132-136ページ，163-170ページ参照。
(54)　同論文，132ページ，134ページ。
(55)　今久保，前掲書，359ページ。
(56)　田中洋子『ドイツ企業社会の形成と変容――クルップ社における労働・生活・統治――』ミネルヴァ書房，2001年，65ページ，71ページ，91-94ページ，96-99ページ，103-106ページ，108ページ，206ページ，218ページ。
(57)　田中洋子「クルップ鋳鋼所における工場マイスター制の展開　一八五〇～一八七〇年」『社会経済史学』第58巻第3号，1992年9月を参照。
(58)　今久保，前掲書，360ページ参照。
(59)　P. Hinrichs, *Um die Seele des Arbeiters. Arbeitspsychologie, Industrie- und Betriebssoziologie in Deutschland 1871-1945,* Köln, 1981, S. 53.
(60)　E. Pechhold, *a. a. O.,* S. 35.
(61)　Vgl. M. Borgmann, *Betriebsführung, Arbeitsbedingungen und die sozaiale Fragen. Eine Untersuchung zur Arbeiter- und Unternehmergeschichte in der Berliner Maschinenindustrie zwischen 1870 und 1914 unter besonderer Berücksichtigung der Großbetriebe,* Frankfurt am Main, 1981, S. 108-111.
(62)　幸田，前掲書，178ページ。

(63)　同書，280-281ページ。
(64)　今久保，前掲書，500ページ参照。
(65)　L. Burchardt, Technischer Fortschritt und sozialer Wandel. Das Beispiel der Taylorismus-Rezeption, W. Treue (Hrsg.), *Deutsche Technikgeschichte. Vorträge vom 31. Historikertag am 24. September 1976 in Mannheim,* Göttingen, 1977, S. 73.
(66)　G. Stollberg, *a. a. O.,* S. 34.
(67)　大橋，前掲論文(Ⅱ)，52-53ページ参照。
(68)　前川，前掲書，168ページ。
(69)　V. Trieba, U. Mentrup, *a. a. O.,* S. 84.
(70)　大橋，前掲論文(Ⅱ)，31-32ページ参照。

第3章　近代企業の生成と管理機構の変革

19世紀末から20世紀初頭にかけての時期は，アメリカとドイツにおいていちはやく独占資本主義への移行がみられるとともに，近代企業の生成・発展による企業構造の変化，それにともなう経済の構造的変化がもたらされた時期でもあった。アメリカでは，A.D.チャンドラー，Jr.（A. D. Chandler, Jr.）が明らかにしたように，生産と流通の統合によって複数事業単位企業が誕生し，それらの事業単位を管理し，統制し，調整するための階層制管理機構が生み出された。「経済の多くの部門において，マネジメントという“目に見える手”が，かつてアダム・スミスが市場を支配する諸力の“見えざる手”と呼んだものにとってかわった」のであった。チャンドラーはこうした企業を「近代企業」（modern business enterprise）と呼んだが(1)，ドイツにおいてもまた，ほぼ同じ時期に近代企業が誕生しており，そこでも，企業構造の変化と管理機構の変革がみられた。

そこで，本章では，アメリカとの比較視点のもとに，ドイツにおける近代企業の生成と管理機構の変革について考察を行うことにする。まず第1節において近代企業の生成と管理の発展をもたらした諸要因についてみた上で，第2節では管理機構の変革について考察する。それをふまえて，第3節では，専門経営者の台頭，経営者企業の出現をめぐる問題についてみていくことにする。

第1節　近代企業の生成と管理の発展の要因

1　近代企業の生成

まず近代企業の生成と管理の発展をもたらした諸要因についてみると，ドイツでも，アメリカと同様に，近代企業の出現は近代産業主義の発展と密接に関係していた。J.コッカ（Jürgen Kocka）によれば，1840年頃から73年の経済恐慌までの時期の成長を可能にしたのは，輸送（主として鉄道）の拡大とともに，経済的・政治的統一の達成によって拡大されますます統合された市場であったとされている。1870年代の不況はこの最初の大躍進，すなわち，工業化の局面の終焉をもたらしたが，その後，着実でかつ急速な発展が1890年代半ばに再び始まり，短期的な中断をともないながら，第1次大戦まで続いた。こうして，1873年から1913年までの間にドイツにおける工業化の第2の局面が現われた(2)。鉱工業（手工業を含む）によって生み出された国富の割合は，1873年の約3分の1から1913年までに45%にまで上昇しており，1870年から1913年までの期間における工業・手工業の生産の年間成長率は3.7%にのぼった(3)。

このように，この時期はドイツ資本主義の新たな発展の時期であったが，近代企業の出現と企業管理の発展をみた時期でもあった。J.コッカは，ドイツにおける近代企業の出現は1870年代から第1次大戦までの時期のことであったとしている。ドイツでも，アメリカと同様に，19世紀後半の技術の発展と市場の拡大が企業構造の変化をもたらした最も重要な環境変化であったが，彼は，相互に関連する5つの主要な諸要因が近代企業の誕生の中心にあったとしている。すなわち，①企業規模の拡大，多角化および統合化の諸過程，②カルテルおよび企業連合の出現，③銀行と産業の間の関係の諸変化，④所有と支配の分離と俸給企業家（経営者）の出現という傾向をともなった経営者資本主義の出現，⑤生産，流通および管理における科学および制度の重要性の増大がそれである(4)。

なかでも，最も重要な意味をもっていたのは①であるといえるが，まず②のカルテルおよび企業連合の出現についてみると，ドイツにおいては，19世紀末から20世紀の初頭にかけてカルテルが「全経済生活の基礎の一つ(5)」となり，独占の形態としてカルテルが大きな役割を果した。企業連合の形態としては，シンジケートが重要な役割を果した。そのような強力なカルテルは加盟企業の製品を共同で販売したので，カルテルやシンジケートへの加盟は，企業が自前の販売組織の創出なしに前方統合を行うひとつの方法であるとみなすことができる(6)。前方統合のための方法の選択としては，より天然の状態に近い，加工の程度の低い製品や差別化されていない汎用製品では，シンジケートが最も容易であった。これに対して，仕様あるいは性格の異なるより複雑な製品や品質が重要な意味をもつ製品の場合には，シンジケートによる販売ははるかに困難であり，自社の販売組織に依拠する傾向にあった(7)。

また銀行と産業の関係の変化についてみると，監査役会は，銀行が産業企業に対して直接的に影響をおよぼすことができる最も重要な経路のひとつであった。1914年以前には，銀行の取締役はドイツの株式会社の監査役会のなかで最大の単一のグループを構成しており，全職位の20%を占めていた。しかし，20世紀初頭には，大規模な製造企業では，自己金融の割合が上昇し，その結果，企業はますます資本市場に依存しなくなり，銀行に依存しなくなった。また監査役会のインナー・サークルは，取締役会の活動を監督するかわりに取締役会と緊密に協力する場合もみられ，長期的な運営においては，法律がどうであれ，取締役会が監査役会よりも影響をもつようになった。このような変化は，銀行の産業支配を次第に低下させ，また俸給経営者の権限を増大させることになった(8)。そのような経営者企業では，事業の業績は，所有と支配が分離されていなかったときよりも，雇用や昇進の基準としてより重要となりえた。こうして，俸給の企業家あるいは経営者の重要性が増大し，そのことが産業における専門主義と科学的管理への傾向を強めることになった(9)。

2　企業規模の拡大

そこで，つぎにドイツの近代企業の誕生と企業管理の発展を促した最も重要な諸要因のひとつと考えられる企業の大規模化についてみることにしよう。19世紀半ば以降のドイツにおける経済発展は企業規模の強力な拡大によって特徴づけられるが，それは企業組織の変化と分業的な企業管理の発展を必要とした(10)。企業規模の拡大は，同時に生産の集中と集積を推し進めた。製造業・手工業の全労働者に占める50人以上の労働者をもつ経営の労働者数の割合は，1882年から1907年までの間に22.8%から42.4%に上昇した。また全労働者に占める1,000人を超える労働者をもつ大規模経営の労働者の割合は，1882年のわずか1.9%から95年には3.3%，1907年には4.9%に上昇した(11)。これを産業部門別にみると（表3-1参照），製鉄のほか，鉱山，機械，電機，化学，繊維といった産業が，そのような集中化の傾向を主導していた。これらの産業の各

表3-1　1887年，1907年，1927年の産業部門別および（資本金）規模別のドイツの鉱工業最大100社

公称資本金（100万マルク）	1887年											1907年										1927年											
	鉱山	土石	製鉄など	機械	電機	化学	繊維	ゴム	木材	食料品	合計	鉱山	土石	製鉄など	機械	電機	化学	繊維	製紙	食料品	合計	鉱山	土石	製鉄など	機械	電機	化学	繊維	製紙	皮革	ゴム	食料品	合計
500以上																								1			1						2
100-499.9														3		2					5	2		2		2	2						8
80-99.9																						2		2			2						6
60-79.9												2									2	1		1	1			1					4
40-59.9												2		6		1					9	2		4	4	1	1	1					13
30-39.9			2		1						3			4							4	1		3	1	1	1	1	2		1	2	13
20-29.9	1		4								5	7		9	3		5	1		1	26		4	3	3	1	4	3		1		2	21
15-19.9	1		8	2		2					13	7	1	5	3		4		2	1	23			4	7		1	2		2		3	19
10-14.9	1		5			3					9	5	2	4	7	1	8	2		2	31	1	1	2	4		1	2	1	1		1	14
5-9.9	11	1	9	7	1	5	1			1	36																						
4.9まで	10	2	4	3		2	4	1	1	7	34																						
合計	24	3	32	12	2	12	5	1	1	8	100	23	3	31	13	4	17	3	2	4	100	9	5	22	20	5	13	10	3	4	1	8	100
平均資本金額	7.6	5.7	13.9	7.3	17.5	8.7	5.0	4.5	4.9	4.4	9.4	25.3	13.2	36.7	15.1	78.4	16.1	14.2	17.6	14.6	26.8	65.3	22.1	82.5	27.2	99.6	132.6	27.5	26.4	17.7	34.1	22.4	59.2

（出所）：H. Siegrist, Deutscher Großuntemehmen von späten 19. Jahrhundert bis zur Weimarer Republik, *Geschichte und Gesellschaft,* 6. Jg, Heft 1, S.76より作成。

領域では，全従業員の3分の2以上が，50人以上の従業員をもつ経営において働いていた。これに対して，最も集中度の低い領域は，衣服，食品，羊毛製品および皮革製品の製造業者であった(12)。

またドイツの鉱工業最大100社の法的形態の変化をみると，1887年から1927年までの間に，人的会社は15社から1社に減少したのに対して，株式会社は79社から88社に増加しており，企業規模の拡大とともに株式会社への移行がすすんだ。そのような傾向は，とくに製鉄・金属精錬業，電機産業や化学産業のような，所要資本量が非常に大きく資本集約的な産業部門において顕著にみられた。このように，生産財産業が消費財産業よりも上位にあったという点で，ドイツのパターンは，同じ時期のアメリカのそれとは少し異なっていた(13)。

3　垂直的統合の傾向

企業の拡大はまた，アメリカ企業のケースと同様に，製品の多角化および垂直的統合をともなっていた(14)。それゆえ，つぎに統合化の進展についてみると，1887年，1907年および1927年の鉱工業の最大100社における統合の状況をみた表3-2によれば，1887年から1907年までに，後方統合と前方統合の両方を行っている企業は，全体では6社から17社に増加している。カルテルやシンジケートへの加盟を自前の販売組織の創設なしに前方統合を行うためのひとつの方法とみなすと，前方統合と後方統合の両方を行っている企業の数は13社から62社に増加しており，前方統合のみを行っている企業の数は12社から20社に増加している。これに対して，後方統合のみを行っている企業の数は48社から6社に大きく減少している。また前方統合と後方統合のいずれも行っていない企業の数は27社から12社に大きく減少しており，アメリカの近代企業の出現とほぼ同じ時期に垂直的統合の傾向がみられる。統合化の傾向は，化学，一次金属および鉱業において最も強かった。そのような企業は，石炭や鉄鉱石の採掘から銑鉄および鋼の生産を経て，金属加工の多くの段階を，ときには重機械にまでおよぶ生産のさまざまな段階をすべて統合していた(15)。

そこで，垂直的統合の進展を主要産業部門についてみると，**製鉄・金属業**では，販売への前方統合に関しては，1887年から1907年まではシンジケートによる部分的な統合化への動きがとくに重要であった。これに対して，1907年から27年までの時期には，自前の販売組織の顕著な拡大（自前の販売会社の創設あるいは商事企業への強力な資本参加）をみた。

また**鉱山業**では，1887年，1907年および1927年の炭鉱の販売戦略を比較すると，独立した取引の方法（1887年），シンジケートによる販売の部分的な統合の方法（1907年），さらに自前の販売組織での販売職能の統合の方法が明確に現われている。ただここでは，1915/19年以降，国家の強制シンジケートがそれに部分的に関与したことに注意しておく必要があろう。

さらに**機械産業**では，1907年をみても鉱山業や製鉄業・金属業と比べると販売への前方統合はすすんでいない傾向にあった（表3-2参照）。また原料への後方統合は，1927年になっても以前ほど頻繁にはみられず，とくに精密加工業者にとっ

表3-2　産業部門別にみたドイツの鉱工業最大100社における統合形態[2]の推移

産業部門	1887年									1907年									1927年								
	企業数	ab	abc	abcd	abd	b	bc	bcd	bd	企業数	ab	abc	abcd	abd	b	bc	bcd	bd	企業数	ab	abc	abcd	abd	b	bc	bcd	bd
鉱山業	24	16	2	0	0	6	0	0	0	23	3	1	2	14	0	0	0	3	9	0	0	7	2	0	0	0	0
十石・窯業	3	3	0	0	0	0	0	0	0	3	0	2	0	1	0	0	0	0	5	0	2	0	3	0	0	0	0
製鉄・金属	32	21	2	0	5	3	0	0	1	31	1	1	7	20	2	0	0	0	22	1	1	12	2	1	5	0	0
機械・輸送機器	12	1	0	0	0	9	2	0	0	13	0	0	0	2	6	4	1	0	20	0	0	2	1	6	11	0	0
電機産業	2	0	1	0	0	0	1	0	0	4	0	0	1	0	0	2	1	0	5	0	0	1	0	0	2	2	0
化学産業	12	5	0	0	2	2	3	0	0	17	1	3	0	8	2	2	0	1	13	0	0	4	5	0	4	0	0
繊維産業	5	0	0	0	0	5	0	0	0	3	0	0	0	0	2	1	0	0	10	0	1	0	0	2	5	1	1
製紙・印刷業	—[1]	—	—	—	—	—	—	—	—	2	1	0	0	0	0	1	0	0	3	0	2	0	0	0	1	0	0
皮革・リノリウム・靴製造	—	—	—	—	—	—	—	—	—	—	—	—	—	—	—	—	—	—	4	0	0	0	0	0	4	0	0
ゴム産業	1	0	0	0	0	0	1	0	0	—	—	—	—	—	—	—	—	—	1	0	1	0	0	0	0	0	0
木材・木材加工	1	0	1	0	0	0	0	0	0	—	—	—	—	—	—	—	—	—	—	—	—	—	—	—	—	—	—
食料品・嗜好品	8	2	0	0	0	2	4	0	0	4	0	0	0	0	0	4	0	0	8	2	0	0	0	0	6	0	0
合計	100	48	6	0	7	27	11	0	1	100	6	7	10	45	12	14	2	4	100	3	7	26	13	9	38	3	1

（注）：1）—は該当企業が存在しないことを示している。
　　　2）a＝原料，b＝生産，c＝販売，d＝シンジケート

（出所）：J. Kocka, The Rise of the Modern Industrial Enterprise in Germany, A. D. Chandler, Jr, H. Deams (eds.) *Managerial Hierarchies. Comparative Perspectives on the Rise of the Modern Industrial Enterprise*, Harvard University Press, 1980, pp. 85-86, J. Kocka, Großunternehmen und der Aufstieg des Manager-Kapitalismus in späten 19. und frühen 20. Jahrhundert. Deutschland im internationalen Vergleich, *Historische Zeitschrift*, Bd. 232, 1981. S. 45-47［加来祥男編訳『工業化・組織化・官僚制――近代ドイツの企業と社会――』名古屋大学出版会，1992年，30-32ページ］，H. Siegrist, *a. a. O.*, S. 90-92より作成。

ては，何ら魅力的な戦略ではなかったようだと指摘されている[16]。

食料品・嗜好品製造業でも，大規模な製造業者は，すでに以前に，一部では決定的な統合政策を追求していた[17]。販売の統合は，1887年には，とくに電機産業，化学産業，醸造業の企業では一般的となっていたとされており[18]，醸造業では，アメリカの場合と同様に，大規模な統合企業の誕生がいちはやくみられた。大醸造業者の販売設備は，たいてい，1880年代に初めて，わずかな自前の店舗や，場合によっては，若干の冷蔵貨車から構成されるようになっている。しかし，1920年代の大醸造業者の販売組織は，それと比べるとまさに巨大であったとされており[19]，20世紀に入ってからの約20年の間に，垂直的統合は大きな進展をみたのであった。

このように，ドイツでも，1887年から1907年までの時期に垂直的統合の傾

向がみられたが，産業全体でみると，原料の統合はむしろ停滞したようであると指摘されている[20]。J.コッカは，工業技術的にみれば当然でありまた防衛的な市場政策という理由からも採用された「後方統合」はすでに19世紀末にしばしばみられたこと，そのことはとくに石炭・鉄鋼業と化学産業にあてはまることを指摘している。しかし，第1次大戦後の混乱・インフレーション期を除くと，1907年以降は，後方統合の動きはあまり活発にはみられなかったといえる。これに対して，販売の統合は，それがいちはやく一般的となった電機，化学，醸造の産業の企業だけでなく，すべての部門において一般的な戦略となる傾向にあった。統合の方法としては，1887-1907年には，急増するシンジケートへの参加というかたちをとり，つづく1907-27年には，自前の販売組織の統合ないし設置が主な形態となった。この点にアメリカとは異なる特徴がみられるが，J.コッカは，「『市場』から『組織』への漸進的な移行は，巨大企業で進行する機能の統合に即してとくにはっきりと跡づけることができる[21]」としている。

4　多角化の傾向

さらに，多角化についてみると，その傾向は，あまり資本集約的ではない産業や消費財産業一般では，はるかに限られたままであった。また異質な事業を統合すること，それを効率的に経営することは非常に困難であり，また当時利用することができた水準よりも多くの組織や管理の技能が必要となるとみなされていたので，第1次大戦前には，原料部門や重機械以外の労働集約的な産業では，高度に多角化されたコンビネーションは例外的であった[22]。

ドイツでは，比較的はやい時期に多角化の傾向がみられ（表3-3参照），鉱工業最大100社でみると，多角化を行っていない企業の数は，1887年の16社から1907年にはわずか5社にまで減少している一方，10以上の生産領域をもつ企業の数は9社から19社に増加した。1927年までにこのような傾向は一層すすみ，多角化を行っていない企業の数はわずか1社にまで減少している。一方，10以上の生産領域をもつ企業の数は30社に増加した。このように，ドイツの大企業においては，すでに19世紀末に多角化の傾向がみられたが，産業部門別にみると，製鉄・金属業，機械・輸送機器産業，電機産業において，10

表3-3　産業部門別にみたドイツの鉱工業最大100社および アメリカの工業最大82社における多角化[2] の状況

産業部門	ドイツの鉱工業最大100社															アメリカの工業最大82社				
	1887年					1907年					1927年					1929年				
	企業数	A	B	C	D	企業数	A	B	C	D	企業数	A	B	C	D	企業数	A	B	C	D
鉱山業	24	7	17	0	0	23	3	17	3	0	9	0	4	2	3	—	—	—	—	—
土石・窯業	3	0	2	1	0	3	0	3	0	0	5	0	3	2	0	1	0	0	0	1
製鉄・金属	32	1	11	16	4	31	0	1	19	11	22	0	2	7	13	20	0	8	11	1
機械・輸送機器	12	0	1	7	4	13	0	2	7	4	20	0	6	6	8	12	4	4	4	0
電機産業	2	0	1	0	1	4	0	0	0	4	5	0	2	0	3	3	0	0	0	3
化学産業	12	3	8	1	0	17	1	13	3	0	13	0	6	4	3	6	2	0	2	2
石油精製	—[1]	—	—	—	—	—	—	—	—	—	—	—	—	—	—	19	16	3	0	0
繊維産業	5	1	4	0	0	3	1	2	0	0	10	0	4	6	0	1	0	0	1	0
製紙・印刷業	—	—	—	—	—	2	0	2	0	0	3	0	1	2	0	2	0	0	2	0
皮革・リノリウム・靴製造	—	—	—	—	—	—	—	—	—	—	4	1	3	0	0	—	—	—	—	—
ゴム産業	1	0	1	0	0	—	—	—	—	—	1	0	1	0	0	4	0	2	2	0
木材・木材加工	1	0	1	0	0	—	—	—	—	—	—	—	—	—	—	1	0	0	1	0
食料品・嗜好品	8	4	4	0	0	4	0	4	0	0	8	0	4	4	0	13	1	6	5	1
合計	100	16	50	25	9	100	5	44	32	19	100	1	36	33	30	82	23	23	28	8

（注）：1）—は該当企業が存在しないことを示している。
　　　　2）A＝1，B＝2-4，C＝5-9，D＝10以上の生産領域（製品グループ）

（出所）：J. Kocka, *op. cit.*, pp. 81-84, J. Kocka, *a. a. O.*, S. 45-47［前掲訳書，30-32ページ］, H. Siegrist, *a. a. O.*, S. 82 u S. 90-92, P. G. Porter, H. C. Livesay, Oligopolists in American Manufacturing and Their Products 1909-1963, Appendix of "The Structure of American Industry in the Twenteeth Century: A Historical Overview" by A. D. Chandler, Jr., *Business History Review*, Vol.43. No.3, Autumn 1969, pp. 293-294より作成。

以上の生産領域をもつ企業が最も多くみられた。1907年にはそのような企業は，それぞれ31社中11社，13社中4社，4社中4社にのぼっている。多くの大企業にとっては，多角化は，資本集約的な設備，既存の貴重なノウハウなどをより効率的に利用するためのひとつの魅力的な戦略であり，とりわけ1920年代には，部門外の製品の生産への明確な傾向が現われた(23)。この点は，1929年のアメリカの最大82社の工業企業のうち多角化を行っていない企業が23社も存在していること，10以上の製品グループをもつ企業はわずか8社しかみられないのとは対照的であるといえる（表3-3参照）。

このように，ドイツの大企業においては，統合化が多角化にわずかに先行していたが，統合化と多角化がほぼ同時にすすんだのであった。H.ジークリストは，チャンドラーが1920年代にアメリカにおけるより強力な多角化の始まりをみているとすれば，そこでは，ドイツの大企業と比較すると，アメリカの大きな立ち遅れが明らかになるとしている。両国のこうした相違は，市場の規模に帰因されうるとしている(24)。またJ.コッカは，「巨大企業において進展する多角化も，形式を備えた組織の原理による市場原理の漸進的な補完，とみなすことができる(25)」としているが，ドイツにおいて多角化の傾向がはやくからみられた理由として，社会的分業の発展の遅れと国内市場の特質をあげている。

まず社会的分業の発展の遅れについては，コッカによれば，重要な産業の領域におけるドイツの事業家は，よく発達した工業や商業の伝統に基礎をおくことができず，原料を供給しまた自らの製品を販売することができる専門化された商人や運送業者も，十分な数だけ存在しなかった。それゆえ，経済全体における分業の低い程度は新しい企業の内部の高度な分業へと導いたとされている。彼は，ドイツの工業化の最初の局面，すなわち，19世紀の第2の3分の1の期間にさえ，またより以前にさえ，とくに原料や機械の生産において大規模な，高度に統合化され多角化された企業がなぜ存在したかということをこの過程は少なくとも部分的に説明してくれるとしている(26)。

また国内市場の特質については，ドイツでは，「市場は相対的に未発達であり，その透明度は低かったので，初期の企業家は早くから製品面での多角化を進めることになった」が，そこでは，「西欧諸国を模範とする，進んだ設備を活用し，危険負担を小さくしようとすれば，それが必要だった」とされている(27)。職能統合や企業の多角化のある種の形態は，工業化のすすんだ段階のしるしであるだけでなく，工業化の初期の段階には経済の相対的な立ち遅れの結果でもあり，また後発の工業諸国が埋め合わそうとしてきたギャップでもあった(28)。ドイツ企業のこうした多角化の傾向は，市場の条件と深いかかわりをもっていた工業化のあり方の反映でもあった。

このように，相対的に未発達な産業の領域における初期の製造業者は強力な競争相手に直面することはほとんどなかったので，彼らが新しい市場にまで手を伸ばしたかあるいは新しい製品系列を導入したとき，彼らはほとんど不安をもたなかった。その結果，ドイツでは，イギリスあるいはアメリカにおいてさえ類似点をもたなかったと思われるような企業の拡大，多角化および統合化のパターンが発展した。しかし，経済が一層発展するにつれて，全般的な分業がより精巧になるにつれて，また市場がより透明になるかあるいは予見しうるようになるにつれて，多角化と統合化をひきおこした諸要因のいくつかは，あまり強いものではなくなった[(29)]。

このような企業規模の拡大，統合化および多角化の進展は，近代企業の誕生の主要因をなしたが，これら3つの変化にともなう管理上の問題への対応として，管理機構の変革が取り組まれることになった。それゆえ，第2節では，この点についてみていくことにしよう。

第2節　管理機構の変革とその特徴

1　企業規模の拡大，経営の地域的分散化と管理機構の変革

まず企業規模の拡大との関連でみると，この時期の企業規模の拡大は，多くの場合，経営の地域的分散化の傾向をもたらした。工業化の局面では，一般的に企業の所有者が自ら経営を行っていたが，企業の拡大につれて，管理は，ますます，委譲された仕事を遂行するために雇われた人物によって担われるようになった。初期の工場所有者の大部分は実務家であり，主に商業あるいは取引についての素養をもつ人物であった[(30)]。中小経営が支配的であった時代には，従業員との個人的な接触や経営の概要をつかむことが容易であった。その結果，その企業の製造部門や商事部門と切り離された独立した管理の必要性に直面することはほとんどなく，権限や諸機能のよく考えられた分割，独自の特別な管理の機構や情報の流れの計画的な確保の必要性はなかった[(31)]。

それゆえ，「創立者の時代」には，企業の管理と組織は，一般的に，所有者の人格を色濃く反映しており，彼独自の管理スタイルの産物であった。しかし，企業がひとたび一定の規模に達すると，労働者との直接的な接触やさまざまな生産過程に関する詳細な情報の入手は，一層困難になった。さらに，企業の成長はしばしば地理的な分散をともなっており，諸部門が主力工場といくらか距離をおいて設置されたが，そのことは，監督を一層困難にしたのであった[(32)]。

例えば，1879年から1914年までのルール地域の鉄鋼企業をみると，企業規

模の著しい拡大は，企業組織の変革および分業化された企業管理の発展を必要とした。例えばフェニックスやウニオンの場所的に離れた立地にある経営では，1850年代末あるいは70年代の初めに，すべての意思決定の集権化および生産の分散化は不都合であることが明らかになった。経済的条件の変化への必要な，また急速な適応が可能ではなかったことから，両社の組織構造は，つぎの景気後退の諸年度には，不十分であることが明らかになった。経営の場所的分離や規模の拡大は，場所的に集中している大規模な企業あるいは当時支配的であった中小経営ではみられなかったような調整，情報および統制の諸問題を生み出すことになった(33)。

もとより，分業および分権化の程度は，個々の企業では，分枝工場の数，事業規模や本社の経営陣の規模に左右されていた。1914年頃には，分業と分権化の進展のもとで，場所的に遠く離れた経営から構成されるフェニックス，ドイツ・ルクセンブルクあるいはゲルゼンキルヘン鉱山といった巨大企業と，それらに比べ小規模で場所的にもほとんど分散化していない場合が多かったヘッシュ，ライン製鋼やボーフム・フェラインといった企業との間には，管理の規模において，明確な相違がみられた。例えば，フェニックスでは，1907年の新しい組織構造の導入後は，各事業単位の管理は，すでにそれぞれ1人の技術担当と商事担当の取締役によって行われるようになっている(34)。

あらゆる大経営において，企業の活動は，当時，生産技術的な職分や経営技術的な革新から商事面の全体的な計画化へと移り，また管理者や代表者の手にほぼ完全に移った。他方，技術的革新の管理は，その多くがミドル・マネジメントのさまざまな階層によって担当された。そのような新しい組織構造の導入は，一般的には，①職分の拡大，②新しい職位ないし管理のレベルの設置による人員配置の可能性の高まり，③目的と手段の関係の変化への組織構造の適応，という断続的にすすんだ3つのステップにおいて行われた(35)。

企業の拡大や必要となった意思決定の分権化によって，ミドル・マネジメントに分類される近代的な上級職員，経営管理者，上級職長などの管理職位の重要性が高まった。W.フェルデンキルヘンによれば，彼が考察を行った代表的な鉄鋼企業のすべてにおいて，スタッフ職位や管理職位をもつ新たなミドル・マネジメントの階層が存在していた。これらのスタッフ職位や管理職位は，企業の成長への管理者の適応を可能にし，またそのときそのときの事業単位や部門の管理者の負担軽減と意思決定の望ましい集権化を保証するためのものであった(36)。

ルール地域の鉄鋼業におけるこのような組織的諸変化は，1879年から1914年までの時期には，時間の経過とともにすすんだ部分的な意思決定の権限の上から下への移動によって規定されたものであった。そこでは，意思決定の分権化の程度は，主として，①企業の規模とその水平的・垂直的な拡大の程度，②それぞれの企業によって好まれる企業成長の諸形態，③株主の構成と企業管理におよぼす彼らの影響，④企業の資金調達方法，⑤企業における個々の経営の場所的な状況，⑥監査役会から取締役会への権限の移動の程度，といった諸要因にかかっていた(37)。

2　垂直的統合の展開と管理機構の変革

つぎに，垂直的統合の展開とそれにともなう管理機構の変革についてみることにする。ここでは，第1節でみたように，垂直的統合の戦略のあり方が産業部門によって大きく異なっていたことに注意しておかなければならない。

(1)　主要産業部門における垂直的統合の展開

①鉄鋼業の事例

まず垂直的統合の展開を主要産業部門についてみると，鉄鋼業では，少なくとも国内においては，販売はカルテルやシンジケートをとおして行われたので，管理や計算の制度とは反対に，販売部門は，多くの場合，わずかにしか拡大されることはなかった。それにもかかわらず，シンジケートの営業所と企業との間の業務上の日常的な関係は営業所の管轄とされたので，企業連合の存在は，ミドル・マネジメント層の拡大の必要性を高めることになった(38)。

また新技術に多くの投資を行い，生産施設の拡大を強力に推し進めた大企業のなかには，大規模なマーケティング組織の創出へと向かった企業もみられた。この点について，チャンドラーは，「19世紀末までにドイツの鉄鋼メーカーは，ふたたびアメリカの企業と同様に，しかしイギリス企業とは異なって，大規模なマーケティング組織を築きはじめていた」としている(39)。第1次大戦前には，ティセン・グループは，ベルリン，シュテティーン，デュースブルク，ルートヴィッフィスハーフェン，ケーニヒスブルク，さらにブエノスアイレスに鉄鋼商事会社をもっていたほか，国内外の8つの都市に石炭営業所を有していた(40)。他方，「巨大な鉱山・鉄鋼統合企業であるゲルゼンキルヘン鉱山株式会社は，ドイツ国内の10以上の都市に事務所と子会社を有し，それ以上の都市に特約代理店を置き，さらにヨーロッパのほとんどすべての主要な都市および中国，エジプト，モロッコ，セイロン，南アフリカ，ブラジル，ウルグアイ，チリに支店および代理店を置いていた」。このように，ドイツ企業は，アメリカ企業と同様に，イギリス企業よりも新技術に多くの投資を行い，また生産・流通の新しい方法を管理するのに不可欠な，そしてアメリカ企業とまったく同一の組織を創出した(41)。

②機械産業の事例

つぎに機械産業をみると，非電気機械を生産する製造企業も自前のマーケティング組織の創出に乗り出した。重機械の製造企業も，マーケティング組織の創出による前方統合を推し進め，階層制管理機構をとおして，新しく誕生した事業単位の管理・調整を行うようになった。チャンドラーは，「ドイツのこのような重機械メーカーの国際的販売組織は，アメリカやドイツの軽機械生産者と比べてさえも，はるかに広範なマーケティング・サービスをおこなった。販売員たちは顧客企業の特別の必要に応じた製品を設計するために，より長い時間をかけて顧客と接触した。また取決めを結んで巨額の信用を供与し，入念な修理とサービス保証を与えた。ドイツの機械メーカーは，大規模な経営階層組織を採用し，生産・流通過程の監視および調整にあたらせた」としている。さらに，彼は，「この階層組織はおそらくアメリカの機械企業のそれと比べてもさらに大規模であったと思われる」と指摘している(42)。このような重機械の製造企業では，「販売部門が世界的な販売網を監督した」のであり，「これらの企業はふつうヨーロッパに自社の支店を持ち，ヨーロッパ以外の地域では特約代理店に依拠した」(43)。

③電機産業の事例

さらに，電機産業や化学産業でも，自前の販売組織の創設による前方統合の動きが活発にみられた。J.コッカによれば，1880年代半ばまでに，完成製品やサービスの技術的な複雑さが，バイエルのような大規模な化学企業と同様に，ジーメンス，AEGのような大規模な電機企業に対して，最終の顧客への販売をとおして小売を受け継ぐように導いたとされている(44)。

そこで，まず電機産業についてみると，「初期のジーメンス社は，ヨーロッパ各国に子会社を置いた以外には，さしたる販売網をもた」ず，また，「販売拠点を設ける場合にも，それを社内に統合するやり方をとらず，各販売地域で代理権を商社などの外部企業に賦与する方法を用いていた」。しかし，「ジーメンス社を取りまく環境は，1880年代以降『強電革命』が進行するとともに，大きく変わっていった。それとともに，こうした消極的な販売政策は，新しい時代の要請とますます乖離していくものとなっていった。そして1890年以降，2代目当主ヴィルヘルムの下でジーメンス社が成長戦略への転換を遂げたとき，販売政策もまた見直されることとなった」。1890年代の同社の販売政策の転換は，「第1に，代理店を自社拠点たる技術営業所 Technisches Büro に置き換え，第2にそれと対応する本社側の販売管理組織を整えること」の2点を骨子としていた。代理店を利用した従来の方式のもとでの「販売網の統制・掌握の困難，さらに製品の最終責任をめぐる問題から，ジーメンス社は1892年前後に，代理店に代えて自社拠点を設置することを決定した」(45)。ジーメンス&ハルスケの外国の営業所に関しては，1889年末まではもっぱら代理店から構成されていたが，ヴィルヘルム・フォン・ジーメンスが同社の経営を引き継いだ直後の1890年1月25日には，最初の営業所がミュンヘンに設置された(46)。その後，国内外で順次営業所の設置がすすんだが，海外では，東京の日本営業所（1893年）が最初の技術営業所であった。1903年時点ではその数は全部で30に達しており，うち国外は8つにのぼった。「こうした販売網の社内統合に対応して，本社側では事業部制度の創出のなかで販売管理組織が整備され」，「強電販売部門が職能的事業部として自立化した」(47)。1914年には，ジーメンスは，10ケ国に工場を備えた外国の現地法人をもち，49ケ国に168の技術営業所，支所および代理店を有していた(48)。ジーメンスの営業所である各技術事務所には，数人の技術系管理者とともに販売責任者が1人いたほか，顧客の電機の設計・据付け・サービスに従事する訓練された電気技師スタッフが多数いた(49)。またAEGでも，国際的な販売・サービス網が築かれており，1900年頃にはドイツ国内に42，その他のヨーロッパ諸国に37，海外に38を数える「ビュロー」（事務所）があった(50)。AEGおよびジーメンスのこれらの販売事務所は，「アメリカの会社と同様，生産・設計・研究部門にたいして顧客のニーズに関する情報をたえず流して」おり，「この情報によって新技術の急速な開発が推進された」。また顧客に対して購入に必要な消費者信用を与えることが，販売の拡大のための重要なポイントであり，ドイツのこれら2社は，アメリカのGEなどと同様に，購入に必要な資金を顧客に融資する金融機関を創設した(51)。

ジーメンスではまた，このような前方統合とともに，原料調達のための後方統合も行われている。そこでは，原料および半製品（ゴム，針金，磁器，および紙）を製造するいくつかの工場が取得されている(52)。

④化学産業の事例

また化学産業をみると，この産業の技術的な特性が，その当初から，垂直的統合を促した。生産過程は複雑であり，そのことがたくさんの中間段階や巨大な工場を必要とした。競争が，企業にその生産設備とマーケティングの諸努力の両方を拡大するように駆り立てたのであった(53)。

チャンドラーは，1870年代末以降，化学産業の主導的企業は製品と製法の改良のためにマーケティングおよび流通施設，ついで研究施設や人材に大々的に投資を行ったとしている。「世界的規模の支店・代理店網を有する新たなマーケティング組織は，世界最大規模であった」。「支店組織には経験豊かな化学者や染色技師が配置されていた。彼らは電機製造企業の訓練された販売員と同様に，顧客と緊密に共同した。それらの組織は，製品の強さと弱さにかんする情報や改善のための提案をたえず本国に送りつづけた。こうした情報は，仲介商人にはほとんど期待できないものであった。ドイツ本国の本社販売組織のスタッフたちは，これらの報告を受け取ると，加工部門や研究所と密接に協力して，改良と同時に革新をも目指した」(54)。

当初のドイツの化学企業は染料を中心とする事業構造となっていたが，こうした染料企業は1885年頃までは，世界の低開発国への販売では，主に輸出業者に依存していた。これに対して，ヨーロッパの工業諸国やアメリカ合衆国への販売では，現地の卸売商が利用されていた。しかし，それ以降になると，ドイツの主要染料企業各社は，さまざまな輸出業者や販売会社との契約が満了するにつれて，その更新ではなく自前の販売網の構築へと向かった(55)。

ここで，**バイエル**の事例をみると，同社の世界的規模のマーケティング組織は6つの地域別グループ，すなわち，テュートン（ドイツ，オーストリア，オランダ，スカンジナヴィア），ラテン（フランス．イタリア，スペイン，ベルギー，スイス），東ヨーロッパ，イギリス，北アメリカ，南アメリカ・オーストラリア・極東のグループに分けられていた。同社の販売部門には，「1880年代以降，世界的規模の染料マーケティング組織が含まれ，またその後それより小規模でまったく異なった人員で構成される医薬品マーケティング組織が含まれるようになっていた」。「さらに写真フィルムのマーケティングを担当する第3の組織や，中間製品の販売のための第4の組織，さらに小規模の組織が付け加えられていた」(56)。このように，バイエルでは，無機化学品・有機中間品の購買・販売組織のほか，染料，医薬品および写真用品の3つの製品ごとに販売組織が設けられ，それぞれが各地域，国を受けもつというかたちの体制とされている(57)。また1906年の同社の組織に関する覚書では，購買部門については，購買される製品の特性に応じて化学製品と機械製品の2つの課に分けられ，同社で生産される無機化学製品の販売単位はこれら2つの課に組み入れられるものとされた(58)。

(2)　垂直的統合の展開と管理機能

以上のような垂直的統合の進展にともない，管理機能の重要性が高まることになった。この点について，チャンドラーは，アメリカを対象とした研究において，近代企業の2つの基本的な機能として，「現在の財の生産と流通を調整し監視すること」および「将来の生産と流通のために資源を配分すること」をあげている(59)。彼は，前者の機能について，「現業単位に責任を負う下位のレベルの管理者の任務は，単一の独立した工場や商店を経営した人びとのそれとはほとんど異なるところがなかった」のに対して，「ミドルの管理者は，近代的な管理的調整という新しい道を切り開かねばならなかった」[60]として，新しく誕生したミドルの管理者の果すべき主要な機能を指摘している。

ドイツにおいても同様であり，大規模企業における統合化および多角化は，高度に訓練された管理者を必要とした。原料基盤の統合および自前の販売組織の確立は，運営のために適切な専門家（原料の獲得，加工，販売および流通に関する専門家）を必要とするような各部門への企業家機能の分割を必要とした[61]。このような垂直的統合にともなう管理上の問題への対応として，アメリカの場合と同様に，多くのケースにおいて，集権的職能部制組織が形成された。この点について，J.コッカは，アメリカ合衆国においてそうであったように，垂直的に統合化され，集権化され，職能別に部門化された組織が当時ドイツにおいて支配的であったとしている[62]。

しかしまた，そのような管理のための要員の確保という点では，アメリカとの相違もみられた。ドイツでも，19世紀の終り頃に，マーケティングおよび会計において大きな進歩が企業によって生み出されたが，それは必ずしも大規模な大学教育と結びついていたわけではなかった。製造会社が卸売，またある程度は小売の機能を引き継ぐにつれて，新しいマーケティングの諸方法が開発されなければならなかった。また1870年代の不況のもとでのコスト意識の高まりや所有者によって経営されていた企業の株式会社への転換にともない，会計手法の改善も必要となった。そのような進歩は，大学でのアカデミックなビジネス教育を受けた経営者よりは，むしろ中等教育レベルの商業学校の教育を受けた実務家によって最も良く生み出された[63]。

(3)　管理機構の変革における官僚制の影響

また管理機構の形成におけるドイツ的特徴についてみると，そのひとつは，ミドルおよびローワーの階層の管理においては，増加している企業の職員は公的な官僚制から借りてきたモデルにしたがって組織されたという点にみられる。成文化された手続および規則，体系的な職務記述は，その企業の本社においてと同様に，技術やマーケティングの部署でも重視された。分業は複雑であり，また広範囲におよんでいた。階層組織は注意深くその境界を決められ，権限のラインおよび情報伝達の手続は高度に確立された。その結果，政府や州の企業のそれとほとんど変わらない民間の官僚制が生まれたとされている[64]。

この点に関して，J.コッカは，「トップ・マネジメントはより体系的な方法を採用し，自らも特定の個人に左右されない一般的な規則に従った」が，「ミドル・マネジメントの段階でも，膨大な職員層の内部や工場の管理において，官僚制的な傾向が以前よりも一層明白になった」としている。「ドイツの工業化が特殊な条件をもっていた結果，官僚制的なパターンは工業の経営管理の発展に強い影響を与えた」。当初にあっては，そうしたパターンの大部分が外部からもたらされたが，「後になると，工業技術と商業の新たな条件の下で官僚制化が継続した」[65]。官僚制的な組織構造の内部では，体系的な経営管理，企業外の学校において正式の訓練をうけて一層専門職化する従業員，正確さ，さらに合理的な組織に対する必要をよりたやすく満たすことができたとされている[66]。

しかし，1880年代には成長が中断する危機が起こり，そうしたなかで，「緩慢な対応，組織上の隘路，過度の形式化といった官僚制的な組織の障害がより露わになった」。官僚制的な構造や技術がうまく機能するためには，家族を基礎とした個人的な管理技術，市場の刺激やメカニズムとの融合が必要であった。「工業企業における官僚制化のあらゆる限界は，企業の市場依存と，とくに業績志向性の結果であったし，また，私有財産が依然として企業の正統性の主な拠りどころだったということの結果であった」とされている[67]。

(4)　管理機構の変革と職員の増加

このようなミドルとローワーの管理者層をかかえる大企業の管理機構は官僚制的な階層制組織をなすが，そのような傾向は，企業内における新しい階層である「職員」層の増加をもたらした。分業の進展および職能の多様性は調整の必要性の増大をもたらすので，より多くの管理要員が配置されなければならないが[68]，R.シュトックマンは，製造業の諸部門においては，商事職員の割合は管理機構の規模の指標とみなすことができるとしている[69]。また彼は，環境条件の変化に基づく職分の一層の増加と同様に，より複雑な組織の流れの結果としての調整の必要性の高まりが商事職員の拡大を促したとしている[70]。

J.コッカによれば，1880年代には，「個々の企業の外部では，労働者と職員（私的官吏）との語義上の区別は，知られていなかったわけではないが，それほど一般的というわけではなかった」。これに対して，第1次大戦の勃発までに，「書物・小冊子・雑誌で，また世論で，職員層問題が取り上げら」れ，「『職員』という用語は十分に定着した」とされている(71)。

それゆえ，ここで，商事職員の割合の推移を主要産業部門についてみておくと，それは，1895年には，電機産業では7.3%，化学産業では7.6%と最も高く，1907年にはそれぞれ9.8%，9.9%，25年には11.3%，12.6%にまで上昇している。また鉄鋼業・機械産業・輸送機器産業では，その割合1895年には3.3%，1907年には4.3%，25年には7.4%となっており(72)，これらの諸部門において職員の増加の傾向を顕著にみることができる。

3　多角化の傾向と管理機構の変革

(1)　多角化の展開と企業管理の問題

つぎに，多角化の傾向との関連でみると，アメリカでもまたドイツでも，多角化が明確な成長戦略として推し進められるのは第1次大戦後のことである。そこでは，職能別に部門化されたそれまでの組織では十分に対応しきれない，さまざまな管理上の問題が発生した。すなわち，部門の長たちは，異なる種類の製品の販売や原材料の調達，異種製品の生産を手続化するという問題など，多種多様な製品を取り扱うという困難に直面した。現業部門におけるこのような管理の限界のために，トップ・マネジメントは企業者的決定よりむしろ管理的決定にわずらわされることがしばしばであった(73)。こうした組織と管理をめぐる諸問題は，「工業企業の資本が異種生産部面へ投下されていることのあらわれ」であった(74)。

またチャンドラーが指摘したように，「全系列の製品を揃えるという形でしか，事業が拡大しなかった場合には，同じ型の経営資源が引続き使えるので，通常，営業部の組織を改めて，主要顧客別に管理できるようにしさえすれば，それで充分であった」。しかし，「いくつかの職能業務を，数箇の全く異なった市場の要求に合わせて調整してゆくことは，既存の組織をもってしては，次第に困難になった」。それゆえ，「要求の全く異なる顧客を相手に新事業を始めるとなると，もっと大幅な機構改革が必要となる」[75]。

ただここでおさえておかなければならない点は，職能部制組織のもとでは，多角化による新しい製品系列の追加が必ずしも即管理上の諸困難を決定的にもたらすとは限らないということである。むしろ生産，販売，購買といった基本的職能を遂行する上での条件が大きく異なり，そのそれぞれに独自的な標準や作業手続，方針が必要とされる場合に，これらの現業活動を行う諸部門において困難な管理上の諸問題が生じることになる。各職能部門におけるこのような管理の限界のために，全般的管理の担当者は，これらの現業諸部門の統制・調整を十分になしえず，全社的・長期的な立場から経営資源を配分していくといった本来的な最高管理の諸職能に十分に専念することができなくなるのである。

それゆえ，ここで問題となるのは，19世紀末から第1次大戦までの時期における多角化の進展によって企業はこのような管理上の諸問題に直面することになったのかどうか，ということである。そこで，この時期に多角化の傾向が他の部門よりも強く現れた化学，機械および電機の3つの産業についてみることにしよう。

(2)　化学企業および機械製造企業における多角化の状況と管理機構の特徴

①化学企業の事例

まず化学産業の企業をみると，この時期の多角化は，あくまで染料を中心として医薬品，中間製品などへと拡大したレベルにとどまっており，これらの製品系列は，生産の条件という面からみても決定的に異なるものでは必ずしもなかった。例えば1907年のバイエルの生産領域をみると，それには，無機化学品，タール生産のあらゆる重要な中間品，すべてのアリザリン染料・アニリン染料・アゾ染料・硫化染料，医薬品，さらに写真用品をあげることができる[76]。これらの各製品の領域は，当時のドイツ化学企業の主要製品であった染料の生産のプロセスとの関連で発展したものであり，それゆえ，生産の条件からみた場合，必ずしも決定的な差異がみられるわけではなかったといえる。

またすでにみたように，バイエルでは，染料以外にも，医薬品，写真フィルム，中間製品のマーケティングを担当する製品ごとの独自の販売組織が設置されており，とくに販売に関しては，複数の製品系列を扱うための組織上の一定の対応がなされていた。この点でも，1920年代における多角化の本格的な展開によって生じたのと同様の管理上の諸問題を決定的にひきおこすには至らなかったと考えられる。

②機械製造企業の事例

つぎに機械産業をみると，この産業も，範囲の経済の利用による多角化の展開が重要な意味をもった部門であるが，ここでは代表的な事例をみておくことにしよう。例えば**フンボルト機械製造会社**は，1903年以降の新たな発展のもとで，7部門を抱える構成となっており，そのなかには，機関車製造，機械製造・弾丸製造・陸海軍向けの供給・伝動装置の製造，鉄道車両・輸送機器製造，鉄骨製造・ボイラー製造・波形板製造・鍛造などの完成品部門の諸部門があったが，機械製造部門では醸造機械，冷蔵機械，鉱山用機械などが生産されていた(77)。蒸気機関車生産で有名となった**ボルジヒ**でも，蒸気機関，ボイラー，タービン，コンプレッサー，冷却機械の製造のほか，ポンプ，鉄鋼工場用設備や化学工場向け設備などの生産を行うようになっていた(78)。そのような多様な製品を扱うなかでも，なお蒸気機関車はボルジヒの主要製品であった(79)。**ハノーマク**も当初は蒸気機関車メーカーであったが，その後，蒸気機関，ボイラー，ポンプ，暖房設備，耕耘機，あらゆる種類の鋳鉄製品，遠心分離器（1907年以降），船舶用エンジンなどを生産するようになった(80)。ただボルジヒとは対照的に，1900年までに全事業に占める蒸気機関車事業の割合はわずか19%にまで低下している(81)。A.D.チャンドラー，Jr.によれば，その他の重機械会社をみても，ほぼ同様のかたちで多角化が行われた(82)。これらの機械メーカーは大企業であり，例えば**MAN**は，第1次大戦までに1万5,000人以上を雇用しており，「この程度の規模の重機械会社は，アメリカやイギリスにも何社か存在した」が，「同程度の製品系列の多様性をもった企業はほとんどなかった」とされている(83)。

この時期のこうした多角化の傾向について，H.ポールは，いくつかの諸部門，例えば，社会的分業の弱さと効率的な販売市場の欠如のためにその当初から比較的高度な多角化がみられた機械産業では，製造品目がより安定するようになりまた企業がより広範な販売市場向けの大量生産に変わるにつれて，一層の専門化の傾向をたどったとしている(84)。第1次大戦までの時期の機械産業における大規模企業の多角化の傾向は，むしろこのような特殊的諸条件のもとでみられたものであるといえる。多角化が明確な成長戦略として認識され，展開されるようになるのは，第1次大戦後のことである。例えば，ドイツの産業用重機械のメーカーは，「1924年以降再び急速に，ヨーロッパにおける工場，鉱山，港湾，鉄道駅，公益事業，商業センターなどを市場とする機械メーカーとなった」のであり，「主要企業は製品系列の数を増やした」。チャンドラーは，1920年代にMANが多種多様な市場に対して供給を行っていたという事実がこの点を明らかに示していると指摘している(85)。

このように，19世紀末から第1次大戦までの時期にみられた化学産業や機械産業における多角化への傾向は，多くの場合，1920年代のような工業企業の資本が広く異種生産部面へ本格的に投下されたケースとは異なっている。そのことは，企業管理上の問題の現われ方にも，またそれへの対応としての管理機構（職能部制組織）の形成にも深いかかわりをもつことになったといえる。

(3)　電機企業における多角化の状況と管理機構の特徴

すでにみたように，当時のドイツでも，アメリカの場合と同様に職能部制組織が支配的であったが，J.コッカは，「多くの変種および結合された組織——本社によく統合された企業および周辺におけるゆるい連合——が存在していた」として，電機産業のジーメンスの分権化された複数事業部制組織を「少なくともひとつの例外」としてあげている(86)。それゆえ，ここでは，大規模な電機企業の多角化の内容とそれにともなう管理上の問題についてみることにしよう。

チャンドラーは，電機産業を規模と範囲の経済性の追求によって近代企業が成長をとげた顕著な事例としている。なかでも，「ジーメンスとAEGは前例のないほどに企業家的エネルギーを爆発させ，関連製品系列に多角化した」とされている(87)。ジーメンスの場合，20世紀の初頭には，ジーメンス・シュッケルトは，主として強電部門を受けもち，動力，照明，鉄道関連設備，設備取付材料，高圧電線などの生産と流通を担当した。一方，ジーメンス&ハルスケは，主として弱電部門を担当し，電気化学製品，白熱電球，電信・電話機器，計測機器や鉄道保安設備・信号，電線類などの製品を生産した(88)。またAEG

の20世紀初頭の主要な生産領域は，①電気照明設備および送電設備，②中央発電所，③電気鉄道，④電気化学設備，⑤蒸気タービン，とくに大製鉄所用および鉱山用の蒸気タービンの製造，⑥自動車の製造となっていた[89]。この時期のアメリカの2大電機企業であるGEとウェスティングハウスがもっぱら照明器具や動力装置を生産・販売していたことを考えると，ドイツのこれらの代表的企業2社は，アメリカ企業よりも広範な機器系列を生産していたといえる[90]。

ただここで問題となるのは，このようなドイツ企業の組織構造についてである。ジーメンスの場合，シュッケルトとハルスケは同一の本社組織によって管理されたが，それぞれ異なる組織構造をもっていた。

ジーメンス・シュッケルトでは，1903年の合併につづく再編がいったん完成した後には，生産と販売の2つの巨大な職能部門によって管理される体制とされた。その後，1913年にノンネンダムへの移転が完了した後に管理組織構造が築かれ，それが第2次大戦まで比較的変更を加えられることなく続くことになった。1913年8月1日に実施された計画によれば，生産部門――工場管理本部（Zentral-Werksverwaltung）と改称――の組織は，以前とほぼ同様のかたちであった。他方，販売部門は流通管理本部（Zentral-Verkaufsverwaltung）と呼ばれるようになり，この組織が，6つの主要事業部（部門）を監督した。これらの「各事業部はそれぞれの重要な製品系列にたいして責任を負った」。1913年の時点では，「主要製品系列としては，中央発電所，産業用電気機械，陸海軍用設備（これには商船用電気設備も含まれていた），電気市街電車および鉄道，そして小型機械・付属品部門があった」[91]。電力関連の側での技術的な差異や特殊な設備のために，ジーメンス・シュッケルトの事業単位は生産部門か販売部門のいずれかを欠いていたが，企業の内部価格システムのなかで比較的自立的であったとされている[92]。

また**ジーメンス&ハルスケ**では，独立採算の事業部制による管理が行われていた。1890年以降，シャルロッテンブルク工場から電気鉄道部が営業部として分離され，これによって，各工場と営業部が互いに事業部，すなわちいわば「プロフィット・センター」として独立企業的な関係を取り結ぶというジーメンス&ハルスケ社独自の体制が基本的に整った[93]。さらに，このような「事業部制による分権化を前提にして，一方では資本間競争の個別資本への内部化の効果を一層高め，他方では後者がもたらす無政府的な個別的利益の追求による全社的弊害を防ぐかまたは少なくし，かつ不採算部門の淘汰を含むスクラップ・アンド・ビルドにより企業全体の収益向上を図るために，本社機構が設けられ，これが各事業部を統轄する体制がしかれた(94)」。チャンドラーは，「たとえ鉄道信号や白熱電球の生産を統制していたのが本社の階層組織であり，それが同時にヴェルナー工場を管理していたにせよ，その組織構造は比較的分権的であったように思われる」としている(95)。

ジーメンスの組織の特徴について，J.コッカはつぎのように述べている。すなわち，合併の結果生まれたGEのような株式会社とは異なり，ジーメンスにおける組織の構築は，管理および効率的な集権的な意思決定のための均衡のとれた手段の創出と同様に，体系的かつ計画的な分権化，権限の委譲を必要とした。これらのよく考えられた諸変化の産物は，高度に多角化された複数事業部制企業における体系的な命令系統や集権的な政策の策定とフレキシブルな分権化とをうまく結合させたひとつの新しい組織の型であった。ジーメンス&ハルスケでは，ひとつの事業単位を除くすべてが，製造部門，技術部門および計画部門，販売部門，会計・管理部門，そして中央本社をもっていた。換言すれば，ジーメンス&ハルスケは，職能別に組織されていたのではなく，製品（あるいは地域）別に組織されていた。本質的には，純粋な形態ではなく，いくつかの制約（とくに電力の側での）をともなっていたとはいえ，デュポンやGMがアメリカにおいて1920年代初頭に最初に採用する10年から20年前に，ジーメンスは高度に多角化された複数事業部制企業の特殊な分権化のパターンを発展させたのであった(96)。ジーメンス・グループの企業は，第1次世界大戦の勃発まで，単一の管理組織構造をとおして運営されており，「この構造は上級役員の単一の本部組織といくつかの自立的な製品事業部を有して」いた。チャンドラーも，このような組織構造は第1次大戦後まもなくアメリカでデュポンやGMが築きはじめた複数事業部制組織の先行形態であったと指摘している(97)。

しかし，ドイツにおいては，ジーメンスを除くと，19世紀末からヴァイマル共和国までの時期には，徹底して区分された，責任を負うべき事業領域にひとつの製品系列の生産と販売を統合した事業部制の形成はまだまったくみられず，ここで取り上げたジーメンスの事例は，ひとつの例外をなすといえる(98)。ドイツにおいて事業部制組織が普及するのは第2次大戦後，とくに1960年代後半のことである(99)。

同社におけるこのような組織の早期出現の理由としては，「第一にジーメンスはアメリカの電機企業とは異なり通信機器の生産も含む総合メーカーであり，その多角化の度合ははるかに高く，それゆえに管理組織の整備への要請がより強かったこと，第二に家族主義の伝統が組織改革に際して最高経営者に家父長的なリーダーシップを発揮させたこと，第三に官僚制の伝統が組織形成のうえで有効に作用したこと(100)」などが考えられる。なかでも第一の点が最も重要であろう。すなわち，ジーメンスでは，白熱電球，計測機器のほか，電気化学製品，通信機器などの新しい事業分野への進出が行われたが，化学産業，機械産業のケースとは異なり，新しく追加されたこれらの製品系列には，生産，販売，さらに購買といった基本的な職能活動を遂行する上で，異なる標準や作業手続，方針を必要とするものを含んでいた。それゆえ，異種生産部面へ資本が投下されることによって，単一製品系列を扱うさいには適していた職能部制組織のもとでは，上述のような管理上の困難な諸問題が発生することにならざるをえなかった。それだけに，ジーメンスでは，このような管理組織の整備が，19世紀の末にいちはやく要請されることになったといえる。

これまでの考察において，管理機構の変革とその特徴をみてきた。それをふまえて，つぎに，複数の事業単位の管理・統制，調整と全社的・長期的な立場からの経営資源の配分を行うための本社管理機構がどのように形成されたかについて，考察することにしよう。

4　本社管理機構の形成

(1)　主要産業部門の代表的企業における本社管理機構の形成

①鉄鋼業の事例

1）取締役の職能的分化とその意義

まず鉄鋼業をみると，大部分の企業では，取締役会のレベルの管理は，当初は，技術担当と商事担当の取締役に職能別に分けられていた(101)。商事面の管轄領域には，技術以外の職務に関してなされるべきすべてのものが含まれていた。分業的に組織されたこのような企業の管理においては，時間が経つにつれて，商事担当取締役の重要性が高まったとされている[102]。

例えば，**クルップ**では，1872年にフリードリッヒ・クルップによって組織案が構想されており，そこでは，同社は，基本的には，技術部門と商事部門の職能部門から構成され，それに加えて，法律部門がおかれるものとされた。前二者の職能部門は，技術担当の取締役（ロルスバッハ）と商事担当の取締役（E.アイホッフとビーガント）によって管理される体制が構想されていた。また**グーテホフヌング**では，1870年の新株式法に基づく取締役会の職務規程が73年に厳密に決められた[103]。そこでは，取締役会は2人の技術担当，それぞれ1人の商事担当と法務担当の取締役から構成されるものとされた。しかし，法務担当の取締役の職位は，1914年以前には明確なかたちでおかれることはなかった。取締役会のメンバーは合議制で審議を行うべきものとされた[104]。

しかし，19世紀から20世紀への転換期以降になると，適切な組織構造の重要性がますます認識されるようになり，製造，商事管理および管理全般の3つの領域への職分の分割が行われるようになった。そこでは，しばしば，同じ権限をもつ2人の取締役の体制から，分業的に編成された管理組織の頂点に1人の代表取締役が立つ階層的な組織構造へと移行することになった[105]。ただ上述のクルップやグーテホフヌングでは，そのような組織改革が比較的はやくに取り組まれている。

例えば**クルップ**では，1879年に，4人の業務担当の取締役（Prokurist）のもとへの職分の職能別分割でもって，その後に行われた製造部門，商事管理，さらに特定の職分領域をもたない1人の業務担当の取締役を長とする管理全般への3分割のための基礎が生み出された[106]。そこでは，時折，7人ないし8人の業務執行担当者が働いていたのでなおさら，専門の業務担当領域をもたない1人の役員が不可欠となったが，1878年1月のイエネッケの参加によって，初めて状況が改善された。組織の基盤は，職務の増大に応じて，下位の業務担当者ないし商事担当の代表者によって強化された。1896年7月1日には，取締役会は12人に拡大されており，合計8人による補佐の体制がとられたが，98年10月には，合計12人による体制へと拡充されている[107]。例えば同社の1888年3

月14日のある内部文書にもみられるように，経営幹部組織に対する職務規定が定められており，そこでは，取締役の構成，権利と義務などについて規定が設けられたが，上述のグーテホフヌングの場合と同様に，合議制による共同管理のあり方が定められている(108)。

この時期には，企業の成長にともない，それまで監査役会の意思決定に委ねられていた業務の一部が取締役会に委譲され，取締役会の職分は，それだけ増加することになった。例えばフェニックスでは，1907年の管理の再組織の後には，ほとんどの場合，取締役会は，監査役会ないし株主総会の承認を事前に得ることなしに，会社の利害の上で必要あるいは合目的的と思われる諸方策を実施する権限を与えられるようになった。このような権限の増大によって，取締役会は，全体としては，職分の一部を委譲せざるをえなかったが，取締役会あるいはスタッフ部門の職務は，企業の長期的な目標の決定のほか，引き続き，投資決定，購買・販売，原価計算，個々の経営相互の計算価格の決定，貸借対照表の作成のための諸原則の決定および重要な連合の問題の調整であった。同社の場合，新しい組織構造の導入後，各事業単位の管理はすでに，それぞれ1人の技術担当と商事担当の取締役によって行われていた。この時期には，ほとんどすべての企業では，中央本社は，①管理，秘書，②会計・出納，③購買，④販売，⑤計算部，⑥発送といったスタッフ職位をもつようになった(109)。

2）会計システムの改革と本社管理機能の強化

また会計システムの改革とそのための組織の設置によって，本社管理機能の強化がはかられた。例えば，クルップでは，1873年の過剰生産恐慌に端を発した運転資本の深刻な不足という事態への対応として，アルフレッド・クルップは，会計システムの徹底的な改革と改善に取り組んだ。そこでは，会計システムに対して新しいガイドラインが設定され，時間および賃金の管理のための部署やそれらの計算の検査に従事する計算検査部（Rechnungs-Revisionsbüro）と同様に，専門の計算部が設置されている。このような手段は，非常に精巧であり，また当時の状況や将来の経済の変化に対しても適切であることが明らかになったので，競争相手であるグーテホフヌングでも，同様の組織の改革が重要な課題となった[110]。

そこで，**クルップ**についてみると，1866月1月1日以降，「一般計算制度」(ein allgemeines Rechnungswesen) が存在しており，それは，①個々の経営部門間の取引および使用される材料の取引の管理，②業績一覧の作成，③新しい設備および経営の拡張に関する計算という3つの目的に役立つべきものとされた。ただそのときどきの外部からの材料の購入や賃金の計算は，本社部門 (Zentralbüro) に留保されていた。そのような経営内部の計算制度を「非経済的な経営単位や経営の諸過程の検証，コスト引き下げの合理化およびより高い競争能力の基礎」の確保という点でみれば，この計算制度の欠陥はあまりにも大きかった。それゆえ，1874年には古い規定が放棄され，計算制度の改革が行われた。重要な細部の部分にまでおよぶ正確さと本社事務部門への報告の集中化が，新しい規定の特徴であった[111]。

さらに，統制の強化のための手段として，計算検査部が設置された。それは，内部管理ないし内部監査のための組織であり，計算，収支，動産や不動産の増減，借入金の管理の吟味によって管理全般のあらゆる業務を統制することを目標としていた。このような統制は，たんに経営および管理の全部署の収支という近代的なコントローラー制度の古典的な領域にのみおよんでいたのではなく，むしろ目標値と実際値の比較によってすべての事業単位が規定をどの程度遵守したかという点の解明がめざされた。経営単位の各収支報告書の検査や，経理部長の助けでもって商事担当の取締役によって作成されるべき企業全体の年度末決算書の検査とならんで，業務担当の取締役への提案をも含むべき独自の年次報告の作成が，計算検査部を所管する取締役の責任とされた[112]。

このように，クルップやグーテホフヌングなどの大企業において，計算部や計算検査部の設置による本社管理機能の強化がはかられた。決算書の改善は徐々にしかすすまなかったが，まさにそれを任された私的官吏の組織能力が，各部分や各作業工程をそのときそのときのコストの関連で示すための，また個々の経営における生産の効率性に対する企業の要求に普遍的な妥当性を確保するための機会を初めて開いたのであった[113]。

②化学産業の事例

また化学産業でもほぼ同様の傾向をみることができる。チャンドラーは，同産業では，「ジーメンスの場合にもまして，工場内の多くの加工プラントの物理的な立地が，企業の全体的な管理組織構造を決定する要因となった」としている。「バイエルの工場組織の心臓部は管理本部（部門Ⅶ）であって，その建物にはトップ・マネジメントのほか販売・購買・会計・特許・統計各部門の組織や図書室も置かれていた」。バイエルの管理本部の最大の執務室では，5名の上級経営者が執務していたが，彼らは幹部会のメンバーであり，この組織は取締役会にあたるものであった。「5人のメンバーは，全員がさまざまな職能的活動を担当したが，デュースベルクとバイエルは主として生産・エンジニアリング・研究を担当した」のに対して，他の3人は，購買と販売に集中した。また，「1899年に規定された管理組織の構造は，その後ほとんど変更を加えられることなく」，1925年の合併によるIGファルベンの誕生まで維持された(114)。

1906年の同社の組織に関する覚書では，トップのレベルにおいては，購買，販売および技術の3部門への取締役の配置というかたちとなっていたが，各取締役の間の分業に基づいて，経常的な業務が自立的に管理され，遂行された。これに対して，全般的な業務の問題やとりわけあらゆる重要でかつ不確実性の高い業務上の諸問題については，取締役会の会議での合議制による決定が行われるべきものとされていた(115)。

③電機産業の事例

つぎに，電機産業をみると，すでにみたように，ジーメンスでは，事業部制組織にみられるような管理の分権化，分権組織の導入が行われたが，同社の組織構造は，「集権と分権の，管理のメカニズムと内部価格システムの，また取締役会，委員会および階層制の，複雑でかつ高度に洗練されたひとつの混合体であった(116)」。トップのレベルでは，集権的な管理，意思決定，また管理上の監督を配慮した，精巧でかつ体系的な管理の体制が確立され，トップの経営者は，基本政策，資本設備および人員の配分，外部との関係，法律問題，特許，組織全般および労働の管理に集中することができたとされている。職能別に境界を決められた諸活動を担当するトップの役員と同様に，事業単位の長の大部分が含まれていた2つのジーメンス社の取締役会メンバーは定期的に集まったが，その会社の全社的な政策の策定および運営に参加する2つの異なる総合本社（general office）が存在した。そこでは，定期的な報告，統計，図表および管理の高度な標準化が効率的な概観と統制を可能にした。増加する本社スタッフ部門のメンバーは，一方の企業あるいは両方の企業のためにいくつかの職能を遂行したが，彼らは，全体の監督，調整および標準化のために必要な諸活動に組織的に専門化した。建設，研究開発の調整，原料の購買，営業所の監督，海外への輸出のための組織，法律，経済および広報活動，集中的な会計処理のために，そのような諸部門がおかれていた[117]。

そこで，取締役会の活動についてみると，その会議数（財務委員会を含む）は，1889～1902年の168回（年平均回数33.6回）から1908～13年には57回（同9.5回）に大きく減少している。ヴィルヘルム・フォン・ジーメンスの業務執行の方法やそのときどきの個々の取締役との彼の個人的な接触によって，以前には取締役会によって非常に不十分にしか行われていなかった集権的な調整の機能が，代表執行者によって受け継がれた。このようにして，取締役会の会議の必要性は低下する傾向にあった。会議の頻度の低下によって，次回の会議の開催までの間隔は長くなったが，取締役会の議事録に記録された議事項目の件数は全体としては減少しており，1カ月に扱われた議事件数は，1898年の83件から1913/14年にはわずか7件に減少している。J.コッカは，このような諸変化から，①権限の委譲によって取締役会が下位のレベルの意思決定の混乱から開放されたこと，②1903年以降，取締役会は監査役会の代表者，個々の取締役，その独自の委員会や新しい本社部門に対する重要な意思決定の権限を失ったこと，③命令権をもつ経営の機関としての場および情報のための交流の場としての2つの主要な機能のうち，取締役会は後者をますます重視したこと，という3つの傾向を読み取ることができるとしている[118]。

このように，ドイツでも，本社管理機構の整備がはかられたが，最高管理のレベルの意思決定を行うべき本社の中枢的組織が代表執行幹部組織に移行するケースもみられた。それゆえ，つぎに，この点についてみておくことにしよう。

(2)　最高管理の代表執行組織の創出と本社管理機構の強化

この時期には，最高管理の代表執行組織の創出によって本社管理機構の強化がはかられた。福應 健氏は，企業者組織の展開過程を当時のいくつかの代表的な大企業の実例を取り上げて考察されているが，それらの例に共通する点として，「企業者組織の核心が監査役員の全体ではなくその主導的存在，多くは会長 Vorsitzenderまたは監査役代表Delegierter，および代表取締役Generaldirektorにあること」，また「この組合せが良好かつ後者の積極的イニシアティヴが前者の支持によって開花するとき多角化統合された大企業形成による企業成長が得られていること」を指摘されている。「少なくともこれらの場合については，銀行派遣の監査役にたいして，経営管理の日常的課題に対処しつつ，高度化する組織の現実にそくして意思決定する取締役の企業政策への影響力の伸長は明瞭」であり，「しかもそれは一般にDirektion とよばれる執行幹部組織のうちに表現された」。同氏は，「こうした発展傾向は大企業についてはすでに定着していたものとおもわれる」として，最高管理の意思決定を代表して行う中枢的組織の発展について述べられている。

例えば，**ゲルゼンキルヘン鉱山**では，経営幹部による執行体制の形成がみられる。この点について，福應氏は，1908年の総幹部会議 Gesamt-Direktions-Sitzungの議事録を基に，「取締役を中心に時に各部局の責任者やコンツェルン企業の役員を加えたこの会議は拡大取締役会ともいうべきもので，総会で決定される企業政策の実質的形成が行われたものとみられる」とされている。その上で，同氏は，「月一回以上この年一三回開かれた会議のうち重要議案にかかわるとみられるものにはきまって唯一の監査役としてアードルフ・キルドルフの参加がみられた」のに対して，「監査役に加わっていたテュッセン・シュティンネスらは一人としてここに現れて」はおらず，「キルドルフ兄弟と経営幹部による執行体制の形成が確認される」と指摘されている(119)。

また**クルップ**をみると，現業部門の長の参加のもとで，とくに技術的な諸問題の協議のための委員会を組織することをゴーゼが提案している。しかし，1874年5月11日にハーゲマンはこれを否定的に考えており，同社にとっては，そのような組織の設置はあまりにも複雑すぎると主張した。そのような組織の設置に代えて，むしろ，外部に対してクルップ社を代表する業務執行担当者から構成されるより狭い範囲の執行幹部会とならんで，ディーヒマン，R.アイヒホッフ，C.ウーレンハウト，O.E.リヒターおよびクレーマーを擁するインナー・サークルが生み出されるべきものとされた(120)。

(3)　各種委員会の設置とその役割

またこの時期の大企業においては，取締役会の代表執行機関や担当者による業務の遂行を補佐するための委員会組織がおかれるようになっている。ジーメンスの場合，それは3つの種類に分けることができる。まず意思決定が基本的な専門的準備を必要とする職能領域については，ひとつの部門によってそれが行われるのではなく，委員会は，何ら議決権をもたない準備機関や助言機関として機能した。こうした委員会が第1の種類をなすが，取締役会はすでに1899年に，新規建設，改造，事業用の機械や工作機械の購入に関する各部門からのすべての申請がまず「建設委員会」（“Baukommission”）で査定され，その後に初めて取締役会に提案されうるようにした。ささいな諸事によって負担がかかりすぎとなっていた取締役会は，この方法で，従来の意思決定の傾向を損うことなく，自らの活動を合理化しようとした。

ジーメンスではまた，スタッフ機能を担当するそのような常設の委員会とともに，第2の種類の委員会として，職務の終了後は一時的に休止する特別に設置された委員会が存在していた。取締役会は，必要に応じて，その構成メンバーから成る小グループに対して，いずれの管轄範囲にも適さないかあるいは複数の管轄範囲にかかわる一時的な任務を委譲した。例えばジーメンス＆ハルスケでは，ベルリン金属工業家連盟への加盟問題を審査するための委員会が1903年に設置されたほか，1908年には「合理化委員会」（“Rationalisierungsausschuß”）が設置されている。

これらの委員会では，しばしば取締役会のメンバー以外の者が任命されたのに対して，第3の範疇をなす取締役会の委員会では，取締役または業務担当の取締役だけに権限が留保されていた。上述の委員会は，決議の選別，準備および推奨によってのみ意思決定過程に影響をおよぼしたの対して，この第3のグループは，多かれ少なかれ，明確な意思決定の権限をもっていた。ヴィルヘルム・フォン・ジーメンスが1903年にジーメンス＆ハルスケの取締役会会長を引き受けた直後に，彼の主導のもとに，さらにベルリナー，シュピーカー，シュビーゲル，ブッデの4人の取締役が加わる財務委員会（Finanzausschuß）が設置された。

このように，ジーメンスでは，全般的管理の職能を担当するトップの経営者の諸活動を補佐する3種類の委員会組織が設置されたが，J.コッカは，これらの委員会はむしろ意思決定過程の手法を簡素化するという目的をもっていたようだとしている。このような委員会制度はさらに，管轄範囲の間での職位に関する規定や職務規定で決められた権限の割り当てを変える必要に直面することなく，この企業の頻繁に変化する諸課題に迅速に対応することを可能にした。さらに，さまざまな委員会を兼任することによって，――ジーメンス＆ハルスケとジーメンス・シュッケルトに共通の委員会と同様に――形式的には独立しているが同じ管理棟から統轄される2つの会社の重要な絡み合いを示している，取締役のなかの小規模なエリートが生み出されたのであった。こうして，このような委員会制度は，多数の取締役や執行取締役のなかで，効率的に細分化を行うことを可能にした(121)。取締役は通常，営業と製造の2部門に担当を分けて最低2名がおかれ，複数の場合は合議制をとるが，多数の場合，議長であり取締役会の合議制の頂点にたつ代表取締役（Vorsitzender Dir.またはGeneraldirektor）が選出された。また合議制による管理の限界に対処し意思決定の迅速化をはかるために，取締役会の部門別や機能別の委員会組織がつくられた。こうした委員会組織の設置は，多角多機能化による経営の多様な諸形態と経営規模の拡大に対応する業務執行の統一性の確保のためであって，取締役の個人的資質によるものではなかったとされている(122)。

またクルップでも，大規模化した取締役会による業務執行のかわりに，スタッフとして広範囲におよぶ職務領域を担当すべき，また特定のひとつの「役割」のみを担当する職員に任すことのできる委員会がおかれた。これらの委員会は，業務担当の取締役を補佐することになっていた(123)。

第3節　専門経営者の台頭と経営者企業の出現

1　ドイツにおける企業のタイプとその特徴

これまでの考察をふまえて，つぎに，専門経営者の台頭と経営者企業の出現をめぐる問題についてみていくことにする。ここでは，まずチャンドラーによる企業のタイプの分類をみておくことにしよう。彼は，「どのように経営を統轄・管理しているか」，また「だれが経営を支配しているか」という観点から，企業のタイプを①個人企業，②企業者企業もしくは同族支配企業，③経営者企業の3つに分類している。個人企業は，大規模な経営階層組織の恩恵なしに管理される企業が含まれる。企業者企業もしくは同族支配企業では，「創業者やその後継者は経営階層組織を導入するが，彼らが依然として企業の枢要な株主であり，上級経営者である」。これに対して，経営者企業では，「管理階層組織内の経営者は，創業者や同族と何の関係も持たず，企業の株式持分もほとんどあるいはまったく持っていない」(124)。

企業者企業もしくは同族支配企業では，主としてミドル・マネジメント以下のレベルにおいて，階層組織を構成する管理者への意思決定権の委譲が行われ，トップのレベルにおいては，創業者やその家族がなお支配的な地位を占めていた。これに対して，安部悦生氏が指摘されるように，「専門経営者がトップ・レベルの意思決定を行いうる企業を経営者企業と呼ぶのである(125)」が，その成立には，「トップ・マネジメントを担う一個人が専門的知識を持っているかどうかよりも，層として，換言すればチームとして企業の中に専門知識を持った人びとが定着していくことが重要である」といえる(126)。

このような観点からみると，一般的な傾向としては，ドイツでは，アメリカの場合よりも，所有者経営者の影響が強かったといえる。J.コッカによれば，「三月前期から帝国設立後にいたるまでの産業革命期は，所有者企業家の黄金時代であった」。しかし，ドイツ帝国の末期とヴァイマル共和国期には，大企業の頂点では，「資本所有と企業経営がある程度分離し，この二つの機能は，一方における経営管理を行わない資本家と，他方における非所有の経営者に分割されていた」。「所有者企業家は引き続き企業家全体の大多数を占めていたが，彼らの優勢は数十年前の方がはるかに明白であった」とされている(127)。

コッカによれば，1887年および1907年には個人企業は最大会社のなかにはほとんど現れてはおらず，経営者企業はこの期間に明らかに増加した。鉱山業では，企業はしばしばそれらの設立時から経営者的でありつづけ，そのような企業は化学産業においても強力であったが，鉄鋼業では実質的に少数派を形成していた。しかし，遅くとも1907年でさえ，最大100の株式会社の大部分はなお企業者企業であり，より小規模な企業の間では，経営者企業はさらにまれであった[(128)]。J.コッカは，1914年以前には，所有者企業や企業者企業が大多数を占めるなかで，十分に発展した経営者企業はごく一部の存在にとどまっていたとしている[(129)]。H.ポールも，北米における管理組織の発展とは異なり，第2次大戦までは，チャンドラーが過渡的現象とみなした「企業者企業家」がドイツの企業家の支配的なタイプであったとしている[(130)]。チャンドラーもまた，「アメリカにおいてもドイツにおいても，企業は経営者企業となり，急速に有効な組織能力を開発した」が，「ドイツの会社がアメリカの会社と異なっていたのは，同族がしばしば経営において強力な，決定的とさえいいうる発言権を持ちつづけたところにあった」としている[(131)]。しかし，例えば鉄鋼業の場合をみても，「1880年代から1890年代にかけて，通量の経済を利用するために採用された経営陣は，アメリカ鉄鋼メーカーのそれと同様に大規模であった。これらの俸給経営者は，しだいにトップ・レベルの意思決定に参加するようになった[(132)]」。

2 所有者経営者の後退と専門経営者の台頭

そこで，つぎに，企業経営における所有者の影響・役割の変化についてみると，コッカが指摘しているように，初期資本主義の展開にとって，家族の構造と資源は，大きく積極的な貢献をした。そのための2つの前提として，「有効な代わりのものが未発達だったこと」と「家族の経済的な機能性」をあげることができる。19世紀の最初の3分の2の時期には，「市場も国家の制度も，初期の企業経済の中心的な問題を解決するための十分な能力をもた」ず，「家族に頼ることが有用な，時によっては唯一の可能な解決策であることがわかった」[(133)]。それゆえ，「他の方法ではうまく解くことのできない工業経営管理の問題を解決するために，家族という資源が投入された[(134)]」のであった。しかし，その後の数十年間に，「初期工業化の時期の家族と資本主義の関係」は変化し，弛緩し，1914年になると，家族はもはや1850年のようには産業資本主義の発展に動力を供給する必要性はなくなったとされている(135)。

所有者経営者の後退をもたらした最も中心的な要因のひとつは，企業の大規模化とそれにともなう所有の分散であるが，クルップ，グーテホフヌング，ヘッシュといった企業では，資本所有と企業経営の分離はおこらなかったとされている。ヘッシュは1人の家族のメンバーによって経営されており，そこでは，企業の拡大とともに人数の増加はみられたが，企業は何人かの下位の管理者によって支えられていたにすぎない。同社では，アルベルト・ヘッシュが，1897年まで共同所有者のひとりとしてこの会社の社長をつとめていたし，理事会（Verwaltungsrat）は，ほとんどもっぱらヘッシュ家のメンバーないし彼の親密な人々から構成されていた。またグーテホフヌングでは，確かにハニエル家のメンバーは1870年代にはもはや取締役会には登場しなかったが，もっぱら家族のメンバーから構成されていた監査役会が取締役会におよぼす影響は，きわめて大きかった(136)。同社では，監督のみならず管理，助言，支援の機能によって自らの代表者をとおして企業に影響をおよぼそうとするハニエル家の明確な利害がみられた(137)。しかし，時間の経過とともに，家族のメンバーは，ますます日常的な意思決定への参加から手を引いた。同じような動きはクルップでもみられた。アルフレッド・クルップは，1880年代にはまだ，自分の会社の業務政策にかなり直接的に関与していたが，1903年以降，同社の法的形態の変更によって，また後継ぎが未成年であったこともあり，彼の直接的な影響は後退した。またグスタフ・クルップは1909年に監査役会に登場し，翌年にはその会長を引き継いでおり，その後もこの会社の発展に決定的な役割を果したが，もはや，どの意思決定にも直接関与することはなかった(138)。

また俸給を得る専門経営者の行動をみると，彼らには，長期の計画化を重視し，短期的な機会よりも将来の利益を選び，その企業の存続を自らの主たる目標と考える傾向があった。彼らは，一般に，自らの会社の安定した発展に努力したのであり，必要な場合には，突発的な短期の利益を拒む傾向をもっていた。彼らはまた，配当の分配よりも再投資に重点をおく傾向にあった。

さらに経営者企業におけるトップ・レベルの俸給経営者の経歴のパターン

は，所有者企業家のそれとは異なっていた。第一に，彼らは所有者企業家よりも中等教育や大学レベルの教育をうけていたという傾向にあった。大部分の者は，卒業後，低級や中級の俸給ではじめ，その会社の階層組織を一歩ずつ昇っていった。J.コッカによれば，経済史の観点からみた俸給経営者の出現の最も重要な諸結果のひとつは，そのような企業家の出現が企業のリーダーたちをとおして専門的な技術，経営，法律および組織の技能や知識を企業に利用できるようにするのを助けたということであった。また，経営者企業においては，所有と支配が分離されていない場合よりも，事業の業績は，雇用や昇進のためのひとつの基準として，重要となりえた(139)。

ただ，企業家の地位に就くための前提としての資本所有の意義の低下，ある地位に就く前提としての資本所有が中等一般教育や中等専門教育にとって代わられるという傾向は，きわめて漸次的に，また長期的にのみ進展したにすぎないとされている(140)。この点，専門経営者の養成において大学での高度な専門教育が大きな役割を果したアメリカと比べると，大きな違いがみられる。

このように，ドイツでも，アメリカと同様に，19世紀末から第1次大戦までの時期に，統合化され，一部では多角化された大規模な企業において，俸給を得る専門経営者の台頭とそれに基づく経営者企業の出現の傾向がみられた。チャンドラーは，「ドイツ企業の組織能力の構築とその結果としての市場力にとって，地理的な近接性よりもはるかに重要であったのは，ドイツ企業家が俸給経営者陣に依拠しようとしたという点である」としている(141)。H.ジークリストによれば，全体としてみれば，「個人企業」から「企業者」タイプの企業の中間形態を超えて経営者企業への漸次的な，傾向的な移行に関するチャンドラーの仮説は，ドイツの発展においても確認されるであろうと指摘している。個人企業のタイプの大企業は，おそらく，すでに19世紀末には少数派であった。1907年には企業者企業は多数を占めていたが，経営者企業もそれまでに重要性を増した。また彼は，1927年の最大100社のなかには，まだかなりの数の企業者企業が含まれていたとはいえ，経営者企業の数はさらに増加したとしている。しかし，この年になっても，経営者企業が比較的優勢であったのは，鉱山業，製鉄業，金属製造業，化学産業の諸部門に限られており，また一般的には，最大級の巨大企業に限られていた。

全体的にみると，アメリカでは経営者企業はドイツよりもはやくに支配的となったが，ジークリストによれば，ドイツとアメリカの比較は，最大企業における企業のタイプの種類と多角化戦略や統合化戦略の選択は，A.D.チャンドラー，Jr.とH.デームスによって推測されているほどにはなんら確かな関係が存在しなかったことを示しているとされている(142)。またJ.コッカも，ドイツでは経営者企業のより大きな成長はおそらく第1次大戦後におこったが，そのときでさえ，最大100の企業のなかに多くの企業者企業が残っていたとしている(143)。

ドイツにおけるこのような同族企業の残存の理由について，工藤 章氏は，19世紀末から20世紀初頭にかけての「第二次産業革命」とも呼ばれる産業構造の転換期に，「今日まで続く同族企業の簇生が見られ」，「同族企業は旺盛な企業家精神を発揮し，競争優位を確立した」と指摘されている。しかしまた，「その後戦間期にはいりドイツ資本主義の成長のダイナミズムが失われるとともに，それらの同族企業も防御的な戦略への転換を余儀なくされ，産業合理化という名のもとに組織再編や企業合同に向かわざるをえなかった」とされている(144)。

以上の考察から明らかなように，ドイツにおいても，19世紀末から第1次大戦までの時期に，近代企業の成立がみられ，管理機構の変革とともに，俸給を得る専門経営者が大企業の経営，管理において重要な役割を果すという，現代の巨大企業の特徴的傾向がみられた。このことは，その後の発展においても大きな意味をもったといえる。

（1） A. D. Chandler, Jr., *The Visible Hand,* Harvard University Press, 1977, p. 1〔鳥羽欣一郎・小林袈裟治訳『経営者の時代』東洋経済新報社，1979年，上巻，4-5ページ〕.

（2） J. Kocka, The Reise of the Modern Industrial Enterprise in Germany, A. D. Chandler, Jr. , H. Daems(eds.), *Managerial Hierarchies. Comparative Perspectives on the Rise of the Modern Industrial Enterprise,* Harvard University Press, 1980, pp. 77-78.

（3） G. Hoffmann, *Das Wachstum der deutschen Wirtschaft seit der Mitte des 19. Jahrhundert,* Berlin, 1965, S. 65, S. 454-455.

（4） J. Kocka, *op. cit.,* p. 78.

（5） レーニン「資本主義の最高の段階としての帝国主義」『レーニン全集』，第22巻，大月書店，1957年，232ページ。

（6） J. Kocka, *op. cit.*, p. 80参照.
（7） G.D. Feldman, *Iron and Steel in the German Inflation 1916-1923,* Princeton, 1977, p. 30, A. D. Chandler, Jr., *Scale and Scope,* Harvard University Press, 1990, pp. 423-424〔安部悦生・川辺信雄・工藤　章・西牟田祐二・日高千景・山口一臣訳『スケール・アンド・スコープ』有斐閣，1993年，362ページ〕.
（8） J. Kocka, *op. cit.*, pp. 91-92
（9） *Ibid.*, p. 94.
（10） W. Feldenkirchen, *Die Eisen- und Stahlindustrie des Ruhrgebiets 1879-1914. Wachstum, Finanzierung und Struktur ihrer Großunternehmen,* Wiesbaden, 1982, S. 304.
（11） G. Hoffmann, *a. a. O.*, S. 212.
（12） J. Kocka, *op. cit.*, p. 79.
（13） J. Kocka, Großunternehmen und der Aufstieg der Manager-Kapitalismus im späten 19. und frühen 20. Jahrhundert, Deutschland im internationalen Vergleich, *Histrische Zeitschrift,* Bd. 232, 1981, S. 45-48〔加来祥男編訳『工業化・組織化・官僚制――近代ドイツの企業と社会――』名古屋大学出版会，1992年，30-33ページ〕.
（14） J. Kocka, *op. cit.*, p. 79.
（15） *Ibid.*, p. 87.
（16） H. Sigrist, Deutscher Großunternehmen vom späten 19. Jahrhundert bis zur Weimarer Republik, *Geschichte und Gesellschaft,* 6. Jg, Heft 1, 1980, S. 69-72.
（17） *Ebenda,* S. 75.
（18） J. Kocka, *a. a. O.*, S. 50〔前掲訳書，35ページ〕.
（19） H. Sigrist, *a. a. O.*, S. 75.
（20） *Ebenda,* S. 79.
（21） J. Kocka, *a. a. O.*, S. 48-50〔前掲訳書，34-35ページ参照〕.
（22） J. Kocka, *op. cit.*, p. 88.
（23） H. Sigrist, *a. a. O.*, S. 81-82.
（24） *Ebenda,* S. 82-83.
（25） J. Kocka, *a. a. O.*, S. 50〔前掲訳書，35ページ〕.
（26） J. Kocka, *op. cit.*, p. 108.
（27） J. Kocka, *a. a. O.*, S. 59〔前掲訳書，44ページ〕.
（28） J. Kocka, Expansion――Integration――Diversifikation. Wachstumsstrategien industrieller Großunternehmen in Deutschland vor 1914, H. Winkel(Hrsg.), *Vom Kleingewerbe zur Großindustrie. Quantitätiv-regionale und Politischrechtliche Aspekt zur Erforschung der Wirtschafts- und Gesellschaftsstruktur in 19. Jahrhundert,* Berlin, 1975, S. 218, H. Pohl, Zur Geschichte von Organization und Leitung deutscher Grossunternehmen seit dem 19. Jahrhundert, *Zeitschrift für Unternehmensgeschichte,* 26. Jg, Heft 2, 1981, S. 150, H. Pohl, On the History of Organization and Management in Large German Enterprise since the Nineteeth Century, *German Yearbook on Business History,* 1982, p. 98. 例えば機械産業における多角化とその後の専門

化については，次の文献を参照。E. Barth, *Entwicklungslinienien der deutschen Maschinenbauindustrie vom 1870 bis 1914,* Berlin, 1973, Kapitel Ⅰ. 1. b, K. Wiesenfeld, *Das Persönliche im deutschen Unternehmertum,* Leipzig, 1911, S. 74ff.

(29)　J. Kocka, *op. cit.,* pp. 108-109.

(30)　H. Pohl, *a. a. O.,* S. 154-155, H. Pohl, *op. cit.,* p. 101.

(31)　J. Kocka, Industrielles Managemnet : Konzeptionen und Modelle in Deutschland vor 1914, *Vierteljahrschrift für Sozial- und Wirtschaftgeschichte,* Bd. 56, Heft 3, Oktober 1969, S. 336.

(32)　H. Pohl, *a. a. O.,* S. 155, H. Pohl, *op. cit.,* pp. 101-102.

(33)　Vgl. W. Feldenkirchen, *a. a. O.,* S. 304-305, O. Stillich, *Eisen- und Stahl-Industrie,* Berlin, 1904, S. 93.

(34)　W. Feldenkirchen, *a. a. O.,* S. 314-315.

(35)　*Ebenda,* S. 304-305.

(36)　*Ebenda,* S. 314.

(37)　*Ebenda,* S. 307.

(38)　*Ebenda,* S. 315.

(39)　A. D. Chandler, Jr, *Scale and Scope,* p. 491〔前掲訳書，422ページ〕.

(40)　W. Treue, *Die Feuer verlöschen nie. August Thyssen-Hütte 1890-1926,* Düsseldorf, Wien, 1966, S. 157.

(41)　A. D. Chandler, Jr., *Scale and Scope,* p. 491〔前掲訳書，422-423ページ〕.

(42)　*Ibid.,* p. 457〔同上訳書，391-392ページ〕.

(43)　*Ibid,* p. 462〔同上訳書，396ページ〕.

(44)　J. Kocka, *op. cit.,* p. 88.

(45)　竹中　亨『ジーメンスと明治日本』東海大学出版会，1991年，38-40ページ, G. Siemens, *Der Weg der Elektrotechnik. Geschichte des Hauses Siemens,* Bd. Ⅰ, München, 1961, S. 370.

(46)　R. Mass, *Die auswärtigen Geschäftsstellen der Siemens-Werke und ihre Vorgeschichte. Ein Erinnerungsblatt an Wilhelm von Siemens,* München, 1958, S. 195 (in : *Siemens Archiv Akten,* 12/Li564).

(47)　竹中，前掲書，41ページ, G. Siemens, *a. a. O.,* S. 371.

(48)　S. v. Weiher, H. Goetzler, *Weg und Wirken der Siemens-Werke im Fortschritt der Elektrotechnik 1847-1980,* Wiesbaden, 1981, S. 60.

(49)　A. D. Chandler, Jr., *Scale and Scope,* p. 465〔前掲訳書，399ページ〕, G. Siemens, *History of the House of Siemens,* Vol. 1, The Era of Free Enterprise, München, 1957, p. 305.

(50)　H. Hasse, *Die Allgemeine Elektrizität-Gesellschaft und ihre wirtschaftliche Bedeutung,* Heidelberg, 1902, S. 35.

(51)　A. D. Chandler, Jr., *Scale and Scope,* p. 465〔前掲訳書，399ページ〕.

(52)　J. Kocka, Family and Bureaucracy in German Industrial Management, 1850-1914, Siemens in Comperativ Perspective, *Business History Review,* Vol. 45, Summer 1971,

p. 148.

(53)　W. Feldenkirchen, Big Business in Interwar Germany：Organizational Innovation at Verenigte Stahlwerke, IG Farben, and Siemens, *Business History Review,* Vol. 61, No. 3, Autumn 1987, p. 429, C. Paschke, *Der Aufbau der deutschen Teerfarbenindustrie und ihre Stellung in der Zollpolitik des Auslandes,* Thesis, Hessische Ludwigs Universität zu Gießen, 1925, S. 25-26.

(54)　A. D. Chandler, Jr., *Scale and Scope,* p. 475〔前掲訳書，408ページ〕.

(55)　J. J. Beer, *The Emergence of the German Dye Industry,* Urbana, 1959, pp. 94-95.

(56)　A. D. Chandler, Jr., *Scale and Scope,* pp. 477-478〔前掲訳書，410ページ参照〕.

(57)　Vgl. *Bayer Archiv,* 010-004, Tabellarische Uebersicht über die Organisation des Gesamtgeschäfts der Farbenfabriken vorm. Friedr. Bayer & Co. zu Elberfeld, *Bayer Archiv,* 010-003-001.

(58)　Vgl. Denkschrift über die Organisation des Gesamtgeschäfts der Farbenfabriken vorm. Friedr. Bayer & Co. zu Elberfeld(Februar 1906), *Bayer Archiv,* 010-003-001.

(59)　A. D. Chandler, Jr., *The Visible Hand,* p. 450〔前掲訳書，下巻，768-769ページ〕.

(60)　*Ibid.,* p.411〔同上訳書，下巻，705ページ〕.

(61)　H. Pohl, *a. a. O.,* S. 155, H. Pohl, *op. cit.,* p. 102.

(62)　J. Kocka, The Reise of the Modern Industrial Enterprise in Germany, p. 98.

(63)　*Ibid.,* p. 96, H. Hartmann, *Education for Business Leadership,* Paris, 1955, p. 18. なおドイツにおけるこの時期の商業教育については，F. E. Farrington, *Commercial Education in Germany,* New York, 1914を参照。

(64)　J. Kocka, The Reise of the Modern Industrial Enterprise in Germany, p. 97.

(65)　J. Kocka, Capitalism and Bureaucracy in German Industrialization before 1914, *Economic History Review,* second series, Vol. 34, No. 3, August 1981, p. 461〔加来編訳，前掲訳書，116ページ〕.

(66)　J. Kocka, Les entrepreneurs salariés dans l'industrie allemande a　la fin du XIXe et au debut du XXe siecle, M. L-Leboyer(ed.), *Le patronatde la seconde industrialisation,* Paris, 1979.

(67)　J. Kocka, Capitalism and Bureaucracy in German Industrialization before 1914, p. 459, p. 461〔前掲訳書，113ページ，116ページ〕.

(68)　S. R. Klatzky, Relationship of Organizational Size to Complexity and Coordination, *Administrative Science Quartarly,* Vol. 15, No. 4, December 1970, p. 429.

(69)　R. Stockmann, *Gesellschaftliche Modernisierung und Betriebsstrukture：Die Entwicklung von Arbeitsstätten in Deutschland 1875-1980,* Frankfurt am Main, New York, 1987, S. 174.

(70)　*Ebenda,* S. 198.

(71)　J. Kocka, Capitalism and Bureaucracy in German Industrialization before 1914, p. 464〔前掲訳書，121ページ〕.

(72)　Vgl. R. Stockmann, *a. a. O.,* S. 270 (Tabelle 5).

(73)　H. E. Krooss, C. Gilbert, *American Business History,* New Jersey, 1972, p. 253〔鳥

羽鉃一郎・山口一臣・厚東偉介・川辺信雄訳『アメリカ経営史(下)』東洋経済新報社，1974年，373ページ〕.

(74)　仲田正機『現代企業構造と管理機能』中央経済社，1983年，120ページ。

(75)　A. D. Chandler, Jr., *Strategy and Structure,* Cambridge, Massachusetts, 1962, p. 393〔三菱経済研究所訳『経営戦略と組織』実業之日本社，1967年，386ページ〕.

(76)　Vgl. Farbenfabrik vorm. Friedr. Bayer & Co. in Eberfeld, *Handbuch der Deutschen Aktien Gesellschaften 1907/08,* Bd. I, S. 1230.

(77)　Vgl. Z. Beckmann, *Führer durch die Maschinenbau-Anstalt Humboldt : 60 Jahre technischer Entwicklung 1856-1916,* Köln, 1916, S. 20-23, S. 136-147, „Maschinenbau-Anstalt Humboldt“ in Cöln-Kalk, *Handbuch der Deutschen-Aktien-Gesellschaften 1911-1912,* Bd. Ⅱ, S. 659.

(78)　Vgl. Rheinmetall=Borsig Aktiengesellschaft, *Deutscher Maschinenbau 1837-1937. Im Spiegel des Werkes Borsig,* Berlin, 1937, S. 34-40, K. Pierson, *Borsig. Ein Name geht um die Welt, Die Geschichte des Haus Borsig und seiner Lokomotiven,* Berlin, 1973, S. 176, S. 185-189.

(79)　A. D. Chandler, Jr., *Scale and Scope,* p. 459〔前掲訳書，394ページ〕).

(80)　Vgl. Däbritz, E. Metzeltin, *Hundert Jahre Hannomag. Geschichte der Hannoverschen Maschinenbau-Aktiengesellschaft vormals Georg Egestorff in Hannover 1835 bis 1935,* Düsseldorf, 1935, S. 96-100, S. 117-118, Hannoversche Maschinenbau-Actien-Gesellschaft vormals Georg Egestorff in Linden vor Hannover, *Handbuch der Deutschen Aktien Gesellschaften 1899-1900,* Bd. Ⅱ, S. 440.

(81)　A. D. Chandler, Jr., *Scale and Scope,* p. 459〔前掲訳書，394ページ〕.

(82)　*Ibid., p.* 460〔同上訳書，395ページ〕.

(83)　*Ibid, p.* 462〔同上訳書，396ページ〕.

(84)　H. Pohl, *op. cit.,* p. 98, H. Pohl, *a. a. O.,* S. 150,.

(85)　A. D. Chandler, Jr., *Scale and Scope,* p. 535〔前掲訳書，461-462ページ〕.

(86)　J. Kocka, The Reise of the Modern Industrial Enterprise in Germany, p. 98.

(87)　A. D. Chandler, Jr., *Scale and Scope,* p. 466〔前掲訳書，400ページ〕.

(88)　G. Siemens, *op. cit.,* p. 196, Siemens & Halske, Akt. -Ges. in Berlin, SW. Askanischer Platz 3. Fabriken in Berlin, Charlottenburg, Spandau und Wien, *Handbuch der Deutschen Aktien Gesellschaften 1902-1903,* Bd. Ⅱ, S. 512, Siemens-Schuckert Werke, Ges. m. beschr. Haftung, Berlin SW., Askanischer Platz 3, mit Zweigniederlassung in Nürnberg, *Handbuch der Deutschen Aktien Gesellschaften 1903-1904,* Bd. I, S. 1634, W. Feldenkirchen, *Siemens 1918・1945,* Ohio, 1999, pp. 50-52.

(89)　Vgl. Allgemeine Elektricitäts-Gesellschaft in Berlin, NW. Friedrich Karl-Ofer 2/4, *Handbuch der Deutschen Aktien Gesellschaften 1907-1908,* Bd. Ⅱ, S. 668-669.

(90)　A. D. Chandler, Jr., *Scale and Scope,* p. 472〔前掲訳書，405ページ〕.

(91)　*Ibid,* pp. 469-470〔同上訳書，402-403ページ〕, G. Siemens, *op. cit.,* XIX.

(92)　J. Kocka, Family and Bureaucracy in German Industrial Management, p. 153.

(93)　今久保幸夫『19世紀末ドイツの工場』有斐閣，1995年，52ページおよび58ページ参照。この時期のジーメンスの事業部制組織については，竹中，前掲書，第1章をも参照。

(94)　今久保，前掲書，64ページ。

(95)　A. D. Chandler, Jr., *Scale and Scope,* p. 470〔前掲訳書，402ページ〕.

(96)　J. Kocka, Family and Bureaucracy in German Industrial Management, pp. 152-154.

(97)　A. D. Chandler, Jr., *Scale and Scope,* p. 471〔前掲訳書，404ページ〕.

(98)　H. Sigrist, *a. a. O.,* S. 87-88, J. Kocka, Family and Bureaucracy in German Industrial Management, pp. 154-5.

(99)　H. Sigrist, *a. a. O.,* S. 88. 1960年代以降のジーメンスにおける事業部制組織の導入については，拙書『戦後ドイツ資本主義と企業経営』森山書店，第13章および同『現代のドイツ企業』森山書店，2013年，第6章を参照。

(100)　小林袈裟治・米川伸一・福應 健『西洋経営史を学ぶ(下)』有斐閣，1982年，136-137ページ。

(101)　J. Kocka, Industrielles Management, S. 343, J. Kocka, *Unternehmer in der deutschen Industrialisierung,* Göttingen, 1975, S. 112. この点は鉄鋼業だけでなく機械加工を業務とする産業の企業でもみられた。Vgl. E. Roesky, *Die Verwaltung und Leitung von Fabriken speciell von Maschienen-Fabriken unter Berücksichtigung des gegenwärtigen Standes der deutsche Industrie mit besonderer Bezugnahme auf die Eisenbranche,* Leipzig, 1878, S. 33.

(102)　W. Feldenkirchen, *a. a. O.,* S. 311.

(103)　V. W. Bongartz, Unternehmensleitung und Kostenkontrolle in der Rheinischen Montanindustrie vor 1914, dargestellt am Beispiele der Firmen Krupp und Gutehoffnungshütte (Teil I), *Zeitschrift für Unternehmensgeschichte,* 29. Jg, Heft Ⅰ, 1984, S. 47-48. 同じ1872年にはクルップ社の全般的な規定が制定されており，そこでは業務担当の取締役に関する規定も設けられている。この点について詳しくは，General-Regulative für die Firma Frid. Krupp (9. 9. 1872), *Historisches Archiv Krupp,* WA41/2-108, Geschäftsordnung für die Procura, *Historisches Archiv Krupp,* WA41/2-105, Geschäfts-Ordnung für das PROCURA der Firma FRIED. KRUPP in Essen a. d. Ruhr, *Historisches Archiv Krupp,* WA41/2-105などを参照。

(104)　*Ebenda,* S. 48, J. Kocka, Industrielles Management, S. 343, E. Roesky, *a. a. O.,* S. 35.

(105)　W. Feldenkirchen, *a. a. O.,* S. 311-312.

(106)　V. W. Bongartz, *a. a. O.,* S. 47-48.

(107)　Vgl. V. W. Bongartz, Unternehmensleitung und Kostenkontrolle in der Rheinischen Montanindustrie vor 1914, dargestellt am Beispiele der Firmen Krupp und Gutehoffnungshütte (Teil Ⅱ), *Zeitschrift für Unternehmensgeschichte,* 29. Jg, Heft Ⅱ, 1984, S. 81-82.

(108)　Vgl. Geschäfts-Ordnung für das Direktrium der Firma FRIED. KRUPP in Essen a. d. Ruhr (14. 3. 1888), *Historisches Archiv Krupp,* WA41/2-108.

(109)　W. Feldenkirchen, *a. a. O.,* S. 312-315.

(110)　V. W. Bongartz, *a. a. O.,* (Teil Ⅱ), S. 113.

(111)　Vgl. *Ebenda,* S. 87-88.

(112)　Vgl. *Ebenda,* S. 92-93.

(113)　*Ebenda,* S. 112.

(114)　A. D. Chandler, Jr., *Scale and Scope,* pp. 476-477〔前掲訳書，408-410ページ参照〕.

(115)　Vgl. Denkschrift über die Organisation des Gesamtgeschäfts der Farbenfabriken vorm. Friedr. Bayer & Co. zu Elberfeld (Februar 1906), *Bayer Archiv,* 010-003-001.

(116)　J. Kocka, The Rise of the Modern Industrial Enterprise in Germany, p. 98, J. Kocka, Family and Bureaucracy in German Industrial Management, pp. 152-154.

(117)　*Ibid.,* pp. 153-154.

(118)　Vgl. J. Kocka, *Unternehmensverwaltung und Angestelltenschaft 1847-1914：Zum Verhältinis von Kapitalisumus in Bürokratie in der deutschen Industrialisierung,* Stuttgart, 1969, S. 415-418.

(119)　福應 健「世紀交替期ドイツの株式会社　『監査役 Aufsichtsrat』――大企業における企業者組織をめぐる一考察」『経営史学』，第17巻第3号，1982年，64-71ページ参照。

(120)　V. W. Bongartz, *a. a. O.,* (Ⅱ), S. 75.

(121)　Vgl. J. Kocka, *Unternehmensverwaltung und Angeatelltenschaft 1847-1914,* S. 436-439.

(122)　福應，前掲論文，62-3ページ, R. Passow, *Die Aktiengesellschaft. Eine Wirtschaftswissenschaftliche Studie,* 2. Aufl., Jena, 1922, S. 381-383.

(123)　V. W. Bongartz, *a. a. O.,* (Ⅱ), S. 78.

(124)　A. D. Chandler, Jr., *Scale and Scope,* p. 240〔前掲訳書，201ページ参照〕.

(125)　安部悦生「チャンドラー・モデルと森川英正氏の経営者企業論」『経営史学』，第28巻4号，1994年1月，58ページ。

(126)　同論文，61ページ参照。また森川英正氏は，経営者企業への移行の要件について，「階層的経営組織をたんなる官僚制的管理機構としてではなく，企業内に層をなして存在するスキルの持主の間に形成された人的ネットワークの側面を有するものととらえ，このような意味における階層的経営組織の成立を経営者企業への移行の要件であると考える」と指摘されている。森川英正『トップ・マネジメントの経営史』有斐閣，1996年，23ページ。

(127)　J. Kocka, Legitimationsprobleme und -strategien der Unternehmer und Manager im 19 und frühen 20. Jahrhundert, H. Pohl (Hrsg), *Legitimation des Management im Wandel,* Wiesbaden, 1983, S. 8-9〔加来編訳，前掲訳書，50-51ページ〕.

(128)　J. Kocka, The Rise of the Modern Industrial Enterprise in Germany, p. 93.

(129)　J. Kocka, Expansion-Integration-Diversifikation, S. 222.

(130)　H. Pohl, *a. a. O.,* S. 158, H. Pohl, *op. cit.,* p. 104.

(131)　A. D. Chandler, Jr., *Scale and Scope,* pp. 500-501〔前掲訳書，431ページ〕.

(132)　*Ibid,* p. 491〔同上訳書，422ページ〕.

(133)　J. Kocka, Familie, Unternehmer und Kapitalismus. An Beispielen aus der frühen deutschen Industrialisierung, *Zeitschrift für Unternehmensgeschichte,* 24. Jg, Heft 3,

1979, S. 133〔加来編訳，前掲訳書，202-203ページ〕.

(134) *Ebenda,* S. 110〔同上訳書，178ページ〕.

(135) *Ebenda,* S. 133-135〔同上訳書，203-204ページ〕.

(136) Vgl. W. Feldenkirchen, *a. a. O.,* S. 308-309.

(137) Vgl. H. Junkers, *Entwicklung und Wachstum der Stahl- und Walzwerke Oberhausen und Neu-Oberhausen 1880-1890. Beispiel unternehmerischer Entscheidungen in der GHH,* Erlangen, 1970, S. 287.

(138) W. Feldenkirchen, *a. a. O.,* S. 309-310.

(139) J. Kocka, The Rise of the Modern Industrial Enterprise in Germany, pp. 93-94, J. Kocka, Entreprneurs and Managers in German Industrialization, *The Cambridge Economic History of Europe,* Vol. Ⅶ, Part Ⅰ, 1978, pp. 581-583.

(140) J. Kocka, *Die Angestellten in der deutschen Geschichte 1850-1980. Vom Privatebeamten zum angestellten Arbeitsnehmer,* Göttingen, 1981, S. 112〔加来編訳，前掲訳書，94ページ〕.

(141) A. D. Chandler, Jr., *Scale and Scope,* pp. 499-500〔前掲訳書，430ページ〕.

(142) H. Sigrist, *a. a. O.,* S. 88.

(143) J. Kocka, The Rise of the Modern Industrial Enterprise in Germany, p. 105.

(144) 工藤　章「ドイツ同族企業の運命」『社会科学研究』(東京大学)，第46巻第4号，1995年1月，152ページ。

第2部　ヴァイマル期における企業経営の展開

第4章　企業集中の展開とトラスト企業における生産分業の進展

——企業合同の本格的展開とその意義——

第2部では，第1次大戦後のヴァイマル期における企業経営の展開について分析を行う。まず本章では，1920年代における企業集中によってトラスト企業内の製品別生産の分業化がどのようにすすめられ，産業の合理化と再編成がいかにして行われたかという点を考察する。この時期の大規模な企業集中の展開は，合理化運動が推進された相対的安定期の初期にみられた。それゆえ，当時の合理化のなかでの企業集中の位置が重要な問題となるが，J.ベェニヒは，この時期の合理化過程をつぎの3つの局面に区分している。すなわち，1925年から26年にかけての第1の合理化局面では，資本は1914年以前よりも一層強力に，とりわけ重工業，化学産業，機械産業その他において集積され，集中化された。特定の諸経営における経営の閉鎖，解雇，生産の専門化をともなった整理計画が，資本の結合につづいた。つづく第2局面（1926-27年）では，外国，とくにアメリカからの信用に支えられて，合理化過程はその下位までおりて，個別経営のレベルで始まった。そこでは，資本投下をともなう技術的合理化も強力に推進された。しかし，第3局面では，そのような合理化はもはや退き，生産組織の再編成による労働の強化，賃金制度の変更，恐慌の圧力が前面に出てきたとされている(1)。

このように，企業集中による産業の合理化と再編成が取り組まれた時期は合理化過程の第1局面にあたるが，1920年代後半の時期における企業集中の主要特徴は，特定生産物の大量生産と大量販売の利益を求めての水平的結合（トラスト）に重点がおかれるようになってきたことにみられる。この点は，第1次大戦後の経済的混乱，インフレーションの時期にみられたような原料不足への対処を目的とした原料部門との結合というかたちでの垂直的結合（コンビネーション）の増大とは異なっている[(2)]。こうしたトラストの典型事例としては，重工業における合同製鋼の設立（1926年）と化学産業におけるIGファルベンの設立（1925年）をあげることができる。

それでは，独占形成期には一部の産業や企業を除いてあまりみられなかった企業合同の本格的展開のなかで，トラスト企業における製品別生産の分業化の取り組みによって産業の合理化と再編成がどのようにすすめられたのであろうか。またそのことは企業レベルの合理化にとっていかなる意義をもつものであったのか。企業集中にともなう企業経営の変化を明らかにすることが重要な問題となってくる。

以下では，まず第1節において，企業集中と産業合理化の背景についてみた上で，第2節では，企業集中による産業合理化の特徴について考察し，第3節では，そのような合理化の進展について，主要産業部門として重工業と化学産業の企業の事例を取り上げてみていく。それをふまえて，第4節では，企業合理化にとっての企業集中による産業合理化の意義について考察を行う。

第1節　企業集中と産業合理化の背景

まずこの時期の企業集中の背景について，トラスト化の典型事例がみられた重工業と化学産業を取り上げてみていくことにしよう。ドイツが第1次大戦の敗北によって受けた被害は大きなものであったが，ことに重工業にとっては，領土の割譲による生産能力の喪失，それまでひとつのまとまりをもって生産されていた工業地域（ライン＝ヴェストファーレン）の分業関係の分断など，被害はとくに深刻なものであった。また第1次大戦後の時期にも，確かに古い生産手段の組み合わせだけではなく，新しい生産手段もつくられたが，それらは古い生産手段の技術水準でもってつくられたものが多かった。その結果，ドイツでは、インフレーション期の初めには，一方で，あまりに多くの，またその上，一部は誤った組み合わせの生産手段をかかえ，他方で，正当な，つまり真に近代的な生産手段が著しく不足していたとされている[(3)]。またインフレーション効果をねらった投機的な企業の設立や買収が多く行われており，こうして集められた生産設備のなかには，生産過程全体からみて技術的に何ら有機的な関連をもたないものも多くみられた。

こうして，合理化運動が始まる1924年の時点において，ドイツ重工業の大企業は，多くの過剰設備，不良設備や採算割れ工場などを抱えており，水平的結合（トラスト）の形態での企業集中によって過剰生産能力を徹底して整理し，産業の合理化を強力に推し進めることが重要な課題となった。当時，カルテルは生産能力の制限および生産の再編成にとっては適したものではないことが明らかになっており，合同製鋼にみられる「鉄鋼トラスト」プロジェクトは，設立されているカルテルをこえる産業の調整のひとつの新しい形態を意味した(4)。

また化学産業についてみると，第1次大戦によってドイツ化学産業をとりまく環境は大きく変化した。1914年以前にはドイツの最善の顧客であったが4年の戦争の間に供給源を絶たれた多くの諸国の化学生産のより急速な発展のもとで，ドイツ化学産業の相対的な地位は低下した(5)。世界の化学産業の全生産額に占めるアメリカとドイツの割合は，第1次大戦前にはそれぞれ34%，24%となっていたが，1923年までに47%，17%となっており(6)，格差は一層大きくなっている。また輸出をみても，1913年と25年を比較すると，世界の全輸出額に占めるアメリカの割合は10%から16%に，フランスのそれは9.7%から13.3%に上昇したのに対して，ドイツのそれは28.4%から23.0%に低下した(7)。なかでも，染料を主力製品とするドイツ化学産業にとっては，戦後の染料生産の著しい減少と外国，とくにアメリカ，イギリスおよびフランスの染料生産の増大のもとで，世界の染料生産に占めるドイツの割合が大きく低下したことは，決定的な打撃であった。例えば，世界のアニリン染料の生産に占めるドイツの割合は，1913年には82%であったものが10年後には46%にまで大きく低下している(8)。こうした影響は企業の操業度の低下にもあらわれており，例えばヘキストの企業文書館に所蔵のある文書でも，1924年にはインディゴを除くと染料経営の操業度はわずか約18%にすぎなかったとされている(9)。

そうしたなかで，染料生産の領域の過剰生産能力を整理すること，また新しい生産領域を見出しそれを急速に拡大することが，ドイツ化学産業にとっての最大の課題となった。染料部門では，①染料生産を最も生産性の高い工場に移すこと，②過剰在庫の削減，③おびただしい数の染料品種の整理が，中心的な課題となっていた[(10)]。そこでは，まず旧式の能率の低い設備，過剰設備の廃棄および生産性の低い採算割れ工場の閉鎖などによって，技術的に最もすすんだ優等工場に生産の重点を移し，それらの工場に特定の製品の生産を集中し，専門化させることが，企業レベルにおける生産の合理化の本格的推進のための条件となった。このように，IGファルベンの集中の最も重要な目的は，販売領域での相互の競争の排除と操業状態の悪い工場あるいは個々の業績のあがらない工場の並存をなくすことにあった[(11)]。

またそれまでの中核部門である染料部門の徹底的な合理化とともに，多角化による事業構造の再編成も，企業集中の重要な目的のひとつとされた。染料を主力とする事業構造の化学企業からより収益性の期待される将来性の高い事業分野をもつ総合化学企業への転換という課題は，染料部門の合理化とも深いかかわりをもっていた。IGファルベンにおいては，企業合同を主導したC.ボッシュの「総合化」案に基づいて，染料部門を中心とする旧部門の合理化の徹底とともに，窒素部門における投資の拡大，合成アンモニア，合成メタノール，人造石油の開発，さらには合成ゴム，軽金属，人絹・スフ，合成樹脂などの研究開発が推し進められた。彼の案では，染料部門の収益の改善は，これらの新しい分野の研究開発に対して資金的な基礎を与えるものとして位置づけられており，染料部門の合理化の徹底のためには，企業合同によって単一の企業を設立することが不可欠の前提条件であるとされた[(12)]。

こうして，重工業や化学産業では，企業集中をテコとして過剰生産能力の整理が強力に推し進められることになった。R.A.ブレィディは，この時期は主に戦争，革命およびインフレーションの時期からの産業上ならびに組織上の遺物の最悪のものの排除を含んだ清算の問題とかかわっていたとしている[(13)]。そこでは，過剰設備，不良設備の廃棄，採算割れ工場の閉鎖などによって製品別生産の集中・専門化がすすめられたが，このような方策は，生産性の向上，生産原価の引き下げ，利潤の増大をはかる合理化方策の重要な手段とみなされた。この時期の合理化過程の重要な特徴は，需給のバランスをとるために個々の企業を大規模なコンビネーションに集中させることおよび非能率的な製造業者の排除にあったため，当時，「合理化」は多くの人々によって，そのような意味でのみ理解されてきたとされている[14]。こうした合理化は，一般に「消極的合理化」（Negative Rationalisierung）と呼ばれている。それは，技術的あるいは立地的に優れた経営，工場に生産の重点を移し，閉鎖されずに残された経営，工場を特定の製品の生産に専門化させるために，技術的あるいは立地的に劣った経営，工場を整理する過程であった[15]。

第2節　企業集中による産業合理化の特徴

そこで，つぎに，この時期の企業集中をテコにした産業合理化の特徴についてみることにしよう。この時期のドイツ産業に新しくおこった集中化の波の最も重要な発端のひとつは，専門化についての「取り決め」にあったとされている。すなわち，それ以前には，ひとつの製造部門が，それまでそこに属していた製造の一部をひとつの独立した事業へと切り離すことによって，専門化がはかられた。この過程は，一般的には，市場の諸条件の比較的長期にわたる発展の結果（例えば，かじ屋の手工業から釘職人，蹄鉄工，武具職人が専門化したことについてのビュッヒャーの事例）であり，また個々の経済主体の自由な決定にそうものであり，いくつかの個別経済の協定の結果ではなかった[16]。しかし，1920年代には，普通，いくつかの独立した企業があとになって他の種類の製品を生産するのではなく，もっぱらそれらの企業に言い渡された専門的な製品の生産に限定するように，特定の種類の製品について生産を互いに割り当てることを取り決めるという方法で，専門化が行われた。このような専門化は，以前の現象とは異なり，「ひとつの契約による分業」（eine verträgsmaßige Arbeits- teilung）をはかるものであった[17]。このように，企業集中をテコとして推し進められたこの時期の製品別生産の集中・専門化は，各企業・工場のもつ独自の専門性をいかして特定の製品の生産に特化することによって一種の分業組織を形成するものであった。

またそのような製品別生産の集中・専門化を推し進める上で，この時期の主要な企業集中がすでにコンビネーション化された企業の間のトラスト化であったことが大きな意味をもった。この点について，E.ヴァルガは1926年に，「水平的な集中，それゆえ，同じ商品を生産する企業のカルテル化およびトラスト化，あるいはコンビネーション化された企業のトラスト化が支配的となっており，そこでは，トラストのなかで，立地的あるいは生産技術的な利点に基づいて，個々の経営における生産の専門化が行われているということが重要である(18)」と述べている。例えば鉄鋼業に最も典型的な事例をみるように，最終の圧延工程部門における製品別生産の集中・専門化によってそこで生産されるべき各種の製品の生産能力が特定の工場に割り当てられるだけでなく，その前に位置する製鋼および製銑の諸工程における生産能力の割り当ても規定されることになる(19)。そのため，継起的に関連する諸工程を結合していない企業同士の合同と比べ，製品別生産の集中・専門化を一層徹底したかたちで行うことができたのであり，トラスト全体の生産組織の再編成をドラスティックに推し進めることができた。

しかも，この時期の重工業や化学産業のトラストの特徴は，「単に二つの資本の間の合同ではなく，数個の資本あるいは同種生産部門全体を，一大資本の下に結合すること(20)」にあった。それゆえ，企業合同によって誕生したトラスト企業は，生産の集積の度合いをみても，またその市場シェアをみても，それが属していた産業部門において圧倒的な比重を占めており，それまでにない広がりをもって「ひとつの契約による分業」を推し進めることができた。そのような意味で，この時期の「消極的合理化」は，個別企業をこえた産業部門全体のレベルの合理化をなした。このように，1920年代におけるドイツのトラストは，独占形成期のアメリカのトラストにおいてみられた合理化機能を一段引き上げたものであり，現代的意義をもつものであるといえる。

第3節　主要産業の企業における製品別生産の集中・専門化の進展

そこで，以上の考察をふまえて，つぎに，重工業と化学産業の代表的企業における製品別生産の集中・専門化の進展について，考察を行うことにする。ここでは，合同製鋼とIGファルベンの事例を取り上げて，具体的にみていくことにしよう。

1　合同製鋼における製品別生産の集中・専門化の進展

まず合同製鋼についてみると，同社は，鉄鋼業の継起的な各生産工程のみならず炭鉱をも結合した4つの主要混合企業のグループ（ライン・エルベ・ウニオン，ティセン・グループ，フェニックス・グループ，ライン製鋼）の合同によって誕生した(21)。同社の目的は，ライン・ヴェストファーレンの炭鉱業・製鉄業の一部の経済的な合理化をめざして計画された炭鉱，製鉄所，製鋼・圧延工場およびそれらに属する経営の統合の普及と実施にあった(22)。合同製鋼に統合された各企業・工場は，「ひとつの契約による分業」の観点からトラスト全体の計画に組み入れられることになった。この点について，E.シャルダッハは，鉄および金属の生産・加工にさいして，技術的合理化および経営内部の合理化の諸方策は個々の経営を超えた全生産の計画的な組織化を必要としたのであり，またそのことが合同製鋼およびそれを超えたヨーロッパ大陸の粗鋼共同体へと導いたとしている(23)。R.A.ブレイディが指摘するように，合同製鋼では，技術的に遅れた工場や原料，市場に関して立地条件の悪い工場，あるいは生産技術において密接な関連をもつ他の工場は，完全に再組織されるか，あるいは永久に閉鎖された。そのような政策でもって，特定の製品の生産を専用の設備を備えた2，3の工場や立地条件のよい工場に集中化させるための計画がすすんだとしている(24)。

製鉄部門では，高炉だけではなく製鋼・圧延設備を備えた混合企業と単純高炉企業との間で，銑鉄生産における専門化がはかられた。すなわち，シャルケル・フェライン，フリードリィヒ・ヴィルヘルム製鉄所，マイデリィヒ製鉄所，フルカン製鉄所，コンコルディア製鉄所の単純高炉・鋳造企業ではその各々ができる限り1種ないし2種の特殊銑鉄のみを生産し，他方，混合企業の高炉設備では一般的にトーマス銑鉄のみが生産されるように，経営技術的に集中化が行われた(25)。

また製鉄・製鋼部門および加工部門の再組織を行うにあたり，①「以前は所属会社が異ったが為に別々に経営されていた近接企業を結合せしめる」，②「各企業単位の生産を出来るだけ専門化し，各専門分野において量的にも質的にも最高度の能率を発揮せしめるようにする」，③「最も西部にあって輸出に便利なライン河畔の工場は輸出向生産に主力を注がしめ，他のものは国内向生産に当らしめる」という3つの原則が基準とされた(26)。まず①の原則に基づいて，近隣に位置するフェニックス（ルールオルト）とライン製鋼（マイデリィヒ）の諸経営がひとつの工場に融合された。また類似の方法で，ドルトムント・ウニオンとヘルデル・フェラインの諸経営が統一的な管理のもとに集中され，それらのいろいろな同種の生産が統一化された(27)。

主要混合企業のグループの間でのこのような経営の集中化，統一化の結果，①ドルトムント・ヘルデ・グループ，②ライン・グループ（ライン製鋼とフェニックスの諸工場から構成される），③ハムボルン・グループ（アウグスト・ティセン製鉄所をもつ），④ボーフム・グループの4つの混合企業のグループが，まとまったひとつの単位として運営されることになった(28)。これらのグループの間で，できる限り生産工程の一貫的統合をはかり，諸工程間の連続性を保ちながら，多くの圧延製品のなかでできる限り重複することなく分業するかたちで生産されるように，つぎのような製品別生産の集中・専門化が推し進められた。

まず**ライン・グループ**では，ライン川を利用した輸送が有利であったために，ライン川流域のルールオルト・マイデリィヒ製鉄所には，できる限り輸出の注文，とりわけ棒鋼および形鋼の輸出の注文が割り当てられた。またそれとならんで，このグループは，その半製品の生産では，合同製鋼のさまざまな薄板工場の薄板用シートバーの供給や製管用半製品の生産にかかわった。

同じくライン河畔にある**ハムボルン・グループ**のアウグスト・ティセン製鉄所も同様に，主として輸出向けの工場であり，軌道用資材の生産の主要部分がこのグループに集中された。またこのグループは，輸出向けの半製品，棒鋼および形鋼などの大量製品の生産に従事した。

これに対して，**ドルトムント・ヘルデ・グループ**は，これら2つのグループのように輸送上の利点をもたないので，主として国内市場向けの生産を担当した。そのうち，半製品および形鋼の供給は，主にヘルデの工場によって行われた。他方，ドルトムント・ウニオンでは，とくに国内向けの軌道用資材，汎用鋼および棒鋼が圧延されたほか，ドルトムントは，引き続き，さまざまな種類の工具の生産や橋梁および地上工事に強くかかわった。

ボーフム・グループもまた，輸送上の利点をもたないことから国内市場向けの生産を担当したが，ヴエストファーレン製鋼所の合併によって拡大されボーフムに置かれた同グループの設備は，主に高級鋼の生産のために配置されたものであった。このグループは棒鋼，形鋼，鋼板などをまったく生産しておらず，軌条は主として平炉鋼による良質鋼材の生産であった。さらに鉄道車両，鋳鋼ベル，スプリング，ボルト，リベットおよびナットの高品質生産への専門化がはかられた。このグループが高級資材の生産に専門化したのは，それが高い価値をもち高い輸送費を負担することができたことによるものであった(29)。

このようにして，合同製鋼は，競争相手のコンツェルンに対して合理化のより大きな潜在力を利用することができた。企業集中にともなう合理化につづく第2の合理化の局面における技術的近代化は生産性をさらに高めることにはならなかったのに対して，以上のような生産の再編成は，生産性の向上に決定的に寄与した(30)。合同製鋼の設立という「鉄鋼トラスト」プロジェクトの成果のひとつは，まさに規模の経済の原理に基づく当該企業の生産プログラムの再編にあった(31)。なお合同製鋼の組織全体の構成図を示すと図4-1のようになる。

2　IGファルベンにおける製品別生産の集中・専門化の進展

つぎに，重工業との比較を念頭において，化学産業について，IGファルベンの事例をみることにしよう。IGファルベンの成立をもたらした合併後に開始された生産の合理化ための徹底した諸方策は，とくに，第1次大戦の影響による多くの領域での販売の可能性の縮小への生産能力の適応，多くの工場に存在する同じ製品のための生産設備の統合，生産の改善と低廉化のための諸方策にあった(32)。こうした経営課題に対して，同社でも，1925年の合同後初めて，統一的な観点から各企業・工場のもつ独自の専門性をいかして特定の製品の生産に特化するというかたちでの「契約に基づく分業化」が完全に遂行された(33)。合同は，初めて大きな視点から計画化を遂行しその持続性を生み出すことを可能にした(34)。生産組織の再編成をはかる上での原則として，同じ製品をそれまでの2つの企業（工場）で生産するという「二重生産の原則」がと

図4-1　合同製鋼株式

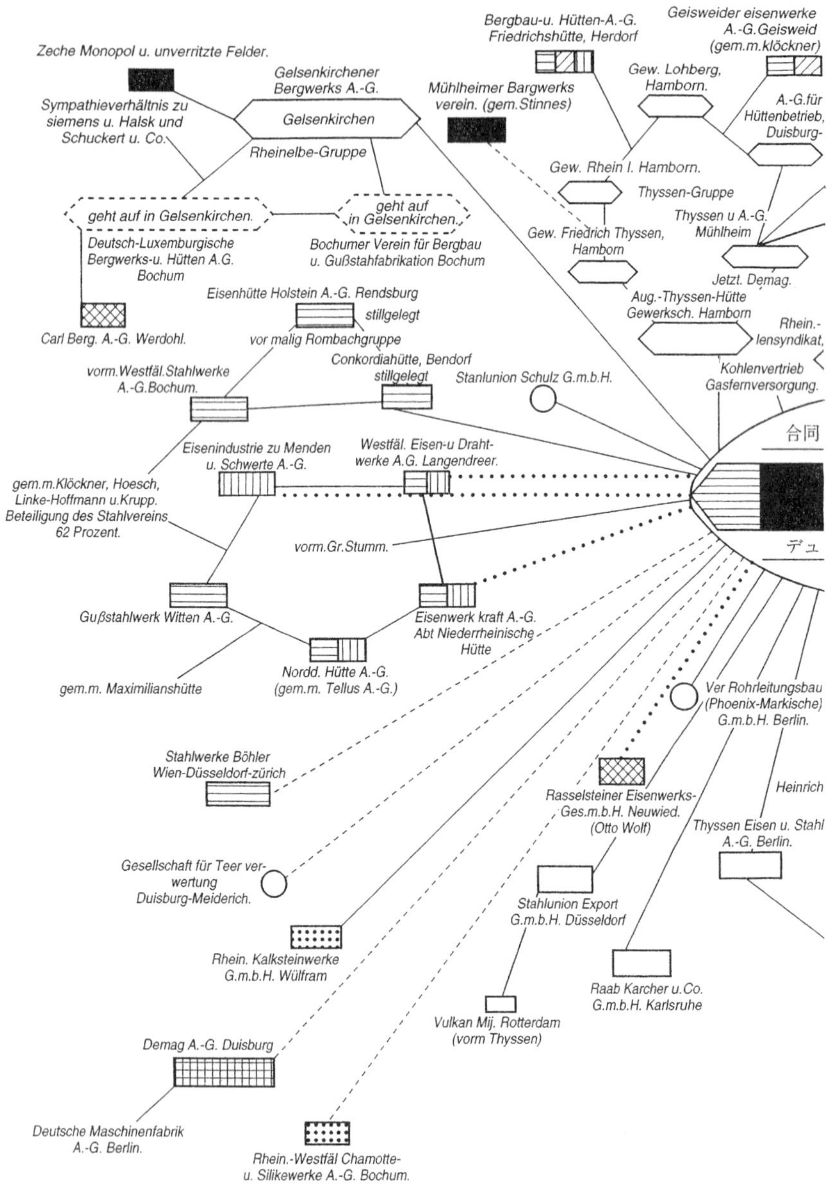
Bergbau-u. Hütten-A.-G.
Friedrichshütte, Herdorf
Geisweider eisenwerke
A.-G.Geisweid
(gem.m.klöckner)
Zeche Monopol u. unverritzte Felder.
Gelsenkirchener
Bergwerks A.-G.
Gelsenkirchen
Rheinelbe-Gruppe
Sympathieverhältnis zu
siemens u. Halsk und
Schuckert u. Co.
Mühlheimer Bargwerks
verein. (gem.Stinnes)
Gew. Lohberg,
Hamborn.
A.-G.für
Hüttenbetrieb,
Duisburg-
Gew. Rhein I. Hamborn.
Thyssen-Gruppe
geht auf in Gelsenkirchen.
geht auf
in Gelsenkirchen.
Thyssen u A.-G.
Mühlheim
Gew. Friedrich Thyssen,
Hamborn
Deutsch-Luxemburgische
Bergwerks-u. Hütten A.G.
Bochum
Bochumer Verein für Bergbau
u. Gußstahfabrikation Bochum
Jetzt. Demag.
Aug.-Thyssen-Hütte
Gewerksch. Hamborn
Eisenhütte Holstein A.-G. Rendsburg
stillgelegt
Rhein.-
lensyndikat,
Carl Berg. A.-G. Werdohl.
vor malig Rombachgruppe
Conkordiahütte, Bendorf
stillgelegt
vorm.Westfäl.Stahlwerke
A.-G.Bochum.
Stanlunion Schulz G.m.b.H.
Kohlenvertrieb
Gasfernversorgung.
合同
Eisenindustrie zu Menden
u. Schwerte A.-G.
Westfäl. Eisen-u Draht-
werke A.G. Langendreer.
gem.m.Klöckner, Hoesch,
Linke-Hoffmann u.Krupp.
Beteiligung des Stahlvereins
62 Prozent.
vorm.Gr.Stumm.
デュ
Gußstahlwerk Witten A.-G.
Eisenwerk kraft A.-G.
Abt Niederrheinische
Hütte
Nordd. Hütte A.-G.
(gem.m. Tellus A.-G.)
gem.m. Maximilianshütte
Ver Rohrleitungsbau
(Phoenix-Markische)
G.m.b.H. Berlin.
Stahlwerke Böhler
Wien-Düsseldorf-zürich
Heinrich
Rasselsteiner Eisenwerks-
Ges.m.b.H. Neuwied.
(Otto Wolf)
Thyssen Eisen u. Stahl
A.-G. Berlin.
Gesellschaft für Teer ver-
wertung
Duisburg-Meiderich.
Stahlunion Export
G.m.b.H. Düsseldorf
Rhein. Kalksteinwerke
G.m.b.H. Wülfram
Raab Karcher u.Co.
G.m.b.H. Karlsruhe
Vulkan Mij. Rotterdam
(vorm Thyssen)
Demag A.-G. Duisburg
Deutsche Maschinenfabrik
A.-G. Berlin.
Rhein.-Westfäl Chamotte-
u. Silikewerke A.-G. Bochum.

（出所）：K. Lasch, *Entwicklungstendenzen für die Zusammenschlußformen in der deutschen Großindustlie seit 1914,* Düsseldorf, 1930, zwischen S. 88 und S. 89.

会社の構成会社

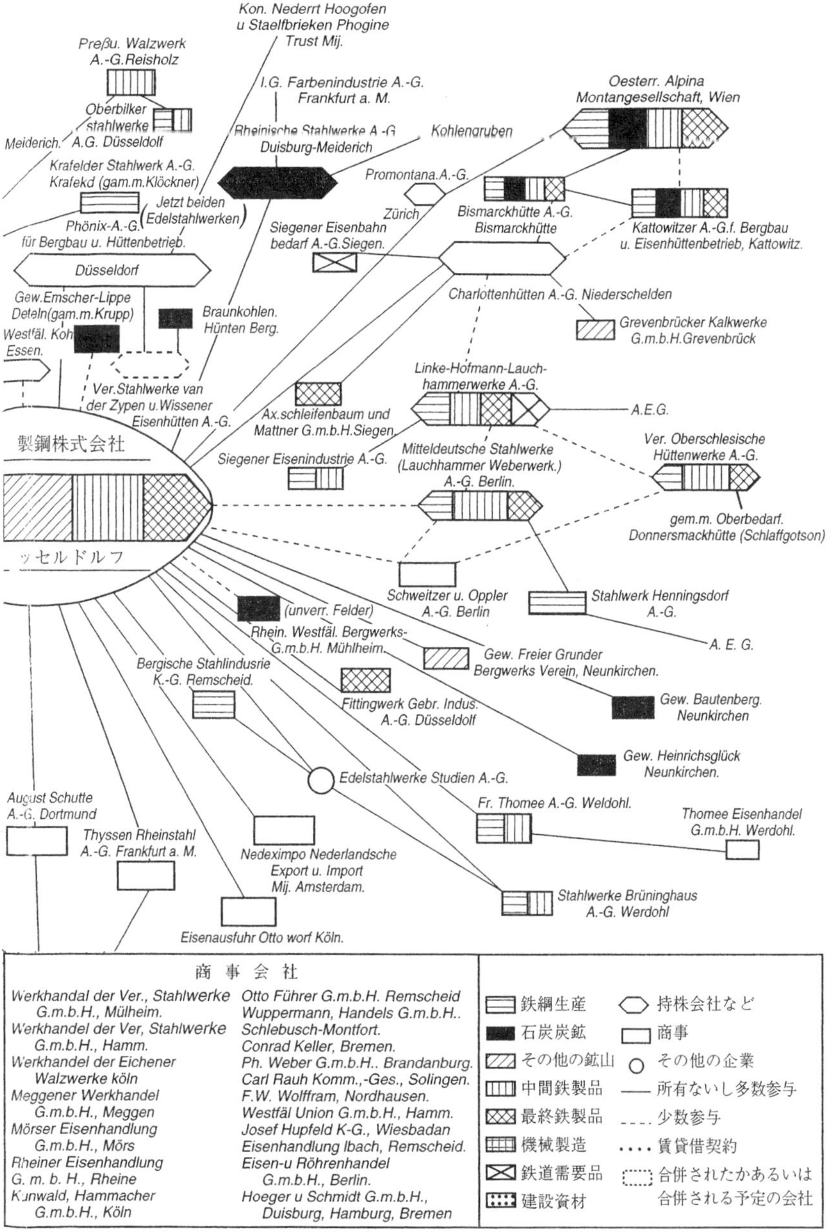
Kon. Nederrt Hoogofen
u Staelfbrieken Phogine
Trust Mij.
Preßu. Walzwerk
A.-G.Reisholz
I.G. Farbenindustrie A.-G.
Frankfurt a. M.
Oesterr. Alpina
Montangesellschaft, Wien
Oberbilker
stahlwerke
A.G. Düsseldolf
Meiderich.
Rheinische Stahlwerke A.-G.
Duisburg-Meiderich
Kohlengruben
Krafelder Stahlwerk A.-G.
Krafekd (gam.m.Klöckner)
Promontana.A.-G.
Zürich
Jetzt beiden
Edelstahlwerken
Phönix-A.-G.
für Bergbau u. Hüttenbetrieb.
Siegener Eisenbahn
bedarf A.-G.Siegen.
Bismarckhütte A.-G.
Bismarckhütte
Kattowitzer A.-G.f. Bergbau
u. Eisenhüttenbetrieb, Kattowitz.
Düsseldorf
Gew.Emscher-Lippe
Deteln(gam.m.Krupp)
Braunkohlen.
Hünten Berg.
Charlottenhütten A.-G. Niederschelden
Westfäl. Koh
Essen.
Grevenbrücker Kalkwerke
G.m.b.H.Grevenbrück
Linke-Hofmann-Lauch-
hammerwerke A.-G.
Ver.Stahlwerke van
der Zypen u.Wissener
Eisenhütten A.-G.
Ax.schleifenbaum und
Mattner G.m.b.H.Siegen
A.E.G.
製鋼株式会社
Siegener Eisenindustrie A.-G.
Mitteldeutsche Stahlwerke
(Lauchhammer Weberwerk.)
A.-G. Berlin.
Ver. Oberschlesische
Hüttenwerke A.-G.
gem.m. Oberbedarf.
Donnersmackhütte (Schlaffgotson)
ッセルドルフ
Schweitzer u. Oppler
A.-G. Berlin
Stahlwerk Henningsdorf
A.-G.
(unverr. Felder)
Rhein. Westfäl. Bergwerks-
G.m.b.H. Mühlheim.
A. E. G.
Gew. Freier Grunder
Bergwerks Verein, Neunkirchen.
Bergische Stahlindusrie
K.-G. Remscheid.
Gew. Bautenberg.
Neunkirchen
Fittingwerk Gebr. Indus.
A.-G. Düsseldolf
Gew. Heinrichsglück
Neunkirchen.
Edelstahlwerke Studien A.-G.
August Schutte
A.-G. Dortmund
Fr. Thomee A.-G. Weldohl.
Thomee Eisenhandel
G.m.b.H. Werdohl.
Thyssen Rheinstahl
A.-G. Frankfurt a. M.
Nedeximpo Nederlandsche
Export u. Import
Mij. Amsterdam.
Stahlwerke Brüninghaus
A.-G. Werdohl
Eisenausfuhr Otto worf Köln.
商事会社
Werkhandal der Ver., Stahlwerke
G.m.b.H., Mülheim.
Werkhandel der Ver, Stahlwerke
G.m.b.H., Hamm.
Werkhandel der Eichener
Walzwerke köln
Meggener Werkhandel
G.m.b.H., Meggen
Mörser Eisenhandlung
G.m.b.H., Mörs
Rheiner Eisenhandlung
G. m. b. H., Rheine
Kunwald, Hammacher
G.m.b.H., Köln
Otto Führer G.m.b.H. Remscheid
Wuppermann, Handels G.m.b.H..
Schlebusch-Montfort.
Conrad Keller, Bremen.
Ph. Weber G.m.b.H.. Brandanburg.
Carl Rauh Komm.,-Ges., Solingen.
F.W. Wolffram, Nordhausen.
Westfäl Union G.m.b.H., Hamm.
Josef Hupfeld K-G., Wiesbadan
Eisenhandlung Ibach, Remscheid.
Eisen-u Röhrenhandel
G.m.b.H., Berlin.
Hoeger u Schmidt G.m.b.H.,
Duisburg, Hamburg, Bremen
鉄綱生産
石炭炭鉱
その他の鉱山
中間鉄製品
最終鉄製品
機械製造
鉄道需要品
建設資材
持株会社など
商事
その他の企業
所有ないし多数参与
少数参与
賃貸借契約
合併されたかあるいは
合併される予定の会社

られており，それは企業内競争と管理を重視したものであった[35]。しかし，合理化がすすむなかで，同じ製品の重複生産は，しだいに放棄された[36]。世界恐慌期の1930年に生産能力の統合がはるかに徹底的に推し進められるなかで，IGファルベン内部の理想的競争という原則が放棄され，ひとつの製品をそれぞれひとつの場所で生産するようになり[37]，非常に徹底した簡素化へと向かうことになった[38]。

この時期のIGファルベンの生産組織の再編成をみる上で重要な点は，合同に参加した企業の立地にも規定されるかたちで生産組織の地域的配置が行われ，そのような枠組みのなかで製品別生産の集中・専門化が推し進められたということである。8つの企業の合同によって誕生した同社（その構成企業および関連会社については図4-2参照）では，さまざまな生産計画をもつ広い範囲の生産現場の場所的分離は，集権と地域的自立性との混合を必要とし[39]，「分権的集権」の原則に基づいて，①上部ライン事業共同体，②中部ライン事業共同体，③下部ライン事業共同体，④中部ドイツ事業共同体の4つの事業共同体（Betriebsgemeinschaft）がおかれるようになった[40]。以下では，このような生産組織の地域的配置を考慮に入れて，製品別生産の集中・専門化がどのように行われたかをみることにしよう。

なかでも，過剰生産能力の整理と製品別生産の集中・専門化による合理化の必要性が大きくそれが最も徹底的に行われたのは，染料部門であった。それゆえ，まず染料部門についてみることにする。

例えば，タール染料はそれまで8つ以上の工場で生産されていたが，たいていの製品はただ1カ所で生産され，わずかな大量製品のみが2ケ所で生産されるようになった。インダンスレン染料はルートヴィヒスハーフェンでのみ生産されるようになり，羊毛染料・絹染料，建染染料の生産はヘキストの工場に集中された。またバイエルの2つの工場のうちの小規模な方のエルバーフェルト工場やユルディンゲンにあるヴァイラー・テル・メールの工場，カレのビープリッヒ工場，そしてグリースハイムの工場では，染料の生産は中止された[41]。

このような製品別生産の集中・専門化が徹底的に行われた結果，わずかな例

図4-2　IGファルベン工業株式会社の構成会社および関連会社

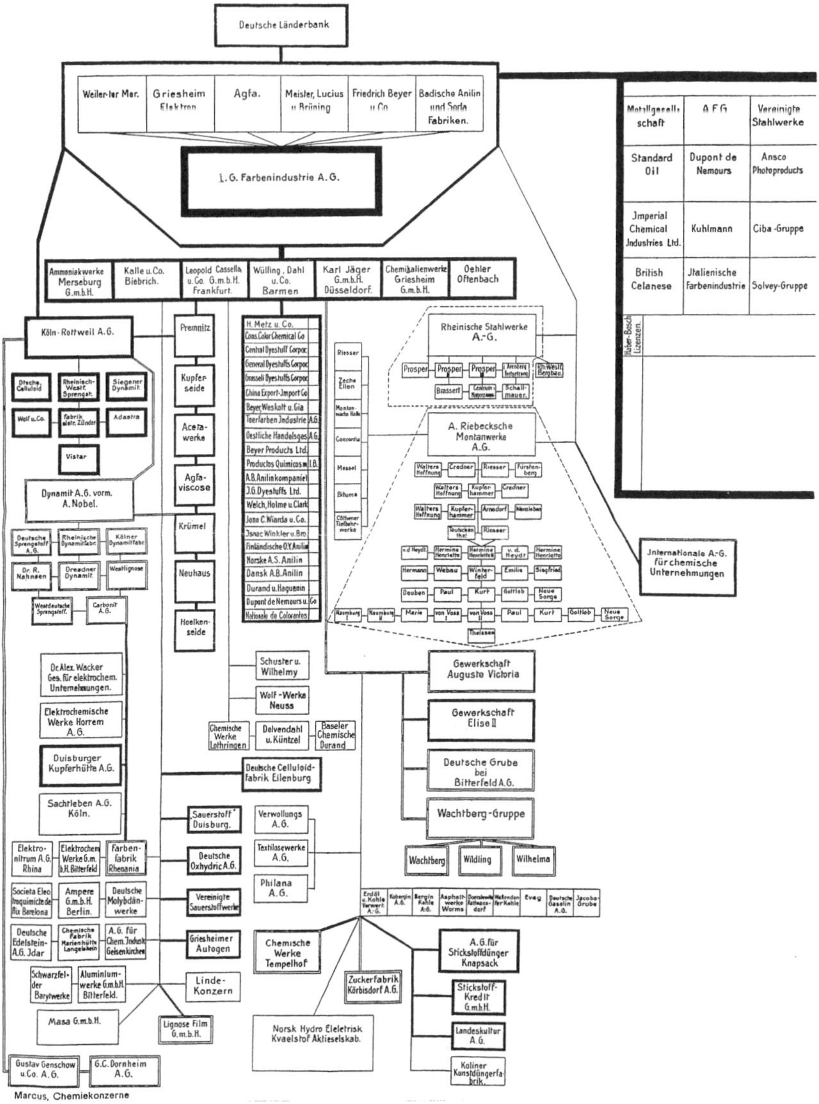

（出所）：*Hoechst Archiv*, IG194, Organisation, Betriebsgemeinschaften.

外はあるが，すべての染料がひとつの場所でのみ生産されるようになった。C.ボッシュは，IGファルベンでは，たいていの製品が1つの場所でのみ生産されており，わずかな大量製品については，個々の工場の生産能力が十分ではない場合にのみ，2ケ所で生産されていたとしている(42)。このような製品別生産の集中・専門化の計画は，合同後，最初の2年間で実施され，そこでは，望ましい成果がみられたとされている(43)。染料部門におけるこのような再編成の結果，バイエルのレファクーゼン工場はその染料生産高を27.4%増大させ，BASFも染料生産高を6.2%増加させたが，ヘキストは2.5%減少させた(44)。例えば1927年4月13日のIGファルベンの内部文書によれば，このような生産分業体制のもとで，ヘキストは，長年ヘキスト工場に根づいてきたトリプヘニルメタン染料やアリザリン染料，アリキルアニリン染料などの銘柄の生産部門を引き渡した一方で，他の染料の領域をある程度増加させた。その結果，残った染料や一次加工品（銅染料，アゾ染料など）の工場は合理的な操業を示すようになった(45)。

このような染料部門における再編とともに，事業共同体に属する各主要工場の間でも，生産の集中・専門化が取り組まれた。例えばヘキスト工場においては，染料と中間品の領域では，1926年には，より効率的な活動を目的として個々の生産部門の統合が行われており，合理化過程は全体的にみると同年末には実施されてきたが，翌27年にはかなりの生産の簡素化を示し始めた。一方，ビープリッヒ工場での染料工場の削減は1927年の営業年度にはほぼ完全に実施され，そのほとんどすべてがヘキストに移された(46)。

さらにこのような合理化において，生産される染料の種類も大幅に減らされた。ヘキストの企業文書館に所蔵の1926年のある文書によれば，染料の新しいリストは32,000のタイプを含んでおり，技術関係の最高機関である技術委員会（第7章参照）でも，その数はあまりにも多すぎ，定型数の削減のための精力的な取り組みがなされなければならないということについて意見の一致がみられたと指摘されている(47)。またIGファルベンの中部ライン事業共同体の1927年9月22日の内部文書でも，ヘキスト工場における合理化過程は当時定型削減と正確な経費の管理によって製造原価を引き下げる努力の方向で一層促進されていたことが指摘されている(48)。

また特定の製品ないし製品グループを最適な生産条件の基準によってひとつの場所でのみ生産するという，染料部門と同様の原則が，他の製品分野でも採用された[49]。その結果，染料部門と同様の工場の専門化が，医薬品，重化学製品，人絹，肥料など，他の主要な製品分野においてもみられた。

上部ライン事業共同体の本部である**BASF**は，そのルートヴィヒスハーフェン工場において，引き続き中間物，染料およびそれと密接な関連をもつ有機化学品を生産した。しかし，まもなく，その主たる活動は，ルートヴィヒスハーフェンに隣接するオッパウ工場およびロイナ工場における合成アンモニアおよび窒素肥料の生産に移った。

中部ライン事業共同体の本部でもあった**ヘキスト**は，依然として，レファークーゼンとならぶ医薬品の主要生産者であった。ヘキストはまた，建染染料の生産のほか，新製品のポリビニル・アセテートなど，アセチレンを原料とするすべての化学製品の生産を引き継いだ。

下部ライン事業共同体の本部である**バイエル**では，その中核をなすレファークーゼン工場が染料生産の集中をはかった。その一方で，他の工場では，その多くが染料以外の製品に重点を移すことにならざるをえなかった。

中部ドイツ事業共同体の本部である**グリースハイム**のビッターフェルト工場は，軽金属，とくにマグネシウムの生産に集中した。この工場は，メタルゲゼルシャフト社との合弁企業をとおしてアルミニウムの生産にも集中した。

また**アグファ**は写真関連の事業に集中した。すなわち，アグファは，写真用フィルムの生産を担当したほか，レファクーゼンで生産される印画紙やミュンヘンで製造されるカメラなど，写真製品の生産と販売の管理を引き継いだ。

さらにユルディンゲン工場は容積のかさむ中間製品の供給者となったのに対して，カレ工場は，新製品のセロファンの生産を開始した。また1926年に買収されたケルン・ロットヴァイルは，人絹の3つのタイプをすべて生産した[50]。

このように，染料部門以外の領域でも，製品別生産の集中・専門化による生産組織の再編成が行われたのであった。こうした再編成では，主要な工場での生産品目についての専業化（無機化学品を除く）をはかり，各主要工場が「それぞれ指定された大まかな専門分野の中で製品の範囲を拡げてゆけるように」された(51)。ただそこでは，技術的な理由から，あるいは資本の装備や調達の諸条件から，また他の経済的理由から，個々の産業部門の間や企業の間で，集中運動の状態について，また統合の能力について，かなりの相違がみられたとされている(52)。例えばヘキストの企業文書館に所蔵の1929年10月の内部文書でも，その3年前に染料の領域全体における最初の統合が行われた後にも，当時一層の合理化が行われなければならなかったとされている。達成されうる目標として，なお存在する多くの生産の重複を克服することが，第一にあげられている。そこでは，特定の生産グループについては製造現場の削減が問題となっていた(53)。

また以上のような主要工場別あるいは地域別に製品別生産の集中・専門化が推進されたのにともない，またそれに対応するかたちで，研究施設でも同様の集中・専門化がはかられた。さまざまな領域の研究は，生産組織の再編成において地域的配置の中核とされたルートヴィッヒスハーフェン，レファークーゼン，ヘキストなどにおける，より大規模な専門化された工場に付属の，設備がよく整いまた完全に近代化されたほんのわずかな研究所に集中された。不要な重複が発見されたところでは，どこでも，小規模な方の研究所が容赦なく完全にあるいはその一部が閉鎖された。残された研究所は，比較的狭い，また高度に専門化された研究領域に集中するようになるか，あるいはより一般的には主として管理目的のために維持された(54)。

例えばBASFが本部となっていた上部ライン事業共同体の中央研究所は，合成樹脂，スチレン，エチレンなどの合成中間物の開発に目をむけ，近隣のオッパウの研究所は高圧合成の領域に集中した。また旧バイエルの本拠であるレファークーゼンでは，下部ライン事業共同体中央研究所は染料に集中したが，この地域にはまた，専門的な染色研究所，防虫研究所，ゴム研究所があった。さらにヘキストの研究所は医薬品に集中したが，中部ライン事業共同体研究所は，引き続き建染染料にも焦点をあてる一方で，別の研究所はアセチレンの研究に集中した(55)。

このように，IGファルベンにおいても，合同製鋼の場合と同様に，製品別生産の集中・専門化が主要工場別あるいは地域別に行われ，新しく誕生したトラスト企業における生産分業体制の構築がはかられたのであった。なおIGファルベンの工場および炭鉱の立地図を示すと図4-3のようになる。

IGファルベンにおける製品別生産の集中・専門化の問題を重工業との比較でみると，化学産業の場合，重工業とは異なり，過剰生産能力の整理に徹底して取り組む必要性は，むしろ第1次大戦中・戦後の外国企業の台頭による需給関係の変化に規定されたものであり，ドイツ企業のもつ生産設備の技術水準の低さに大きく規定されたものではなかった。もともとIGファルベンの合同に参加した各企業は，設備や技能を当時の技術水準の近いところで維持することができており，それらの企業は大部分の産業用化学製品においてなお主導的地位を確保していたとされている。それゆえ，鉄鋼業の合理化に比べて，IGファルベンでは，古い工場の大量閉鎖や工場の作り替え，新しい工場の建設は，それほど目立つかたちでは行われなかった。むしろ化学産業の合理化は，製品の組み合わせの変更や製造に最も適した工場への製品別生産の集中などのかたちをとった(56)。

第4節　企業合理化の展開にとっての産業合理化の意義

このように，トラスト形態での企業集中によって，過剰生産能力の整理と製品別生産の集中・専門化が徹底して推し進められた。以上の考察をふまえて，つぎに，このような企業集中による産業レベルの合理化がその後の第2局面および第3局面における企業レベルの合理化に対してどのような意味をもつものであったかをみていくことにしよう。

第2局面は，外国とくにアメリカからの信用に支えられて個別企業レベルの合理化が本格的に始まる時期であり，そこでは，主として技術的合理化と労働組織の合理化（労働組織的合理化）の諸方策が取り組まれた。「企業レベルの合理化に取り組む上で，企業にとって必要なことは，一般に企業の支配する生産領域が広く，量産体制をとりうる条件を備えていることである」。しかし，合理化の始まる相対的安定期の当初には，「企業集中＝水平的結合のかたちをとることによって，同種企業を結合させ，技術的あるいは立地的に優れた経営・

図4-3　IGファルベン工業株式会社の工場および利益共同体協定

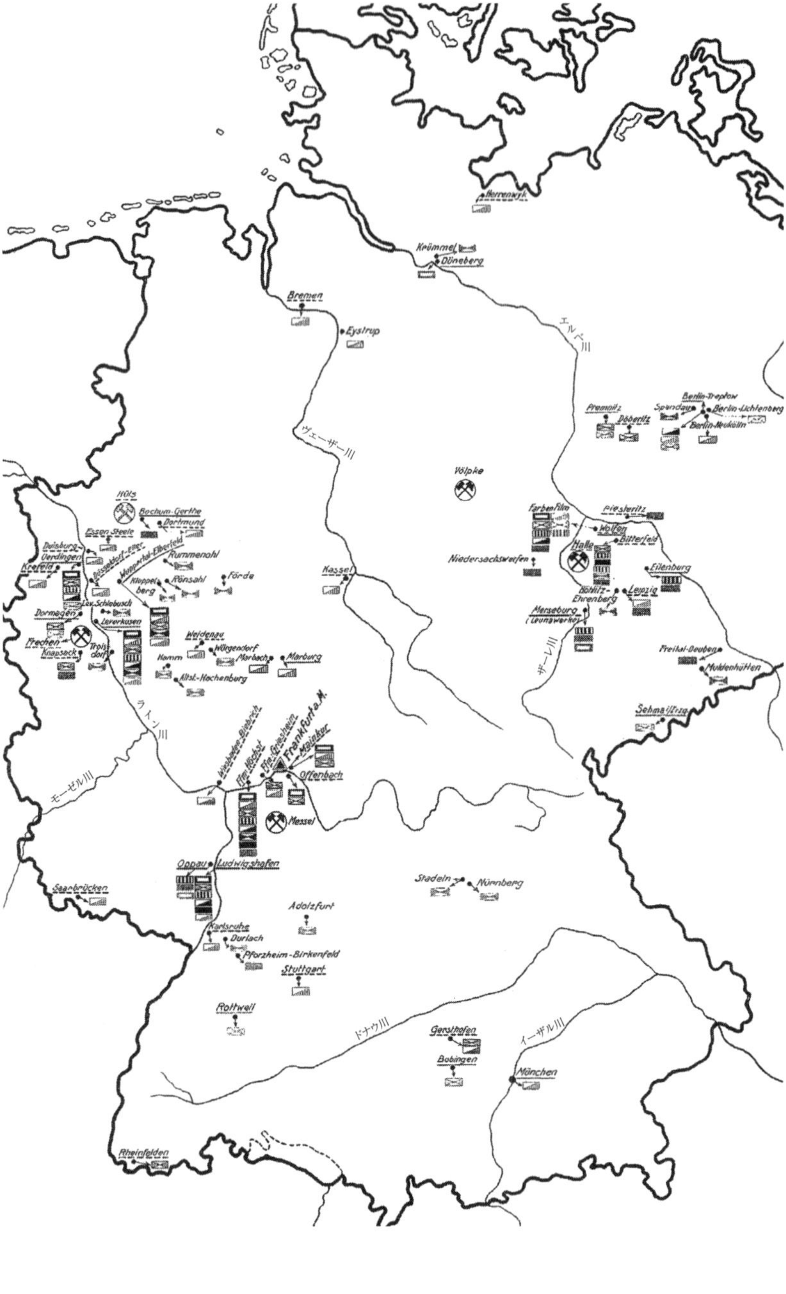

あるいは賃貸借契約によって同社と結合している工場の立地 (1930年9月)

オーデル川

Bobrechutz

Gleiwitz

記号の説明

		事業共同体
タール染料	ワックス	―― 上部ライン
医薬品	合成宝石	---- 中部ライン
有機化学製品および無機化学製品	窒素肥料および他の窒素製品	―― 下部ライン
溶剤,接着剤,塗料	合成燃料	---- 中部ドイツ
合成香料	フィルムおよび写真製品	―― ベルリン
殺虫剤	人絹(ビスコース,アセテート・銅絹およびその他の人造繊維)	
合成タンニン酸		---- ザーレ河畔のハレ　鉱山管理部
バルカンファイバー,プリズムリノリウム	ビスコース海綿	⊗ 褐炭　リーベック(ハレ),ヴァハト鉱山グループ,ケルンのフレッヘン地域を含むIGファルベンの炭鉱
圧縮ガス,溶接・切断装置	セロファン・感光紙,セロファンコートの網状製品,びんの口金	
貯蔵剤	プラスティック,爆薬	⊗ 石炭　アウグステ・ビクトリア炭鉱,ヒュルス
軽金属	セルロイド	▲ 企業の本社

(出所): Produktionsbetriebsstätten der I.G. Farbenindusrrie Aktiengesellschaft und der durch I.G. Verträge bzw. Pachtverträge mit ihr verbundenen Werke, *Hoechst Archiv*, IG194, Organisation, Betriebsgemeinschaften.

工場に生産を移すことによって，不要の過剰設備を廃棄し，あわせて製品別生産の集中・専門化を推し進め，産業レベルの合理化・再編成に取り組むことが必要であった」(57)。

この時期の合理化運動にあっては，生産の効率化と市場の安定化という2点がポイントであったとされている(58)。すなわち，合理化の過程は，既存の市場における需要の範囲内に産出高を割り当てようとする試みとして始まったが，それはまた同時に，さまざまな工場のもつ低い負荷条件から本来おこるハンディキャップに直面して，生産コストを引き下げようとする試みとして始まったとされている(59)。このように，この時期の合理化は，生産面だけでなく，販売面での対応策としても重要な役割を果すものであり，合理化運動の初期に行われた企業集中は，生産と販売の不均衡の克服という問題への対応として推し進められたものでもあった。この点に関して，H.ヴァイスは，以前に拡大された生産基盤と現存の販売可能性との間の矛盾を克服するために，生産設備はあらゆる種類の方法によって縮小されるべきであったことを指摘している(60)。

このように，合理化過程の第1局面における企業集中による過剰生産能力の整理とトラスト企業内部での製品別生産の分業化というかたちですすめられた産業合理化は，生産の効率化と市場の安定化のために生産面と販売面の両面から対応をはからんとするものであった。それはまた，同時にその後の企業レベルでの合理化を本格的に推し進めていくための条件を築こうとするものであり，そのためのいわば「準備的」性格をもつものとして位置づけることができる。

それゆえ，企業レベルにおいて経営方式・システムがどのように変化したか，またそのことはいかなる意義をもったかということが重要な問題となってくる。つづく第5章から第7章までの各章では，この点について具体的にみていくことにする。

（1） J. Bönig, Technik und Rationalisierung in Deutschland zur Zeit der Weimarer Republik, U. Trotzsch, G. Wohlauf(Hrsg.), *Technikgeschichte,* Frankfurt am Main, 1980, S. 398-399. 合理化の第3局面の状況については，R. Schmiede, E. Schudlich, *Die Entwicklung der Leistungsentlohnung in Deutschland : Eine historisch-theoretische*

Unterschung zum Verhältniss von Lohn und Leistung unter kapitalistischen Produktionsbedingungen, Frankfurt am Main, New York, 4. Aufl., 1981, S. 288をも参照。

(2) この時期のドイツの企業集中の問題については，上林貞治郎・井上　清『工業の経済理論』[増訂版]，ミネルヴァ書房，1976年，230-231ページ, E. Varga, Die marxistische Sinn der Rationalisierung, *Die Internationale,* 9. Jg, Heft 14, 20. 7. 1926, S. 432などを参照。

(3) B. Rauecker, *Rationalisierung und Soziakpolitik,* Berlin, 1926, S. 35.

(4) A. Reckendrees, *Das《Stahltrust》-Projekt. Die Gründung der Vereinigte Sthalwerke A. G. und ihre Unternehmensentwicklung 1926-1933/34,* München, 2000, S. 567.

(5) National Industrial Conference Board, *Rationalization of German Industry,* New York, 1931, p. 119.

(6) International Economic Conference, *The Chemical Industry,* Geneva, 1927, p. 21.

(7) *Ibid.,* p. 41.

(8) *Ibid.,* p. 28.

(9) Besprechung technischer Fragen. Zusammenlegung der Fabrikationen, S. 1, *Hoechst Archiv,* IG214.

(10) H. Tammen, *Die I. G. Farbenindustrie Aktiengesellschaft [1925-1933]: Ein Chemiekonzern in der Weimarer Republik,* Berlin, 1978, S. 29.

(11) *Ebenda,* S. 21.

(12) 工藤　章『現代ドイツ化学企業史』ミネルヴァ書房，1999年, 84-85ページ，同「IGファルベンの成立と展開(一)」『社会科学研究』(東京大学)，第29巻第5号，1978年2月，55-56ページ参照。

(13) R. A. Brady, *The Rationalization Movement in German Industry,* Berkeley, California, 1933, p. xii.

(14) L. F. Urwick, *The Meaning of Rationalization,* London, 1929, p. 14.

(15)「消極的合理化」の概念については，O. Bauer, *Rationalisierung und Fehlrationalisierung,* Wien, 1931, S. 195-196, Enquete Ausschuß, (Ⅲ)-2, *Die deutsche eisenerzeugende Industrie,* Berlin, 1930, S. 22-23を参照。

(16) C. Schiffer, *Die ökonomische und sozialpolitische Bedeutung der industriellen Rationalisierungsbestrebung,* Karlsruhe, 1928, S. 30.

(17) *Ebenda,* S. 30, E. Schuster, Typisierung als Wirtschaftsorganisation, *Weltwirtschaftliches Archiv,* Bd. 19, Heft 3, Juli 1923, S. 433.

(18) E. Varga, *a. a. O.,* S. 432.

(19) この点については，前川恭一・山崎敏夫『ドイツ合理化運動の研究』森山書店，1995年，39ページ参照。

(20) 上林・井上，前掲書，231ページ。

(21) Vereinigte Stahlwerke A. G., *Geschäftsbericht über das 1. Geschäftsjahr vom 14. Januar bis 30. September 1926,* S. 10, National Industrial Conference Board, *op. cit.,*

pp. 82-83, K. Lasch, *Entwicklungstendenzen für die Zusammenschußformen in der deutschen Großindustrie seit 1914,* Düsseldorf, 1930, S. 92.

(22) Gründungsvertrag der Vereingte Stahwerke Aktiengesellschaft (14. 1. 1926), S. 3, *ThyssenKrupp Konzernarchiv,* A596/2.

(23) E. Schalldach, *Rationalisierungsmaßnahmen der Nachinflationszeit im Urteil der deutschen freien Gewerkschaften,* Jena, 1930, S. 125.

(24) R. A. Brady, *op. cit.,* p. 110. 合同製鋼では，1926年から33年までに多くの工場や設備の閉鎖・廃棄が行われているが，工場の数は，高炉工場では23から9に，平炉製鋼工場では20から8に，棒鋼・形鋼圧延工場では17から10に，帯鋼圧延工場では7から3に，線材圧延工場では7から2に，薄板圧延工場では13から6に，鋼管工場では8から3に，プレス・鍛造工場では8から4に，鋳鋼工場では10から4に，線材加工工場では9から4に，車輪製造工場では6から1に削減されている。Der Umbau der Vereinigte Stahlwerke (2. 11. 1933), Anlage 2, *ThyssenKrupp Konzernarchiv,* VST/1588.

(25) Vereinigte Stahlwerke, Aktiengesellschaft, Düsseldorf, *Stahl und Eisen,* 47. Jg, Nr. 11, 17. 3. 1927, S. 474-475, E. Wolff, *Die Unternehmungs-Organisation in der deutschen Eisen-Industrie,* Berlin, 1930, S. 109.

(26) 島田千代丸「獨逸合同製鋼の過去及び現在(三)」『鉄鋼連盟調査月報』，1940年12月号，19ページ。

(27) Vereinigte Stahlwerke A. G., *a. a. O.,* S. 12, E. Wolff, *a. a. O.,* S. 109.

(28) Enquete Ausschuß, (Ⅲ)-2, *a. a. O.,* S. 32, S. 130.

(29) この点については，Vereinigte Stahlwerke A. G., *a. a. O.,* S. 12, P. Ufermann, *Der Stahltrust,* Berlin, 1927, S. 175, Enquete Ausschuß, (Ⅲ)-2, *a. a. O.,* S. 32-3, Vereinigte Stahlwerke, Aktiengesellschaft, Düsseldorf, *Stahl und Eisen,* 47. Jg, 1927, S. 475, National Industrial Conference Board, *op. cit.,* p. 85, 島田，前掲論文，19-20ページなどを参照。

(30) A. Reckendrees, *a. a. O.,* S. 434.

(31) *Ebenda,* S. 590.

(32) Über Struktur und wirtschaftliche Verflechtung der westdeutschen Werks der I. G. Farbenindustrie Aktiengesellschaft, S. 6, *Hoechst Archiv,* IG194.

(33) C. Schiffer, *a. a. O.,* S. 86.

(34) I. G. Farbenindustrie A. G., *Zur Erinnerung an die 75 Wiederkehr des Gründungstages der Farbwerk vorm : Meiste Lucius & Brunning,* München, 1938, S. 145.

(35) Einführung neuer Farbstoffe ab 1925, S. 4, *Bayer Archiv,* 004/B-14-3-6, H. Gross, Material zur Aufteilung der I. G. Farbenindustrie Aktiengesellschaft, Kiel, 1950, S. 8, 工藤，前掲書，1999年，130ページ参照。

(36) Einführung neuer Farbstoffe ab 1925, S.4, *Bayer Archiv,* 004/B-14-3-6, S. 5, W. O. Reichelt, *Das Erbe der IG-Farben,* Düsseldorf, 1956, S. 35.

(37) F. ter Meer, *Die IG Farbenindustrie Aktiengesellschaft : Ihre Entstehung, Entwicklung und Bedeutung,* Düsseldorf, 1953, S. 35, U. Stolle, *Arbeiterpolitik im*

Betrieb: *Frauen und Männer, Reformisten und Radikale, Fach- und Massenarbeiter bei Bayer, BASF, Bosch und in Solingen (1900-1933)*, Frankfurt am Main, New York, 1980, S. 103-104.

(38) Einführung neuer Farbstoffe ab 1925, S. 5, *Bayer Archiv*, 004/B-14-3-6.

(39) Institut für Wirtschaftsgeschichte der Akademie der Wissenschaften der DDR, *Produktivkräfte in Deutschland von 1917/18 bis 1945*, Berlin, 1988, S. 103.

(40) R. A. Brady, *op. cit.*, p. 237, H. Tammen, *a. a. O.*, S. 21-2, A. D. Chandler, Jr., *Scale and Scope*, Harvard University Press, 1990, p. 568〔安部悦生・川辺信雄・工藤 章・西牟田祐二・日高千景・山口一臣訳『スケール・アンド・スコープ』有斐閣，1993年，490ページ〕, G. Plumpe, The Political Framwork of Structural Modernization: The I. G. Farbenindustrie A. G., 1904-1945, W. R. Lee(ed.), *German Industry and German Industrialization*: *Essays in German Economics and Business History in the Nineteeth and Twentieth Centuries*, London, New York, 1991, p. 225.

(41) Vgl. Enquete Ausschuß, (Ⅲ) − 3, *Die deutsche Chemische Industrie*, Berlin, 1930, S. 36, S. 113, R. A. Brady, *op. cit.*, p. 237, A. D. Chandler, Jr., *op. cit.*, p. 569〔前掲訳書，492-493ページ参照〕.

(42) Über Struktur und wirtschaftliche Verflechtung der westdeutschen Werks der I. G. Farbenindustrie Aktiengesellschaft, S. 7, *Hoechst Archiv*, IG194, Enquete Ausschuß, (Ⅰ) − 3, *Wandlungen in den wirtschaftlichen Organization*, Berlin, 1928, S. 437.

(43) Enquete Ausschuß, (Ⅲ) − 3, *a. a. O.*, S. 113.

(44) E. Bäumler, *Ein Jahrhundert Chemie*, Düsseldorf, 1963, p. 103.

(45) Bericht an den Aufsichtsrat. Betriebsgemeinschaft Mittelrhein 1926(13. 4. 1927), S. 1-2, *Hoechst Archiv*, IG200.

(46) *Ebenda*, S. 1, S. 4.

(47) Besprechung technischer Fragen. Zusammenlegung der Fabrikationen, S. 2, *Hoechst Archiv*, IG214.

(48) Betriebsgemeinschaft Mittelrhein erstes Halbjahr 27(22. 9. 1927), S. 1-2, *Hoechst Archiv*, IG200. 定型削減が推進されたことについては，F. ter Meer, *a. a. O.*, S. 36, A. D. Chandler, Jr., *op. cit.*, p. 571〔前掲訳書，492ページ〕をも参照。

(49) Über Struktur und wirtschaftliche Verflechtung der westdeutschen Werks der I. G. Farbenindustrie Aktiengesellschaft, S. 8, *Hoechst Archiv*, IG194.

(50) A. D. Chandler, Jr., *op. cit.*, p. 571〔前掲訳書，493ページ参照〕, L. F. Haber, *The Chemical Industry, 1900-1930. International Growth and Technological Change*, Oxford University Press, 1971, p. 285-287〔鈴木治雄監修，佐藤正弥・北村美都穂訳『世界巨大化学企業形成史』日本評論社，1984年，437-440ページ〕, H. Hauser, *Geschichte des Werks Uerdingen der Farbenfabriken Bayer Aktiengesellschaft*, Krefeld, 1956, S. 85, S. 89.

(51) L. F. Haber, *op. cit.*, pp. 286-287〔前掲訳書，439-440ページ〕.

(52) Enquete Ausschuß, (Ⅲ) − 3, *a. a. O.*, S. 36.

(53) Niederschrift der Sitzung des TEA am Dienstag, den 1. Oktober 1929 vor-

mittags 9 $\frac{1}{2}$ Uhr in Ludwigshafen a. Rhein, S. 4, *Hoechst Archiv,* IG214.

(54)　R. A. Brady, *op. cit.,* p. 238, A. D. Chandler, Jr., *op. cit.,* p. 571〔前掲訳書，493ページ参照〕.

(55)　*Ibid.,* p. 571〔同上訳書，493ページ参照〕.

(56)　*Ibid.,* p. 569〔同上訳書，492ページ参照〕.

(57)　前川・山崎，前掲書，51-52ページ。

(58)　National Industrial Conference Board, *op. cit.,* p. 33.

(59)　A. P. Young, *Rationalization of Industry,* New York, 1929, p. 12.

(60)　H. Weiss, *Rationalisierung und Arbeiterklesse：Zur Rationalisierung der deutschen Industrie,* Berlin, 1926, S. 8.

第5章　テイラー・システムの導入とレファ・システム

前章での考察をふまえて，第5章から第7章までの各章では，企業レベルにおいてどのような経営方式，システムの導入・展開がみられたかという点について考察を行う。1920年代のドイツ工業の状況については，合理的な組織という点ではアメリカに大きく立ち遅れていたという指摘がみられる。例えばJ.エルマンスキーは，不合理な生産組織のためにおこる損失の額はドイツのような技術水準の高い国においてさえ疑いなくアメリカの額を上回っており，ドイツにおける合理的組織がアメリカのそれにははるかにおよばないという状況にあったことは否定されえないとしている(1)。そのような状況のもとで，ドイツでは，労働組織の合理化の取り組みが重要な課題となり，国際競争力の強化のためにも，とくにアメリカのテイラー・システムやフォード・システムが注目を集め，それらの導入が推し進められることになった。なかでも，すでに20世紀初頭から導入が試みられてきたテイラー・システムは，1920年代の相対的安定期には，ドイツ的に修正され，同国独自のレファ・システムとして導入されていくことになった。

そこで，本章は，テイラー・システムについて考察をすすめ，第1次大戦時および戦後のドイツにおける労働組織，管理の領域における企業経営の変化の特徴を明らかにしていくことにする。まず第1節において，第1次大戦時および戦後の混乱・インフレーション期のテイラー・システムへの対応についてみた上で，第2節では，相対的安定期のテイラー・システムの修正とレファ・システムの特徴について考察することにしよう。それをふまえて，第3節では，レファ・システムの導入とそれにともなう労働組織の変革についてみていく。

第1節　第1次大戦時・大戦後のテイラー・システムへの対応

1　第1次大戦時のテイラー・システムへの対応

第2章でみたように，19世紀末から20世紀初頭に始まるドイツにおける労働管理システムの変革の取り組みは，テイラー・システムの生成をみたアメリカのようにはすすまず，そのような近代的管理システムの導入においても大きな立ち遅れがみられた。しかし，第1次大戦時および大戦後には，テイラー・システムの導入・実施をめぐる状況は大きく変化した。

第1次大戦の開戦にともない，戦争経済への移行のもとで，軍需品の大量生産を行うための組織的な取り組みが急務とされ，そこでは，テイラー・システムの導入による労働組織の再編成が大きな意味をもつようになってきた。すなわち，戦時のほとんど充足しきれないほどの軍需品の大規模な需要のもとで，合理的な生産方法，時間，原料およびエネルギーを節約する作業形態，給付の増大を促進するような組織的な諸方策の利用が，予期しなかった諸可能性を与えた(2)。この時期にはまた，ドイツでも，すでに軍需産業においては，アメリカとほぼ同じ規模の大量生産がみられるようになっていた(3)。

また第1次大戦の開戦にともなう労資関係の変化も，大きな意味をもった。すなわち，開戦にあたり，社会民主党は「城内平和」と戦争協力の政策をとり，それにともなって，社会民主党系の自由労働組合は，事実上，ストライキの全面放棄を決定した(4)。この「城内平和」こそが，軍需生産の増大を推し進める上で大きな意味をもったのであり，テイラー・システムは「戦争遂行のための軍需生産の増強」という国家的課題に取り組むためのひとつの手段として取り上げられ，その導入が経営の枠をこえて推し進められようとしたのであった。

2　第1次大戦後の混乱・インフレーション期のテイラー・システムへの対応

つぎに，第1次大戦後をみると，その初期の混乱期には，経済再建という課題のもとで，テイラー・システムの導入の意義が一層高まってきた。すなわち，国内生産の極度の落ち込み，輸出の著しい減少，さらに戦勝国の法外な賠償要求のもとで，ドイツ経済をいかに再建するかといういわば国民的課題が強調され，このような国民経済的な観点から，テイラー・システムの導入の問題が取り上げられるようになってきた。

そうしたなかで，資本の側にとっては，ドイツ革命による体制的危機を回避するために労働者階級に与えた経済的譲歩が，その後の復活・発展にとって大きな足かせとなった。そのために，生産力を発展させるための手段として，それまで以上にテイラー・システムの導入が大きな意味をもった。

また労働側の対応をみても，ヴァイマル政府への社会民主党の参加という政治的枠組みの条件の変化は，とくに社会民主党の「社会化構想」との関連において，テイラー・システム導入の意義を一層高めたといえる。つまり，多くの労働組合指導部にとっては，「社会化はとりあえず生産増大の問題」であると考えられたが，「生産増大といっても，当時のドイツの状況では，生産性向上以外に有力な手段はなかったから，生産増大はとりも直さず生産性向上の問題であった」(5)。そうしたなかで，社会民主党が政権に加わって，自由労働組合幹部で入閣するものもあり，自由労働組合にとっても，ドイツ経済の復興・発展が自らの主体的問題として意識されるようになった。そのことが社会化の問題と重なり，テイラー・システムの導入・実施による生産の増大は，さらに積極的意義をもつようになったといえる(6)。

またインフレーション期についてみると，ドイツでは，1920年代の初めまで，貨幣出来高給（Geldakkord）が伝統的に支配的であり，労働者と職長とが個々の出来高給を交渉によって決定していた。しかし，インフレーションは，時間出来高給（Zeitakkord）およびそれと結びついた時間研究の一層強力な導入のきっかけとなった(7)。すなわち，労働者に対する経済的不安の圧力が彼らの抵抗力を弱め，より安定した収入を求める要求の高まりは，安定した賃金を約束する時間出来高給を労働者が受け入れることを促した(8)。またインフレーションの昂進による貨幣価値の急速かつ著しい低下のために，貨幣価値に代えて時間を「労働給付の価値尺度」とすることが必要となった。その結果，それまでの貨幣出来高給に代えて時間出来高給を採用することが必要となるとともに，重要な問題となった(9)。このような「労働の不変的尺度」の変更は，経済的製造委員会（AWF）に設置された「時間研究委員会」（Ausschuß für Zeitstudien）による過程研究を一層推進することになった(10)。

しかし，この時期には，ドイツの企業におけるテイラー・システムの実施の試みは，まだ組織的なものではなく，部分的なものにすぎなかった。時間研究には高いコストがかかったことや労働者側の反対などもあり，時間研究は1922年頃までは散発的にしか行われておらず，作業指図票もごく限られた程度にしか利用されていなかった(11)。そのような状況は，レファ・システムというかたちでのテイラー・システムの導入がすすむ相対的安定期までは変わるところがなかったといえる(12)。

第2節　相対的安定期のテイラー・システムとレファ・システム

1　テイラー・システムの本格的導入の社会経済的背景

相対的安定期には，状況は大きく変化した。合理化が経済再建の道を示すものとして受け止められ，それがひとつの「国民運動」として，国家の強力な関与と労働組合の協力のもとに展開されるなかで，生産の合理化のための方策として，フォード・システムとならんでテイラー・システムの導入が重要な課題となった。そこで，それまでテイラー・システムの導入を制約していたいくつかの諸要因がどのように変化したかという点について，みることにしよう。

まず市場の問題をみると，破局的なインフレーションによって国内市場は一層狭隘になっており，企業が復活・発展をはかる上でも，また疲弊した国民経済を再建する上でも，輸出の増進が最重要課題となった。インフレーション期には，ドイツの企業は為替ダンピング効果によって輸出をそれなりに伸ばすことができたが，インフレーションの終熄，マルクの安定とともに，為替ダンピングによる国際市場における競争力は失われた。その結果，輸出増進のための生産コストの引き下げが，ほぼ全産業的レベルでの重要課題となった。

また賃金の問題では，ドイツ革命による体制的危機を回避するために資本の側が払った経済的譲歩，なかでも8時間労働日，賃金制度の改善，労働組合と協約賃金の承認などによってもたらされた賃金の下方硬直化傾向は，1923年の通貨の安定前後に行われた革命期立法の手直しにもかかわらず，根本的には変更されることはできなかった(13)。そのことが賃金コストの上昇要因となり，労務費の圧縮がそれまで以上に重要な課題となった。

さらに労資関係の面では，1923年秋の革命勢力の敗北によって，「社会主義化」の前提が事実上なくなり，労資協調の側面が強調されるなかで，それまでの「社会化」にかわる合理化推進のための新しいイデオロギーとして，自由労働組合の「経済民主主義論」が登場することになる。それは，「合理化など経済発展への協力によって労働者の経済的地位を向上させるという主張と密接にからんでいた点に，何よりも大きな特徴をもつもの」であった。「経済発展ないし合理化への協力が，ドイツ革命期においては社会化，その後においては民主化あるいは経済民主主義の名において遂行された」。彼らのそのような立場は，彼らがもともと有していた生産力主義的な考え方によるものでもあった(14)。そのような考え方に立てば，当時彼らが目標としたアメリカ的な高水準の社会生活の実現は，何よりもまず高い生産力水準を前提とするものであり，合理化はそれを実現するための最も重要かつ有力な手段として受けとめられた。そうしたなかで，テイラー・システムは重要な合理化方策のひとつと考えられたのであった。

また金融市場の状況をみると，当時，資本不足（これはとくに恒常的な「信用不足」として現れた(15)）とそれに規定された重い資本コストの負担(16)などのために，資本支出をともなう技術的合理化の展開は，自ずと一定の制約・限界に直面せざるをえなかった。それだけに，テイラー・システムは，資本支出をともなわない合理化方策として，とくに重要な意味をもつことになった。

2　テイラー・システムの修正とレファ・システム

こうして，20世紀初頭に始まるテイラー・システムの導入は，相対的安定期に入って，ドイツ経済の再建といういわば国民的課題のもとで，かつてない高まりをみせるが，なお労働者側の影響・反対もあり，テイラー・システムの修正によるレファ・システムの普及というかたちをとった。そこで推進的役割を果したものが，ドイツ金属工業家総連盟（Gesamtverband Deutscher Metallindustrieller）とドイツ技師協会が名付け親となって1924年に設立された「ドイツ労働時間研究委員会」(Reichsausschuß für Arbeitszeitermittelung――REFA)，すなわちレファ協会であった(17)。レファ協会によって開発されたレファ・システムは，第1次大戦後の特殊ドイツ的諸条件のもとで生まれた合理化方策であり，いわばドイツ的テイラー・システムあるいは修正テイラー・システムであった。

そこでテイラー・システムとレファ・システムとの相違点をみると，それにはつぎの2点があげられる。そのひとつは課業の大きさに関するものであり，テイラー・システムでは，それは一流労働者の最速時間をベースとする「最大給付」に求められたのに対して，レファ・システムでは，平均的な労働者の平均的速度を基準とする「正常給付」に求められた。いまひとつは賃金形態に関するものであり，テイラーの差別的出来高給では賃金と給付（作業量）との関係は累進的（progressiv）に変化するのに対して，レファ・システムでは比例的（proportional）に変化することにある(18)。

まず課業の基準の変更についてみれば，それには，労働側による影響だけでなく，つぎのような事情があった。すなわち，「テイラーにおいては最高の標準に統一するのでなければ，標準化の意義が認められなかった」が，ドイツでは，こうした標準化がまだ広くすすんでいなかったために，「雑多な過程を整理することしたがって一定の標準に統一すること自体に意義が認められた」。それゆえ，テイラー・システムのように個々の労働者を問題とするのではなく，またたんに現場の問題のみを取り上げるのではなく，「経営の問題を全面的に，あるいは並立する諸経営を包括し，あるいは産業全体を対象とするところの一種の社会的見地」から標準化の取り組みが行われた。このような広範な見地から経営の広い領域に標準化をおよぼそうとする場合には，むしろ平均の正常的な状態を基準にせざるをえなかったのである(19)。

また賃金形態の変更に関していえば，賃金と給付との関係に変更を加えた賃金支払制度によって，その制度そのものだけをみる限りでは，ドイツの労働者は，テイラーの差別的出来高給にみられる課業の強制を免れている。この点は，本来，労働側にとっては大きな意味をもつべきものであった。

とはいえ，一方では，レファの理論史において，定義が再々変更されていることや，また他方では経営上の諸経験からみて，レファ・システムとテイラー・システムとの間の課業の大きさについては，その実際の違いが一般に考えられているほど大きなものではないという結果もでており(20)，その意味では，両者の相違はあくまでも相対的な問題であるといえる。課業の基準を「最大給付」から平均的労働者の「正常給付」としたことによって，テイラー・システムがレファ・システムというかたちでドイツの労働者に受け入れられたのであり，「正常給付」という概念の使用は，ドイツの企業家にとっては，合理化を推し進めるための労働者に対するいわば戦術的な譲歩にすぎなかったといえよう(21)。

このように，テイラー・システムがレファ・システムという修正されたかたちでようやくドイツの企業に本格的に導入されることになった。そのことによって，それまであまり実施されることのなかった時間研究が企業に広く普及し，課業の設定を通じて計画と執行の分離が本格的に推し進められた。その結果，作業速度の決定に関する主導権が労働者の側から企業の側に移り，労働力の支出過程そのものに対する企業による直接的な管理・統制を行うための基礎が築かれたのであり(22)，近代的な労働管理システムが普及・定着することになった。V.トリーバとU.メントルップによれば，ドイツの資本は，レファ・システムでもって，時間・動作研究の標準化，またそれとともに時間の節約それ自体に関して，テイラー・システムにおいて可能であったよりも高度な統一化と標準化を達成することができたとしている(23)。このように，レファ・システムの導入は，合理化を強力に推し進めんとするドイツ企業にとっては，第1次大戦前からのテイラー・システム導入の大きな前進を意味するものであったといえる。

3　レファ・システムと合理化の諸科学

なおこの時期のテイラー・システムのレファ・システムへの修正の問題をみる場合に考慮に入れておかねばならないことは，経営科学や労働科学(Arbeitswissenschaft)などの合理化の諸科学(Rationalisierungswissenschaften(24))が大きな役割を果したということである。V.トリーバとU.メントルップは，1917年から24年までの時期はドイツの合理化の諸科学の制度化ないし集中化および統一化にとって決定的な意味をもっていたとしている(25)。

経営科学は20世紀初頭に始まるドイツへのテイラー・システムの導入においてとくに大きな役割を果してきた。これに対して，労働科学は，すでに第1次大戦前からの活発な研究がみられるものの，1920年代にテイラー・システムのレファ・システムへの修正，ドイツの企業へのその導入においてとくに大きな役割を果した。このことは，とくに課業の設定のさいの疲労問題の研究と関係しており，この時期のそのような研究は，それなりの成果をあげたといえる。例えばB.ラウエッカーによれば，テイラー・シューレは疲労実験のことは気にせず，経営統計と休憩を考えるだけで対応していこうとしたが，ドイツのポスト・テイラリズムは経営における精神工学的な疲労研究に最も大きな価値をおいたとされている[26]。

しかし，この時期には，労働生理学や精神工学（Psychotechnik）といった新しい科学はまだ普遍妥当性をもつ通説的に確立した研究成果を報告しうるにはあまりにその発展の初期的段階にすぎなかった[27]。それにもかかわらず，労働組合は精神工学の研究にまったく好意的な立場をとっており，その研究成果の利用可能性と効果を過大評価していたという傾向にあった[28]。またJ.イオテイコ以来のすべての労働科学がそうであったように，この時期の労働科学が「その研究対象をつねに『労働一般』『人間的労働』『労働の人間的構造』『作業力』などという超歴史的範疇として規定してきたために，それは，たんなる自然科学以上のものたらんとする志向にもかかわらず，労働を資本制労働過程のもとでとらえることができなかった」[29]。そのために，このような労働科学は，経営者と労働者がかかわる共通の土壌，中立的な領域となり，労働編成の合理化という国民経済にとって根本的な諸課題に協力して取り組むことになりえたのであった[30]。

第3節　レファ・システムの導入と労働組織の変革

それでは，1920年代の合理化の時期にレファ・システムはどの程度導入され，またそのことによって工業企業の労働組織がどのように変革・再編成されたのであろうか。つぎに，この点についてみることにしよう。

1　レファ・システムの導入の全般的状況

もともとレファ協会はドイツ金属工業家総連盟とドイツ技師協会を名付け親として設立されたということもあって，レファ・システムは，金属産業，機械産業，電機産業などを中心に導入され，ドイツ産業の広い部分がそれによって再組織された。例えば，1927年からの金属労働者組合の調査によると，回答が得られた広義の金属産業の1,102の部門のうち65.1%にあたる717部門がレファ・システムによる賃金支払方法を利用していた。この調査結果の内訳をみると，出来高賃金が全体の23.7%（261部門），割増給制度が全体の9.3%（103部門），ビドー方式（Bedaux System）が全体の0.6%（7部門），その他の諸方式が全体の1.3%（14部門）の部門において利用されていた(31)。この調査からもわかるように，レファの賃金支払いの方法や標準時間，その算定方式の利用がすすんでいる。合理化の時期をとおして，レファ・システムは，多くの産業部門において導入されており，ドイツ独自の方式として，テイラー・システムにとってかわることになった。

またレファ協会の活動とのかかわりでみると，設立当初にあっては，時間研究の問題がその活動の中心をなしていたが，同協会は，時間研究員（時間係）の養成のための教育コースを設置し，それをとおして時間研究の実施・普及を促した。1928年に出された初版のレファ・ブック（“*Refa-Buch*”）によると，24年から28年までの間に，ドイツの45の都市において，115にのぼる出来高単価の計算担当者の養成コースが設置されており，28年9月までに「時間測定者」（Arbeitszeitbereechner）と呼ばれる5,000人を超える計算担当者が養成されている(32)。このような教育コースは，1924年のレファ協会の設立後，大きく増加しており（図5-1参照），その開催地数はつねに約20にのぼっている。またこれらの教育コースの参加者数は，1924年には約1,800人となっており，23年の約4倍以上にも増加している。

2　主要産業部門におけるレファ・システムの導入と労働組織の変革

このような全般的状況をふまえて，つぎに，レファ・システムの導入による労働組織の変革・再編成の具体的状況をみていくことにする。ここでは，主要産業部門を取り上げて考察を行うことにしよう。

(1)　電機産業におけるレファ・システムの導入と労働組織の変革

まず加工組立産業である電機産業についてみることにする。ジーメンスで

図5-1　レファ協会による教育コース*)の設置数，開催地数および参加者数の推移

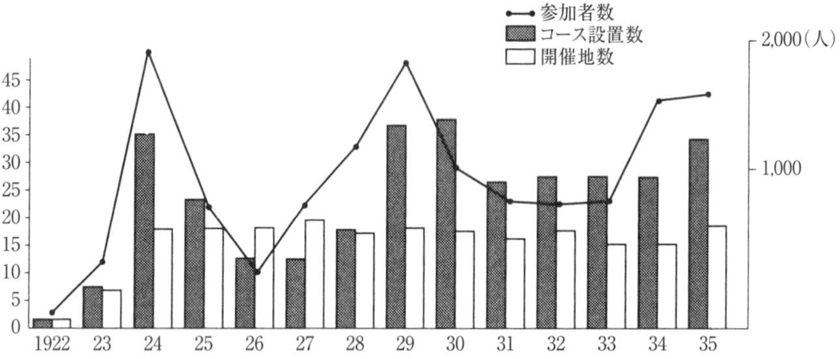

（注）：＊）経済的製造委員会（AWF）の教育コースを含む。
（出所）：E. Pechhold, *50 Jahre REFA,* Darmstadt, Köln, Frankfurt am Main, 1974. S. 67より作成。

は，古い経験的な方法から体系的な，科学的に基礎づけられた，また分析的な管理の方法への移行は，すでに1913/14年に始まっていた。しかし，それが組織的に採用され，また全社レベルで実現されたのは，第1次大戦後のことであった[(33)]。ジーメンスの上級技師であったL.ランゲが指摘しているように，1920年代の初頭には，組み立てにおいては給付を規定しそれに影響をおよぼす諸要因は十分には明らかになっておらず，賃金の決定は，機械作業の場合よりも大きな困難に直面せざるをえなかった。それゆえ，組み立てにおける正確な賃金の詳細な決定のためには，時間研究が不可欠であった。一方，機械の給付を規定しそれに影響をおよぼすあらゆる諸要因はすでに詳しく調べられていたので，機械や装置の部品の加工時間は，かなり正確に算定され決定されるようにはなっていた[(34)]。しかし，タイム露出撮影係は，機械や設備のための部品の加工時間の算定にさいして，根拠として自らに役立つ，工作機械の算定可能な給付のような確かなよりどころに依拠することはできなかった[(35)]。それだけに，過程研究に基づく労働管理の近代化が，一層重要な課題となった。

ジーメンス・シュッケルトでは，生産の技術的・組織的な編成は本質的には経営技師や職長に任されていたが，1920年代には，生産の合理化は，工場管理本部の活動のひとつの中心となっており，個々の工場のイニシアチブと中央集権的な管理・統制の結合によって，合理化政策は初めて厳格なものとなった[36]。ジーメンスでは，多くの場合，出来高部が時間研究による作業時間の決定の機能を担ったが，1920年から21年にかけての時期には，電動機工場などの主要工場において，作業部（Arbeitbüro）が生み出されるようになっている[37]。例えば1921年の11月3日の第2回経営技術会議でも，広範なプログラムのなかの7つのポイントのうち，第1番目に作業部の機能・役割に関するテーマが設定されている[38]。作業部は，工作機械の時間研究や工具などの規格化によって科学的管理を導入することを任務としていたが，生産過程の徹底的な再組織において，作業部は支配的な役割を果した。なかでも，電動機工場（ジーメンス・シュッケルト）は作業部の導入のペースメーカーであり[39]，合理化運動が始まる1924年までの同工場を中心とする合理化推進のための取り組みは，時間研究の実施と規格化を促進するものであった。作業部は，1924年から25年にかけて始まる流れ作業の原理に基づく生産過程の再組織にさいして，工場における決定的な中心的機関となった[40]。このような取り組みを経て，相対的安定期には，レファ・システムによる標準作業の決定がすすむことになった。

またジーメンス＆ハルスケのヴェルナーF工場では，同工場の出来高部が1925年に時間研究による作業時間の把握に取り組んでいるが[41]，26/27年には，頻繁に繰り返される作業・操作の大部分が標準時間のもとにおかれるようになった。その結果，賃金の決定は，その大部分が出来高部によって行われるようになった[42]。1926/27年度の同工場の報告によれば，24/25年の営業年度の後半に開始された組織面の大規模な転換は，25/26年度および26/27年度にその大部分が実施され，26/27年度には一層の効果を示した。このことは，在庫の把握と同様に，とくに計算と経費の領域にいえる[43]。ヴェルナーF工場の1927/28年度の報告でも，製造原価の把握の重要性の高まりが事前計算にとくに強力に負担をかけることになったとされており[44]，時間研究によって把握される作業の数は，1927年の23から28年秋には155に，また29年から30年の営業年度にはほぼすべてとなっていた。1927/28年度には，すでに新たな生産全体の事前計算のうち，60％が出来高部によって実施されるようになっているが，30年になってもまだ，第1ヴェルナーF工場の作業の約3分の1については，標準時間が決められていなかった[45]。出来高部によって設定される標準時間は，1930/31年までは，組立作業および部品生産の半分にとどまっていた。1928/29年になって初めて，出来高単価の決定はほぼ完全に出来高部に移されており(46)，同営業年度には，出来高単価のカードファイルの数が60,000から75,000に増加した(47)。そうしたなかで，1929年のある報告によれば，ヴェルナーF工場では，この時期には，出来高単価の決定は，もはや職長によって行われるのではなく，ごく一部の製品や作業を例外として，そのすべてが出来高部で実施されるようになっている。そこでは，ほぼすべての事前生産の職場や組立職場の大部分に対して，体系的に十分に検討された標準時間が1個当たりの作業時間や事前計算のためのデータとして算定されたが(48)，出来高単価の決定は，経営技師によって，レファの諸方法に基づいて行われていた(49)。また1927年の金属労働者組合の調査によれば，電機産業の賃金制度についての報告があった98部門のうち，74.5%にあたる73部門において，レファの賃金支払方式が採用されていた(50)。

(2)　機械産業におけるレファ・システムの導入と労働組織の変革

つぎに，機械産業をみると，第2章でみたように，この産業は，第1次大戦前からテイラー・システムの導入や工場管理の改革の取り組みが一部の大規模企業においてみられた部門であった。しかし，1923年になっても，中小経営の多いこの産業では，時間研究や作業研究による生産過程の分析はわずかの大規模な企業において導入されていたにすぎないという状況にあった(51)。この頃までは，事前計算は，多くの場合，賃金支払いの問題であるとしかみなされておらず，近代的な事前計算の目標からすれば，当時の水準は，大部分の経営でははるかに遅れていたとされている(52)。

時間研究の実施は，一定の規模の組別生産や大量生産を行う一部の大規模企業を中心にすすんだ。そこでは，時間研究は，とくに流れ生産方式を導入する上でとくに重要な意味をもった。あらゆる作業研究および時間研究は，一方では流れ生産の原則にむかってすすみ，他方では流れ生産がいったん実施されると，作業準備は，つねに新たに行わなければならない時間研究の手間のかかる作業から解放されることになった(53)。

このような時間研究・作業研究の取り組みは，ドイツでは，多くのところでテイラー・システムの修正であるレファ・システムの導入というかたちをとった。賃金制度をみても，例えば1927年の金属労働者組合の調査によれば，機械産業では，この制度についての報告のあった244部門のうち80.7%にあたる197部門において，農機具製造業では，23部門のうち95.6%にあたる22部門において，また事務機器製造業では，33部門のうち87.9%にあたる29部門において，レファ・システムによる賃金支払システムが導入されていた。

また比較のために輸送機械産業についてみると，1927年の同じ調査によれば，賃金制度についての報告があった113部門のうち55.7%にあたる63部門においてレファ方式による賃金支払システムが利用されていた(54)。自動車産業では，50%の出来高給の切り下げのもとで70%の給付の上昇が達成されていたという事例がみられる(55)。

(3)　炭鉱業におけるレファ・システムの導入と労働組織の変革

また電機産業，機械産業のような加工組立産業とは異なる当時の基幹産業部門のひとつである炭鉱業についてみることにしよう。レファ・システムは金属産業でのみ利用可能なのではなく，レファ協会の設立後，他の製造部門など広く多くの産業でも導入されており(56)，炭鉱業でも同様であったといえるが，この産業では，テイラーの方策や考え方が重要な役割を果たした。この時期の機械化の進展は一層大規模な組織的諸変化と結びついていた(57)。例えば，坑夫の作業形態は，孤立した個別作業から給付標準（課業）と時間統制のもとにおかれた集団作業へと変化しており，そこには，テイラーの考え方の適用をみることができる(58)。このことは，シェーカーコンベアを利用する経営においてみられた(59)。坑内運搬のための機械設備であるシェーカーコンベアの導入は，たんに切羽運搬の機械化という面にはとどまらず，運搬労働の厳格な組織化をもたらし，三交替制の円滑な実施を可能にするとともに，全坑夫に対して課業労働を強制することにもなった(60)。テイラー・システムの諸方策にみられる課業管理の導入は，中部ドイツの褐炭炭鉱でもみられ，1920年代半ば頃からすすんだより合理的な作業方法への転換においては，とくにテイラー・システムによる労働強度の増大が，新しい機械設備とともに大きな役割を果したとされている(61)。

このように，炭鉱業における機械化には，坑夫や補助要員に対する労働組織の変革や賃金制度の変更，管理の強化などをともなっている場合が多くみられ，これらの諸方策は，機械化による技術的諸変化を補完した。例えば石炭業でも，労働給付はなお人間の労働力の給付に依存していたので，経営者は，このような方法によって，技術的諸変化を補完したのであった(62)。ストップ・ウオッチでの測定によって算定された課業に基づく管理の一層の強化の結果，個々の労働者は，その作業においては，もはや以前のように自由ではなくなり，自らの作業時間を思うように調整することはできなくなった(63)。こうして，このような組織的諸変革は，目にみえないかたちで一層の労働強化をはかることを可能にし，機械化と結びついて労働生産性の向上において大きな役割を果したが(64)，炭鉱業においては，この時期には，科学的管理はなお部分的に導入されていたにすぎない(65)。

(4)　鉄鋼業におけるレファ・システムの導入と労働組織の変革

つぎに，鉄鋼業についてみると，そこでは，生産過程の性格にも規定されて，出来高単価は安定しており，生きた労働の時間の計算は機械的工業部門ほどには重要ではなかったので，第1次大戦前には，人間の作業の時間研究はみられなかったとされている(66)。しかし，遅くともインフレーション後の諸年度には，製鉄経営における人間の労働力の配置は，体系的な作業と時間の分析の対象となった。1924年に始まる合理化の波は，作業研究・時間研究の知識や方法に依拠するように導いた(67)。鉄鋼業では，いわゆる結合経済の一層の発展にともない，鋼の生産の集中化と統合の新たなレベルに達した。そこでは，生産量と生産に要する時間の設定は，個々の生産の進行が正確に調整されることを前提としており，正確な時間での運営がなされる場合にのみ，個々の生産の歩調が円滑にかみ合うことになる。それゆえ，生産過程の各部分の算定や事前計算が，重要な意味をもつようになった(68)。

そのような生産の組織化にさいして重要な役割を果したのがレファ・システムであった。1927年の金属労働者組合の調査によれば，製鉄業・金属製造業では，賃金制度についての報告があった255の部門のうち44.3%にあたる113部門において，レファ・システムが利用されていた(69)。レファの方法に基づいた時間研究は，出来高給や割増給の新たな分類のための基礎として役立った[70]。こうした科学的な作業研究・時間研究の利用によって，作業時間や賃金の算定の基盤が変えられることになった。そのことは，この領域でも職長の機能の喪失が同時にすすんだことを意味するものでもあった。作業時間や賃金の算定のためのより正確な基礎資料は，出来高給の算定式の変更や景気の急速な変化への適応を容易にした[71]。

ただ各工程の特質にも規定されて，工程部門間での差異もみられた。この点を時間研究・作業研究についてみると，製鋼工場における作業研究は，労働手段・搬送手段の改善に集中していた。製鋼工場におけるコスト全体に占める賃金の割合は比較的低かったので，時間研究・作業研究においては，賃金コストの引き下げよりはむしろ生産設備の可能な限りでの有効利用が重要となった。それゆえ，ドルトムント・ウニオンの事例のように，主たる着眼点は作業の中断や手待時間の回避に向けられ，時間研究によって，そのような時間のロスが明らかにされた。これに対して，圧延工場では，高炉工場や製鋼工場に比べ就業者の協働がより大きな意味をもつという事情から，作業研究・時間研究は大きな役割を果した。ほぼ同じような操業状態の工場間の比較というやり方で，時間研究は，圧延方式の最適化の可能性に関する情報を与えた。時間研究は，さらに人選にさいしても活用されたほか，出来高給の決定や新たな設定にも役立ったが，とくに1920年代半ば以降に賃金上昇や法的な労働時間短縮がすすむなかで，それへの対応をはかる上で重要となった経営社会政策のひとつの手段でもあった[72]。

このように，鉄鋼業では，その生産過程の特質もあり，加工組立産業のようなかたちでは労働組織の合理化の方策は大きな役割を果たすには至ってはいない。全体的にみれば，賃金支払システムの変更や，アメリカ的管理方式の影響のもとで，上述の加工組立産業と比べると，レファ・システムによる労働管理の方策の導入は，一部で試みられたという状況にとどまっていたといえる。

(5) 化学産業におけるレファ・システムの導入と労働組織の変革

さらに化学産業についてみると，この産業の合理化は，重工業の場合と同様に，企業集中による産業合理化（組織的合理化）と技術的合理化を中心に取り組まれた。プロセス工学によって特徴づけられる化学産業の生産過程においては，とりわけ技術的革新が，生産過程の経済性の上昇に寄与することができた。そのことは，一般的に個々の設備単位の統合および個々の生産段階のよりよい時間の調整のより高い度合いに示されている(73)。しかし，1920年代の合理化の時期になると，労働組織の合理化の諸方策は，技術的合理化を補完するものとして，より重要な役割を果たすようになってきた。

もとより，化学産業は賃金集約的な部門ではなく，当時，修理および拡張のための労働も含めると，賃金コスト全体は，平均では総費用のわずか10%から25%を占めていたにすぎず，例えばIGファルベンでも，賃金は総費用のわずか20-25%を占めていたにすぎない。その結果，収益性は，その他の労働集約的な諸部門においてと同じ程度には，賃金水準に依存することはなかった(74)。また化学産業では，特別な化学反応や自動的に操業する装置への生産の依存が，個々の能率給や出来高給の制度の導入を広く排除してきた。それゆえ，労働者の80%までが，一般的な生産割増給をともなうかあるいはともなわない時間給で働いており，その限りでは，出来高給が導入されている場合と比べると，時間研究・作業研究に基づく賃金の決定の必要性は，低かったといえる。ただ加工職場や補助経営，保守作業，梱包および荷積みの部門では，主に能率給ないし出来高給が利用されており，また割増給をともなわない純粋な時間給で働く労働者の割合は，約3分の1にすぎなかった。その点では，時間研究・作業研究に基づく賃金の事前決定が重要な役割を果したといえる。

化学産業では，1920年代の初頭には，出来高給の広範な導入は労働者の非常に激しい反対に直面したが(75)，20年代後半の合理化諸方策は，出来高給の領域を準科学的な水準に引き上げることを可能にする経営組織の変更をもたらした。そこでは，出来高払いの算定はもはや職長の恣意性に委ねられるのではなく，自前の技師や部署がそうした作業に従事するようになっている(76)。

そこで，個別企業の事例についてみると，BASFでは，第1次大戦後，できる限り公正な賃金を算定するために，計算部が設置されている。事前計算を担当する部署の主要な活動領域は，出来高労働の導入と生産割増給のためのデータの作成という2つのグループにあった。同社では，1920年に，出来高給および割増給を再び導入することが決定されており，標準時間と実時間を経験や作業研究およびリストに基づいて算定・決定し出来高労働の実施を監視することが，職務として重要となった。そのために，同時に，できる限り急速に事前計算係を養成することを任務とする出来高部が，ルートヴィヒスハーフェンの機械技術部門，オッパウの窒素部門，建設技術部門において誕生した。それらは，予定時間の算定，たえず繰り返される作業についての時間のデータの創出，職場における出来高給の導入に従事した。個々の経営におけるこうした試みは驚くべき成果をもたらした。出来高給は，以前のように主に手工業的な労働者やその他の補助経営の要員に限定されるのではなく，広くすべての製造経営に拡大された。しかし，そのような作業に精通した要員は，なお不足していた。こうした事情からも，事前計算に従事する要員の養成が重要な課題となったが，1920年には数人であったBASFの事前計算部の要員は，28年にはすでに230人にのぼった。彼らは，個々の作業工程・生産工程についての予定時間および出来高数を算定した。管理の改革のためのこのような変化は，事前計算に従事する部署の組織の徹底的な再編を必要とし，上述の3つの併存する出来高部から中央事前計算部が組織されることになった[77]。

しかし，計算者によるストップ・ウオッチを用いた作業時間の算定は，労働者には，あまり評判がよくなかった。作業の成果が基準値をはるかに上回った場合には，出来高部は，予定時間を作業の遂行において達成された値に容易に合わせることができた。それゆえ，時間の算定のさいに意図的にゆっくりと作業を行うという労働者側の対抗戦略が，短期的ではあるがしばしば成功をおさめた。時間研究に基づくこのような賃金の算定にあたり，ドイツ的テイラー・システムであるレファ・システムの導入がすすんだ。このシステムでは，もはや最高の給付が算定されるのではなく正常給付（Normalleistung）が算定されるので，労働者にとっては，新しい出来高給の方法に対する同意は，「正常給付」の原則に基づいて出来高給はもはやあまり頻繁には下方に変動することはありえないということによっても達成された[78]。こうして，BASFでは，ルートヴィヒスハーフェンにおいて，遅くとも1932年までに，それまで利用されていたあらゆる「概算による出来高払い」が，レファの時間出来高給によってとって代えられた[79]。

ただBASFにおけるこのような事前計算に基づく管理の改革に関して重要

な点は，作業給付をもっぱら時間によって評価するという考えのみによるのではなく，むしろより多くの観点の考慮によって生産に従事する人間の労働給付の評価を試みていたということにある。そこでは，時間の記録という点とともに作業の負担や作業の進歩に関する特別な評価が実施され，こうした方法で，時間の流れに関係する作業の価値のみならず，経験，精神的・肉体的な負担，器用さや作業の楽しさといった点も考慮した作業の価値を算定することができたとされている。こうした意味では，同社では，第1次大戦後にドイツにおいても普及する「テイラリズム」のようなアメリカ的な方式からは離れたという面がみられる(80)。

また**バイエル**では，1920年代初頭まで，事前計算はもっぱら職長によって行われており，時間研究自体も当初はまったくうまく行われてはいなかった(81)。レファークーゼンの出来高部は依然として助言的な機能のみに限られていたが(82)，1928年以降，出来高給票に集計される時間は，ますます作業研究・時間研究でもって算定されるようになった。それは，レファ・システムに準拠したかたちで行われた。その後の諸年度には，ビドー・システムも，時間研究の手法やその利用にある程度積極的な影響をおよぼすようになっている(83)。また事前計算のための用具として，1920年代の末には，作業遂行の時間の記録のための，職場におけるタイムレコーダーの配置が開始されている(84)。出来高部は1927年には16人の時間検査係を擁していたが，1年後には25人がこの部署において働いていた。また出来高部は，その時間検査係や計算係を自前で養成するようになった(85)，それは1927年に開始されているが(86)，30年までに81人が養成された(87)。レファークーゼン以外の工場をみると，ドルマーゲン工場でも，工場の拡大が開始された1924年には出来高部の活動が開始されたが，そこでも，必要になった計算の規模のたえまない増大が，そのような部署の設置をもたらした(88)。そのほか，輸送部門でも，1929年以降，適切な時間研究・作業研究によって，組織的な出来高給制度および割増給制度のための前提条件が生み出された(89)。

このように，化学産業においても，1920年代に管理の改革がすすんだ。設備の質の改善，経営の計画化，作業のリズムを決める機械の導入や流れ作業によって生産および製品の質をもコンスタントに保つことに，また生産の条件を統一的な水準に保つことに成功したということが，出来高給での収入の安定と労働者側のより強い同意の獲得に貢献した。この点に，1920年代における管理の改革の重要な特徴のひとつがみられる。このように，出来高給の達成のための前提条件は，技術的および組織的な面から算定可能となったということにある[90]。

以上の考察において，テイラー・システムの導入をめぐる問題についてみてきたが，ヴァイマル期の企業経営の大きな変化をもたらしたいまひとつの方策として，フォード・システムがあった。それゆえ，次章では，フォード・システムの導入とそれによる大量生産への移行をめぐる問題について，考察を行うことにしよう。

（1） J. Ermanski, *Theorie und Praxis der Rationalisierung,* Berlin, 1928, S. 216.

（2） E. Pechhold, *50 Jahre REFA,* Berlin, Köln, Frankfurt am Main, 1974, S. 40.

（3） H. Spitzley, *Wissenschaftliche Betriebsführung, REFA Methodenlehre und Neuorientierung der Arbeitswissenschaft,* Köln, 1979, S. 62〔高橋俊夫監訳『科学的管理と労働のヒューマニズム化』雄松堂，1987年，79ページ参照〕。

（4） 野村正實『ドイツ労資関係史論――ルール炭鉱業における国家・資本家・労働者――』御茶の水書房，1980年，182ページ。

（5） 大橋昭一『ドイツ経民主主義論史』中央経済社，1999年，89ページ参照。

（6） 大橋昭一「ドイツにおけるテイラーシステムの導入過程（Ⅱ）」『商学論集』（関西大学），第29巻第5号，1984年12月，36ページ。

（7） V. Trieba, U. Mentrup, *Entwicklung der Arbeiswissenschaft in Deutschland,* München, 1983, S. 99.

（8） R. Schmiede, E. Schudlich, *Die Entwicklung der Leistungsentlohnung in Deutschland,* Frankfurt am Main, New York, 4. Aufl., 1981, S. 264-265.

（9） Vgl. Fr. Henzel, Zeitbeobachtung und Zeitrechnung im Fabrikbetrieb, *Zeitschrift für Betriebswirtschaft,* 4. Jg, Heft 7, 1927, S. 509, Reichskuratorium für Wirtschaftlichkeit, *Handbuch der Rationalisierung,* 2. Aufl., Berlin, 1930, S. 259. なおこの点については，古林喜楽『経営労務論』千倉書房，1979年，123ページも参照。

（10） Vgl. H. Homburg, *Rationalisierung und Industriearbeit,* Berlin, 1991, S. 291-292.

（11） Vgl. F. *Söllheim, Taylor = System für Deutschland: Grenzen seiner Einführung in deutschen Betriebe,* Berlin, 1922, S. 148, S. 168, S. 175-181.

（12） Vgl. H. Homburg, *a. a. O.,* S. 297.

（13） 加藤栄一『ワイマル体制の経済構造』東京大学出版会，1973年，363ページ。

（14） 大橋昭一，前掲書，107ページ。

(15) 雨宮昭彦「1920年代ドイツにおける経済構造の変化とその限界」『経済研究』(千葉大学), 第9巻第2号, 1994年9月, 295ページ参照。

(16) 例えば1925年と29年の中央発券銀行の平均の割引率は, アメリカではそれぞれ3.421%, 5.163%であったのに対して, ドイツでは9.153%, 7.107%であり, 民間銀行のそれは, アメリカでは3.315%, 5.099%であったのに対して, ドイツでは7.62%, 6.87%であった。F. Ledermann, *Fehlrationalisierung—der Irrweg der deutschen Automobilindustrie seit der Stabilisierung der Mark,* Stuttgart, 1933, S. 63.

(17) E. Pechhold, *a. a. O.,* S. 56.

(18) Vgl. V. Trieba, U. Mentrup, *a. a. O.,* S. 106, R. Schmiede, E. Schudlich, *a. a. O.,* S. 271-276.

(19) 古林, 前掲書, 123-124ページ参照。

(20) Vgl. R. Schmiede, E. Schudlich, *a. a. O.,* S. 268, S. 271-274.

(21) Vgl. V. Trieba, U. Mentrup, *a. a. O.,* S. 107.

(22) テイラー・システムのもつこうした管理機能については, 稲村　毅『経営管理論史の根本問題』ミネルヴァ書房, 1985年, 194ページ参照。

(23) R. Schmiede, E. Schudlich, *a. a. O.,* S. 279.

(24) V. Trieba, U. Mentrup, *a. a. O.,* S. 99, O. Bauer, *Rationalisierung und Fehlrationalisierung,* Wien, 1931, S. 165.

(25) V. Trieba, U. Mentrup, *a. a. O.,* S. 99.

(26) B. Rauecker, Die Bedeutung der Rationalisierung, *Die Arbeit,* 2. Jg, Heft 11, 1925, S. 688-689.

(27) C. Schiffer, *Die ökonomische und sozialpolitische Bedeutung der industriellen Rationalisierungsbestrebung,* Karlsruhe, 1928, S. 26.

(28) Vgl. W. Eliasberg, Richtungen und Entwicklungstendenzen in der Arbeitswissenschaft(Ⅰ), *Archiv für Sozialwissenschaft und Sozialpolitik,* 56. Bd, 1926, S. 84, S. 86.

(29) 内海義夫『労働科学序説』法律文化社, 1954年, 195-196ページ。

(30) E. Schalldach, *Rationalisierungsmaßnahmen der Nachinflationszeit im Urteil der deutschen freien Gewerkschaften,* Jena, 1930, S. 44.

(31) Deutscher Metallarbeiter-Verband, *Die Rationalisierung in der Metallindustrie. Zusammengestellt und bearbeitet nach Erhebungen des Vorstandes der Deutschen Metallarbeiter-Verband,* Berlin, 1932, S. 192.

(32) A. Stitz, Das Refa-System, *Betriebsräte-Zeitschrift für die Funktionäre der Metallindustrie,* 11. Jg, Nr. 6, 22. 3. 1930, S. 182, Verband für Arbeitsstudien, *Das REFA Buch,* Bd. 1, Arbeitsgestaltung, Müchen, 1952, S. 32〔新居崎邦宜訳『作業研究のテキストⅠ：標準作業の決め方』日本能率協会, 1955年, 46-47ページ〕。

(33) H. Homburg, Scientific Management and Personel Policy in the Modern German Enterprise 1918-1939 : The Case of Siemens, H. F. Gospel, C. R. Littler(eds.), *Managerial Strategies and Industrial Relations. A Historical and Comparative Study,* London, 1983, pp. 148-149.

(34) L. Lange, Grundsätze für zweckmäßige Montage mit einigen Beispielen, *Maschinenbau/Betrieb,* 4. Jg, Heft 17, 27. 5. 1922, S. 249, S. 251.

(35) Vgl. H. Homburg, *a. a. O.,* S. 509.

(36) T. v. Freyberg, *Industrielle Rationalisierung in der Weimarer Republik,* Frankfurt am Main, New York, 1989, S. 182.

(37) Vgl. Bericht über die betriebstechnische Konfernz am 2. Februar 1921, S. 2 6, *Siemens Archiv Akten,* 11/Lf494.

(38) Vgl. Niederschrift der 2. betriebstechnische Konfernz am 3. November 1921, *Siemens Archiv Akten,* 64/LC511.

(39) T. v. Freyberg, *a. a. O.,* S. 191.

(40) *Ebenda,* S. 193.

(41) Vgl. J. Bönig, *Die Einführung von Fließarbeit in Deutschland bis 1933,* Teil Ⅰ, Münster, Hamburg, 1993, S. 310.

(42) Jaresbericht 1926/27. Wernerwerk F, S. 2(in : Jaresbericht WWF 26/27), *Siemens Archiv Akten,* 15/Lc816.

(43) Jaresbericht 1926/27(5. 11. 1927), S. 1(in: Jaresbericht WWF 26/27), *Siemens Archiv Akten,* 15/Lc816.

(44) Bericht der K. I. F. über das Geschäftsjahr 1927/28(Oktober 1928), S. 2-3(in : Jaresbericht WWF 27/28), *Siemens Archiv Akten,* 15/Lc816.

(45) Vgl. Jahresbericht der Fabrikleitung F 1927/1928, S. 8-9(in : Jaresbericht WWF 27/28), *Siemens Archiv Akten,* 15/Lc816, J. Bönig, *a. a. O.,* S. 310.

(46) D. Schmidt, *Weder Ford noch Taylor. Zu Rhetorik und Praxis der Ratinalisierung in den Zwanziger Jahren am Beispiel dreier Siemens Werke,* Bremen, 1993, S. 138-139.

(47) Jahresbericht 1928/29 der Kfm. Leitung F(30. 10. 1929)(in : Jaresberichte WWF 1928/29), *Siemens Archiv Akten,* 15/Lc816.

(48) Jahresbericht der Fabrikleitung F 1928/1929, S. 7(in : JaresberichteWWF 1928/29), *Siemens Archiv Akten,* 15/Lc816.

(49) J. Bönig, *a. a. O.,* S. 309-310.

(50) Deutscher Metallarbeiter-Verband, *a. a. O.,* S. 195.

(51) T. v. Freyberg, *a. a. O.,* S. 130.

(52) K. Hegner, Das Problem der Vorkalkulation, *Maschinenbau,* 6. Jg, Heft 19, 10. 7. 1924, S. 701.

(53) T. v. Freyberg, *a. a. O.,* S. 137.

(54) Deutscher Metallarbeiter-Verband, *a. a. O.,* S. 195.

(55) V. Trieba, U. Mentrup, *a. a. O.,* S. 103.

(56) Vgl. E. Preger, R. Reindl (Hrsg.), *Klingelnberg Technisches Hilfsbuch,* Berlin, Heidelberg, 1940, S. 684.

(57) E. Schalldach, *a. a. O.,* S. 102.

(58) R. Vahrenkamp, Die"goldnen Zwanziger"――wirklich die groß Zeit der

Rationalisierung? *REFA-Nachrichten,* 34. Jg, Heft 5, Oktober 1981, S. 243.

(59) E. Schalldach, *a. a. O.,* S. 102-3, P. Hinrichs, L. Peter, *Industrielle Friede?* Köln, 1976, S. 30.

(60) Institut für Wirtschaftsgeschichte der Akademie der Wissenschaften der DDR, *Produktivkräfte in Deutschland 1917/18 bis 1945,* Berlin, 1988, S. 113, 太田和宏「1920年代ドイツ炭鉱業における技術的発展」『開発論集』(北海学園大学), 第26・27合併号, 1979年3月, 47-48ページ。

(61) A. Friedlich, Die „Rationalisierung" der deutschen Wirtschaft : Zu den Denkschriften der Industrie und der Freien Gewerkschaften, *Die Internationale,* 9. Jg, Heft 6, 15. 3. 1926, S. 168.

(62) J. Bönig, *a. a. O.,* S. 401, Enquette Ausschuß(Ⅳ-2), *Die Arbeitsverhältnisse im Steinkohlenbergbau in der Jahren 1912 bis 1926,* Berlin, 1928, S. 151-152.

(63) E. Schalldach, *a. a. O.,* S. 103.

(64) *Ebenda,* S. 101.

(65) *Ebenda,* S. 109.

(66) R. Schmiede, E. Schudlich, *a. a. O.,* S. 254, C. Kleinschmidt, *Rationalisierung als Unternehmensstrategie,* Essen, 1993, S. 84, O. Jeidels, *Die Methoden der Arbeiterentlöhnung in der rheinisch-westfälischen Eisenindustrie,* Berlin, 1907, S. 121-122〔大江暢博・肥前榮一訳『ライン-ヴェストファーレン鉄工業における賃金支払い方法』八千代出版, 2009年, 126-127ページ〕。

(67) R. Schmiede, E. Schudlich, *a. a. O.,* S. 259-260.

(68) Vgl. *Ebenda,* S. 282-283.

(69) Deutscher Metallarbeiter-Verband, *a. a. O.,* S. 195.

(70) Vgl. H. Tillmann, Aufbau der Stücklohne auf Grund von Zeitstudien in der Gießerei, *Stahl und Eisen,* 46. Jg, Nr. 34, 26. 8. 1926, S. 1152, S. 1154, V. Polak, Zeitstudie und Arbeitszeitermittlung, *Archiv für das Hüttenwesen,* 2. Jg, Heft 12, Juni 1929, S. 871.

(71) Vgl. C. Kleinschmidt, *a. a. O.,* S. 282-3, B. Lutz, *Krise des Lohnanreizes. Ein empirisch-historischer Beitrag zum Wandel der Formen betrieblicher Herrschaft am Beispiel der deutschen Stahlindustrie,* Frankfurt am Main, Köln, 1975, S. 125-127.

(72) Vgl. C. Kleinschmidt, *a. a. O.,* S. 277-281, O. Cromberg, Die Betriebsführung im Siemens-Martin-Werk mit Hilfe von Zeitgedingen, *Archiv für das Hüttenwesen,* 3. Jg, Heft 12, 15. 1. 1930, S. 732, S. 736-738.

(73) R. Schmiede, E. Schudlich, *a. a. O,* S. 252.

(74) Vgl. W. Zollitsch, *Arbeiter zwischen Weltwirtschaftskrise und Nationalsozialismus. Ein Beitrag zur Sozialgeschichte der Jahre 1928 bis 1936,* Göttingen, 1990, S. 72, H. Tammen, *Die I. G. Farbenindustrie Aktiengesellschaft [1925-1933],* Berlin, 1978, S. 194.

(75) Vgl. *Ebenda,* S. 74. 1928年6月に実施された調査では, 出来高給の導入が最も多かった部門は染料, 窒素および医薬品の諸部門であった。Vgl. Hauptergebnisse der

amtlichen Lohnerhebung in der chemischen Industrie, *Die Chemische Industrie,* 52. Jg, Nr. 13, 30. 3. 1929, S. 371. また化学産業では1920年代の初頭に出来高給の広範な導入が労働者の非常に激しい反対に直面したことについては，BASF内部の一次史料でも指摘されている。Der Mensch in der BASF. 1865-1939, S. 158, *BASF Archiv,* Ohne Signatur.

(76) Vgl. W. Zollitsch, *a. a. O.,* S. 76.

(77) Vgl. Der Mensch in der BASF. 1865-1939, S. 156-60, S. 162, S. 165, *BASF Archiv,* Ohne Signatur.

(78) Vgl. W. Zollitsch, *a. a. O.,* S. 76.

(79) R. Schmiede, E. Schudlich, *a. a. O.,* S. 258.

(80) Vgl. Der Mensch in der BASF. 1865-1939, S. 160-1, *BASF Archiv,* Ohne Signatur.

(81) Vgl. Arbeitsbüro, *Bayer Archiv,* 1/6-6-25, S. 4-5a.

(82) *Ebenda,* S. 5b.

(83) *Ebenda,* S. 11.

(84) *Ebenda,* S. 23.

(85) *Ebenda,* S. 11.

(86) *Ebenda,* S. 17.

(87) *Ebenda,* Anlage 2.

(88) *Ebenda,* S. 27.

(89) *Ebenda,* S. 31.

(90) W. Zollitsch, *a. a. O.,* S. 77.

第6章　フォード・システムとそのドイツ的展開

ドイツの企業は，1920年代の相対的安定期には，合理化の展開によって輸出市場における競争に本格的に乗り出すことになるが，最大の競争相手であるアメリカでは，フォード・システムに代表される大量生産体制の確立がすすんだ。それだけに，その中心的な舞台となった電機産業，自動車産業，機械産業などの産業部門では，アメリカ企業との競争の上で，ドイツにおいても，それなりに大量生産体制を構築することが重要な課題となった。

もとより，大量生産は，それを可能にする大量市場の存在を前提とするものであるが，この時期のドイツの合理化運動は，国内市場の狭隘性と輸出市場における諸困難という諸条件のもとで推し進められた。それゆえ，本章では，フォード・システムの導入について，電機産業，自動車産業，機械産業を取り上げて考察し，そのようなアメリカ的生産方式による大量生産への移行が実際にどの程度実現されたか，またそのような労働組織の変革によって生産と労働の管理がどのように発展したかを明らかにしていくことにする。

以下では，まず第1節においてフォードの生産合理化策のひとつの柱をなす生産の標準化について，また第2節では大量生産体制の基礎をなす流れ生産方式の導入について，主要産業部門を取り上げて考察する。さらに第3節では，フォード・システムの導入による大量生産への取り組みが国民経済におよぼした影響についてみることにしよう。

第1節　標準化運動と生産の標準化の進展

1　標準化運動と生産の標準化

まずフォード・システムの柱のひとつをなす生産の標準化の進展についてみ

ることにする。1920年代には，流れ生産方式の導入の基礎をなすものとして，また広く能率向上のための有力な手段として，標準化が重要な課題となった。資本不足とそれに規定された資本コストの負担のもとで，技術的合理化の推進は一定の限界をもたざるをえず，それだけに，資本支出をともなわない合理化方策のひとつとしても，標準化の取り組みが重要な意味をもった。例えばC.シッファーは，生産の合理化を①種類，形態，数量による製品の合理化＝標準化，②生産設備の合理化＝技術的合理化，③労働行為の合理化＝労働政策的合理化に分けており，この時期に標準化が合理化の重要な方策のひとつとなったとしている(1)。またH.ジークリストは，「強力な規格化および定型化の運動が1920年代には国民経済的合理化に対してひとつの貢献をした(2)」としている。

規格化，標準化の取り組みがひとつの運動として最初に組織的に取り組まれたのは第1次大戦中のことである。それは，第1次大戦中に軍需品の生産のための規格を制定する規格局（Normungsbüro）が至るところに設置されたこと(3)，統一的な工業規格の創出・制定を任務とするドイツ工業規格委員会（Normenausschuß der deutschen Industrie）が1917年に設置されたこと(4)にみられる。しかし，規格化，標準化の取り組みが本格的に推進されるようになるのは，1920年代の相対的安定期のことであり，標準化の推進が，「標準化運動」というかたちで，合理化運動の一環として取り組まれることになった。そこでは，1926年に設立されたドイツ規格委員会（Deutscher Normenausschuß＝DNA）が推進的役割を果した。こうした委員会によって制定された規格をみても，その総数は，1918年の6件から24年には748件，30年には3,336件に大きく増加している(5)。

このように，1920年代のドイツにおいては，アメリカをはじめとする他の諸国よりも規格化，標準化の運動が一層組織的に推し進められたという点に特徴がみられる。この点について，R.A.ブレィディは，ドイツでは標準化運動が他のどの国よりもいくらか体系的に組織され，また成し遂げられてきたという点でのみ，外国とは異なっていたとしている(6)。そうしたなかで，両大戦間期になると，規格化の思考が多くの産業に普及しただけでなく，中小企業レベルにまで広く浸透するようになった(7)。

またこの時期には，合理化運動の初期にみられた企業集中がこうした取り組みの推進のための基礎を築き，それを促進した。企業にとっては，顧客を得るために消費者の個人的な嗜好にあわせるという必要性は標準化の障害となるが，ドイツでは，アメリカとは異なり，消費者の個人主義が根強く支配していたことが，標準化の障害となっていた。消費者の個人主義が，第1次大戦時および戦後の最初の訪年度における危急のときでさえ，需要の統一を妨げ，そのことが生活必需品，食料品および衣類の製造・販売の規格化を妨げてきたとされている(8)。そのような状況のもとで，企業集中によって競争が抑制され，需要の統一化を妨げていた消費者の個人主義による影響が抑制されることになり，その結果，ドイツの企業は，少数の定型の生産に専門化することが容易になった(9)。

2　主要産業部門における生産の標準化の進展

そこで，つぎに，生産の標準化の進展を主要産業部門についてみていくことにする。ここでは，フォード・システムの展開が重要課題となった電機産業，自動車産業および機械産業の加工組立産業についてみることにしよう。

(1)　電機産業における生産の標準化の進展

まず電機産業についてみると，ドイツでは，20世紀初頭の独占形成期にすでにジーメンスとAEGの2大企業による独占的支配体制が確立されており，集中化が非常に進んでいたことが，標準化の進展を容易にし，促進したといえる。R.A.ブレィディは，2，3の大規模な製造業者への生産高の集中は標準化の過程および規格の実際の導入を促したとしている(10)。また1920年代のドイツの電機産業においては，輸出依存度が比較的に高く，それだけに，輸出市場でのアメリカ企業との競争の上からも，大量生産の実現，そのための標準化の組織的な取り組みの推進が急務の課題となり，他の産業部門よりも標準化が徹底して推し進められた。

そこで，生産の標準化の取り組みを主要企業についてみると，例えばジーメンス＆ハルスケでは，1924/25年度の営業報告書によれば，それまでの何年間かにおいて，目的にかなった新たな設計によって，定型数の削減が徹底的に行われてきたとされている(11)。1925/26年の営業年度には，定型化，最も近代的な生産方法の利用，それへの設計の適応や組織の一層の発展によって商品の製造原価を引き下げようとする数年来続いている諸努力は，とくに同種のより大量の商品が問題となるところでは，成功した[12]。またAEGをみても，1924/25年の営業年度には，機械工場では，定型数の削減，流れ生産方式の導入によって生産量はかなり増大され，また価格は引き下げられることができた[13]。1926/27年度にも，生産設備の技術的改良，定型化や構造上の改良によって，また組織の編成によって，非生産的なコストが著しく節約され，流動資本が著しく減らされることができた[14]。1927/28年度の営業報告書では，同社がこうした点に最大の注意を払ってきたことが強調されている[15]。

そのような取り組みは，電気掃除機のような消費財では比較的容易にすすんだが，技術革新のテンポが速く製品革新が急速に行われた製品や生産財では，その状況は異なっていた。例えば，ジーメンス＆ハルスケのヴェルナーF工場でも，1926/27年度にスイッチや誘導子などの定型化が取り組まれたほか，電鈴の定型化によって50%の定型削減が達成されるなど，標準化の努力が強力に推進されている[16]。またヴェルナー工場で生産される継電器では，68のバリエーションをもつ8つ定型が，21のバリエーションをもつ4つの定型に削減され，継電器のキャップの数も15から8に，継電器と制御スイッチのベースプレートの数も，19から8に減らされた。しかし，依然として，部品のほか多くの機器をみても，たくさんの変種に分かれていたとされている。例えば直流用信号装置では，定型化の諸方策の後も，依然として約200のさまざまな部品をもつ1,280もの多様なタイプが存在していた。周波数計をみても，3つの電圧のもとで675の変種がみられた[17]。また1927/28年度には，鉱山用や船舶用の耐水性相互通信装置のさまざまなタイプが，それでもってさまざまな規模の並列した機器によって組み立てられることのできる安価なひとつの統一タイプに置き換えられるなど，定型化の努力が引き続き推し進められた[18]。

しかし，仕様や定型の数を削減するための諸努力が新たな構造によってたえず妨げられたようなケースも少なくなかった。それは，例えば新しい小型プレセクタや平形継電器の場合にみられる[19]。とりわけ複式接続や自動電話用の機器では，1926年から27年頃には，重要な定型化の活動はひととおり終了したが，同時にまた，新しい構造のものが生み出されている。電話機部門でも，自動接続あるいは電話交換機用の電話機の統一的な型のための努力が新たに行われているが，同時に，はるかに多くの定型をもたらした革新がおこっている[20]。ヴェルナーF工場の1927/28年の営業年度の報告によれば，同年度末には最も主要な機器，とくに回転式選波器，継電器，継電器群のタイプを再び統一することに成功し，その結果，28/29年度には，新しい統一タイプの創出によって，完全なライン生産を可能にするだけの数量が再び考慮されうるようになったとされているが[21]，新たな構造の創出は，そのような効果に大きな影響をおよぼす要因となった。規格化の任務を任せられた技師が特定の規格に関する活動をまさに終えたとき，その成果は，しばしば，すでにつぎの新しい開発によって台無しにされたのであり，技師達は，一定の量ではなくつねに変化する量の工業製品を定型化しなければならないという問題に直面した。このように，定型削減の取り組みにおいて重要な役割を果たした設計部は，技術革新への持続的な圧力のゆえに，革新を推し進めようとする努力と定型化を一層推し進めようとする努力との間の板挟みに繰り返し直面せざるをえず[22]，そのことが規格化，標準化の障害となった。

電機産業の大企業ではまた，規格化・標準化の取り組みが中央規格部のような中核的機関によって企業外部の機関との協力・連携のかたちもふくめて組織的に推進されたという点にも，特徴がみられる。例えばジーメンスでは，中央規格部は，ドイツ規格委員会やいくつかの専門規格委員会の活動に関与したほか，国際規格の開発を追求し，個々の規格の制定にも協力した[23]。

(2)　自動車産業における生産の標準化の進展

つぎに，自動車産業をみると，この産業は，電機産業とならんで，この時期に生産の標準化の取り組みが最も強力に推し進められた部門のひとつであった。小型車や大衆車の生産では，アメリカ的な生産方式の導入による大量生産への移行が強力に取り組まれ，そのための基礎をなすものとして生産の標準化が推し進められた。ただその一方では，完全な高級車や豪華な自動車の供給に重点をおいていた企業も存在した。この時期にみられたドイツの広義の機械製造における発展の方向は，できる限りわずかな種々のタイプの製品を生産し，決められた定型をできる限り大量に生産することにあり，このような諸活動は，自動車産業において最もすすんでいた。しかし，そこでも，それは決して一様にすすんだのではなく，あらゆるさまざまな発展の段階がみられた[24]。

そこで，まず**製品の定型化**についてみると，1926年のB.ラウエッカーの指摘によれば，当時フォード社がその廉価な単一定型車を全世界にあふれさせていたにもかかわらず，ドイツの自動車産業は，それまでそれに匹敵するような定型化を決心することができなかった。1925年12月のベルリン自動車博覧会に出展された約80のタイプの自動車の製造原価のうち，賃金・給料の占める割合は，平均ではわずか20%から25%にすぎず，大部分は，当時アメリカと比べてなお40%から45%も高かった材料費であった[25]。このことは，ドイツでは多くのタイプの自動車が生産されていたこと，また製品の定型化や部品の規格化が十分にすすんでいなかったことによるものであった。R.ヴォルトは，1925年にはまだ消費者のさまざまな特別な希望に応じて特別な車が生産されていたとしている[26]。合理化運動が展開される1920年代後半になって，小型車や大衆車の生産への移行がすすむなかで，製品の定型化が本格的に推し進められることになったが，多様な製品の種類は，一方では生産設備や取替部品の在庫のための大きな資本支出を必要としただけでなく，他方では比較的小さな組の生産しか可能にせず，コスト引き下げ策の効果的な利用を妨げていた。そうしたなかで，自動車企業の合同が推し進められたが，それは多様な定型の削減のための条件を築いた。1932年に誕生したアウト・ウニオンか，あるいは少なくともいくつかの大規模なコンツェルンのみが定型の整理を実施することができたとされている[27]。

例えば1926年のダイムラーとベンツの合同をみても，それによって大幅な生産車種の整理が行われている[28]。すでに1926年3月29日の取締役会の会議でも，トラックの生産の標準化ができる限り迅速に実施されねばならないことが指摘されており，統一タイプの生産によってのみ外国市場での競争，大きな販売の達成が可能であるとされている[29]。例えばダイムラー・ベンツの1927年11月27日の内部資料でも，有利な価格政策の展開のために大規模なロットでの合理的な生産の実施という課題がつきつけられており，同年末までにできる限り多くの自動車を生産し供給するように試みる必要性が指摘されている[30]。そうしたなかで，製品の定型化の推進がそのひとつの重要な前提条件をなした。しかし，そこでは，計画された生産量が設計上の欠陥や設計の変更によって達成されないということもおこっており[31]，製品の定型化の努力の進展は，設計の問題とも深く関係していた。同社では，1928年7月になっても，定型の削減による合理的な生産に大きな価値が認められており，根本的な条件は，あまりにも多い定型およびタイプでの作業方法の負担を軽減すること，シャーシのタイプの統一など，規格化や構造の統一の一層の推進にあった[32]。

集中化の進展の結果，1924年から29年までの間に，ドイツにおける自動車企業の数は86から17に減少しており，生産される定型の数も，146から40に減らされた[33]。しかし，1929年には，合計17の製造業者によって生産された34の主要なタイプの乗用車のうち，1,000ccから1,500ccまでの車は1タイプ，1,000cc未満の車は3タイプであったのに対して，3,000ccを超える車は18タイプ，2,000ccから3,000ccまでの車は7タイプ，1,500ccから2000ccまでの車は5タイプもあった[34]。このように，小型車や大衆車以外では，定型化の進展には大きな相違がみられた。1929年になってもまだ，ドイツの乗用車の生産全体のうち50％超が，上級の中クラスや豪華な自動車の範疇に属していた[35]。

また**部品の規格化**をみると，B.ラウエッカーは1926年に，ドイツの自動車の製造原価に占める原料費の割合が高かったことに関して，個別部品の規格化のみが有益であるが，それは，確かにその最近多く論じられているものの，あまり実現されてはいなかったとしている[36]。規格化の本格的な取り組みがすすむのは，ドイツ規格委員会が設立される1926年以降のことである。例えばオペルでは，工場の内部での規格部品あるいは標準寸法は生産コストを引き下げたほか，ねじ，キーみぞ，歯車装置のための統一的な寸法によって，そのときそのときの新しいはめあいに合わせて機械を切り替える必要がなくなった[37]。またダイムラー・ベンツでも，1928年10月4日の協議において2リッター車と2.6リッター車の車体の共通化が重要であるとされている[38]。部品，ことに基幹要素部品の規格化が企業内の工場間での供給関係とも関連をもつかたちですすめられたケースもみられた。例えばダイムラー・ベンツでは，ジンデルフィンゲンの製品プログラムは，ウンターテュルクハイム工場のシャーシのプログラムに合わされており，1928年には，約200の2リッター車用車体の在庫が，より少ない生産プログラムによって，ほぼ8月末までに，シャーシのプログラムに正確に調整されることができた(39)。同社の1928年10月24日の取締役会の会議でも指摘されているように，車体のコスト引き下げの前提条件は標準的なタイプの車体への統一化であり，それは本格的な流れ生産の展開の条件をなした(40)。

また製品の定型化，部品の規格化とともに**工場の特殊化（専門化）**による生産の専門化もすすめられた。例えばダイムラー・ベンツでは，1926年6月10日の取締役会の会議において，歯車の生産はウンターテュルクハイムに，自働機械の部品の生産はマンハイムに，車輪の生産はウンターテュルクハイムに集中されるべきものとされた。またそれまで3つの場所に分かれていたねずみ鋳造工場およびアルミ鋳造工場については，ねずみ鋳鉄がマンハイムでのみ生産され，アルミ鋳物はウンターテュルクハイムで生産されるべきものとされた。さらに車体生産のすべてをジンデルフィンゲンに移すことが有効であるかどうかが協議され(41)，その結果，車体生産における専門化が実施されることになった。このような生産の専門化は，部品生産だけでなく自動車の生産においても取り組まれており，ダイムラーとベンツの合同によって生産車種の大幅な整理が行われたのにともない，基本的に1工場1車種の生産ラインのかたちとされた(42)。例えばマリーエンフェルデからガゲナウへの5トントラックの生産の移転が行われているが，それによる200万RM以上の節約，それにともなうガゲナウ工場の生産増大による同工場の生産能力のほぼ完全な利用への期待が，その主たる理由をなした(43)。企業の集中とそれにともなう工場間での生産の専門化による分業化の進展は，その後の生産技術と労働組織の合理化を推進するための重要な条件を築いた(44)。

しかし，生産の標準化の実際の進展状況については，F.レーダーマンは1933年に，当時なお部品の規格化の成果が実際には非常に小さなものにとどまっており，また製品の定型化も不十分であっただけでなく，生産の専門化の遅れもみられたとしている。そのような専門化の遅れは，部品の規格化が十分にすすまなかったこと，ある製品の販売の落ち込みを他の製品で埋め合わせる必要性が重要な意味をもつというドイツの市場の運命によるものであった(45)。

(3)　機械産業における生産の標準化の進展

さらに機械産業についてみると，ドイツ機械製造所連盟の会長であったK.ランゲの1925年12月の指摘でも，機械製造においては，何ら生産性に寄与することなく生産コストを引き上げている無数の余分な定型が，なお存在していた(46)。そうしたなかで，規格の問題が決定的に重要となったのは，一方での組別生産ないし流れ生産の発展と，他方での高度な精度の要求によるものであった(47)。しかし，当時のドイツにおいては，規格化・標準化の推進を困難にするいくつかの諸問題が存在していた。

まず第1に，機械産業では多くの中小経営が広範に存在していたことが，規格化の進展を妨げていた。1925年の統計によると，25人以上の労働者を雇用している企業の平均労働者数は184.2人にすぎず，その数は30年には142.8人に低下している。大規模企業のうちドイツ機械製造所連盟に直接加盟している企業をみても，1930年の1社当りの平均労働者数は252.1人にとどまっていた(48)。確かに大規模な製造業者は規格化の問題に積極的に取り組んできたが，多くの企業，とくに小規模な企業は，制定された基本規格や専門規格の効率的な利用を行うことができなかった(49)。

第2に，機械産業の多くの製造業者は，規格化の長所を十分に理解していなかったり，規格化の活動に無関心であった。機械の規格化のための初期の試みに対する主要な反対理由は，規格が技術発展を妨げるであろうということであった(50)。1920年代の合理化の時期になっても，ドイツ規格委員会などによる規格化の組織的な取り組みやその成果についての十分な認識がもたれていたとはいえない。1930年5月22日のザールブリュッケンの会議でのある報告者によれば，多くの製造業者はドイツ工業規格の存在をまったく知らないか，あるいは規格のあらゆる組織的な活動にまったく無関心であった。また提案ないし制定されたあらゆる規格を多くの者は不信や疑いをもって受け入れてきた。さらにまた，ドイツ工業規格は，注意深くつくり出され組織的に適用された工場規格（works standards）としばしば衝突したとされている(51)。

第3に，集中化が十分にすすまなかったことも，規格化・定型化，さらには工場の特殊化（専門化）の限界をもたらした。ドイツの機械産業における企業集中の数は，1927年には50件であり，28年と29年第1四半期には65件であった。そのうち，機械を製造する専門の産業（機関車，ボイラー，鉄道車両および工作機械）では，その数は42件にすぎなかった。もとより，水平的結合の利点は，主に工場の専門化の進展や標準化された連続生産の経済性による製造と販売の単位コストの削減にあり(52)，集中化の遅れは，工場の特殊化の進展を制約する要因にもなった。しかしまた，部品の規格化は，肢体経営――工場・職場――の特殊化の前提をなすものであり(53)，中小経営の多さや集中化の遅れにも規定された製品の定型化や部品の規格化の遅れ，不十分さは，工場の特殊化をはかる上でも，一定の限界をもたらすことになった。

それでは，生産の標準化は実際にどのようにすすんだのであろうか。つぎに機械産業におけるいくつかの諸部門における製品の定型化，部品の規格化のための取り組みをみておくことにしよう。

まず**工作機械**の生産についてみると，そこでは，無数の定型やモデルの整理が強力に行われた。至るところで，妥当な価格のもとで効率的な生産を可能にするような標準的な定型を生み出そうとする努力が行われている(54)。

また**農機具**の生産では，克服すべき諸困難は，まず適当な企業を特定の機械の種類に特化させ，個々の工場のなかでそれらの品種の定型化を行うことであった。例えば打穀機や圧搾機の生産では，定型数は200から30に減らされた。それゆえ，最初の作業は個別部品や装備品の徹底的な設計の見直しであり，国内外の土壌や地盤，温度や天候の変化する諸要求に対して，さまざまな製品構成によってあらゆる状況や購入者の希望への適応をはかるために，機械部品のグループが規格化された。こうして，1日25台のトラクター，35台の打穀機，50台のわら圧搾機の生産能力をもつ大規模生産が実現された(55)。

ミシン製造業も，製品の定型化，部品の規格化が強力に推し進められた部門のひとつであったが，そこでは，流れ生産の導入がこのような諸方策の推進の重要な動機のひとつであった。この部門では，ねじ回し，取替用の基本おさえ，油さしなどの付属部品や，例えばねじ，ボルトなどの個別部品の規格化のさいの共同作業のために，代表的な企業の集中が行われた(56)。

さらに**鉄道車両製造業**の事例をみると，R.A.ブレイディによれば，機械製造の領域の周辺に位置するこの部門が1920年代に行った再組織は，機械の領域全体に共通する諸問題をかなりよく説明しているとされている。ドイツ鉄道車両製造連盟は，ライヒスバーンとの協力で，さまざまな工場で生産される定型数の削減を行った。またこの連盟の諸努力によって，各工場は，ひとつないし狭く限定された数の定型に専門化した。このような方法は，個別部品や構成部品の規格化のために準備された。規格部品の利用や標準化された車両のタイプの利用は，それ以前にみられた設計部門や製図部門を除去した(57)。1920年代末には，貨車では，統一的な車両としては11の，本線用の客車ではわずか4つの基本タイプがみられたにすぎない。また鉄道車両の修理工場でも，取替部品の規格化によって大きな成果が達成されており，取替部品の保有は14,000種類から4,000種類に減らされた。規格化よって，基本的な修理のための平均的な所要時間は，ある機関車では110日から24日に，客車では40日から20日に，貨車では11日から4日に短縮されたほか，19の職場と48の工場の諸部門の廃止が可能となった。部品の規格化においては，修理のさいの取替部品の簡単なはめ込みによってすり合わせ作業を不要にするはめあいの規格化の果たした役割も，大きかった(58)。規格化による同様の時間の短縮は，鉄道車両の保守においてもみられた(59)。

3　生産の標準化の限界

これまでの考察からも明らかなように，1920年代に合理化運動の一環として，ドイツ規格委員会のような機関のテコ入れによって，規格化，標準化が，他の諸国よりも組織的に取り組まれた。しかし，アメリカと比べると，それを推し進める上でのより大きな障害がみられた。ひとつには，ドイツでは消費者の個人主義がアメリカにおいてよりも根強く支配していたことである。いまひとつは，標準化の推進による生産コストの引き下げにみあう価格の引き下げがドイツでは十分に行われることは少なく，消費者はそのような方策による成果をあまり享受することができなかったことによる影響である。

まず前者についてみれば，ドイツでは，消費者の個人主義が根強く支配しており，そのことは，標準化という合理化目的に消費者の嗜好を従属させることを困難にしたのであった。ドイツ規格委員会の報告によれば，合理的で意識的な標準化は，個性や感情の動きを押し殺すような画一化をもたらすほどの統一性を意味するものではなく，むしろ技術発展が終了に至ったとみなされるところでのみ，また個人の嗜好の要因が決定的に重要ではないところでのみ統一化がおこるということが明らかにならざるをえなかったとされている[(60)]。この点をみても，ドイツでは，消費の標準化がすすんでいたアメリカと比べると，規格化，標準化が産業全体に広く展開されるための条件は整っていなかったといえる。

また消費者への標準化の恩恵をめぐる問題をみると，消費者の立場からすれば，本来単一製品への定型化は個々の消費者の嗜好に対する制限を意味するが，ドイツでは，生産の標準化と流れ生産方式の導入による生産費の引き下げに対して，一般的に販売価格の引き下げがフォード社のように行われることはほとんどなかった。フォードの生産合理化の諸方策であるフォード・システムの導入は積極的に推し進められたのに対して，フォードの経営指導原理は，ドイツの企業において実際に展開されることはほとんどなかったといえる。

当時のドイツでは，社会に対する企業家の奉仕の思考は広く普及しているわけではなく，また労働者に対してより高い賃金を支払うという企業家の用意も，存在していなかった[(61)]。H.ヴァイスの1926年の指摘によれば，AEGやジーメンスにおいては，人間の労働力の過度の浪費，その不自然な過度の酷使が割に合い，そこでは，合理化が製品価格のわずかな引き下げのなかにみられるとすれば，これに対して，オペル工場の始められている転換は，オペル氏が自らの利益の一部を断念しないならば，この産業部門における販売不足が自動車の価格の引き下げを不可能にするとされている[(62)]。もちろん，当時のドイツの市場の諸条件がフォードの経営指導原理の実施を困難にしていたのであるが，消費者への標準化の恩恵が小さかったことは，単一定型あるいはわずかな定型の製品の大量生産による利益を消費者に十分に認識させることを困難にした。そのような消費の標準化の限界のもとで，生産の標準化を推し進める上でも一定の限界がもたらされることになった。

第2節　流れ生産方式の導入とその特徴

これまでの考察をふまえて，つぎに，大量生産体制の根幹をなす流れ生産方式の導入についてみていくことにする。以下では，当時の最も代表的な加工組立産業である電機産業，自動車産業および機械産業について考察を行う。

ドイツでは，機械的搬送手段であるコンベアは，1923年にオペルにおいて初めて導入され，1924年にAEGにおいても導入され，その後，とりわけ電機産業，金属加工業の大経営において導入がすすんだ(63)。しかし，当時，流れ作業とコンベア作業とが必ずしも正確に区別されてはいなかったとされている(64)。それゆえ，具体的にどのような方法あるいは形態による流れ生産が展開されたかを明らかにしていくことが重要となる。またドイツでは，ベルト・コンベアは，主に労働過程の最後のところ，すなわち，部分組立，最終組立，梱包において配置されており，その普及の程度は個々の産業部門によって異なっていたとされている(65)。それゆえ，代表的な産業部門について，また主要工程部門について具体的にみていくことが必要となる。さらにまた多くの種類の製品が生産されていた電機産業と機械産業については，製品部門別の考察が必要となる。

1　ドイツ産業における流れ生産方式の導入状況

まず流れ生産方式の導入状況を，主要産業部門別にみた労働組合の調査に基づいてみていくことにしよう。1930年のドイツ金属労働者組合（DMV）の調査によれば，流れ作業の普及率は，輸送機械産業では19.3%，電機産業では14.6%，時計製造業では18.6%，光学産業では13.3%，機械産業では10.5%，精密機械産業では9.6%となっていた(66)。産業部門によってひらきはみられるものの，いずれの産業部門でも，全産業でみた場合（G.デュビノウの1932年の指摘によれば，調査されたドイツ企業全体のせいぜい2～3%が流れ作業で生産しているだけであった(67)）と比べると高かったといえる。しかし，コンベア作業の普及率をみると，輸送機械産業では16.6%，電機産業では15.5%となっており，そこでは，流れ作業の普及率と比べても大きなひらきがみられないが，時計製造業，光学産業，機械産業および精密機械産業では，コンベア作業の普及率は，それぞれ7.0%，5.6%，7.9%，6.2%と低くなっており，流れ作業の普及率と比べると，大きなひらきがみられる(68)。

また1931年の同じ労働組合の調査結果によると，電機産業では，調査の対象となった181の部門のうち，31.5%の57部門に流れ作業が，また29.3%の53

部門にコンベア作業が導入されていた。また自動車・自転車産業では，調査の対象となった94の部門のうち，31.9％の30部門に流れ作業が，また21.3％の20部門にコンベア作業が導入されていた。それゆえ，流れ作業かコンベア作業のいずれかの作業方法が導入されていた割合は，電機産業では60.8％，自動車・自転車産業では53.2％となっており，いずれも高い割合となっている。これに対して，機械産業では，調査の対象となった475の部門のうち16.2％の77部門に流れ作業が導入されていたが，コンベア作業はわずか2.3％にあたる11部門において導入されていたにすぎない。それゆえ，機械産業では，流れ作業かコンベア作業のいずれかによる生産方法が導入されていた割合は，18.5％にとどまっていた(69)。それゆえ，つぎに，流れ生産方式の導入を主要産業別にみていくことにしよう。

2　主要産業部門における流れ生産方式の導入

(1)　電機産業における流れ生産方式の導入

最初に電機産業についてみることにするが，流れ作業への転換は，まず積算計器の生産や家庭用電気器具の生産，また放送機器（ラジオ）の生産において実施され，その後しだいに他の大量製品，とくに設備取付材料の領域に拡大され，さらに小型電動機や測定器の生産にも拡大された(70)。T. v.フライベルクは，作業の時間的強制進行性の確立がジーメンス・シュッケルトにおける1924年以降の合理化運動の特徴となっていたことを指摘しているが(71)，流れ生産方式の導入は，大量の販売が可能な定型化された製品の生産を中心に行われたほか，量産品の生産のための作業に導入された。例えばジーメン＆ハルスのヴェルナーF工場の1927/28年度の報告によれば，流れ生産は，構成部品の生産，ラジオ機器，装荷コイル，抵抗器，ヒューズ，フォトマトンの生産，コイルの巻線，塗装などのさまざまな領域において組織された(72)。

しかし，その一方で，流れ作業の導入が不可能であった部門も存在していた。重い電動機の生産やその修理はつねに個別注文のままであり，したがって，個別生産のままであった。そのような加工の形態がとられていたのは，重い仕掛品の搬送は工作機械の搬送よりも困難であるという技術的な考慮によるものであった(73)。

したがって，つぎに取り上げる考察対象の重点は，この時期に流れ生産方式への転換を強力に推し進めた製品部門が中心となる。以下では，主要製品部門について，具体的にみていくことにしよう。

①製品部門別にみた流れ生産方式の導入

1）電動機製造部門の事例

A　電動機の製造の事例

まず電動機部門についてみると，この製品部門は，この時期に流れ生産方式が導入され，とくにコンベア生産の導入が最もすすんでいた部門のひとつであった。R. A.ブレィディは，個々の工場内部では，反復する，自動ないし半自動の，また標準化された製造作業のほとんどすべてに流れ生産が導入されていたとした上で，ジーメンスの電動機工場であるエルモ工場（ジーメンス・シュッケルト）の事例が典型的であるとしている(74)。同工場の1926/27年度の年次報告書でも，流れ作業へのさまざまな作業職場の転換およびそれと結びついた合理化がかなり促進されたと伝えられている(75)。また1928/29年度の年次報告書でも，流れ作業の一層の拡大に注意が払われていたことが指摘されている(76)。この工場では，そのような生産方式の導入は，組立工程にのみならず，鋳造・鍛造工場，部品製造工場でもみられた。

そこで，流れ生産方式の導入を工程別にみると，まず**鋳造・鍛造工程**では，パゼバルクの鋳鉄工場がエルモ工場に組み入れられ，その鋳物の生産が流れ生産計画に組み入れられ，それを基礎にして，流れ生産への転換が行われていた。しかし，そのような転換はまだ端緒的なものであったとされている(77)。鋳鉄工場でも，1927年1月に流れ生産への転換がはかられており，コンベアベルトが型込め，鋳造および冷却のラインを形成していた(78)。

また**機械加工工程**では，さまざまな部品に対して特別な流れ作業系列が生み出され，工作機械は，それらが加工のために使用される順番に配置されたほか，電動機のケーシングおよびさまざまな大きさや形状の軸受台の機械加工のための流れ作業系列が生み出された(79)。しかし，そこでは，組立作業とは異なり，ある（機械）作業地点から次のそれへの仕掛品の搬送には，時間の調整の困難のために，滑り軌道，シュート，ブリキ製の台のような簡単な補助手段で十分であり，機械作業の再組織の場合には，決まった作業タクトを前もって設定するベルト・コンベアは問題にはならなかった[(80)]。流れ作業の導入は，比較的小さなグループの労働力に対してのみ，「強制的な［作業］テンポ」をもたらしたにすぎないとされている[(81)]。

さらに**組立工程**をみると，そこでは，機械によってとって代えることのできない主要な手作業が発生した。また作業の遂行の方法は，組立作業が作業部，その経営技師やタイム露出撮影のための職員によって十分に管理されることができないということをひきおこした。コンベア作業への転換は，その決定的な打開策であった[(82)]。そこでの解決は，ひとつには，組別生産の原則からライン生産の原則への移行であり，いまひとつは，コンベアの断続的な，リズミカルな進行による作業タクト（時間）の設定にあった。しかし，電動機をベルト・コンベアで組み立てるには，個々の組の台数は必ずしも十分ではなく，しかも決められた組が一部は非常に短い期間に変更され，またそれでもって，部分作業のなかでも，異なる作業テンポが生まれることになった。それゆえ，フォード社のような「単一定型生産」ではなく，交替型流れ生産（die wechselunde Flieẞarbeit）が問題となった[(83)]。そこでは，コンベアのもとでの部分作業は，確かに組別生産での組み立てのようには労働者に広範な専門的な能力をもはや要求しなかった。しかし，彼らの知識や能力はなお必要とされ，全体としてみると，そのような補完がなされる場合にも，わずかの部分作業場においてとって代えることができたにすぎない[(84)]。

そのような生産の方法は，大きな量的変動や定型の多様性に対して流れ生産を弾力的に，柔軟に組織しようとするものである[(85)]。それは，小さな組の生産とより大きな組の生産とを同じ労働者のもとで，同じコンベアで行うという形態の流れ生産である[(86)]。そこでは，ある決まった一年ないし半年の需要は，個々のロットないし組に分解され，そして他の製品のロットないし組と交互に生産されるのではなく，個々の部品を除いて，例えば各製品の1年ないし半年の需要分全体が，ひとつずつ連続して流れ生産されるべきであり，ある製品の1年ないし半年の需要分が完成した後に他の製品が同じ方法で生産するというかたちがとられた[(87)]。

またジーメンス・シュッケルトのエルモ工場で生産されるいまひとつの主力

製品として電気掃除機があった。その生産は，コンベアを導入した流れ生産が最もすすんでいた領域であり，電動機の生産よりも先進的事例をそこにみることができる。1924/25年度の工場管理本部の報告によれば，電気掃除機の生産では，鋳造から梱包に至るまで，ひとつの場所において流れ作業の原則に基づいて行われていたとされている[88]。電気掃除機の生産では，100%流れ生産の方式によって行われていたというケースもあったという指摘もみられる[89]。またAEGをみても，電気掃除機は，近代的なベルト・コンベア生産で製造された最初の家庭電気器具であった[90]。

B　電気掃除機の製造の事例

それゆえ，つぎに電気掃除機の生産をみると，ジーメンス・シュッケルトの電動機工場で生産される電気掃除機は「プロトス」という単一製品に定型化が行われていた[91]。その生産においては，機械加工工程および組立工程のいずれにおいても流れ生産方式が導入されていた。

同社の電気掃除機製造工場の全体的なレイアウトを示すと図6-1のようになるが，まず**機械加工工程**をみると，そこには，研磨機，タレット旋盤，中ぐり盤といった工作機械がみられる。旋盤から中ぐり盤へのベアリング類の搬送や電動機のケーシングの搬送のために，シュートやベルト・コンベアが利用されていた。シュートは，部品を旋盤から，この部門を縦に通り抜けて移動するベルト・コンベアに運ぶ。このコンベアは，それを中ぐり作業を行う女子労働者のもとへ運ぶ。この部門では，部品は，連続する工程の間を作業者から作業者へと手で渡されていく。完成したすべての部品は部品倉庫に集められ，そこから組立コンベアに送られる。組立工場は1日8時間で最大1,000台の生産能力をもち，フル稼動の場合でも，組立ラインに部品を供給する貯蔵室は，組立部門のわずか2，3時間分の生産に必要な部品のためのスペースしかもたなかった。このように，機械から機械への搬送にはコンベアが利用されていたが，作業者から作業者への作業対象の搬送には，機械的搬送手段は導入されていなかった。

つぎに**組立工程**をみると，そこでは，コンベアをはさんで両側に組立ラインが配置されている。まず一方の側において電動機の組み立てが行われ，この部分組

図6-1　ジーメンス・シュッケルトの電気掃除機製造工場のレイアウト

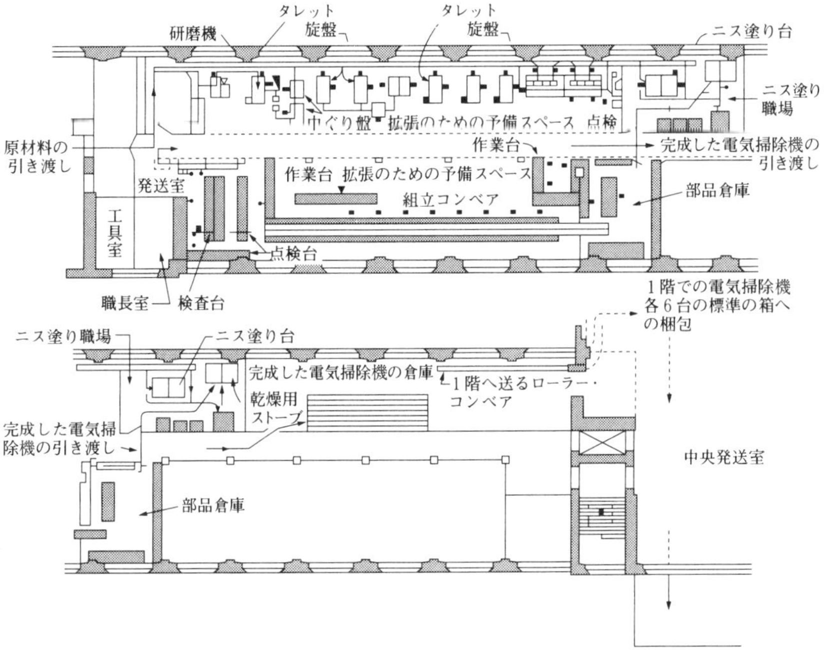

(注)：下図は上図の右端の部分からのつづきの図である。
(出所)：H. Dransfeld, Vacum Cleaner Manufacture in the Siemens-Schuckert Works, *American Machinist*, Vol. 71, No. 23, 5. 12. 1929, p. 923.

立工程が終了すると，検査とテストが行われた後，それはコンベアの中央部分に戻され，コンベアに載せられたまま貯蔵室まで戻っていく。組み立てられた電動機は，他の部品とともに，コンベアの反対の側に沿って送られていき，このコンベアの上で組立作業が行われる。そのさい，電気掃除機のケーシングは，電気トラックで運ばれる専用ラックによって，エナメル塗装職場から組立ホールに搬送され，一度に合計120のボディが運び込まれる[92]。コンベアの上でこのボディに部品が取りつけられ，電気掃除機が組み立てられていく。このように，組立工程では，部分組立および完成組立のいずれの作業にもコンベアが導入されていた。

さらに，こうして組み立てられた電気掃除機は，テストされた後に梱包に送られ，そこでボール箱に梱包され，オーバーヘッドタイプのコンベアによって完成品倉庫に運ばれる。梱包された電気掃除機は，ホックに掛けられてコンベアによってシュートに送られ，そこから，重力によって中央倉庫まで滑っていく。さらに，この倉庫からコンテナを移動させるために，①中央倉庫へ電気掃除機を運ぶ「循環エレベーター」（“Paternoster”），②電気掃除機が各6台ずつ搬送用の箱に梱包される発送室へそれらを運ぶシュート，③梱包された電気掃除機を鉄道貨車ないし船に直接積み込むためのコンベアという3つの異なる搬送システムが利用されていた(93)。

このように，電気掃除機の生産においては，流れ生産方式の導入の最もすすんだ事例がみられた。そこでは，作業の時間的強制進行性が確立され，コンベアを手段とする生産活動の総合的同時化(94)がはかられ，工場現場の生産の管理は，労働手段体系の運動に即して全体的・同時的に行われたのであった(95)。

ただ各生産ライン間を結ぶ部門間搬送には，一定の数量をまとめて仕掛品を間歇的に搬送する汎用的機械的搬送手段が利用されており，部門相互は相対的に独立的であった。そのために，部門間レベルでの調整・統合の問題が，生産管理の重要な課題として残った(96)。そこでは，生産ライン相互の体系的な工程管理計画が必要とされ(97)，生産計画を基礎にした運行計画に基づいて，電気トラックによる部門間搬送が行われた(98)。この運行計画の決定は，搬送の流れを統制し，工程部門間の調整・統合をはかる上で重要な意味をもった。

C　電動機と電気掃除機の流れ生産の相違

このように，エルモ工場で生産されるこれらの主要製品のなかでも，流れ生産の導入のあり方は異なっていた。この点について，H.ホムブルクは，フォードの流れ作業の思考は運用する生産技術的な原則に対して，フレキシブルなものとして，変形された形態で，標準化された大量生産の領域をはるかに超えて利用されたはずであるが，意外にもジーメンスのエルモ工場は2様の実験領域となったとしている。すなわち，電気掃除機の生産は，アメリカの手本を直接追求するための最も適した活動領域として現われたのに対して，電動機の生産は，流れ作業のドイツ的バリアントの形成にとって最も適した活動領域として現われたとしている(99)。

このような相違は，両製品の市場の特性や諸条件に規定された標準化の度合の相違に，その本質的な要因のひとつをみることができる。電動機の多様な使用条件および利用可能性，出力や電気特性に対する，また原動機の機械部品の寸法や構造に対する需要者層の異なる諸要求，機械製造における構造的な発展とともに変化する諸要求は，電動機の供給の異常に広い幅を必要とした(100)。このような多様性は，とくに需要者層による拡大する諸要求への対応として，特殊な電気特性，出力数および構造様式をもつさまざまな利用目的のための電動機が求められたために，エルモ工場の主要製品の標準化には限界があったという事情によるものであった(101)。「プロトス」という単一定型製品の電機掃除機の大量生産とは異なり，一部の小型の電動機以外の製造においては，モデルのバリエーションの多さが，電気掃除機の流れ生産においてみられたような徹底的な統合化および強制進行的な搬送を妨げたのであった(102)。

2）積算計器製造部門の事例

つぎに積算計器の製造部門をみると，この部門は，電機産業において最もはやく流れ生産方式が導入された製品部門のひとつであり，AEGでは最初のコンベアが導入された部門であった(103)。そこでは，すべての精密作業が100％流れ作業で行われていたとされている。この時期には，積算計器の生産組織は，大量の低電圧用の測定器も，よりわずかな注文のより高価な測定器も，コンベアで同時に，またさまざまな組み合わせで生産されることができるようになっていた(104)。AEGの1925/26年度の営業報告書によれば，積算計器製造工場の流れ生産への転換は完了したとみなすことができるとされている(105)。すでに1928年には，AEGのこの工場は「完全に実施された流れ作業の模範」とみなされていた(106)。積算計器では，機械作業にとって代えることのできない非常に多くの手作業が行われなければならないという作業特性のために，作業の割り当ておよびベルト・コンベアのもとでの各作業工程のより高度な管理の可能性は，流れ生産の導入にとって，決定的な利点をなした(107)。そこでは，移動台が配置されるとともに，比較的軽量の機械が，機種別にではなく作業の流れのなかで目的別に配置され，合理的な作業の流れが生み出された(108)。

まず**機械加工工程**をみると，部品の生産には自動機器が広く利用されており，それらが積算計器の床板，フードおよび鉄製やアルミ製の心板を押し抜きし，移動台でそれらを搬送した[109]。そこでは，ローラー・コンベアやベルト・コンベアが，部品の搬送に利用されており，押し抜き機，中ぐり盤，フライス盤やリベット打ち機のような機械に送った。小規模な押し抜き機職場では，1時間に1,000個から14,000個の部品が送られてきた[110]。

また**組立工程**では，移動台が利用されており，1929年には,1,500メートルの長さと30cmおよび60cmの幅をもつ全部で50台の移動台があり，生産の流れをコントロールしていた。しかし，大部分のケースでは，婦人がベルト・コンベアの上で直接組み立てを行うのではなく，そのそばで，固定の机の上で組み立てを行った。こうした作業形態のために，また積算計器の定型の変更のさいに必要とされるフレキシビリティの確保のために，すべての生産的労働は出来高給で行われていた[111]。また移動台は電気検査や梱包にも利用されており，移動台のテンポによって生み出された作業のリズムは，生産の加速化に寄与した[112]。

3）ラジオ製造部門の事例

またラジオ製造部門の事例をみると，AEGのラジオ製造工場では，図6-2にみられるように，部品製造工程と組立工程とは連続した配置となっていた。いずれの工程においても，流れ生産方式が導入されていた。

まず**機械加工工程**をみると，そこでの機械設備は，まったく特定の，正確に算出されるべき生産能力しかもたないので，個別部品の生産のために綿密な計画が立てられねばならなかった。毎日数百ものさまざまな部品が組み立てに供給され，これらの部品の各々は，多くの作業工程を通過した。個々の各機械の配置に関する正確な概観がつねに存在する場合にのみ，このような課題は解決されることができた。各部品に対する作業の状況に関して情報を与える役割を担う，正確に管理されるカードボックスと結びついた大型の計画図が，そのような概観を可能にした[113]。ラジオの部品の製造は，押し抜き機職場，ラッカー塗装職場，電気めっき職場，巻線職場などのような，統合化された主要な職場において行われた。そこでは，より多くの作業工程を通過するいくつかの部品は，すでに個々の流れの循環のなかに組み入れられていた。こうして，例えば，ラジオの床板の生産は，切断のためのプレス，2度にわたる引き延ば

図6-2　AEGのラジオ製造工場のレイアウト

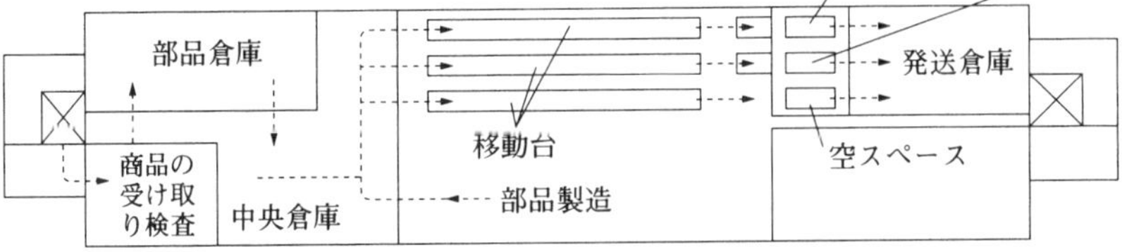

（出所）：U. v. Moellendorf, Fließende Fertigung von Rundfunkgeräte, *AEG-Mitteilungen,* 23 Jg, Heft 9, September 1929. S. 577.

図6-3　AEGのラジオ製造工場における床板の流れ生産

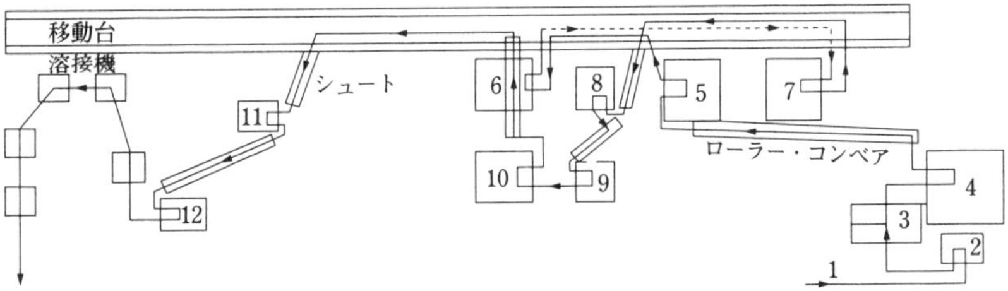

1 条片および部分の切断　　7 床の穴あけ
2 角の切断　　8 一方の短い側面の穴あけ
3 注　油　　9 一方の長い側面の穴あけ
4 床板の引き延ばし　　10 底の穴あけの完了
5 縁の切断　　11 もう一方の短い側面の穴あけ
6 引き延ばしの完了　　12 もう一方の長い側面の穴あけ

（出所）：U. v. Moellendorf, *a. a. O.,* S. 577.

し，より多くの穴あけ作業や角ブラケットの溶接機などを含んだひとつの流れの循環のなかで行われた（図6-3参照）。このような生産方法で製造されたすべての部品は，サイズの安定性，機能および数量がチェックされた後に，中央倉庫に運ばれ，すべての材料が，ここから組み立ての流れ生産ラインに，そのつど100個ずつ，生産計画のリズムのなかで渡されていった(114)。

また**組立工程**をみると，そこでは，決定された1日の生産量に応じて，流れ作業方式による組み立ての計画が立てられた。この流れ生産計画は，移動台のもとで必要とされる標準工具，専用設備，搬送手段などに関するあらゆる指示を含んでいる。はやめの時間での標準型のラジオの製造によって，当時みられた組み立ての諸困難は，早期に認識され，取り除かれた[115]。

ラジオ受信器の生産では，市場の季節的変動や流行の変動に左右されるという市場の特性から，市場の変動に対して弾力的な対応を配慮した生産方式の展開が試みられた[116]。そこでは，異なる部品や製品の生産への転換を速やかに行いうるように，生産の再編成が推し進められた。U.v.メーレンドルフは1929年に，同種の製品の連続的な大量生産が問題とはならないという条件のもとでのはるかに弾力的かつ柔軟なシステムとして交替型流れ生産が展開されていた事例がAEGにおけるラジオの生産にみられたことを指摘している。ラジオの生産では，移動台やローラーガング，シュートが利用されており，それらによって，引き抜き，押し抜き，穴あけおよび溶接などの作業がひとつの流れのなかで行われた。多くの作業がかなりの時間の長さでもって遂行されなければならないような部品がしばしば存在しており，そのような部品に対しては，独自の作業領域を組織することが有効であった。しかし，そうした作業領域が持続的に利用されることは期待されなかったので，時間とコストのかかる機械の切り替えなしに類似の作業工程をもつ他の部品の生産のためにも作業領域が利用されるように，作業領域が組織されなければならなかった。また流れ作業における弾力性は，生産量を一定の時間単位のなかで景気の状況に迅速に適応させること，同じ流れ作業ライン（Fliessstrang）への転換のためのわずかな時間のロスでもって同じ機器のさまざまな修正がなされうるように配慮することという2つの方向で，求められた[117]。流れ作業の導入以前には，作業準備や原料の用意，作業場および設備の設計の見直し，原料の事前検査などによって，はめ合わせ作業は固定の作業台の上で専門労働者によって厳格な時間の拘束なしに行われていが，それは，正確に時間が決められた単純な組立作業へと変化することになった[118]。

4）小型製品製造部門の事例

さらに小型製品製造部門をみると，G.デュビノウによれば，設備取付材料の小さな部品（コンセント，スイッチ，ソケットなど）は，その消費量では大量生産を行うことはできるが，その最も大きな組でさえ非常に速く生産されるので，連続的な，時間的強制進行的な流れ生産は導入されえなかったとされている。2万を超える非常に多くの定型やバリエーションのもとでつねに注文が変動し，また住宅施設用の小さな部品も嗜好や流行に左右されるという事情は，製品のたえまない変更を規定した。それゆえ，そこでは，特別な専用設備は使用されなくなり，そのかわりに，シュートを備えた作業台，短い移動台，あるいは仕掛品をある労働者から他の労働者へとすばやく滑らせていく台のような，すばやく組み立てることのできる流れ作業のための設備が利用された(119)。

これらの製品の生産においては，作業段階はすでに非常に広範囲に分割されていたので，生産における時間的強制進行的な流れ作業工程は，まだ言うに値するほどの利益を約束するものではほとんどなかったとされている。それにもかかわらず，ジーメンス・シュッケルトの小型製品工場では，流れ作業の導入が決定された。流れ作業によって生産の状態にある部品の量を大幅に減らすことができるという考慮から，そのような作業方式の導入が行われた(120)。その試みは，1924年の末に初めて実施された(121)。同社の小型製品工場の1924/25年度の年次報告書でも，スイッチ，コンセント，ヒューズ，ベル変圧器における流れ作業方式の導入は，納期の短縮に大きく寄与したとされている(122)。しかし，例えばスイッチの生産では，コンベアの導入はみられたものの，そのような強制進行性のもとでは仕損じの割合を高めることになったので，作業工程は電動機工場のような強制進行性をともなうものではなかった(123)。

それゆえ，**ヒューズ**の生産の事例でみると，そこでは，図6-4のような作業経路がとられていたが，それぞれ100個のカートリッジのための受け取り用の箱が後方に傾いて存在しており，個々の作業場において一対になっていた。それでもってひとつの作業段階が終了する部品の入った箱が，つぎの作業段階の遂行のために，左の方へ押されていく。この傾斜は，つかむこと，取り出しおよび見渡すことを容易にした。いくつかの作業台のもとにいる要員は，同じ製品の作業を平行して行った。この作業台は，検査のところまですすんでいくベルト・コンベアによって一方の側面とつながっている。つねに最後の作業場にはコンベアがあった。そこに配置された女子労働者は，受け皿を一杯にし，それを搬送のためにコンベアの上に置く。簡単な，良く工夫された信号システムによって，製品の検査にあたる検査台は，到着に注意を払わなければならない。さまざまな製品のため

図6-4　ジーメンス・シュッケルトの小型製品製造工場における仕掛品の搬送経路

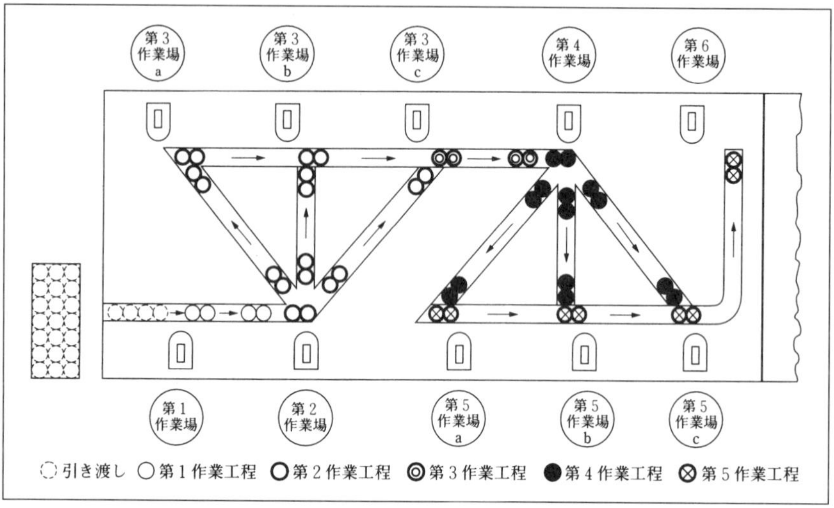

（出所）：W. L. Vrang, Fließarbeit in den Siemens-Werken, *Siemens-Jahrbuch,* 1927, S. 417

の受け皿は，同じ色が塗られており，同色のすべての皿は，同じ長さをもつ1本の金属製の棒を備えている。この金属の棒は，然るべき検査台の直前で，コンベアの上に備えつけられた接点にぶつかり，それをふさぐ。この台のところで信号ランプが点燈し，するとコンベアから皿を取り出すことが必要となる[124]。

このように，ジーメンスでは，ベルト・コンベアの如き専用の機械的搬送手段の導入は，組み立てが終了した製品を検査所へ搬送する作業工程にみられたにすぎない。機械加工工程および組立工程における流れ生産の導入はコンベアなしの流れ生産の形態を中心としていたが，AEGでは，コンベアを導入したヒューズの流れ生産の事例がみられた[125]。またスイッチの生産では，定型の多さのために，異なるロットや定型に対してそれぞれ特別な流れ生産の形態を選択しなければならず，流れ生産はヒューズのようにはすすんではいなかった[126]。そこでは，設計の見直しによる部品の規格化・標準化が流れ作業での大量生産の展開にとって大きな意味をもっており[127]，例えば多様な生産が行われるジーメンスのスイッチ（開閉装置）の工場では，機器や部品は流れ式の作業台で生産された。しかし，それらの機器や部品は，その少ない生産量や短い作業タクトのために，1日に1-2回，場合によれば3-4回もの生産の転換を必要にしたとされている[128]。このように，小型製品製造部門では，製品間，企業間で相違がみられたのであった。

5）電熱機器製造部門の事例

つぎに電熱機器の生産をみると，例えば電気アイロンはジーメンス・シュッケルトにおいてすでに1924年に，湯沸かし器は25年末までに流れ作業で組み立てられるようになっている[129]。またジーメンス電熱有限会社では，とりわけ非常に多様な生産のより小さな組みも最も有利な作業条件のもとで進行しうるように，ベルト・コンベアおよび流れ作業グループが配置されていたが，それはとくに押し抜き機職場や新しい組立建屋にいえる[130]。

そこで，まず部品を製造する**機械加工工程**をアイロンの事例でみると，労働者は250トンプレスで金属板から底の部分を押し抜きし，シュート，ローラー・コンベアやベルト・コンベアでそれらを研削盤に搬送した。それらは，その後，総形フライス，研削および研磨に送られ，2つの留め穴の中ぐりおよびボルトの押し込みへと送られた。そのさい，フライス盤や研削盤は連続稼働され，部品はさらにベルト・コンベアで搬送された。また保護装置，取り付け具，取っ手，フードのような小さな付属品の部品は，簡単なコンベアやシュートによって，加工のための機械のもとに搬送された[131]。しかし，そこでは，そのような搬送設備は主に作業対象の搬送のために使われており，それが作業の強制進行性の確立のための手段としての本格的な役割を果していたのは，組立工程においてであった。

それゆえ，つぎに，**組立工程**をみると，ベルト・コンベアの利用のもとで，組み立ては，完全に流れ作業的に組織された。そこには，チェーンによって結合されそれによって引っ張られていく，それぞれ5台のアイロンを受け取る搬送車を備えたO形の組立台が設置されていた。この搬送車は前方に動かすことができ，チェーンが再び引っ張られるまで停止しており，この間に静止している仕掛品に作業が行われた。使いやすい工具や取りつけるべき部品を見渡せるように配置することによって，作業は容易になった。例えば，フードに接触片を取りつける作業場では，フードは傾斜した箱から容易に取り出すことができ，ねじ止めすべき部品は，この作業場の前にある容器からそれを取り出す女工のところへ落ちていく。組み立てが終了すると，電気的な検査が自動的に行われるが，この検査の後，完成したアイロンは，コンベアの上で段ボールに入れられ，倉庫や梱包工場に搬送するエプロン・コンベアに送られる。空の車は最初の作業場に戻っていった[132]。アイロンの生産のために備えられた組立コンベアは，台架に据え付けの山形鉄製のレールで構成されており，そのつど5台分のパレットを搬送した。すでに1925年末には，「良く工夫されたよりよい流れ生産」が，12人の女子労働者を結合した[133]。そこでの流れ作業は，コンベアの停止中に労働者が作業を行う「静止作業型流れ作業」の形態であり，「コンベア式タクト・システム」[134]と呼ばれる方法によるものであった。

こうして，アイロンの生産にみられるように，電熱機器製造部門でも流れ生産方式の導入が比較的強力に推し進められたといえるが，J.ボルフも指摘するように，市場の条件に規定された生産量の制約のために，そのあり方は，アメリカの自動車工場や類似の企業のようにはなりえなかった。用語の完全な意味での流れ作業は，完成組立，研削盤，暖房機器の構成部品の生産のための設備などにおいてみられたにすぎない。作業のテンポは最終組立コンベアによって前もって決められていたが，そこでは，労働者がある程度ではあるがコンベアベルトの速度に影響をおよぼすこともありえたとされている[135]。

6）電話機製造部門の事例

さらに電話機製造部門をみると，ジーメンス＆ハルスケでは，ヴェルナー工場において，流れ生産方式の導入によって，電話機および自動電話機の製造においてすばらしい成果が達成されたと指摘されている[136]。電話機をはじめとする通信機器の生産は，最も多くの従業員を擁する同社最大の工場であり流れ生産のための最も大規模な設備を備えたヴェルナーF工場で行われた[137]。J.ベェニヒは，自動生産設備でさえ人間の労働力にとって代わることができなかった場合には，流れ作業ラインやベルト・コンベアがそれを加速するための手段になったとしている[138]。

ヴェルナーF工場では，1924年末に流れ生産の最初の試みが行われているが，27年の春には，電話機の製造において，流れ生産が実施されている。自動電話の生産では，非常に多くの専用設備が流れ生産のために利用されていた[(139)]。同工場では，1926/27年度には，ライン生産の一層の拡大，ほぼすべての諸部門における新しい自動機械の配置，搬送システムの厳格な組織，作業方法の全般的な改善によって，労働時間の増加をかなり上回る生産増大が達成された。また工具製造でも，流れ作業の導入と専用機械の配置によって，徹底的なコスト低減が達成された[(140)]。同年度には，部品生産において，機械の段取り時間やロスタイムが，組織的な作業準備，コンベアでの搬送および流れ生産の増大によって縮小された。組み立てでも流れ作業が一層拡大されており，ライン生産の増大と労働を節約する専用設備の利用によって，同工場の全組立職場でみると，約10%の時間の短縮と出来高賃金の削減が実現されている[(141)]。また1927/28年には，主に生産の進行の順序や製品の流れが問題となったほか，原料から完成製品までの流れ生産計画が問題となった。そのような計画のなかで，1928/29年には，押し抜き職場において，運行計画に基づく電気トラックでの規則的な搬送が行われるようになったが，それによって，50%の給付の上昇が達成された。

流れ生産は一定のロット，小さな製品では約500個を超える場合に初めて割に合うとされていた。しかし，1927年以降，ヴェルナー工場では，50個未満の小口注文の数が増加しており，その後の恐慌時には，そのような小口の注文は，全注文の半分超にまで増加した。その結果，準備時間や切り替えのための時間は，大量の組み立てをはるかに割に合わないものにした。そのような状況のもとで，作業を強制する原動力をもたない流れ作業とコンベア作業との間で交替が行われ，また製造されるモデルの変更のさいに工具や設備を容易に，また迅速に交換することのできるような形態の交替型流れ生産の方法による対応が試みられた[(142)]。

7）白熱球製造部門の事例

最後に白熱球製造部門をみると，多くの作業が手作業によって規定されていたために，1920年代末まで，白熱球の生産は独自的な展開をとげた。そこでは，流れ生産の導入が機械化との関連ですすんでおり，オスラムやドイツの他の製造業者は，手作業を機械作業によってとって代える試みを行ったほか，組み立てにおける機械を流れ生産ラインに結合した。

まず**ガラス球の生産**をみると，1920年代の初めにAEGが機械化のためのいくつかの試みを行っているが，アメリカの特許の機械が導入されるまでは，オスラムでは，電球は手作業あるいは吹製作業で生産されていた。流れ作業は，びんの取りはずしや徐冷炉への装入，くま手あるいはスコップでの手作業に限られていたが，1920年代末には，ベルト・コンベアがそのような手作業を不要にした(143)。また**白熱球の組み立て**をみると，1920年代には，半自動や自動の機械が当初はひとつのシステムあるいは流れ生産過程と結合されることなしに，作業の機械化がはかられたが(144)，オスラムは，1924年夏に，販売の不振を契機として，新しい作業機および流れ作業の編成をテストした(145)。同社は，個々の作業場の部分的な作業工程を流れの編成に結びつけた。モリブデンアンカー線の植込み，自動の排気や注入，接着剤の塗布のための機械が配置されたが，マウント作業のような手作業の工程は，チェーン・コンベアのそばで，流れ作業で行われなければならなかった。部分的に自動化された機械や搬送設備の配置は作業タクトを設定することになったので，1926年の生産は流れ作業とみることができる(146)。

そこで，1925年末の白熱球の生産を図解した図6-5をもとに，流れ生産のもとでの機械の結合をみることにする。まず2人の女子労働者が配置されているステームの製作のための機械（1）に，切断された足管および排気管，無空棒および導入線が運ばれる。完成した「ステーム」は，モリブデンアンカー線を無空棒に植込むアンカー線植込み機（2）まで自動ですすんでいく。「アンカー付ステム」は，チェーン・コンベアに載って，5人のマウント女工のそばを通過し（3），そして「マウント」として，ガラス球を接合（封止）する機械に届く（4)。そこでは，それは1人の女子労働者によってガラス球と接合され，その後「ガラスが接合（封止）された電球」としてポンプの上にセットされる（5)。排気およびガスの注入は，自動で行われた。同様に自動の排気設備（6）が，「排気された電球」をトラフコンベアに落とし（7)，そこを通って，それは口金を取り付ける（ベーシング）機械およびフラッシングのための機械に届いた。女子のベーシング係は，接着剤

図6-5　1925年末のオスラムにおける白熱球生産の図解

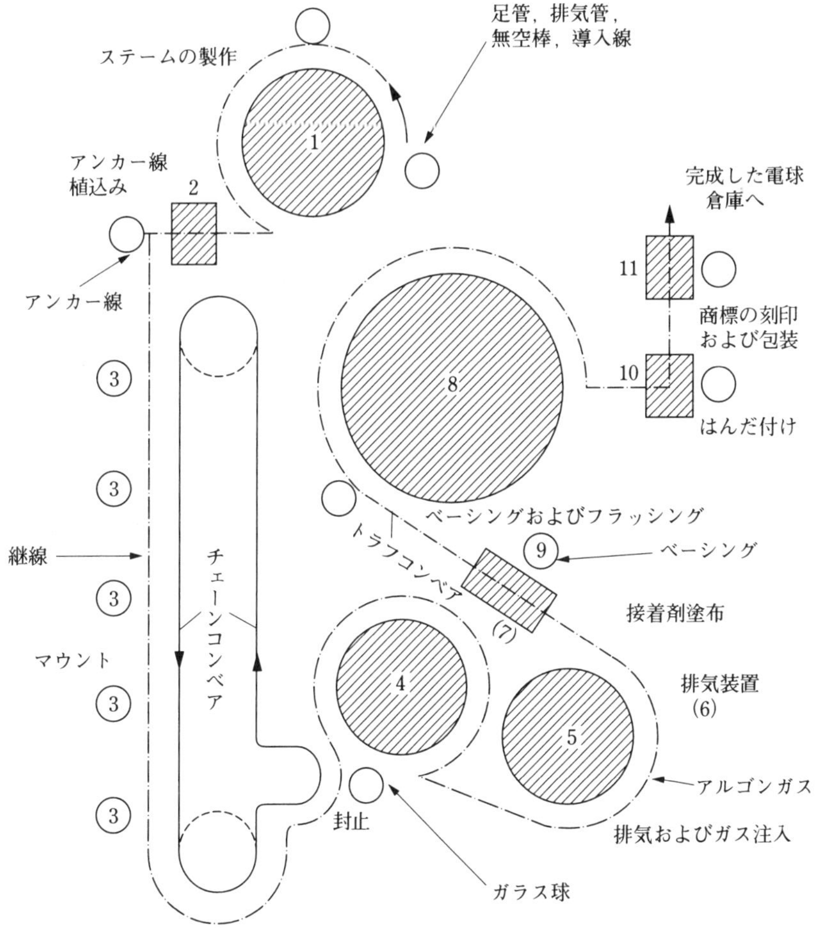

（出所）：F. Mäckbach, O. Kienzle, *Fliessarbeit. Beiträge zu Ihrer Einführung,* Berlin, 1926, S. 194.

を塗る機械から接着剤を塗られた口金を受け取る（9）。「ベーシングされ，フラッシングされた電球」には，はんだ付けによって，導線がソケットにつけられ（10），その上に商標と印がおされ，そして包装が行われた（11）。「包装が完了した電球」は倉庫にいくか，あるいは出荷された(147)。

このような流れ生産の展開について，J.ベェニヒは，たとえ推進力としては一時的な役割であったとしても，白熱球の生産では，機械化の戦略の枠のなかで，流れ生産は重要な役割を果したとしている。完全に自動化された設備をまだ自由に使用することができなかった限りは，流れ生産の編成は，すべての過程を統一的なリズムのもとにおくという課題をもっていたのであった[148]。

②電機産業における流れ生産方式の導入とその位置

以上の考察から明らかなように，流れ生産方式の導入が最もすすんでいたとされている電機産業でも，鋳造・鍛造工程，機械加工工程および組立工程のいずれにおいても流れ生産方式への転換が行われ，部門間搬送システムが高度に組織されていた事例は，電動機工場，なかでも，電気掃除機の生産においてみられたにすぎない。この時期に流れ生産の導入を行っていた多くの製品部門でも，多くの場合，機械加工工程では機械的搬送手段であるコンベアの導入はあまりみられず，組立工程において機械的搬送手段を内装化した流れ作業組織の形成がわずかなケースでみられたにすぎない。またコンベアを利用した流れ生産がみられた製品部門や工場，工程部門でも，それはすべてが必ずしも移動作業型流れ作業組織である「コンベア・システム」を意味するわけではなく，「コンベア式タクト・システム」や「交替型流れ生産」のようなケースもみられるわけで，それらの諸形態の区別が重要となる。H.ホムブルクは，わずかの生産単位へのコンベアベルトの導入はジーメンスの1925年以降の流れ生産方式の導入による諸変化のなかでも最も顕著なものにすぎなかったとしている[149]。なお電機産業における製品部門別の流れ生産方式の導入状況を年度別に示すと図6-6のようになる。

(2)　自動車産業における流れ生産方式の導入

①流れ生産方式の導入とその特徴

つぎに，自動車産業についてみると，1910年代に機種別生産から品種別生産への移行が一部の企業でみられ，その導入の先駆けは例えばダイムラーにみられた[150]。1920年代後半には，アメリカに対する技術と労働組織の面での大きな立ち遅れのもとで，この産業の多くの大企業において流れ生産への転換が

図6-6　1920-35年の電機産業における流れ作業およびコンベア作業の普及

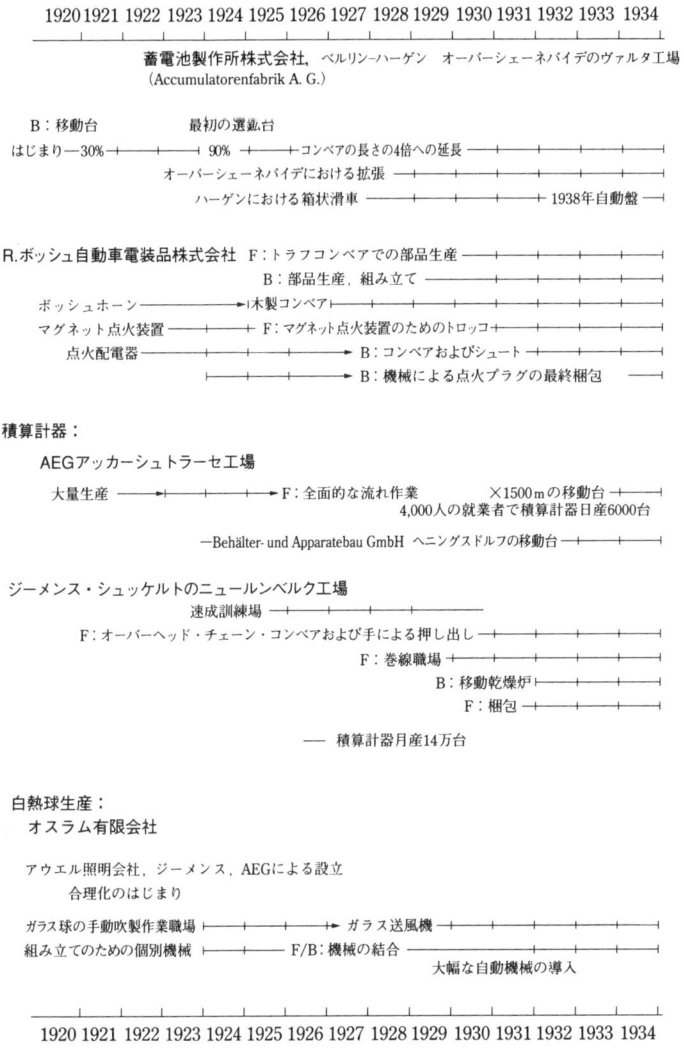

1920 1921 1922 1923 1924 1925 1926 1927 1928 1929 1930 1931 1932 1933 1934
蓄電池製作所株式会社，ベルリン-ハーゲン　オーバーシェーネバイデのヴァルタ工場
(Accumulatorenfabrik A. G.)
B：移動台
最初の運搬台
はじまり—30%
90%
コンベアの長さの4倍への延長
オーバーシェーネバイデにおける拡張
ハーゲンにおける箱状滑車
1938年自動盤
R.ボッシュ自動車電装品株式会社
F：トラフコンベアでの部品生産
B：部品生産，組み立て
ボッシュホーン
木製コンベア
マグネット点火装置
F：マグネット点火装置のためのトロッコ
点火配電器
B：コンベアおよびシュート
B：機械による点火プラグの最終梱包
積算計器：
AEGアッカーシュトラーセ工場
大量生産
F：全面的な流れ作業
×1500ｍの移動台
4,000人の就業者で積算計器日産6000台
—Behälter- und Apparatebau GmbH　ヘニングスドルフの移動台
ジーメンス・シュッケルトのニュールンベルク工場
速成訓練場
F：オーバーヘッド・チェーン・コンベアおよび手による押し出し
F：巻線職場
B：移動乾燥炉
F：梱包
— 積算計器月産14万台
白熱球生産：
オスラム有限会社
アウエル照明会社，ジーメンス，AEGによる設立
合理化のはじまり
ガラス球の手動吹製作業職場
ガラス送風機
組み立てのための個別機械
F/B：機械の結合
大幅な自動機械の導入
1920 1921 1922 1923 1924 1925 1926 1927 1928 1929 1930 1931 1932 1933 1934

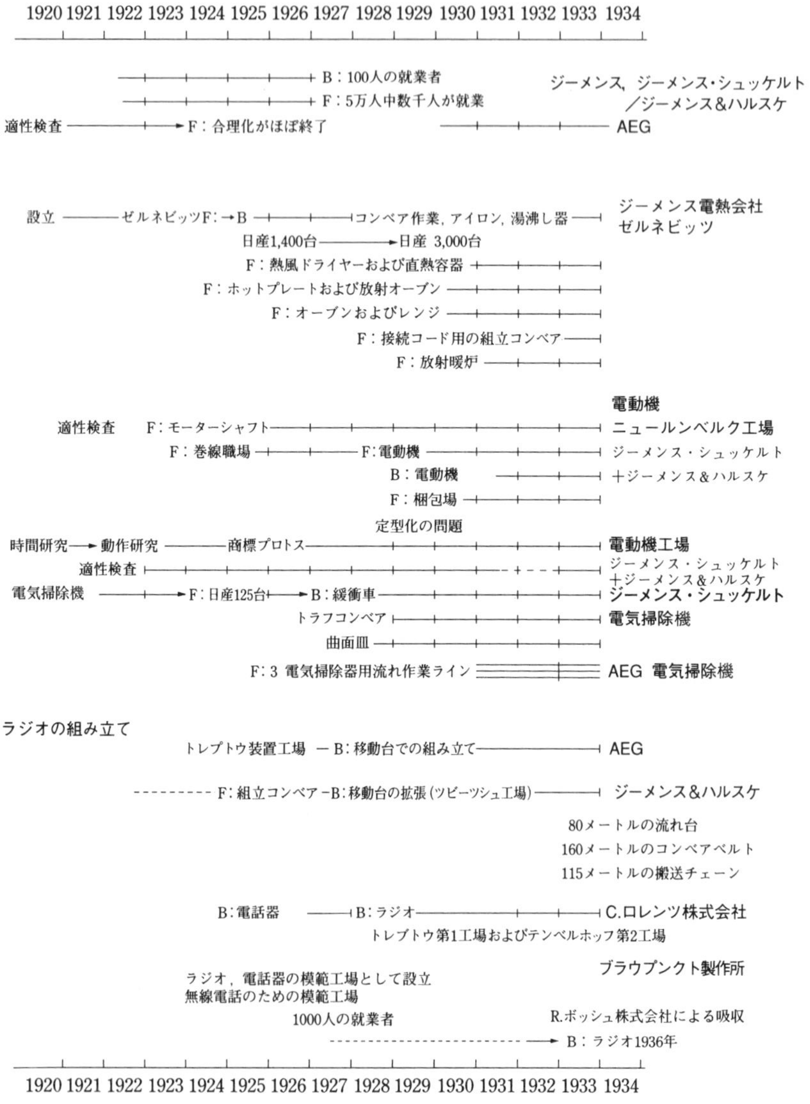

1920 1921 1922 1923 1924 1925 1926 1927 1928 1929 1930 1931 1932 1933 1934
B：100人の就業者
F：5万人中数千人が就業
適性検査
F：合理化がほぼ終了
ジーメンス，ジーメンス・シュッケルト
／ジーメンス＆ハルスケ
AEG
設立
ゼルネビッツF：→B
コンベア作業，アイロン，湯沸し器
日産1,400台
日産 3,000台
ジーメンス電熱会社
ゼルネビッツ
F：熱風ドライヤーおよび直熱容器
F：ホットプレートおよび放射オーブン
F：オーブンおよびレンジ
F：接続コード用の組立コンベア
F：放射暖炉
電動機
適性検査
F：モーターシャフト
ニュールンベルク工場
F：巻線職場
F：電動機
ジーメンス・シュッケルト
B：電動機
＋ジーメンス＆ハルスケ
F：梱包場
定型化の問題
時間研究
動作研究
商標プロトス
電動機工場
適性検査
ジーメンス・シュッケルト
＋ジーメンス＆ハルスケ
電気掃除機
F：日産125台
B：緩衝車
ジーメンス・シュッケルト
トラフコンベア
電気掃除機
曲面皿
F：3 電気掃除器用流れ作業ライン
AEG 電気掃除機
ラジオの組み立て
トレプトウ装置工場
B：移動台での組み立て
AEG
F：組立コンベア
B：移動台の拡張（ツビーツシュ工場）
ジーメンス＆ハルスケ
80メートルの流れ台
160メートルのコンベアベルト
115メートルの搬送チェーン
B：電話器
B：ラジオ
C.ロレンツ株式会社
トレプトウ第1工場およびテンペルホッフ第2工場
ブラウプンクト製作所
ラジオ，電話器の模範工場として設立
無線電話のための模範工場
1000人の就業者
R.ボッシュ株式会社による吸収
B：ラジオ1936年
1920 1921 1922 1923 1924 1925 1926 1927 1928 1929 1930 1931 1932 1933 1934

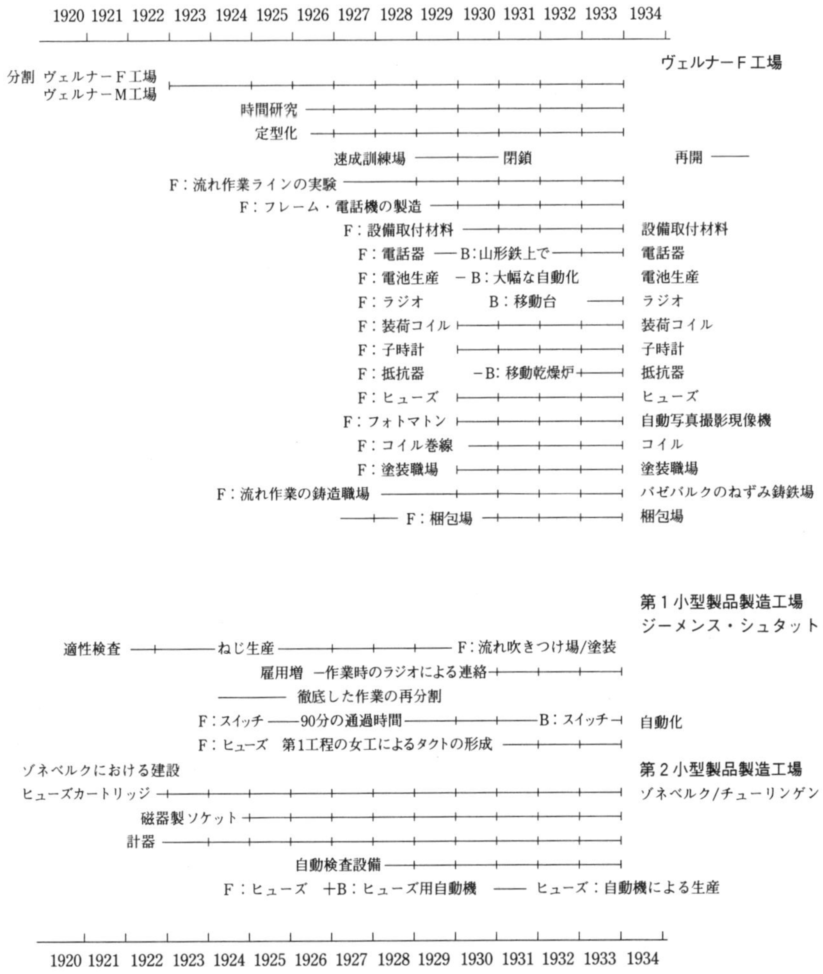

（出所）：J Bönig, *Die Einführung vom Fließarbeit in Deutschland bis 1933. Zur Geschichte einer Sozialinnovation,* Teil I, Münster, Hamburg, 1933. S. 342, S. 344 u S. 346.

推し進められることになった。1927/28年には，流れ作業の原則に基づいて生産を行っていなかった代表的な自動車工場は，ほとんどみられなかったとされている。しかし，実際には，そのような生産の合理化に本格的に取り組もうとしたのは，小型車や大衆車を製造する一部の大企業であった。ドイツの自動車産業において，フォード社でみられたような完全な時間的強制進行性をともなう流れ作業が一般的であったとしばしば考えられているとしても，ドイツの高級車の生産では，そのような意味での，決められた時間の割り振りについてはどこでも論じられることができるわけではないとされている。G.デュビノウが指摘するように，そこでは，多くの場合，一種の「弾力的な流れ作業」（“elastische Fließarbeit”）がみられた(151)。M.シュタールマンは，1920年代半ばから第2次大戦の勃発までの時期のダイムラー・ベンツの第2の近代化の局面において，品質重視のフレキシブルな生産構想と特徴づけられる，労働過程のフレキシビリティと製造すべき製品のバリーションの互換性を損わないようなひとつの合理化の模範が普及したとしている(152)。例えば同社では，すべての6気筒と8気筒のモデルを流れ作業工程で生産することに成功したが，それにもかかわらず，ある程度の変種の多様性は維持されたままであり，フォードの生産構造にはほんのわずかしか近づかなかった(153)。ダイムラー・ベンツでは，アメリカの自動車産業においてすでに15年から20年来みられたような組織的な作業タクトは，1930年代遅くまでみられなかったとされている(154)。

また小型車や大衆車を製造する企業をみると，フォード・システムのコンベア・システム的な展開の代表的事例のひとつであるオペルでも，一般に知られている印象に反して，1920年代には，自動車の生産は決して連続的なベルト・コンベアで行われていたのではなかった。多くの個々のベルトが存在しており，そのテンポは職長によって調節されていたとされている(155)。同社の最終組立コンベアは，1924年の時点では，45メートルの長さにすぎず，作業タクトは，約30分と非常に長い時間に設定されていた(156)。オペルのコンベアの長さは，1929年には，自動車工場全体で2,000メートルに達しており，26年までに半製品部門の作業場はベルト・コンベアによって結合されたが(157)，29年まではなお，流れ作業とコンベア作業とを組み合わせたシステムが支配していた(158)。1928年には従業員の19%のみがコンベアのもとで直接働いていたにすぎないとされている[159]。

流れ生産の導入は工程部門によっても大きく異なっていた。そこで，つぎに流れ生産方式の導入の事例を工程別に取り上げて，具体的にみていくことにしよう。

粗形品工程について――まず鋳造・鍛造を行う粗形品工程をみると，ダイムラー・ベンツでは，鋳造工場は，当初はまだ伝統的に品種別職場作業に組織されていたままであったが，そのことは，同社によって生産されるエンジンが多様であったことによる。鋳造作業は1929年になって機械化され，とくに選砂が自動化されており，鋳物砂は地下におかれた搬送設備によって大型の混合機に送られ，エレベーターによって運び上げられ，さらに鋳型工の作業場の上におかれたタンクまでコンベアで再び運ばれた[160]。R.ホフマンは1930年に，同社の青銅鋳造所では大量生産での操業が行われており，大規模な建屋にはベルト・コンベアが配置され，流れ生産が行われていたとしている[161]。

車体製造工程について――また車体製造工程をみると，ダイムラー・ベンツの1927年9月29日の内部資料によれば，ウンターテュルクハイム工場においては，流れ生産への転換は車体部門では完全に実施されていたと指摘されている[162]。1925-26年には，ジンデルフィンゲン工場に車体のための移動組立ラインが設置されているが[163]，29年10月には，同工場におけるコンベア生産の実施が協議され，決定されている[164]。この工場に設置された2基の組立コンベアは，通常の労働時間で600台から700台分の車体の生産能力を有していた。車体組立コンベアの導入によって，さまざまなタイプを独立して互いに並んで，またさまざまなテンポで流していく可能性が生み出された[165]。そこでは，互いに独立した2基のコンベアでの生産をフレキシブルに編成することがめざされた[166]。組立コンベアも生産の必要性に合わせられ[167]，60万RMを投じて実施されたベルト・コンベアの導入によって，1929年10月から30年5月までに，2リッターのリムジンの車体の生産コストを210RM引き下げることができた[168]。しかし，1929年に最大1,000～1,100台に達していた生産能力は，30年代半ばまで有効利用されることはできなかった。コンベア生産は乗用車の場合にのみより大きな組の生産によって割に合うようになったので，それは乗用車の車体製造にのみ導入されていた[169]。乗用車では非常に徹底して定型化が行われていたので，シャーシの主要な形状のものは大ロットで生産され，コンベアでの流れ作業が生産過程を支配していた。これに対して，トラックの車体は運搬される品物やそのときどきの消費者の運搬量に個別に適応しなければならず，したがってその要求に応じて設計されねばならないという事情から，コンベア生産が経済的である限界の条件は，達成されなかった[170]。またオペルをみても，1926年頃以降に車体生産において流れ生産が導入されており，そこでは，車体部品が塗装工程を通過した後にコンベアで組み立てられた[171]。

塗装工程について——さらに塗装工程をみると，それまで手作業が支配的であったが，例えばアドラーではベルト・コンベアでの高温浸漬法が導入されている。それによって，手による熟練に依拠していたフェンダー，板張りの金属板および車輪の時間のかかる個々の加工が駆逐された。そこでは，脱脂，塗装および乾燥が流れ作業で実施され，搬送はベルト・コンベアによって行われた。塗装はひとつのまとまった連続した流れで行われるようになり，その時間は，約3時間から4時間の範囲にまで短縮された[172]。オペルでは，コンベアを用いたアメリカ的な塗装方法の導入は1928年以降のことであった[173]。

シャーシ製造工程について——シャーシ製造工程でも流れ生産が導入されており，オペルでは，この部門で生産される個別部品は，その後，サブ組立コンベアの上で，完成した部品ユニットに組み立てられ，シャーシ組立コンベアに搬送され，そこで完全なシャーシに組み立てられた[174]。またダイムラー・ベンツをみても，1927年9月29日の会議に関する同社の内部資料によれば，ウンターテュルクハイム工場では，流れ生産への転換は，シャーシ部門では，80%において実施されていたと指摘されているが[175]，同年にはシャーシのための最終移動組立ラインが設置されている[176]。

機械加工工程について——つぎに，各種の部品の生産を行う機械加工工程をみると，そこでは，ベルト・コンベアのような機械的搬送手段以外の搬送設備を利用した流れ生産方式の導入が，むしろ多くのところでみられた。H.ヘネッケによれば，十分な生産量が確保される場合には，流れ作業での部品の機械加工の実施は，しばしばはるかに大きな利点を約束したとされている。ただその場合でも，そのために機械的搬送手段も費用のかかる専用設備も絶対的に必要なわけではなく，その実施はむしろ比較的簡単な手段でもって可能であったとされている(177)。例えばオペルでは，ボール盤による中ぐり作業ラインでは，労働者は，ローラー・コンベアによって，仕掛品をある工作機械から他のそれへと送った(178)。

このように，機械加工工程への機械的搬送手段であるベルト・コンベアの導入はまだ端緒的なものであったといえる。フォード社でも，新しい生産方式が導入された初期の頃には，機械加工工程への動力駆動のベルト・コンベアの導入は，「機械加工をおえた品物を次の組立工程へ運搬するためのもの」であり，機械工場では，ベルト・コンベアはまだ機械と機械を結びつける手段にはなっていなかった(179)。オペルでも，機械加工工程ではコンベアの導入はあまりすすんでいなかったとされており(180)，コンベア・システムによる移動作業型流れ作業組織の確立が画期的な意味をもったのは，手作業がなお支配的であった組立工程においてであった。

組立工程について――そこで，つぎに，組立工程についてみることにする。ここでは，フォード・システム的なコンベア・システムが展開された最も代表的事例のひとつである**オペル**を取り上げて，みておくことにしよう。

同社は，1923年末頃に，流れ生産に必要な台数を達成するために，それまでの5つの自動車の定型をひとつに減らし，24年春に小型の統一規格車を発表し(181)，その最終組立工程部門に最初のコンベアを導入し，流れ生産を展開した(182)。駆動装置部門では1926年にベルト・コンベアでの組み立てが開始されているが(183)，エンジンの組み立てへのその導入は，1年前の25年のことであった。エンジンの組み立ては，部品があらゆる方向に回転され固定される特別なクランプ装置を備えたベルト・コンベアの上で行われるようになっている。またリアアクスルの組み立てでは，至る所で，コンベア・ベルトが搬送および作業工程の規則的な進行を確保していた(184)。工場の一番下の階では，完成されたシャーシへの個別部品の最終組立が行われた。そこでは，エンジンの装着，ラジエーター，車体，配電盤，車輪などの組みつけが行われ，それぞれ4.5分後に一台の完成車をベルト・コンベアがラインオフした。1926年のカール・シュミットの指摘によれば，それにもかかわらず，この時期には，オペル工場はまだ高い水準にあるのではなく，たとえ短い時間にすぎなかったとしても，労働者はなお，個々の仕掛品の作業工程を中断させることがあり，組立コンベアの進行になお一定の影響をおよぼしたとされている(185)。そこでは，生産性，作業の分割の程度やコンベアのタクトの速度は，アメリカの自動車産業において当時一般的にみられたようには達成されなかった。また熟練労働者の占める割合もなお高く，金属労働者組合の調査によれば，1929年には，その割合はドイツの自動車産業の平均では56.6%であったのに対して，オペルでは66%にのぼっていた。逆に不熟練労働者の割合は，自動車産業の平均では11.7%であったのに対して，オペルではわずか5%にとどまっていた(186)。

このように，ドイツ的な生産方式を試みたダイムラー・ベンツだけでなく，オペルでも，アメリカでみられたような労働力の熟練解体は，機種別職場作業組織から品種別職場作業組織への移行や，またその後の流れ作業やコンベア作業への移行の途上でもみられることはなかったといえる(187)。またオペルでは検査係の数が多かったことも，流れ生産方式の導入におけるひとつの限界性を示している。フォード社のハイランドパーク工場では15人の労働者に1人の割合で検査係（Revisor）がいたのに対して，オペルでは，1929年には，ほぼ7人の労働者に1人の割合で検査工（Kontrolleur）がいた(188)。このように，組立工程においても，1920年代の時期には，生産の一部分のみがまずコンベア作業に転換されたにすぎず，多くのところで，コンベアによる強制的な給付の達成とは異なるかたちの流れ作業，流れの編成や組別生産への移行がみられたのであった(189)。

以上の考察をふまえていえば，フォード・システムの作業機構の本質と意義を示すところの「機械工業史ばかりでなく全工業史において先駆的な，流れ作業組織の全機構的な確立」(190)を裏づけるような企業はほとんどみられなかったといえる。流れ作業は，一般的には，つねに個々の経営単位において利用されていたにすぎず，1933年までは決して企業全体にみられたわけではなかったとされている(191)。流れ生産方式への転換が最もすすんでいたオペルでも，1929年になってもなお，流れ作業方式での生産はフォード社の水準に到達することはなく(192)，35年以降になってようやく，ブランデンブルクのトラック工場において，100%流れ作業とみなすことのできる機械ライン，完全自動のベルト・コンベアと完成組立のコンベアから成る非常に緊密なシステムが実現されることになる(193)(第9章参照)。

1920年代のそのような状況について，J.ラートカウは，オペルでも互換性部品の生産は導入されておらず，「はめあい」においても熟練をもった専門労働者が依然として不可欠であったとしている。また自動車生産では，賃金は生産コストの10分の1を占めていたにすぎないので，組み立てにおいて専門労働力を節約するという刺激は大きくはなかったとされている。自動車産業では，ドイツの市場に規定された小ロットの組への限定の必要性を強めるあらゆる原因が存在しており，そのようなドイツの小さな組の生産は，自動車がまだ上流階級の特権であったようなより貧しい国にみあったフォーディズムの不完全な変種とみなされるものである(194)。

この点について，H. J.ブラウンは，ドイツの大部分の自動車製造業者はその部分的にすぎない合理化の諸努力において非常に合理的な行動をとったとしており，そこでは，「交替型流れ生産」の構想が決定的な役割を果したとしている(195)。このように，ベルト・コンベア自体もさまざまな諸形態で利用されていた場合も，多くみられた。R.ハハトマンによれば，コンベアなしの流れ生産とコンベア生産との両極の間には多くの中間形態が存在しており，1933年までに組織された流れ生産システムは，一般的には，「完全な」形態よりもむしろよりプリミティブな形態にあたるとされている(196)。またP.ベルケンコッフは，とくに乗用車の生産において，はるかに小さな販売の可能性にみあった範囲のなかで，アメリカの技術の成果（とりわけさまざまな方法の流れ生産）をドイツにも適用可能にする生産方式の開発が行われてきたとしている(197)。H. J.ブラウンが指摘するように，確かに1920年代の半ばには合理化の多くの文献が刊行されていたが，それらを実際にみられた流れ（コンベア）生産への生産過程の転換の程度や実際の合理化と同一視してはならず，それらの出版物の著者はしばしば宣伝の目的をも追求していたのであり，また合理化の利益も実際の合理化の実施も誇張していたと考えられる。彼は，その限りでは，経営における「現実の生産」についてこれらの諸文献が示している結果はゆがめられたイメージを生み出したであろう，と指摘している(198)。

②流れ生産方式の導入の限界とその要因

このように，自動車産業においても流れ生産方式の導入はアメリカのようにはすすまなかったといえるが，つぎに，そのような限界を規定した諸要因についてみておくことにしよう。まず生産規模に規定された生産ロットの問題では，当時，ドイツでは，同種の自動車が1日に50-100台生産される場合にベルト・コンベア生産は割に合うとみなされていた(199)。また自動車生産の国際的な状況からすると，世界市場では，少なくとも1日に50台を生産する企業のみが競争力をもちうるとみなされていた。しかし，ドイツでは，日産約100台の最も高い生産能力をもつオペルのみがこの台数に達していた(200)。アメリカでは，1929年には1定型当たりの1日の平均生産台数は約255台であったが，ドイツでは，オペルを除くと，わずか約2.7台にすぎなかった(201)。

ドイツの自動車市場はアメリカとは比べものにならないほど狭小なものであったが，価格面で圧倒的な優位をもつアメリカ車の流入によって，ドイツで販売された乗用車に占める外国車の割合は，大きく上昇した。その割合は，1921年のわずか2.6%から24年には12%，さらに29年（9月までの平均）には38.5%にまで上昇したほか，トラックをみても，わずか0.9%から5.1%，さらに33.4%へと大きく上昇している(202)。例えばダイムラー・ベンツの1928年の取締役会のいくつかの会議でも，アメリカとの競争による困難が指摘されており，激しい競争のもとで同社の全体的な価格は依然として高い水準にあったこと，ドイツ自動車産業がおかれていた諸困難の主要な原因は低い輸入関税にあったことがあげられている(203)。

そうしたなかで，ドイツの乗用車の製造企業にとっては，アメリカとの競合のない最小の小型車，生産技術の差異が大きくなくまたドイツの賃金水準が手工業的技術の利用を有利にするようなより高級車の市場セグメントへの特化が得策であった(204)。こうした高級車のセグメントへの重点化においては品質による製品差別化が大きな意味をもったといえる。例えばダイムラー・ベンツでは，より小型で安価な2リッター車や2.6リッター車のクラスでも，その価格は絶対的に高すぎるものであり，品質重視のモデルによる競争力の確保が重要な課題と認識されている状況にあった(205)。しかし，厳しい市場の状況のもとで，いずれの場合でも，生産台数も一定型当たりの生産ロットも，小さなものにならざるをえなかった。

そのような状況のもとで，フォード・システムの導入による大量生産への移行の試みは，むしろ過剰生産能力の拡大をもたらすことになった。ことに大企業では1927年から28年までの間にその生産能力を2倍から3倍に拡大したとされるように(206)，比較的短期間に大幅な生産能力の拡大が推し進められた。しかし，低価格のアメリカ車の流入とアメリカを中心とする外国企業のドイツでの現地組立の本格化によって一層厳しさを増した市場の条件のもとで，ドイツの主要企業の操業度は大きく低下せざるをえなかった。1928年の操業度は，オペルでは60.72%，BMWでは60%，アドラーでは30.14%，ブレナボールではわずか9.04%となっており，これら4社全体では36.27%にすぎなかった(207)。そのために，巨額の固定資本投下をともなって行われたドイツ自動車産業の合理化は，かえって生産コストを高める「失敗した合理化」であり，その場合，流れ生産方式がいわば「あまりにも高価な生産方式」へと一変してしまうことになった(208)。またF.ブライヒも，ベルト・コンベアへの転換は，これらの企業にとって，採算が合わなかっただけでなく，かなりの財務的損失の源泉となったとしている(209)。それゆえ，M.シュタールマンが指摘するように，ドイツでは，大衆購買力の欠如のために，フォードの生産方式の導入は得策ではないということが結論として導き出されることになる(210)。この点に関しては，1933年2月3日の*Der Deutsche Volkswirt*誌も，新しく生み出された設備は決して経済的に利用されることはできず，アメリカの生産方法をドイツに移転しようとする試みは全体としてみれば失敗に終わったとみなされうるとしている(211)。

このような限界を規定していた最も大きな要因のひとつは市場の条件であったが，F.ブライヒによれば，こうした「誤れる合理化」は，一方での企業によって実施された技術的・組織的な合理化と他方での国家がほぼ完全に怠ってきたインフラストラクチュアの「合理化」，租税立法および法秩序の「合理化」

との間の深い，超えがたい隔たりとして現れたとしている[212]。また西牟田祐二氏は，「石炭＝鉄鋼を中心として，電機，化学が連なり，それらが全体として『鉄道によって総括』されるという体系」の「第二帝政以来のドイツ資本主義に特徴的な産業的発展構造」があり，「それに相応するライヒ政府の政策諸体系があり，さらに第一次大戦後のヴェルサイユ的＝ワイマル的諸条件が加わって」，全体として，自動車需要に対するいくつかの「社会的＝構造的」制約諸要因（貨物・旅客輸送分野における鉄道網の高度な整備，「ライヒスバーンの独占的な地位とそれを支持するライヒ政府の鉄道中心の交通政策」，「自動車交通の要求を充たす道路整備の不十分性」，「ライヒ政府の租税政策および関税政策による自動車の保有・使用への重い課税」，石油供給体制の不利という問題，自動車を奢侈品とみる伝統的自動車観の根強い残存）が形成されていたと指摘されている[213]。このような制約条件は，ナチスのモータリゼーション政策のもとで，大きく変化することになる。

(3)　機械産業における流れ生産方式の導入

①機械産業における流れ生産方式の導入の全般的状況

これまでの考察をふまえて，つぎに，機械産業についてみていくことにする。この産業では，個々の部分的領域において，個別生産から組別生産への移行がみられ，さらに流れ作業の導入に適したいくつかの諸部門では，そのような作業方式の導入もすすめられた。このことは，とりわけ発動機，工作機械および高速印刷機，タイプライターおよびその他の主に消費者向けのより小さな機械（ミシン,ガスレンジ，調理器など）の生産にいえるとされている[214]。これらの製品の製造部門では，コンベアの導入による流れ生産の導入も比較的すすんでいたと考えられるが，機械加工工程，組立工程の一部の工程部門あるいは工程作業にのみみられたケースが多かった。機械産業全体でみれば，一部の製品部門を除くと，流れ生産方式の導入は，そのほとんどがコンベアなしの流れ作業の編成によるものであったといえる。すでにみたように，機械産業では，コンベア作業の普及率が電機産業，自動車産業と比べると非常に低いことが，特徴的である。また機械産業，ことに工作機械産業では，とくに市場の限界に規定されて，大量生産の可能性が小さく，それまでの生産方式と流れ生産方式との中間的な形態が多くのところでみられた。

流れ生産に至る最初の道は「品種別生産」(Gruppenfertigung) の編成であるが，それまでの機種別生産から品種別生産への再編は，市場の限界から流れ生産方式の導入による本格的な大量生産が行われえなかった企業においてとくにみられた。T.v.フライベルクによれば，ドイツの機械産業，とくに工作機械産業の多くの中規模企業にとっては，品種別生産は流れ生産に至る最高の形態であり，また最も広範な形態であったとされている。そこでは，とりわけ「古典的な」，純粋な流れ生産の正確な時間の均等化は，小さな組 (Serie) を基礎にしては，考えられなかったとされている[(215)]。

流れ生産の導入のためのいまひとつの方法は，小さな組の生産とより大きな組の生産とを同じ労働者のもとで，同じコンベアで行うという形態の流れ生産であった。技術的・組織的諸方法によって，大きな量的変動や定型の多様性に対して流れ生産を弾力的にするためのドイツにおける開発活動のより特別な力点がここにあった。このような形態の流れ生産は，時間経済と市場経済との間のひとつの妥協であった。それは，機械製造において，しばしば，小さな個数にもかかわらず，流れ生産を組織する唯一の可能性であり，その弾力性の増大をより高いコストで支払うものである[(216)]。シュルツ・メーリンによれば，さまざまな作業対象が作業方法において非常に似ているとしても，それらはつねに多かれ少なかれ，生産方法における大きな相違を規定するので，ある製品の生産から他の製品の生産への移行にさいして，つねに作業機や設備の多かれ少なかれ大規模な転換が必要であり，このことは，それなりのコストを発生させることになる[(217)]。彼は，同一の対象の連続的な流れ生産が問題とならないとすれば，そのような「交替型流れ生産」がそれまでの組別生産よりも選ばれるとしている[(218)]。すでにみたように，そのような生産方式は，電機産業や自動車産業でも試みられていた。

さらにこの時期のドイツの機械産業における流れ生産の編成のためのいまひとつの形態は，多くの場合，機械加工工程では組別生産が行われ，組立工程では流れ生産が導入されるといった「混成型生産」(Gemischte Fertigung) の方法である。流れ作業方式での組み立てはその高い手作業の割合のために比較的容易に実現されうるのに対して，種々の工作機械や非常に異なる加工工程をもつ機械的生産は，一般的には大きな諸困難をひきおこす。流れ生産の導入を同一の製品の比較的大きな個数と結びつけるものは，加工機械間の時間の均等化および機械のフル稼動への強制である。工作機械の発展（より高い加工速度，それゆえより短いタクト時間）は，この問題を一層尖鋭化させることになる。少ない個数や機械設備の性能の大きな差異のために，このような諸困難は非常に大きなものとなりうるので，機械的生産では組別生産が維持され，組み立てにおいてのみ流れ生産の原則が実現される場合も多い(219)。上述した1931年の金属労働者組合の調査によると，その対象とされた475部門のうちの14.5%にあたる69部門において組別生産が導入されており，流れ作業の普及率16.2%およびコンベア作業の普及率2.3%を加えれば，組別生産か流れ生産のいずれかの生産方式が導入されていた割合は33%となる(220)。

以上の考察をふまえて，つぎに，機械産業に属する他の主要製品部門における流れ生産方式の導入について，具体的にみていくことにしよう。ここでは，農機具，ミシン，事務機器および鉄道車両製造部門について，考察を行うことにする。

②主要製品部門における流れ生産方式の導入

1）農機具製造部門における流れ生産方式の導入

まず農機具製造部門についてみると，金属労働者組合の調査によれば，1931年には，調査された41部門のうち36.6%にあたる15部門に流れ生産が，7.3%にあたる3部門にコンベア生産が，また26.8%にあたる11部門に組別生産が導入されていた(221)。流れ生産への転換にさいして最も重要となる問題は，市場の問題であった。すなわち，販売の変動が激しく，しかも農機具が季節品としての性格をもつために，確実な販売量を予測することができず，それゆえ，いかなる場合にも製品が販売されるように最少量の生産計画が立てられねばならない。流れ生産の効率性を測るさいには，そのような販売の考慮から，最低台数を非常に大きく引き下げねばならなかった(222)。

このような諸困難のもとで，1925年および26年には，より多くの企業が，農機具の生産において流れ生産方式への転換を行っている。シュパンダウ・ドイツ工業製作所は，4つの定型の草刈り機，穀物刈り取り機，自動刈り取り束ね機，打穀機において，できる限り流れ作業での組み立てを実施している[223]。“*Werkstattstechnik*”誌の1926年6月のある報告では，トラクターの組み立ては自動車の場合に似た方式で行われており，組立軌道を利用した作業方式が採用されていた事例や，仕掛品がある機械からつぎの機械へと2つの機械の系列の間をコンベアで搬送されていく流れ作業システムによる軸くびの加工の事例などが紹介されている[224]。またハインリッヒ・ランツ社は，1926年にドイツで最初のトラクターのコンベア生産を開始しており，コンベアは175メートルの長さを有していた[225]。クルップでも，ハノーマク製のトラクター用の伝動装置やケーシング，自動刈り取り束ね機が流れ作業で組み立てられていたが，打穀機は組別生産されていた。R.ザック社は，犁の歯車のハブを流れ作業で鋳造しており，じゃがいも堀機の組み立てやダンパ装置の製造では，1931年までに流れ作業や組別作業がみられた[226]。さらにハノーマクでも，移動式の組立軌道を利用した農機具の駆動装置の流れ作業での組み立てがみられる[227]など，流れ生産への転換がすすめられている。

しかし，農産物価格の推移，市場規模，農業における資本設備および経営構造といった販売上の障害のために，1920年代半ば以降の時期にも，少数の工場が農機具製品のわずかな部分（より小型の機械）において流れ作業かコンベア作業を導入していたにすぎない。そこでは，1926年には，最大の工場のみが，できる限り少ない資本支出のもとで，既存の機械や設備の高いフレキシビリティ（長いタクトタイム，低い時間的強制進行性）でもって流れの編成を実現することができたにすぎない[228]。

このように，農機具製造業においても，工作機械産業の場合と同様に，厳しい市場の条件から，流れ生産をより弾力的に組織するための諸努力が行われたのであった。例えば，上述のランツ社の打穀機の生産では，生産の多様性が金属部品の製造においても100%の流れ作業に移行することを不可能にしたのであり，ドイツとアメリカの流れ作業の本質的な相違は，弾力的な適応の必要性という点にみられた。打穀機の部品や構成エレメントのグループの生産におけるすべての流れ生産ラインの設備においては，主要な課題は，大きな数量の小型打穀機のエレメントとより小さな数量のより大型の打穀機が効率的に加工され搬送され組み立てられうるように作業工程および補助設備を配置することにあった。わら束ね機の生産でも，とくに組み立てでは純粋な流れ生産がみられた。しかし，ランツ社の打穀機およびわら束ね機は，1920年代には，その規模ゆえに，トラクターの生産でみられたようなベルト・コンベアによる流れ生産の方法を可能にしなかったとされている(229)。経営側は，販売構造のために，流れ作業ラインで多くの小型の打穀機もわずかな数の大型の打穀機も製造しようとした。その結果，組み立てにおける作業時間の不確実さのために，特別な賃金形態や作業指図票によってはじめて給付の強制の効果を実現させなければならなかった。また同社のトラクターの生産では，1926年に小型トラクターのブルドックHR II型のための組立コンベアが配置されているが，夏の売上が冬のそれを何倍も上回るといった，激しく変動する季節的業務のために，高いフレキシビリティの必要性，わずかな資本コストおよび予期すべき急速な製品変更は，連続的な流れ生産ラインあるいはコンベア作業を排除したのであった(230)。

2）ミシン製造部門における流れ生産方式の導入

ミシン製造部門も，製品の定型化，部品の規格化がすすんでおり，流れ生産の導入が比較的にすすんでいた産業部門のひとつであった。流れ作業の考えは，主に小さな鋳物の鋳造職場，木工職場，また組み立てや梱包ではまったく徹底して一貫して実施されていた。これに対して，中間の加工工場においては，個別部品や小さな部品の旋盤作業，中ぐり作業およびフライス削りでは，以前の一般的な状況のままであった。G.デュビノウは，ミシンの生産では，生産が強制されることなくまた時間を規定するタクトなしに行われる作業の形態とともに，時間的強制進行性をともなう流れ作業のシステムがとって代わっているのをみるとしている。そこでは，流れ生産工程のなかでは非常に多くの種類の搬送手段がみられたが，それには，鋳造工場におけるトロリのベルト・コンベア，はつり工場における鉄製のエプロン・コンベア，主要部品の加工の場合の機械から機械への短いシュート，台架の生産における手から手への搬送，組み立てにおけるオーバーヘッド・チェーン・コンベアおよびコンベア・ベルト，梱包における個々の手動式のトロリがみられた。主要部品の加工のための個々の専用機械も，流れ作業工程のなかに組み込まれていた(231)。ミシンの生産では，部品の生産や塗装はしばしば流れ作業で行われ，組み立ておよび梱包はコンベア作業で行われていたとされている[232]。

そこで，流れ生産方式の導入の事例をみると，ドイツ金属労働者組合の報告は，シャットルの組み立てなどにおけるコンベアの導入，送り金や針板の生産における流れ作業の導入を指摘している[233]。例えば，G.M.ファッフミシン製作所は，1924年から27年までの間に初めて，一連の職場において，それまでの機種別職場作業に代えて流れ作業を開始している[234]。そこでは，2つの種類のコンベアが利用されていたが，それらは，各製品グループや部品の搬送に役立ったにすぎない。組立工は，2つの作業台のもとに立ち，断続的に進められることのできるベルト・コンベアの間を動いた。また組み立てるべきミシンを思う所で固定することのできる「移動式の万力」や簡単なベルト・コンベアが，設置されていた。これらの2つの種類のコンベアは，フレキシブルな調整を可能にするようなタクトで断続的に動いていった。それゆえ，専門労働者は，コンベアの上で直接はめあわせ作業を行うのではなく，静止している機械のもとでそれを行うことができた。またカールスルーエ・ミシン製作所は，1925年から26年にかけてトロッコとシュートを用いた流れ作業を導入している。そこでは，作業タクトの均等化のために，とりわけ機械の稼働時間の統一がはかられ，材料の堆積の回避のために，切削速度の引き上げ，シュートによる加工用機械の結合がはかられた。また搬送では，鋳造工場から倉庫や加工職場へは電気トラックが利用されており，組立工場内のケースの搬送には，オーバーヘッド・チェーン・コンベアが利用されていた。1927年には，業務用ミシンの生産において最大の割合を占めていたデュルコップ社が，この会社につづいた[235]。またムントロスミシン社では，1930年には700人の女子労働者が，ミシンの13%を流れ作業で生産していた[236]。コンベアによる流れ作業の導入をも軸とするこの時期における全般的な工場の再組織の結果，カールスルーエ・ミシン製作所では，それまでの方法と比べると大きな成果が達成された。すなわち，40%から60%の生産高の増大が達成されたが，1926年には，25年に比べ，製品1単位当りの生産に要する時間も90日から16日に短縮され，直接生産に従事する労働者の数は648人から383人へと44%も削減されたほか，搬送労働者の数も，87人からわずか6人へと激減した[237]。

ただ業務用のミシンの生産への流れ作業方式の導入は，家庭用ミシンの生産のケースとは大きく異なっていた。例えばコッホ社，後のコッフス・アドラー・ミシン製作所では，1935年になってもなお，工業用ミシンでは流れ生産の制約がみられたとされている。専用機や業務用機械は大量には販売されることができなかったので，それらの部品もより小さなわずかなロットにしかならなかった。そこでは，組み立てにおいてのみ，生産の流れが築かれていた。この工場の労働者へのより高い給付への駆り立ては，流れ作業の編成によってではなく，第1次大戦後に導入された，割増給を付加した個人別の出来高給制度によって行われた(238)。

3）事務器製造部門における流れ生産方式の導入

つぎに事務器製造部門（タイプライター，計算器など）をみると，ほとんどすべての工場は，アメリカの強力な競争相手のために，経営を技術的にも組織的にも高い水準に保つことを強制された(239)。しかし，1925年になっても，多くの経営は，流れ作業の導入を行うにはあまりにも小規模であり，172の事業所のうち，500人以上の従業員をもつものはわずか8にすぎなかった。しかも，それらの経営は，多くの場合，タイプライターや計算機とともに，自転車，オートバイ，自動車，工作機械などのその他の精密機器製品をも生産しており(240)，混合経営が多かった。

この部門でも，農機具，ミシンのケースと比較的よく似た状況がみられるが，ミシンの場合ほどには，流れ作業を実施することができなかった。すべての生産を時間的強制進行性をともなう流れ生産の工場で実施することは，不可能であった。本来の流れ生産の工場は，まず部品のグループの組み立てにおいて支配的となっており，その後，完成組立でも十分に実施された。また組み立てにおけるとくに興味深い補助手段は，回転盤のかたちで作業台に組み込まれた回転テーブルであり，それは，平面上で仕掛品をあらゆる方向に回転させたり，向きを変えたりする可能性を労働者に与えた。組み立てへの部品の供給は，小型のオーバーヘッド・チェーン・コンベアによって行われていた(241)。

そこで，流れ生産の導入の具体的事例をみておくと，ヴァンデラーでは，自転車や自動車の生産と比べると，事務機器では流れ作業の開始は遅かった。同社は，1929年9月になって初めて，小型タイプライターの「小型コンチネンタル」の最初のシリーズのために，移動台での流れ作業方式を導入している。しかもそれは組み立てに限られていた。またメルセデス事務機をみても，テラ工場とメヒリス工場では，すべての生産過程および組立工程において流れ作業が問題となるのは，1929年のことであった。しかし，そこでも，綿密に訓練された専門労働者に対して，比較的大きな活動余地を残さざるをえなかった。タイプライターの場合では，事前組立（部分組立），台架の組み立てや完成組立とは異なり，特別なはめあわせ作業が流れ作業を妨げていた。流れ作業の編成におけるこのような限界は，精密機器の生産においては，少なくとも1936年までは影響をおよぼしつづけたとされている(242)。

4）鉄道車両製造部門における流れ生産方式の導入

また鉄道車両製造部門の事例をみると，1931年には，調査された76部門のうち，36.8%にあたる28部門に流れ生産が，5.3%にあたる4部門にコンベア生産が，21%にあたる16部門に組別生産が導入されていた(243)。作業の性格ゆえに，コンベア・ベルトやコンベア・システムという意味での流れ生産は，この工業には適さず(244)，また製造される対象の大きさやそれにもかかわらず少ない生産台数が，連続流れ生産を妨げていた(245)。そこでは，コンベア式タクト・システムによる流れ作業の編成がみられた。無蓋貨車，車枠，床面およびその他の重い部品の取りつけは，以前のように車が完成される地点まで運ばれてから行われるのではなく，車が工場のなかを移動していくように行われた。そこでの作業の大部分は，なされるべき非常にルーティーン化された仕事に関する簡単な指示を読みそれに従う能力以上のいかなる訓練もなされていない不熟練労働者によって高度な正確さと仕上げが達成されうるところまで，細分化された。多くのケースでは，ほとんどすべての範囲の作業がひとつ屋根の下に集められ，ベルト・システムを除いて，ほとんどすべての内部搬送が排除された。残りの搬送は，電気トラックや貨物自動車，キャリア，走行クレーンおよび他の同様の設備の利用によって，機械化された。

このような内部的再編成の成果については，以前には1台の生産に24日かかっていたある貨車のタイプでは，工場および人員のシステム化によって15.5

日に短縮されたが，流れ生産の諸方法の導入によってさらに8.5日まで短縮された(246)。またライヒスバーンの修理工場では，流れ作業の導入によって，貨車のブレーキの組みつけに要する時間が154時間から46時間に短縮されたほか，内燃機関の生産でも，必要な作業時間は1,500分から550分に短縮され，組み立て，塗装および梱包における時間の節約は70%に達した(247)。ライヒスバーンのグルーネバルト工場での鉄道車両へのブレーキの組み付けでは，1928年には，断続的に進行する流れ生産の作業タクトは45分となっており，本来の流れ作業系列は9つの作業場から構成されていた。そこでは，それぞれ2人から12人の労働者が作業を行っており，全体では47人の要員が働いていた(248)。

また流れ生産方式が導入された後にも，作業工程の改善や一層の分業化の推進などによって作業タクトを短縮するための諸努力が行われている。例えば，貨車の生産では，作業タクトは，流れ生産の導入の当初には，約3時間となっていたが，短期間の発展のなかでまず1時間半に短縮され，最終的には，それまでに実現された最短の作業タクトである20分にまで短縮されている(249)。

しかしまた，この産業では需要の変動が大きく，市場の諸条件に規定されて，流れ生産方式の導入による大量生産への移行は，一定の限界に直面した。例えば秋と冬の交通量のいまにもおこりそうな期待が1927年のこの産業への短期の発注の理由であったが，それは，貨車製造工場を時間外も操業させる一方で，客車部門を完全に遊休化させてしまうことになった。また1928年の2つのクラスのシステムの導入は，大量（8,000）の緩衝装置および他のタイプの客車に対する突然の需要をもたらし，この産業の客車部門を過度に操業させる一方で，貨車部門を遊休化させることになった。このような政策の結果，再組織によって生まれたコスト上の利点の大部分が相殺されてしまい，生産の再編成の一層の努力が妨げられることにもなった(250)。

このように，機械産業では，市場の厳しい条件のもとで，フォード・システムの流れ生産方式の導入は，ごく限られた製品部門において試みられたにすぎない。しかも，そこでは，狭隘でかつ変動の激しい国内市場の条件のもとで，アメリカの場合より少ない生産量でも流れ生産の効果がある程度確保でき，また生産のフレキシビリティの確保を配慮したドイツ的な展開が試みられたケースは，電機産業や自動車産業の場合よりも多かったといえる。

また機械産業では，流れ生産方式の導入が一般的に電機産業や自動車産業よりも遅い時期に実施されたことによる影響も大きかった。T.v.フライベルクは，電機産業ではすでに1927年以前に多くの諸部門において流れ生産方式による大量生産が普及していたのに対して，機械産業は合理化運動の最後の諸年度に初めて流れ生産へのより広範囲におよぶ転換を開始したので，両産業部門の間にみられる実際の相違は上述の調査結果よりもさらにいくらか大きいものになるだろう，としている(251)。この点は自動車産業との比較でもあてはまり，機械産業では，流れ生産方式の導入は，その短い期間に十分な成果をあげることはなく，世界恐慌の圧力のもとで大きな限界に突きあたることにならざるをえなかった。

3　流れ生産方式導入のドイツ的展開とその限界

このように，1920年代のドイツにおいてフォード・システムの導入の取り組みが加工組立産業を中心にみられたが，本来，そのようなアメリカ的方式の導入・展開は，それによる大量生産を可能にする特定製品の大量市場の存在と市場の安定性が前提となる。しかし，T.ジーゲルとT.v.フライベルクがとくに工作機械産業について指摘しているように，ヴァイマル期の合理化運動は，特殊ドイツ的な状況――過剰生産能力の存在および変動する狭隘な市場――が近代的なアメリカの生産方法の受け入れを可能にしなかったことを出発点としていた(252)。産業部門によって差異はみられるものの，一般的に，このような市場の諸条件が，この時期のフォード・システムのような大量生産方式の導入のあり方を強く規定したのであった。

すなわち，そのような生産方式・管理方式の導入は，加工組立産業部門の特定の大規模企業において，あるいはその先端工場，特定の工程部門や製品部門，ことに標準化がすすみ量産化に適した特定の製品部門おいてみられたにすぎない。しかも，フォード・システムのような市場の変動に対して「硬直的な」システムではなく，より少ない生産量でも大量生産の効果が得られ，また市場の変動に対して「柔軟性」(フレキシビリティ) をある程度確保できるような方式の導入が，多くのところで試みられた。この点について，フライベルクは，ドイツにおける制限された市場の諸条件はフォードの生産方法の高度に統合され，機械的につなぎ合わされた流れシステムという理想からの実務的な離脱を強制することになったとした上で，「生産過程の時間経済的統合は，機械産業や電機産業において，それによって生産に必要な弾力性が犠牲にされない程度においてのみ実現されたにすぎない[253]」としている。こうした点は，自動車産業にもあてはまる。またC.ケットゲンは1928年に，ドイツ産業においては，アメリカとはきっと反対に，流れ生産の利点がより少ない生産量に対しても得られるような方法を追求したという点に発展の特殊性がみられたとしている[254]。当時のドイツにおいて試みられたこのような生産方法は，「汎用化」の論理に基づく生産編成によって複数の製品の生産によるロットの確保と製品間の需要変動に対する生産の柔軟性の確保をはかることで操業度を引き上げ，大量生産による規模の経済の実現をめざすものであった。

このように，流れ生産方式への移行はドイツの状況にみあった形態で実施されており，実際には，多くの場合，流れ生産方式のいくつかのヴァリアントがみられたのであり，フォード・システムそれ自体は，当時ドイツにおいて目標とされたまさに「理念型」にすぎなかったといえる。そのような試みは，大量生産への移行を推し進める段階での市場の限界性に規定されたものである。1920年代後半から30年代の初頭にかけての時期にフォード社でもみられたように，すでに自動車が広く普及し取替需要がむしろ問題となった市場の条件のもとで一定度の汎用機の利用による自動車の設計変更への柔軟な対応と組立作業におけるより高い柔軟性を狙った「柔軟な大量生産」が展開されたアメリカ[255]とは，事情が大きく異なっていたといえる。

そのような状況に関して，H.ホムブルクは，電機産業のケースを取り上げて，技術的および組織的革新が決してすべての活動領域において同時に行われたのではなく，そのためには，財務的条件のみならず，とりわけ科学的，技術・設計上の前提条件，一部では人事的な前提条件も欠けていたとしている。すべての革新は何年もの準備活動と結びついており，また生産条件のもとでのその「成熟」は，最初の実際の試みが行われた後の数ケ月あるいは数年に徐々に実現されたにすぎず，その限りでは，1920年代における合理化の諸努力の実験的な性格はその顕著なメルクマールであるとされている[256]。またT.ジーゲルは，「技術的合理化」の明白な象徴，すなわち，ベルト・コンベアが広義のテイラー的な組織や作業部による生産の管理と比べると，また労働力の科学的な選抜と比べると，ジーメンスの工場では比較的遅くに初めて導入されたとすれば，そのことは意思の欠如よりはむしろ可能性の欠如のためであったとしている[257]。

このような市場の制約的条件は，その後のナチス期において経済の軍事化と戦争経済への移行にともなう軍需市場の著しい拡大のもとで大きく変化し，フォード・システムの導入とそれによる大量生産への移行の取り組みが推し進められることになる。この点については，第9章において考察を行うことにする。

第3節　フォード・システムの導入の限界と国民経済へのその影響

これまでの考察において，フォード・システムの導入を生産の標準化と流れ生産方式についてみてきた。それをふまえて，最後に，フォード・システムの導入の限界，ことに自動車産業のそれが国民経済の発展におよぼした影響についてみておくことにしよう。

本来，自動車のような耐久消費財の大量生産の進展が関連する多くの他の産業部門，さらには国民経済におよぼす経済効果には，大きなものがある。生産の流れ・プロセスからみると，自動車産業，電機産業，機械産業などの加工組立産業では，「多種類の素材を出発点として，それらの変形加工・組立を通して，最終的には基本的に単一の製品が導かれる」という「収斂型」あるいは「結合型」と呼ばれる生産過程の構造をもつ[258]。そこでは，生産のプロセスの最後に位置する大企業（例えば自動車産業での完成車組立メーカー）における大量生産によって，生産の流れからみて前に位置する多くの関連産業に対して，大きな需要創出・拡大効果が生み出されることになる。また大量生産の決定的諸要素および国民経済的な有効性は，生産手段の製造よりも消費財部門においてはるかに大きく，消費財の大量生産が初めて生産手段の大量生産への移行のための基礎を与えたのであった[259]。それゆえ，同じ加工組立産業のなかでも，工作機械のような生産財ではなく自動車のような消費財が大量生産される場合に，はるかに大きな経済効果がもたらされることになる。さらに電機産業の消費財部門との比較では，自動車産業のように関連産業のすそ野が広ければ広いほど，大量生産がもたらす需要創出による関連産業への経済波及効果は大きなものとなる。こうした産業的連関をとおして大量生産に見合う市場基盤が創出・形成されていくという「大量生産体制」の確立において，自動車産業における大量生産は，決定的な役割を果たすことになる。これに対して，鉄鋼業のような素材産業の場合には，そこでの大量生産がすすんだとしても，そのことがモノの流れからみて後ろに位置する産業への大きな需要創出・拡大効果をもちえない。

自動車の大量生産を核としたこのような展開がいちはやくすすんだのはアメリカであり，同国では，「第1次大戦をはさんで産業再編成が進展し，従来の鉄道業，石炭業は衰退し，新興産業の自動車および石油，電力というエネルギー産業が基幹産業の一翼を担う」ようになった。そこでは，「第1次大戦前の産業が『鉄道―鉄鋼―石炭』という関連を基軸としていたとすれば，1920年代は『自動車―鉄鋼―石油・電力』という関連を基軸とする体制へと転換した」(260)。これに対して，ドイツでは，「自動車のような消費財の大量生産の立ち遅れは，機械製造業の汎用主義の克服にブレーキをかけ，大量生産をはばむとともに，鉄鋼業のように，それなりに大量生産に移行してきている諸部門に対しては，不均衡を強め，そのことがまたこれらの諸部門の海外市場への依存を強めることになる(261)」。自動車の大量生産の立ち遅れはまた，機械産業の大量生産にとっての制約要因となっただけではなく，機械の製造コストを高いものにし，機械加工を行うための工作機械の利用にさいして，大量生産への移行を推し進めてきている電機産業のような部門や自動車産業自体の合理化の制約要因ともなった。そのような影響は化学産業においてもみられる。工藤　章氏は，「相対的安定期のドイツ資本主義の産業構成は，一方では重化学工業化が進展しながらも…，他方では自動車工業に代表される新産業の伸び悩みがめだつという点に特徴があった」とした上で，化学産業の中核的資本であるIGファルベンにおける「消極的合理化による旧製品部門の拡大と新興製品部門における総合化の遅滞とは，そのような特徴の一表現であった」と指摘されている[262]。

このように，ヴァイマル期には，産業連関的諸要因のからみあいの影響が強く現れざるをえなかった。国内外の厳しい市場の条件のもとで，本来大量生産を主導すべき自動車産業の発展が立ち遅れたことの意味は大きく，フォード・システムのような大量生産方式による合理化をテコとした資本蓄積の推進それ自体が同時にそのための需要＝市場を形成・創出していくというかたちでの展開をはかることができなかったという点に，この時期のフォード・システムの展開における限界性，さらには合理化運動の限界性が示されているといえる。

（1） C. Schiffer, *Die ökonomische und sozialpolitische Bedeutung der industriellen Rationalisierungsbestrebung,* Karlsruhe, 1928,, S. 11.
（2） H. Siegrist, *Vom Familienbetrieb zum Managerunternehmen,* Göttingen, 1981, S. 164.
（3） O. Bauer, *Rationalisierung und Fehlrationalisierung,* Wien, 1931, S. 131.
（4） Reichskuratorium für Wirtschaftlichkeit, *Handbuch der Rationalisierung,* 2. Aufl., Berlin, 1930, S. 14.
（5） DNA, *Die deutsche Normung, 1917-1957,* Berlin, 1957, S. 71, R. A. Brady, *The Rationalization Movement in German Industry,* Berkeley, California, 1933, p. 428.
（6） *Ibid.,* p. 183.
（7） Reischskuratorium für Wirtschaftlichkeit, *a. a. O.,* S. 127-165, 高橋秀行「ドイツ機械工業合理化過程（一八九〇年代初め〜一九二〇年代末）における機械設計の変容――テイラー・システム受容との関連で」，竹岡敬温・高橋秀行・中岡哲郎『新技術の導入』同文舘，1992年，38ページ。
（8） B. Rauecker, Wege und Möglichkeiten der Rationalisierung, *Die Arbeit,* 2. Jg, Heft 12, 1925, S. 744.
（9） Vgl. O. Bauer, *a. a. O.,* S. 136-137.
（10） R. A. Brady, *op, cit.,* p. 183.
（11） Siemens & Halske Aktiengesellschaft, *Dreigster Geschäftsbericht vom 1. Oktober 1924 bis 30. September 1925.*
（12） Siemens & Halske Aktiengesellschaft, *Einunddreigster Geschäftsbericht vom 1. Oktober 1925 bis 30. September 1926.*
（13） Allgemeine Elektricitäts-Gesellschaft, *Geschäftsbericht über das Geschäftsjahr vom 1. October 1924 bis 30, September 1925,* S. 8.
（14） Allgemeine Elektricitäts-Gesellschaft, *Geschäftsbericht über das Geschäftsjahr vom 1. October 1926 bis 30. September 1927,* S. 9.
（15） Allgemeine Elektricitäts-Gesellschaft, *Geschäftsbericht über das Geschäftsjahr vom 1. October 1927 bis 30. September 1928,* S. 9.

(16)　Kurz Bericht der Abteilung für Telegraphie, Fernsprechwesen und Grubensignalanlagen über das Geschäftsjahr 1926/27, S. 5(in: Jahresbericht WWF 26/27), *Siemens Archiv Akten,* 15/Lc816.

(17)　D. Schmidt, *Weder Ford noch Taylor,* Bremen, 1993, S. 121-122.

(18)　Jahresbericht des C. B. F. 1927/1928(22. 10. 1928), S. 5(in: Jahresbericht WWF 27/28), *Siemens Archiv Akten,* 15/Lc816.

(19)　D. Schmidt, *a. a. O.,* S. 123.

(20)　Jahresbericht 1926/27. Wernerwerk F, S. 3(in: Jahresbericht WWF 26/27), *Siemens Archiv Akten,* 15/Lc816, Jahresbericht des C. B. F.(4. 11. 1927), S. 1(in: Jahresbericht WWF 26/27), *Siemens Archiv Akten,* 15/Lc816, D. Schmidt, *a. a. O.,* S. 124.

(21)　Jahresbericht der Fabrikleitung F 1927/1928, S. 7(in: Jahresbericht WWF 27/28), *Siemens Archiv Akten,* 15/Lc816.

(22)　D. Schmidt, *a. a. O.,* S. 94-5, S. 121.

(23)　Jahresbericht der Abteilung C. B. Z. über das Geschäftsjahr 1930/31(November 1931), S. 3(in: Jahresbericht WWZ 30/31), *Siemens Archiv Akten,* 15/Lc815.

(24)　H. Hänecke, Fließarbeit im deutschen Maschinenbau, *Maschinenbau,* Bd. 6, Heft 4, 17. 2. 1927, S. 157.

(25)　B. Rauecker, *Rationalisierung und Sozialpolitik,* Berlin, 1926, S. 14-15.

(26)　R. Woldt, Die Heutige Krise in der deutschen Betriebsorganisation, *Gewerkschafts-Archiv,* 3. Jg, Nr. 4, Oktober 1925, S. 191.

(27)　F. Blaich, Die „Fehlrationalisierung" in der Deutschen Automobilindustrie 1924 bis 1929, *Tradition,* 18. Jg, 1973, S. 20.

(28)　西牟田祐二「ダイムラー＝ベンツA. G.の成立――ダイムラー＝ベンツ社の成立と展開（一）」『社会科学研究』（東京大学），第38巻第6号，1987年3月，40ページ，同『ナチズムとドイツ自動車工業』有斐閣，1999年，33ページ，37ページ。

(29)　Vgl. Protokoll der Sitzung des Gesamtvorstandes am 29. März 1926 in Stuttgart, S. 2-4, *Mercedes-Benz Classic Archiv,* Kissel Protokolle, I /1.

(30)　Protokoll Nr. 175 über die Direktions-Besprechung am 14. & 15. November 27 in Gaggenau(15. 11. 1927), S. 1, S. 3, *Mercedes-Benz Classic Archiv,* Kissel Technische Protokolle, 1. 22.

(31)　Vgl. Protokoll No. 173 über die Direktionsbesprechung am 24. 25 und 26. Oktober 1927 in Gaggenau(28. 10. 1927), S. 2, *Mercedes-Benz Classic Archiv,* Kissel Technische Protokolle, 1. 22, Protokoll No. 176 über die Direktionsbesprechung am 23. November 1927 in Gaggenau(24. 10. 1927), S. 1, *Mercedes-Benz Classic Archiv,* Kissel Technische Protokolle, 1. 22, Protokoll Nr. 175 über die Direktions-Besprechung am 14. & 15. November 27 in Gaggenau(15. 11. 1927), S. 1, *Mercedes-Benz Classic Archiv,* Kissel Technische Protokolle, 1. 22.

(32)　Protokoll No. 191 über die Direktionsbesprechung am 25. Juli 1928 in Gaggenau(26. 7. 1928), S. 1-2, *Mercedes-Benz Classic Archiv,* Kissel Technische Protokolle, 1. 23. 同様に標準化の取り組みの必要性と意義は，1928年10月2日に行われたダイムラー・ベンツ

の取締役会の会議でも指摘されている。Vgl. Protokoll der Vorstandssitzung vom 2. Oktober 1928 in Untertürkheim, Blatt 5-6, *Mercedes-Benz Classic Archiv,* Kissel Protokolle, Ⅰ/4.

(33) R. A. Brady, *op. cit.,* p. 147.

(34) B. Schmidt, *Wege zur Verbesserung der Produktions- und Wettbewerbslage der deutschen Personenkraftwagen-Industrie,* Diss. Technische Hochschule Darmstadt, 1933, Anlage 1.

(35) M. Stahlmann, *Die Erste Revolution in der Autoindustrie,* Frankfurt am Main, New York, 1993, S. 79.

(36) B. Rauecker, *Rationalisierung und Sozialpolitik,* S. 15.

(37) A. Kugler, *Arbeitsorganisation und Produktionstechnologie der Adam Opel Werke (von 1900 bis 1929),* Berlin, 1985, S. 31

(38) Protokoll der Besprechung am 4. Oktober 1928, S. 2, *Mercedes-Benz Classic Archiv,* Kissel Protokolle, Ⅰ/23.

(39) Protokoll No. 16 der Gesamtvorstandssitzung vom 28. Juni 1928 in Untertürkheim, S. 7-8, *Mercedes-Benz Classic Archiv,* Kissel Protokolle, Ⅰ/4.

(40) Protokoll der Vorstandssitzung vom 24. Oktober 1928 in Mannheim, S. 14, *Mercedes-Benz Classic Archiv,* Kissel Protokolle, Ⅰ/4.

(41) Protokoll über die Sitzung des Gesamtvorstandes am 10. Juni 1926 in Untertürkheim, S. 1-2, *Mercedes-Benz Classic Archiv,* Kissel Protokolle, Ⅰ/1.

(42) 西牟田，前掲書，33ページ，37ページおよび西牟田，前掲論文，40ページ参照。

(43) Protokoll der Sitzung des Verwaltungsausschuß vom 18. 10. 1926 in Berlin, S. 2, *Mercedes-Benz Classic Archiv,* Kissel Protokolle, Ⅰ/2.

(44) C. Thieme, *Daimler-Benz zwischen Anpassungskrise, Verdrängungswettbewerb und Rüstungskonjunktur 1919-1936,* 1. Aufl., Stuttgart, 2004, S. 189-190, S. 296.

(45) F. Ledermann, *Fehlrationalisierung,* Stutgart, 1933, S. 68-71. こうした標準化，専門化の遅れについては，1929年4月4日の*Der Deutsche Oekonomist*誌のある論文でも，実際に必要な変更のための転換のコストを抑制するだけでなく分業化(専門化)によるかなりのコスト引き下げを実現するためには，それまでとはまったく異なるようなかたちで規格化および定型化に注意が払われなければならないと指摘されている。M. Zentzytzki, Die Lage der deutschen Automobilindustrie. Opel-Generalmotors：ein Menetekel, *Der Deutsche Oekonomist,* 47. Jg, Nr. 2254, 4. 4. 1929, S. 433.

(46) B. Rauecker, *Rationalisierung und Sozialpolitik,* S. 16-17.

(47) R. A. Brady, *op. cit.,* p. 148.

(48) *Ibid,* p. 143.

(49) *Ibid,* p. 150.

(50) *Ibid,* p. 149.

(51) *Ibid,* p. 153.

(52) *Ibid,* pp. 143-144, p. 147.

(53) 藻利重隆『経営管理総論（第二新訂版）』千倉書房，1965年，138ページ，H. Hänecke,

a. a. O., S. 157を参照。

(54) Deutscher Metallarbeiter-Verband, *Die Rationalisierung in der Metallindustrie*, Berlin, 1932, S. 88.

(55) G. Duvigneau, *Untersuchungen zur Verbreitung der Fließarbeit in der deutschen Industrie*, Breslau, 1932, S. 49.

(56) *Ebenda*, S. 52-54.

(57) R. A. Brady, *op, cit.*, pp. 156-158.

(58) Vgl. G. Iltgen, Die Anwendung der Normung bei den Lokomotiven der Deutschen Reichsbahn, International Management Congress(ed.), *L'organisation scientique du travail. IVe Congres International*, Paris, 1929, p. CXXV-1～2, F. Klein, Die Anwendung der Normung bei den Wagen der Deutschen Reichsbahn, International Management Congress(ed.), *op. cit.*, p. CXXVI-1～2.

(59) DNA, *a. a. O.*, S. 62-63.

(60) Deutsche Normenausschuß e. V., *Die deutsche Normung. Stand der Arbeiten frühjahr 1927*, Berlin, 1927, S. 19-20.

(61) V. Trieba, U. Mentrup, *Entwicklung der Arbeiswissenschaft in Deutschland*, München, 1983, S. 111.

(62) H. Weiss, *Rationalisierung und Arbeiterklesse*, Berlin, 1926, S. 19.

(63) V. Trieba, U. Mentrup, *a, a, O.*, S. 108.

(64) G. Stollberg, *Die Rationalisierungsdebatte 1908-1933*, Frankfurt am Main, New York, 1981, S. 49-51, M. Stahlmann, *a, a, O.*, 1993, S. 71.

(65) Institut für Wirtschaftsgeschichte der Akademie der Wissenschaften der DDR, *Produktivkräfte in Deutschland 1917/18 bis 1945*, Berlin, 1988, S. 61-62.

(66) Vgl. Vorstand des Deutschen Metallarbeiter-Verband(Hrsg.), *Die Frauenarbeit in der Metallindustrie*, Stuttgart, 1930, S. 89-90.

(67) G. Duvigneau, *a, a, O.*, S. 68.

(68) Vgl. Vorstand des Deutschen Metallarbeiter-Verband(Hrsg.), *a, a, O.*, S. 90-91.

(69) Vgl. Deutscher Metallarbeiter-Verband, *a, a, O.*, S. 86, S. 117, S. 138.

(70) G. Keiser, B. Benning, Kapitalbildung und Investitionen in der deutschen Volkswirtschaft 1924 bis 1928, *Vierteljahrhefte zur Konjunkturforschung*, Sonderheft 22, Berlin, 1931, S. 57.

(71) T. V. Freyberg, *Industrielle Rationalisierung in der Weimarer Republik*, Frankfurt am Main, New York, 1989, S. 203.

(72) Jahresbericht der Fabrikleitung F 1927/1928, S. 7-8(in: Jahresbericht WWF 27/28), *Siemens Archiv Akten*, 15/Lc816.

(73) G. Duvigneau, *a. a. O.*, S. 57.

(74) R. A. Brady, *op, cit.*, p. 176.

(75) Jahresbericht des Elektromotoren Werkes 1926/27, S. 2(in: Chronik 1926/27), *Siemens Archiv Akten*, 15/Lg562, Direktionsbericht der Zentral-Werksverwaltung 1926/27, S. 10(in: Chronik 1926/27), *Siemens Archiv Akten*, 15/Lg562.

(76)　Jahresbericht des Elektromotoren Werkes 1928/29, S. 24(in: Chronik 1928/29), *Siemens Archiv Akten,* 15/Lg562.

(77)　T. v. Freyberg, *a. a. O.,* S. 218-219.

(78)　Jahresbericht des Elektromotoren Werkes 1926/27, S. 16(in: Chronik 1926/27), *Siemens Archiv Akten,* 15/Lg562.

(79)　W. L. Vrang, Fließarbeit in der Siemens-Werken, *Siemens-Jahrbuch,* 1927, S. 424, J. Bönig, *Die Einführung von Fließarbeit in Deutschland bis 1933,* Teil I, Münster, Hamburg, 1993, S. 262.

(80)　Vgl. C. Köttgen, Die allgemeinen Grundlagen der Fließarbeit, *Zentralblatt für Gewerbehygiene und Unfallverhüttung,* Beiheft 12, „Fließarbeit", 1928, S. 3-4, S. 7-8, W. L. Vrang, *a. a. O.,* S. 413-414, S. 423-425, H. Homburg, *Rationalisierung und Industriearbeit,* Berlin, 1991, S. 514,

(81)　*Ebenda,* S. 514.

(82)　Vgl. *Ebenda,* S. 508-511, C. Köttgen, Grundsätzliches über Fließarbeit, *Maschinenbau,* Bd. 7, Heft 23, 6. 12. 1928, S. 1127.

(83)　Vgl. H. Homburg, *a. a. O.,* S. 511, C. Köttgen, Das fließende Band, Industrie- und Handelskammer zu Berlin(Hrsg.), *Die Bedeutung der Rationalsierung für das deutschen Wirtschaftsleben,* Berlin, 1928, S. 105-107.

(84)　Vgl. H. Homburg, *a. a. O.,* S. 508-512.

(85)　T. v. Freyberg, *a. a. O.,* S. 158.

(86)　*Ebenda,* S. 158, C. Köttgen, Die allgemeinen Grundlagen der Fließarbeit, S. 12.

(87)　Vgl. Schulz-Mehrin, Kosten bei Einzel-, Reihen- und Fließfertigung, *Maschinenbau,* Bd. 6, Heft 16, 18. 8. 1927, S. 817.

(88)　Direktionsbericht der Zentral-Werksverwaltung 1924/25, S. 2(in: Chronik 1924/25), *Siemens Archiv Akten,* 15/Lg562.

(89)　Vgl. G. Duvigneau, *a. a. O.,* S. 69.

(90)　P. Strunk, *Die AEG. Aufstieg und Niedergang einer Industrielegende,* 2. Auflage, Berlin, 2000, S. 46.

(91)　H. Dransfeld, Vacum Cleaner Manufacture in the Siemens-Schuckert Works, *American Maschinist,* Vol. 71, No. 23, 5. 12. 1929, p. 923.

(92)　*Ibid.,* pp. 923-925.エルモ工場では，1926/27年の営業年度には，卓上ファン・天井吊下型ファンや他の大量製品でもコンベア作業への完全な転換が行われたとされている。Jahresbericht des Elektromotoren Werkes 1926/27, S. 2(in: Chronik 1926/27), *Siemens Archiv Akten,* 15/Lg562, Direktionsbericht der Zentral-Werksverwaltung 1926/27, S. 10(in: Chronik 1926/27), *Siemens Archiv Akten,* 15/Lg562.

(93)　H. Dransfeld, *op. cit.,* p. 923.例えば梱包についてみても，エルモ工場の1928/29年度の年次報告書では，同工場における梱包の変化は，流れ作業への転換とともにすすんでおり，箱や木枠の生産も流れ作業のシステムに組み入れられたとされている［Jahresbericht des Elektromotoren Werkes 1928/29, S. 5(in: Chronik 1928/29), *Siemens Archiv Akten,* 15/Lg562)］。また翌年の1929/30年度の報告でも，卓上ファンや天井吊下型ファンなどの梱包も流れ生産のなかに組み入れられており，流れ作業に合せた梱包の標準化がはかられている。Jahresbericht des Elektromotoren Werkes 1929/30, S. 4 (in: Chronik 1929/30), *Siemens Archiv Akten,* 15/Lg562, Direktionsbericht der „Zentral-Werksverwaltung" 1929/30, S. 5 (in: Chronik 1929/30), *Siemens Archiv Akten,* 15/Lg562.

(94) フォード・システムにおける生産活動の総合的同時化については，藻利，前掲書，159-160ページ参照。

(95) 流れ作業組織のもとでの生産の全体的・同時的管理については，今井俊一『経営管理論』ミネルヴァ書房，1960年，83ページ，仲田正機『現代企業構造と管理機能』中央経済社，1983年，104ページ参照。

(96) この点については，フォード自動車会社を事例とした塩見治人『現代大量生産体制論――その成立史的研究――』森山書店，1978年，286ページ参照。

(97) 同書，282ページ参照。

(98) W. L. Vrang, *a. a. O.,* S. 425, H. Gelbsattel, Die "Fließarbeit" in der elektrotechnischen Industrie, *Zeitschrift für Betriebswirtschaft,* 3. Jg, 1926, S. 633, J. Bönig, *a. a. O.,* S. 261, T. v. Freyberg, *a. a. O.,* S. 185.

(99) H. Homburg, *a. a. O.,* S. 449.

(100) Vgl. W. Kölb, Das Elektromotorenwerk in Neustadt/Saale, Siemens-Schuckertwerke (Hrsg.), *Die Entwicklung der Starkstromtechnik,* Berlin, Erlangen, 1953, S. 528, H. Kinkel. W. Feill, Klein- und Kleinstmaschinen, B. Schweder (Hrsg.), *Forschen und Schaffen. Der Anteil der AEG an die Entwicklung der Deutschen Technik,* Berlin, 1963, S. 62-64, S. 66-67, R. Scharll, Der elektrischer Antrieb von Werkzeugmaschinen, B. Schweder (Hrsg.), *a. a. O.,* S. 176-177, H. Homburg, *a. a. O.,* S. 441.こうした点は電動機のケーシングの生産にもあてはまり，ジーメンスのニュールンベルク工場における1928年の第12回経営技術会議でも，この点の指摘がなされている。Vgl. 12. Betriebstechnische Konferenz 1928. Nürnberger Werk, S. 1, *Siemens Archiv Akten,* 64/Lc511.

(101) H. Homburg, *a. a. O.,* S. 444.

(102) J. Bönig, *a. a. O.,* S. 261.ほぼ同様のことが，ジーメンス・シュッケルトの電動機工場であるエルモ工場で生産される電動式水ポンプの場合もいえる。*Ebenda,* S. 261. H. Gelbsattel, *a. a. O.,* S. 632.

(103) G. Stollberg, *a. a. O.,* S. 148, P. Strunk, *a. a. O.,* S. 49.

(104) G. Duvigneau, *a. a. O.,* S. 55.

(105) Allegemeine Elektricitäts-Gesellschaft, *Geschäftsbericht über das Geschäftsjahr vom 1. October 1925 bis 30. September 1926,* S. 14.

(106) S. Ledermann, Fließarbeit in der Zählerfabrik der AEG, *Werkstattstechnik,* 22. Jg, Heft 17, 1. 9. 1928, S. 480.

(107) F. Ferrari, Fließfertigung im Elektritzitätszählerbau, *Maschinenbau,* Bd. 7, Heft 16, 16. 8. 1928, S. 760.

(108) R. R. Mirus, *Allgemeine Elektricität-Gesellschaft. Die Organisation der AEG-*

Zählerfabrik, Berlin, 1929, S. 43-44.

(109) *Ebenda,* S. 47-48, J. Bönig, *a. a. O.,* S. 270.

(110) Vgl. R. R. Mirus, *a. a. O.,* S. 45-49.

(111) Vgl. *Ebenda,* S. 41, S. 44. S. 51. S. 55-56, F. Ferrari, *a. a. O.,* S. 761, J. Bönig, *a. a. O.,* S. 271-272,.

(112) F. Ferrari, *a. a. O.,* S. 764.

(113) U. v. Moellendorff, Fließende Fertigung von Rundfunkgeräten, *AEG-Mitteilungen,* 23. Jg, Heft 9, September 1929, S. 576, J. Bönig, *a. a. O.,* S. 321-328.

(114) U. v. Moellendorff, *a. a. O.,* S. 578-579.

(115) *Ebenda,* S. 576.

(116) J. Bönig, *a. a. O.,* S. 325.

(117) Vgl. U. v. Moellendorff, Wechselnde Fließarbeit, *Der Werksleiter,* 3. Jg, Heft 16, 15. 8. 1929, S. 395-398.

(118) J. Bönig, *a. a. O.,* S. 326.

(119) G. Duvigneau, *a. a. O.,* S. 56.

(120) W. L. Vrang, *a. a. O.,* S. 417.

(121) J. Bönig, *a. a. O.,* S. 292.

(122) Vgl. Jahresbericht des kl. W. I und II für 1924/25, S. 3(in: Chronik 1924/25), *Siemens Archiv Akten,* 15/Lg562.

(123) H. Gelbsattel, *a. a. O.,* S. 633.

(124) W. L. Vrang, *a. a. O.,* S. 419-420.

(125) Institut für Wirtschaftsgeschicte der Akademie der DDR, *a. a. O.,* S. 28-30, H. Weiss, *a. a. O.,* S. 17-19. ジーメンスの小型製品工場では，1924/25年の営業年度における流れ生産の開始後もその拡大がはかられているが[Vgl. Jahresbericht des kl. W. I und II für 1926/27, S. 4(in: Chronik 1926/27), *Siemens Archiv Akten,* 15/Lg562, Jahresbericht des kl. W. I und II für 1928/29, S. 4(in: Chronik 1928/29), *Siemens Archiv Akten,* 15/Lg562, Jahresbericht des kl. W. I und II für 1929/30, S. 2(in: Chronik 1929/30), *Siemens Archiv Akten,* 15/Lg562, Direktionsbericht der Zentral-Werksverwaltung 1928/29, S. 5(in: Chronik 1928/29), *Siemens Archiv Akten,* 15/Lg562]，コンベアを利用した流れ生産が展開されていたAEGとは異なっている。

(126) J. Bönig, *a. a. O.,* S. 295.

(127) Vgl. H. Dominik, *Das Schaltwerk-Fabrikhochbau und Hallenbau――der Siemens=Schuckertwerke A. =G.,* Berlin, 1929, S. 7-8.

(128) Vgl. Niederschrift über die betriebstechnische Konferenz am 16. u. 17. Oktober 1928 im Kinosaal des Verwaltungsgebäudes Berlin-Siemensstadt, S. 62, *Siemens Archiv Akten,* 64/Lc511.

(129) J. Bönig, *a. a. O.,* S. 245.

(130) Bericht zum Geschäftsjahr 1929/30, S. 13(in: Chronik 1929/30), *Siemens Archiv Akten,* 15/Lg562, Direktions-Bericht der „Zentral-Werksverwaltung“ 1929/30, S. 5 (in: Chronik 1929/30), *Siemens Archiv Akten,* 15/Lg562.

(131)　Vgl. J. Wolf, Flieẞarbeit in der Herstelleung elektrisch beheitzer Bügeleisen, *Der Werksleiter,* 3. Jg, Heft 10, 15. 5. 1929, S. 252-253, J. Bönig, *a. a. O.,* S. 247.

(132)　W. L. Vrang, *a. a. O.,* S. 428-429.

(133)　J. Bönig, *a. a. O.,* S. 248.

(134)　このような流れ作業組織の形態については，藻利重隆『工場管理』新紀元社，1961年および同『流れ作業組織の理論』アカギ書房，1947年を参照。

(135)　Vgl. J Wolf, *a. a. O.,* S. 254-255.

(136)　W. L. Vrang, *a. a. O.,* S. 430.

(137)　J. Bönig, *a. a. O.,* S. 302-304.

(138)　*Ebenda,* S. 308.

(139)　*Ebenda,* S. 315, D. Schmidt, *a. a. O.,* S. 128.

(140)　Jaresbericht 1926/27. Wernerwerk F, S. 1(in: Jaresbericht WWF 26/ 27), *Siemens Archiv Akten,* 15/Lc816.

(141)　Jaresbericht der Fabrikleitung F 1926/27, S. 2-5(in: Jaresbericht WWF 26/27), *Siemens Archiv Akten,* 15/Lc816.

(142)　J. Bönig, *a. a. O.,* S. 316.

(143)　Vgl. J. Bönig, *a. a. O.,* S. 277-278, C. Hanfland, *Der neuzeitliche Maschinenbau. Ein Handbuch zum Studium und zum Nachschlagen,* Bd. 2, Leipzig, 1929, S. 855-858, AFAB, *Grundlagen und Richtlinien Gewerkschaftlicher Rationalisierungspolitik,* Wien, 1929, S. 477. 徐冷炉および焼成窯のための自動搬送設備の導入については，F. A. Zschacke, Selbsttätige Förder= und Eintragvorrichtungen für Kühl= und Brennöfen, *Der Werksleiter,* 5. Jg, Heft 15/16, 1/15. 8. 1931を参照。

(144)　J. Bönig, *a. a. O.* S. 282.

(145)　Vgl. Osram GmbH, *Geschäftsbericht 1924,* S. 1, J. Bönig, *a. a. O.,* S. 284.

(146)　*Ebenda,* S. 284.

(147)　F. Mäckbach, O. Kienzle, *Fliessarbeit. Beitrage zu Ihrer Einführung,* Berlin, 1926, S. 194-195.

(148)　J. Bönig, *a. a. O.,* S. 287.

(149)　H. Homburg, Scientific Management and Personel Policy in the Modern German Enterprise 1918-1939, H. F. Gospel, C. R. Littler(eds.), *Managerial Strategies and Industrial Relations,* London, 1983, pp. 149-150.

(150)　R. Lang, Gruppenfabrikation, *Daimeler Werkzeitung,* 1. Jg, Nr. 1, 1919, S. 4-5, R. Flik, *Von Ford lernen? Automobilbau und Motorisierung in Deutschland bis 1933,* Köln, Weimar, Wien, 2001, S. 225-226.

(151)　G. Duvigneau, *a. a. O.,* S. 51-52. 自動車産業においてみられたこのような流れ生産の変種については，M. Stahlmann, *a. a. O.,* を参照。

(152)　Vgl. *Ebenda,* S. 175-177, S. 243-234. またW. Feldenkirchen, „*Vom Guten das Beste*“. *Von Daimler und Benz zur DaimlerChrysler AG,* Band 1, Die ersten 100 Jahre(1883-1983), 1. Aufl., München, 2003, S. 149も参照。

(153)　M. Stahlmann, *a. a. O.,* S. 176.

(154) *Ebenda,* S. 179.

(155) J. Radkau, *Technik in Deutschland vom 18. jahrhundert bis zur Heute,* Frankfurt am Main, 2008, S. 278.

(156) H. J. Braun, Automobilindustrie in der USA und Deutschland in den 20er Jahren ――ein Vergleich, H. Pohl(Hrsg), *Traditionspfleg in der Automobilindustrie,* Stuttgart, 1991, S. 198, A. Kugler, Von der Werkstatt zum Flie*ß*band. Etappen der frühen Automobilproduktion in Deutschland, *Geschichte und Gesellschaft,* 13. Jg, Heft 1, 1987, S. 337.

(157) J. Bönig, *a. a. O.,* S. 445, A. Dresler, N. Lambert, Die Arbeit, P. Schirmbeck(Hrsg.), 》*Morgen kommst Du nach Amerika*《.*Erinnerungen an die Arbeit bei Opel 1917-1987,* Berlin, Bonn, 1988, S. 67.

(158) H. J. Braun, *a a. O.,* S. 198, A. Kugler, Von der Werkstatt zum Flie*ß*band, S. 337. 流れ生産方式のよりドイツ的な展開を試みたダイムラー・ベンツでは，1926年に初めて流れ生産を開始し，28年以降に最初のコンベアが設置されているが，34年になって初めてオペルの26年の生産技術水準に達したとされている。*Ebenda,* S. 337.

(159) Vgl. *Ebenda,* S. 337, J. Bönig, *a. a. O.,* S. 445.

(160) M. Stahlmann, *a. a. O.,* S. 161-162.

(161) R. Hoffmann, *Daimler=Benz Aktiengesellschaft Stutgart=Untertürkheim,* Berlin, 1930, S. 41.

(162) Protokoll Nr. 7 der Sitzung des Arbeitsausschusses vom 29. 9. 27. in Mannheim, S. 4, *Mercedes-Benz Classic Archiv,* Kissel Protokolle, Ⅰ/3.

(163) J. M. Laux, *The European Automobil Industry,* New York, 1992, p. 92.

(164) Protokoll über die Direktionssitzung vom 2. und 3. Oktober 1929 in Untertürkheim, S. 13, *Mercedes-Benz Classic Archiv,* Kissel Protokolle, Ⅰ/5.

(165) Anlage zum Protokoll über die Arbeitsausschu*ß*sitzung vom 22. Oktober 1929. Betrifft Umstellungsprojekt Sindelfingen, S. 1-2, *Mercedes-Benz Classic Archiv,* Kissel Protokolle, Ⅰ/5.

(166) C. Thieme, *a. a. O.,* S. 199.

(167) Protokoll No. 10 der Aufsichtsratssitzung vom 30. Mai 1930 in Stuttgart-Untertürkheim, S. 6, *Mercedes-Benz Classic Archiv,* Kissel Protokolle, Ⅰ/5.

(168) Vgl. Vorstandsbericht über die Gesamtlage des Konzerns(26. 6. 1930), S. 4, *Mercedes-Benz Archiv,* Kissel Protokolle, Ⅰ/5, Protokoll über die Direktionssitzung vom 2. und 3. Oktober 1929 in Untertürkheim betreffend Personenwagen und allgemeine Verwaltungsfragen, S. 13, *Mercedes-Benz Classic Archiv,* Kissel Protokolle, Ⅰ/5.

(169) M. Stahlmann, *a. a. O.,* S. 161.

(170) R. Hoffmann, *a. a. O.,* S. 88.

(171) A. Kugler, *Arbeitsorganisation und Produktionstechnologie der Adam Opel Werke (von 1900 bis 1929),* S. 49-50.

(172) E. Jurthe, Die Rationalisierung der Lackierverfahren des Automobilbaues der

Adlerwerke, *Automobiltechnische Zeitschrift,* 34. Jg, Heft 27, 30. 9. 1931, S. 601-602.

(173) A. Kugler, *Arbeitsorganisation und Produktionstechnologie der Adam Opel Werke (von 1900 bis 1929)*, S. 50.

(174) *Ebenda,* S. 46.

(175) Protokoll Nr. 7 der Sitzung des Arbeitsausschusses vom 29. 9. 27. in Untertürkheim, S. 4, *Mercedes-Benz Classic Archiv,* Kissel Protokolle, I /3.

(176) J. M. Laux, *op. cit.,* p. 92.

(177) H. Hänecke, *a. a. O.,* S. 160.

(178) J. Bönig, *a. a. O.,* S. 447.

(179) 塩見，前掲書，227-228ページ。当時のフォード社の状況について詳しくは，H. L. Arnold, Ford Methods and the Ford Shops,（Ⅸ）, *Engineering Magazine,* Vol. 48, No. 3, December 1914, pp. 347-349を参照。

(180) H. Weiss, *a. a. O.,* S. 19.

(181) Vgl. A. Kugler, *Arbeitsorganisation und Produktionstechnologie der Adam Opel Werke(von 1900 bis 1929)*, S. 30, K. A. Kroth, *Das Werk Opel,* Berlin, 1928, S. 103, S. 106, J. Bönig, *a. a. O.,* S. 443.

(182) H. C. G. v. Seherr-Thoss, *Die deutsche Automobilindutrie. Eine Dokumenten vom 1886 bis 1979,* 2., Korrigierte und erweiterte Auflage, Stuttgart, 1979, S. 86, R. Löwisch, *Auto-Mobilität. Wie der Mensch das Laufen verlernte 500,000 v. Chr. bis heute,* Münster, 2011, S. 195.

(183) A. Kugler, Von der Werkstatt zum Flieẞband, S. 337.

(184) Vgl. G. Schlesinger, Arbeitsstätten des deutschen Automobilbaues, *Werkstattstechnik,* 20. Jg, Heft 20, 15. 10. 1926, S. 611-612.

(185) K. Schmidt, *Die deutsche Automobil-Industrie und ihre Leistungsfähigkeit auf dem Weltmarkt,* Thesis, Hessische Ludwigs Universität zu Gieẞen, 1927, S. 45-46. またダイムラー・ベンツをみても，合理化の観点のもとで機械の間に配置された多くの搬送労働者やコンベアは生産の場所を分断し，機械の配置をフレキシブルでないものにしたのであり，生産が連続的にすすむ場合にのみコンベアは経済的であったが，その停止のさいには高いコストを引き起こしたとされている。C. Thieme, *a. a. O.,* S. 206.

(186) Deutscher Metallarbeiter-Verband(Hrsg.), *Die deutsche Autoindustrie Ende 1929. Zusammengestellt und bearbeitet nach Erhebungen vom Vorstand des Deutschen Metallarbeiter-Verbandes,* Stuttgart, 1930, S. 8-9, S. 13-14.

(187) M. Stahlmann, Von der Werkstatt zur Lean-Production. Arbeitsmanagement und Arbeitsbeziehungen im sozialen Wandel, *Zeitschrift für Unternehmensgeschichte,* 39. Jg, Heft 3, 1994, S. 228.

(188) A. Kugler, *Arbeitsorganisation und Produktionstechnologie der Adam Opel Werke (von 1900 bis 1929)*, S. 58.

(189) こうした流れ生産の導入の事例として，例えばMotorenfabrik. Deutz A. G. やSteyr-Werke A.-G.のそれがあげられるが，これについて詳しくは，H. Häecke, *a. a. O.,* S. 159, F. Schultz, Rationalisierung in der Motorenindustrie, Reichskuratorium

für Wirtschaftlichkeit (Hrsg.), *Die Vorträge der RKW-Tagung vom 15. März 1927,* Berlin, 1927を参照。

(190) 塩見，前掲書，279ページ。

(191) R. Hachtmann, *Industriearbeit im 》Dritten Reich《*,Göttingen, 1989, S. 68.

(192) A. Kugler, Von der Werkstatt zum Fließband, S. 336-337.

(193) H. C. G. v. Seherr-Thoss, *a. a. O.,* S. 295.

(194) J. Radkau, *a. a. O.,* S. 278-279.

(195) H. J. Braun, *a. a. O.,* S. 183.

(196) R. Hachtmann, *a. a. O.,* S. 69-70.

(197) Vgl. P. Berkenkopf, Die deutsche Automobilindustrie in der Krise, *Wirtschaftsdienst,* 18. Jg, Heft 2, 13. 1. 1933, S. 48.

(198) H. J. Braun, *a. a. O.,* S. 194-195.

(199) F. Ledermann, *a. a. O.,* S. 26.

(200) H. Weiss, *a. a. O.,* S. 23, R. Löwisch, *a. a. O.,* S. 195.

(201) R, Adelt, *Die Krise in der deutschen Personenautomobil-Industrie,* München, 1930, S. 72.

(202) Deutscher Metallarbeiter Verband (Hrsg.), *Die deutsche Autoindustrie Ende 1929,* Berlin, 1930, S. 51.

(203) Protokoll der Vorstandssitzung vom 2. Oktober 1928 in Untertürkheim, Blatt 3, *Mercedes-Benz Classic Archiv,* Kissel Protokolle, I /4, Protokoll No. 16 der Gesamtvorstandssitzung vom 28. Juni 1928 in Untertürkheim, S. 3, *Mercedes-Benz Classic Archiv,* Kissel Protokolle, I /4.

(204) Vgl. R. Flik, Automobilindustrie und Motorisierung in Deutschland bis 1939, R. Boch (Hrsg.), *Geschichte und Zukunft der deutschen Automobilindustrie. Tagung in Rahmen der "Chemnitzer Begegnungen" 2000,* Stuttagart, 2001, S. 83-84. この点については，西牟田，前掲書，69ページをも参照。例えばダイムラー・ベンツの1928年10月24日の取締役会における会議の議事録では，当時，価格面でみると，アメリカの自動車のタイプは，①500-700ドルのグループ（クライスラー，ポンティアック），②7人乗りまでの，また5リッターまでの自動車で1,000-1,500ドルのグループ，③2,500ドルを超える自動車のグループ（キャデラック，パッカード）の3つのグループに分かれており，最初のグループは生産全体の約75%を占めていたとされている。こうした価格の面からみれば，アメリカの自動車企業が同国の価格で自動車をドイツに投入すればドイツ車の販売は不可能になるであろうと指摘されている。Vgl. Protokoll der Vorstandssitzung vom 24. Oktober 1928 in Mannheim, S. 19, *Mercedes-Benz Classic Archiv,* Kissel Protokolle, I /4.

(205) Vgl. *Ebenda,* S. 1-2.

(206) G. D. Feldmann, Die Deutsche Bank und die Automobilindustrie, *Zeitschrift für Unternehmensgeschichte,* 44. Jg, Nr. 1, 1999, S. 7.

(207) F. Ledermann, *a. a. O,* S. 82. なお西牟田祐二氏によれば，さらにダイムラー・ベンツ，アウト・ウニオン，ハノーマクを加えた1928年におけるドイツ自動車企業主要7

社の平均の操業度はわずか35.4%であったとされている。西牟田，前掲書，92ページ。

(208)　同書，95ページ参照。また第1次大戦までの時期のドイツにおけるモータリゼーションの阻止要因・促進要因については，大島隆雄『ドイツ自動車工業成立史』創土社，2000年，第6章，R. Flik, *Von Ford lernen?* S. 237-238などを参照。

(209)　F. Blaich, *a. a. O.*, S. 29. R.フリックやC.ピーラーも同様の指摘を行っている。Vgl. R. Flik, Automobilindustrie und Motorisierung in Deutschland bis 1939, S. 84, C. Pierer, *Die Bayerischen Motoren Werke bis 1933. Eine Unternehmensgründung in Krieg. Inflation und Weltwirtschaftskrise,* München, 2011, S. 195-196, S. 201-202. こうした状況の中にあっても，合理化の帰結，恐慌による影響は企業間の相違もみられた。世界恐慌期には，需要がより小型車へとシフトするなかで，そうした動きへの対応が不十分であっただけでなくモデル政策にも失敗したBMWのような企業は，小型車に重点をおいた他の企業と比べ影響は深刻なものであった。Vgl. *Ebenda,* S. 191, S. 193, S. 195, S. 200.

(210)　M. Stahlmann, *Die Erste Revolution in der Autoindustrie,* S. 71.

(211)　Automobilbau 1913-1933, *Der deutsche Volkswirt,* 7. Jg, Nr. 19, 3. 2. 1933, S. X, S. XII.

(212)　Vgl. F. Blaich, *a. a. O.*, S. 33.

(213)　西牟田，前掲書，第5章第1節参照。

(214)　G. Keiser, B. Benning, *a. a. O.*, S. 58.例えば印刷機についてみると，MANでは流れ生産方式の導入は比較的遅くに行われており，アウグスブルク工場において1932年に自動印刷機の流れ生産での組み立てが開始されており，月に75台の最高生産台数が達成されている（Fließarbeit in Werk Augsburg, *MAN Archiv,* 2. 3. 4. 8)。またエンジンの生産では，1920年に定置式ディーゼルエンジンの組別生産が開始されていたが（Aufnahme der Serienfabrikation bei ortsfesten Dieselmotoren, *MAN Archiv,* 1. 3. 3. 4, Akt 1)，29年12月にはGV33型および42型のエンジンの流れ生産のための作業準備が取り組まれており，そこでは，生産計画，材料の調達，材料の搬送および在庫保有，期限管理などの問題が取り上げられている。Vogt—Arbeitsvorbereitung für eine flissende Fabrikation von Motoren GV 33 & 42, *MAN Archiv,* 1. 3. 3. 4, Akt 1.

(215)　T. v. Freyberg, *a. a. O.*, S. 156-157.幸田亮一氏が指摘されるように，1920年代のドイツでは，「工作機械という生産台数が限られた機械の生産ではフォード的な生産方法はもともとなじまなかった」という面も強い。幸田亮一「ワーマール期ドイツ合理化運動における工作機械工業の役割」『経済論集』（佐賀大学)，第31巻第3･4合併号，1998年11月，208ページ。

(216)　T. v. Freyberg, *a. a. O.*, S. 158, C. Köttgen, Die allgemeinen Grundlagen der Fließarbeit, S. 12.

(217)　Schulz-Mehrin, *a. a. O.*, S. 814.

(218)　*Ebenda,* S. 817.

(219)　Vgl. T. v. Freyberg, *a. a. O.*, S. 161.

(220)　Vgl. Deutscher Metallarbeiter-Verband, *a, a, O.*, S. 86.

(221)　Vgl. *Ebenda,* S. 99.

(222)　G. Duvigneau, *a. a. O.,* S. 50, Deutscher Metallarbeiter-Verband, *a. a. O.,* S. 100.

(223)　Vgl. Fließarbeit, *Maschinenbau,* 8. Jg, Heft 15, 5. 8. 1926, S. 727.

(224)　Vgl. Massenfertigung in einer Traktorenfabrik, *Werkstattstechnik,* 20. Jg, Heft 11, 1. 6. 1926, S. 358.

(225)　K. Herrmann, *Ackergiganten. Technik, Geschichte und Geschichten,* Braunschweig, 1985, S. 93.

(226)　Vgl. J. Bönig, *a. a. O.,* S. 542, P. Bünge, Das Fließband im Landmaschinenbau, *Das Industrieblatt,* 33. Jg, Heft 49, 7. 12. 1928, S. Ⅶ-Ⅷ, *Jahresberichte der Gewerbeaufsichtsbeamten und Berghörden für das Jahr 1927,* Bd. Ⅱ, Berlin, 1928, Sachsen(3), S. 247.

(227)　Vgl. W. Müller, Allgemeine Grundlagen und Arbeitsvorbereitung im Landmaschinenbau, *Maschinenbau,* Bd. 6, Heft 10, 19. 5. 1927, S. 512.

(228)　J. Bönig, *a. a. O.,* S. 551.

(229)　Vgl. M. Hofer, *Der Landmaschinenbau Heinrich Lanz A. G., Mannheim,* Berlin, 1929, S. 70, S. 72, S. 74-75, S. 77.

(230)　J. Bönig, *a. a. O.,* S. 547-548. 農機具生産におけるこうした季節変動の要因の影響については，W. Müller, *a. a. O.,* S. 510を参照。

(231)　G. Duvigneau, *a. a. O.,* S. 53.

(232)　Vgl. *Jahresberichte der Gewerbeaufsichtsbeamten und Berghörden für das Jahr 1927,* Bd. Ⅱ, Berlin, 1928, Bayern(2), S. XLV-XLVI, Sachsen(3), S. 246, Bd. Ⅰ, Preußen, Berlin, 1928, S. 39-40, S. 399, .

(233)　Deutscher Metallarbeiter-Verband, *a. a. O.,* S. 105.

(234)　Vgl. E. Lüth, *G. M. Pfaff A.-G., Kaiserlautern,* Leipzig, 1936, S. 20-21.

(235)　J. Bönig, *a. a. O.,* S. 349, S. 351, S. 353-354.

(236)　G. Duvigneau, *a. a. O.,* S. 69.

(237)　K. Oesterreocher, Einige Rationalisierungsmaßnahmen und ihre Ergebniss, Reichskuratorium für Wirtschaftlichkeit(Hrsg.), *Die Vorträge der RKW-Tagung vom 15. März 1927,* S. 39, S. 51.

(238)　J. Bönig, *a. a. O.,* S.358. 出来高給の導入については，Enquete Ausschuß, (Ⅳ)-9, *Zusammenfassender Bericht über die Ergebnisse der Arbeiten des Arbeitsleistungsausschusses,* Berlin, 1930, S. 194, S. 201.

(239)　Deutscher Metallarbeiter-Verband, *a. a. O.,* S. 101-102.

(240)　J. Bönig, *a. a. O.,* S. 359.

(241)　G. Duvigneau, *a. a. O.,* S. 54.

(242)　J. Bönig, *a. a. O.,* S. 361-364.

(243)　Vgl. Deutscher Metallarbeiter-Verband, *a, a, O.,* S. 123.

(244)　R. A. Brady, *op, cit.,* p. 158.

(245)　J. Bönig, *a. a. O.,* S. 554.

(246)　R. A. Brady, *op, cit.,* p. 158.

(247)　R. Rocker, *Die Rationalisierung der Wirtschaft und die Arbeiterklasse,* Berlin, 1927,

S. 33.

(248) H. L. Lauke, Die Vornahme der Leistungsabstimmung bei Einführung fließender Fertigung, *Betriebstechnik*, Nr. 5, 10. 3. 1928, S. 66.

(249) Reichskuratorium für Wirtschaftlichkeit, *Handbuch der Rationalisierung*, S. 1102.

(250) R. A. Brady, *op. cit.*, pp. 159-160.

(251) T. v. Freyberg, *a. a. O.*, S. 34-35.

(252) T. Siegel, T. v. Freyberg, *Industrielle Rationalisierung unter dem Nationalsozialismus*, Frankfurt am Main, New York, 1991, S. 267.

(253) T. v. Freyberg, *a. a. O.*, S. 390.

(254) C. Köttgen, Die allgemeinen Grundlagen der Fließarbeit, S. 12.

(255) D. A. Hounshell, *From the American System to Mass Production, 1800-1932*, The Johns Hopkins University Press, 1984〔和田和夫・金井光太郎・藤原道夫訳『アメリカン・システムから大量生産へ 1800-1932』名古屋大学出版会，1998年，第7章参照〕。

(256) H. Homburg, *Rationalisierung und Industriearbeit*, S. 525-526.

(257) T. Siegel, T. v. Freyberg, *a. a. O.*, S. 311.

(258) 坂本和一『現代巨大企業と独占』青木書店，1978年，48-49ページ参照。

(259) H. Mottek, W. Becker, A. Schröter, *Wirtschaftsgeschichte Deutschlands*, Ein Grundriß, Bd. Ⅲ, 2. Aufl., Berlin, 1975, S. 31〔大島隆雄・加藤房雄・田村栄子訳『ドイツ経済史――ビスマルク時代からナチス期まで（1871-1945年）』大月書店，1989年，33ページ〕.

(260) 塩見治人・溝田誠吾・谷口明丈・宮崎信二『アメリカ・ビッグビジネス成立史――産業的フロンティアの消滅と寡占体制』東洋経済新報社，1986年，139ページ。

(261) 前川恭一・山崎敏夫『ドイツ合理化運動の研究』森山書店，1995年，240ページ。

(262) 工藤 章「相対的安定期のドイツ化学工業」『社会科学研究』（東京大学），第28巻第1号，1976年7月，182ページ。

第7章　企業組織の変革と全般的管理
――IGファルベンの事例――

第2部のこれまでの各章では，企業集中による過剰生産能力の整理とトラスト企業内の製品別生産の分業化というかたちでの産業合理化の展開，テイラー・システムとフォード・システムの導入についてみてきたが，ヴァイマル期には，IGファルベンや合同製鋼のようなトラスト企業では，生産過程の合理化とともに，企業組織全体の合理化が推し進められた。そこでは，企業集中と合理化の展開や多角化の推進にともなう企業管理の諸問題への対応として，組織革新が取り組まれた。

そこで，本章では，企業組織の変革についてみることにするが，化学産業の巨大トラストであり1920年代に多角化を推進したIGファルベンの事例を取り上げて考察を行うことにする。そのさい，アメリカ最大の総合化学企業でありこの時期に先駆的に事業部制組織を生み出したデュポンとの比較の視点から考察し，IGファルベンの組織革新の意義と限界について，明らかにしていくことにしよう。

第1節　IGファルベンの組織革新とその要因

両大戦間期のIGファルベンにおける組織の発展およびその意思決定機構をみると，①「分権的集権」(die dezentralisierte Zentralisation) の原則に基づく組織革新＝創立者 (C.ドゥイスベルクとC.ボッシュ) の組織案の妥協，②世界経済恐慌と当初の組織の欠点への対応としての1920年代末から30年代初頭の組織革新＝事業部で構成される組織の創出，③1930年代における急速な拡張の結果としての多極的集権主義 (Polyzentrismus) の時代 (37年の組織革新) の3つの段階を確認することができる[(1)]。ここでは，デュポンとの典型的な比較事例をなす第1段階および第2段階の組織革新を取り上げてみていくことにする。

第4章においてみたように，IGファルベンの誕生をもたらした1925年の企業集中とその後の合理化の展開，戦略の転換は，染料部門を中心とする旧部門における製品別生産の集中・専門化の推進と多角化による事業構造の再編成を主たる目的とするものであった。同社の組織革新は，これらの2つの変化にともなう管理の問題への対応として行われたものであった。この点について，H.タムメンは，古い生産領域の合理化および新しい生産領域の拡大は組織の強化と重なり合っていたとしている(2)。

第2節　第1段階の組織革新とその特徴

1　製品別生産の集中・専門化と企業管理の問題

まず第1段階の組織革新をみると，そこでは，製品別生産の集中・専門化の推進にともなう企業管理の問題への対応として，組織革新が取り組まれた。合同に参加した各企業のいくつもの製品を生産する多くの工場の間で，製品別生産を集中し，専門化させることは，IGファルベン・トラスト全体における一種の「契約による分業」の観点から，各製品別にその市場を分割し，それに基づいて各製品の生産の割り当てを行うものであった。ただこの場合，閉鎖されずに残された各工場は，製品別にあるいは地域別に分散することになり，そのために，特定の製品ないし関連する製品を生産する工場群が，主要な地域に形成されたのであった。それゆえ，各地域に分散することになった各工場は，地域ごとに独自の生産計画を策定し，最も有利な生産条件のもとで生産を行うことが主要な課題とされた。そのような製品ごとの生産計画の策定およびそれに基づく合理的な生産の遂行のために，中央本社による経営単位間の調節機能と統制のもとで，ひとつの集合的な経営単位をなす地域ごとの工場グループに対して，自主的な経営活動の大幅な権限を与え管理の分権化を行うことによってこれらの現業部門のレベルの積極的なイニシアティブの向上をはかることが，有効な手段となった。

R. A.ブレィディが合同製鋼について指摘しているように，このような巨大な企業は垂直的に組織されている一方で，分権的管理へと導く原則は水平的な統合である。水平的統合は，異なる工場の作業計画の調整を容易にするとともに，離れた工場の管理における最大の柔軟性と個人のイニシアティブを確保するための基礎を与えることになった[3]。

このように，企業合同にともなう水平的統合の進展は，管理の分権化を促進したのであり，そこでは，場所的に離れた個々の異なる工場における生産計画の調整とイニシアティブの向上をはかることによって最も有利な条件のもとで生産の効率化を実現することが，管理の中心的な問題とされた。こうして，さまざまな生産計画をもつ広い範囲の生産現場の場所的分離は，集権と地域的自立性との混合を必要とし，その結果，「集権的に，生産領域によって垂直的に編成される管理」と「個々の生産現場の地域的な，水平的な管理」をもたらすことになった[4]。そこで，ドゥイスベルクの「分権的集権」の原則に基づいて，地域別に分割された4つ（後に5つとなる）の事業共同体（Betriebsgemeinschaft）が形成された。

そこでは，すべての政策決定事項における最終的権限は中央本社に与えられていたが，あらゆる日常的な工場の諸問題は，これら4つの経営グループに振り当てられた。各グループは，中央本社によって決められた規則の範囲内で，完全な自立性をもっていた[5]。すなわち，財務問題，特許，原料購入および営業情報は中央で扱われるべきものとされていたが，地域ごとにまとめられた各グループは，技術的監督，労務，さらに（当初は）販売の責任を負うことになっていた[6]。こうして，前身会社の工場の存在する地域ごとに事業共同体をおいて，「分権的集権」の管理体制が築かれたのであった[7]。事業共同体の創出においては，不要な重複活動の回避，技術面での改善を容易にすること，管理，在庫品の保有・管理などの領域における節約の達成がめざされたが[8]，そこでは，第4章でみたような製品別生産の集中・専門化に対応するかたちで，つぎの事業共同体が地域別におかれることになった。

① **上部ライン事業共同体**（ルートヴィヒスハーフェンに本拠をもち，BASFの工場が多く存在していた。）

当初は，中間物，染料およびそれに密接な関連をもつ有機化学品が生産されたが，まもなく，その主たる活動は，合成アンモニアおよび窒素肥料の生産に移った。その他，合成タンニン，溶剤，接着剤，塗料が生産された。

② **中部ライン事業共同体**（フランクフルト・アム・マインに本拠をもち，ヘキストの工場が多く存在していた）

主に医薬品，建染染料，アセチレンから製造されるすべての化学品が生産されたが，その他，溶剤，接着剤，塗料，合成タンニン，窒素肥料およびその他の窒素製品，殺虫剤，セロファンが扱われた。

③ **下部ライン事業共同体**（レファクーゼンに本拠をもち，バイエルの工場が多く存在していたほか，ヴァイラー・テル・メールの工場が存在していた）

主に染料が生産されたほか，殺虫剤，中間物，防腐剤，医薬品，溶剤，接着剤，塗料，フィルムおよび写真用品が生産された。

④ **中部ドイツ事業共同体**（ボルフェン・ビタフェルトとフランクフルト・アム・マインの小グループに分かれ，主としてグリースハイム・エレクトロン，ケルン・ロットヴァイルおよびアグファの工場が存在していた）

中部ドイツ事業共同体の前者の小グループでは，ビタフェルトにおいて主として軽金属，とくにマグネシゥムの生産が行われ，ボルフェンでは主として写真用フィルムおよび印画紙，人絹が生産された。その他，有機化学品および無機化学品，溶剤，接着剤，塗料，窒素肥料およびその他の窒素製品の生産が行われた。また後者の小グループでは，圧搾ガス，ガス溶接機，ガス切断機のほか，有機化学品および無機化学品の生産が行われた(9)。

さらに，1929年11月22日にこの事業共同体からマインガウの工場を分離し，これを中部ライン事業共同体に加えることが決められた。また写真，人絹および合成物質の製造工場が中部ドイツ事業共同体から切り離され，新しく設置されたベルリン事業共同体に組み入れられ(10)，アグファがこの新しい事業共同体の本部となった。

このような「分権的集権」の原則に基づく管理体制は，事業共同体間の内部的競争を促進した。事業共同体間の理想的な競争を促進することは，ドゥイスベルクの分権化の考え方であった(11)。このような競争の促進によって，中央本社の統制のもとに，各工場の積極的なイニシアティブの向上がはかられた。この点について，ボッシュは1928年に，製造原価の引き下げに関しては，個々の生産現場の間での理想的な競争を保つことは合併の諸方策の成功にとって重要であり，それゆえ，取締役会の業務委員会による監督のもとで，自ら管理し，また互いに理想的な競争をしあう4つの事業共同体が生み出されたとしている[(12)]。事業共同体の設立の目的は，とりわけ，同一領域の工場の管理における統一性を管理の観点や社会政策の問題，エネルギー供給などの問題において確保することにあった[(13)]。

このような事業共同体の機能と運営の方法についてみると，中部ライン事業共同体の1927年3月8日の内部文書によれば，この事業共同体の会議では，例えば組織の問題，人事の問題，より大きな額の資金枠の要求，他の事業共同体や販売共同体との関係などのより重要な案件のみが統一的な立場から議論されるべきものとされていた。こうした協議は，後述する技術関係の最高の組織である技術委員会の会議の約8日前に開催され，各工場の管理者がそれに参加した。そこで意見の相違がみられ打開が見出されない場合には，事業共同体の長ないしその代理に最終決定権が与えられていた[(14)]。また1929年10月16日の同様の内部文書によると，ヘキスト，マインクル，グリースハイムの3工場の管理者が，ほぼ1週間ごとに定期的に開かれる会議に集まり，上記のような案件のほか，技術委員会に提出されるべきコストの概算，計画を練っているプロジェクトの共同での審議と決定がなされた[(15)]。事業共同体内の運営と管理の体制では，科学，生産，在庫，出荷・梱包，会計・計算，特許，実験所，技術関連の問題，教育制度，賃金・給料などの機能別の所管領域と各工場とを組み合わせるかたちで，管理者がおかれていた[(16)]。

2　販売部門の集権化と販売管理の問題

また合併された企業の非常に豊富なマーケティングの経験を最大限に利用するために，販売部門の集権化がはかられた。染料，化学品，医薬品，写真・人絹，窒素製品の5つの製品ごとに販売グループが組織された。これらの販売グループは販売共同体（Verkaufsgemeinschaft）と呼ばれ，フランクフルト・アム・マイン，レファクーゼン，ベルリンにその本拠がおかれ，実際の販売は，これらの地域別のグループによって行われた[(17)]。これらの各販売グループは，その独自の会計，統計および法律の諸部門をもっていた。例えば法律部門は，販売に関する契約や代理店，カルテル，協定，応用技術部門の法的な問題を扱った[18]。

このような販売共同体の設置は，工場は自前の販売組織をもたないという原則[19]のもとに行われた販売部門の集権化であるが，各販売共同体に割り当てられる製品の選択においては，第一に，同一の化学的性格や同じ利用領域の製品の統合という原則が基準とされた。また各販売共同体の活動領域の編成においては，個々の製品の利用にさいしての消費者への専門的な助言ないし同じ顧客層に対する対応をできる限りひとつの部署から処理させるという努力から生まれてくる観点が，基準とされた[20]。また製品別に分けられた各販売共同体には，委員会組織が置かれており，それは補佐の機能を果たした。例えば染料販売共同体に関係する染料委員会は，染料業務の管理に責任を負う業務委員会の商事担当のメンバーから構成されており，染料および染色助剤のすべての販売の監督に責任を負った。染料委員会は，販売業務の組織，染料の品目構成の決定，価格の推移，宣伝等々についての方針の提供にあたったほか，染料業務にかかわるあらゆる協定や契約，代理店や人事の問題を扱った[21]。また望ましい製品の検討のために販売小委員会（Kaufmännische Kommission）といった小委員会が招集されるケースもみられ，例えば1928年の9月にはフランクフルト，ヘキスト，レファークーゼン，ルートビッフィスハーフェンから4人を招集して，望ましい製品リストの作成が取り組まれている。そこでは，製品と販売対象とされる国とのマトリクスのかたちで，新製品として望ましいもののリストが作成された[22]。

このような専門化された販売共同体への販売管理およびマーケティング管理の集権化によって，化学産業の全体的な販売目標は非常に単純化された。またマーケティングのためのコストを大きく引き下げることも可能になった[23]。

3　各種委員会の設置とその役割

IGファルベンの取締役であったF.テル・メールによれば，同社の組織は，技術，営業，および管理に関する各委員会からなるきわめて巧みに組み立てられた機構であり，これらの各委員会は企業の数限りない諸問題を専門的かつ適切に処理し，取締役会の最終的な決定のための準備を行ったとされている[24]。またG.プルンペによれば，同社の組織の特別なメルクマールは，予め決められた範囲のなかで必要なフレキシビリティを生み出すことに尽力する委員会組織にあったとされている[25]。これらの委員会としては，業務委員会（Arbeitsausschuß），技術委員会（Technischer Ausschuß）および商事委員会（Kaufmännischer Ausschuß）が重要である。

(1)　業務委員会

まず業務委員会についてみると，IGファルベンの設立時には，取締役会は83人のメンバーをかかえており，このような状態では明らかに動きがとれないので，少人数による経営委員会（当初は業務執行委員会，後には業務委員会と呼ばれた）が設置された[26]。この委員会は，重要な意思決定を行いそれを実施することになっており，この企業の現実の日常的な業務を監督した[27]。この委員会の設置に関して，ボッシュは1928年に，自らを長として26人で構成される業務委員会が存在していたこと，それはイニシアティブをもっていたこと，それ以外の取締役は今や部門管理者であり，彼らはもはや全体の会議にはまったく招集されないこと，法律上はそれ以外の取締役はもちろん依然として同じ義務をもつが実際には業務委員会が業務の管理を行うことを指摘している[28]。

そこで，取締役会の代表執行機関として設置された業務委員会の機能を具体的にみると，つぎの点をあげることができる。すなわち，①「他企業への資本参加」を含む資本支出の決定，②工場の閉鎖や再編成，その他の再組織に関する諸問題の決定，③「協定，カルテル，シンジケート」の決定，④あらゆる労働関連の諸問題，⑤俸給が1万RM以上であるすべての経営者の採用・昇進についての決定，⑥配当支払い（これは管理評議会による最終的な承認が必要であった）を含むあらゆる財務上の問題に関する決定がそれである。

このように，全般的な業務の管理を効率的に行うために，取締役会の代表執行機関として，業務委員会がおかれた。ボッシュは，「このような経営者による集権的な統制がなければ，現行の利益共同体という形態のもつ統括上の弱点が克服されえないのではないか」ということを危惧した[29]。

業務委員会の職務規程では，同委員会は一般的には少なくとも年に14日の会議がもたれることになっていた。その場所は，本社のあるフランクフルト・

アム・マインか事業共同体および販売共同体のひとつの拠点を交代するかたちで開催されるものとされていた。また業務委員会のメンバーのもとで，分業化がはかられた。さらに事業共同体および販売共同体ないしそれらの下位グループの管理者が，自らの領域に属するすべての取締役と同様に，少なくとも週に1回は，決まった日に彼らの活動する現地で開催される会議に招かれることになっていた。そのほか，さまざまな場所にあるすべての事業単位における業務執行の統一性と一貫性の確保のために，同種の部門，工場および事務所の管理者から構成される特別な委員会が必要に応じて組織された。そのメンバーは，業務委員会によって任命された(30)。1931年2月25日の中央委員会の設置(31)までは，業務委員会の意思決定および方針がIGファルベンの政策をなした(32)。

(2)　技術委員会および商事委員会

全社的なレベルの意思決定および管理の諸機能は業務委員会によって行われることになったが，管理の職分領域も分業が必要とされ，その一部は下部組織に振り当てられた。投資，保守の問題，基本的な技術的諸問題を扱う技術委員会と，購買および販売の問題，その他に関する管理の基本的諸決定を行う商事委員会が設置された。これらの2つの委員会は，業務委員会の諸活動を補佐するものであった(33)。こうして，互いに協力しあい，IGファルベン・コンツェルンの多くの業務を専門的かつ適切に処理したりあるいは取締役会の最終的な意思決定のための準備を行う技術委員会，商事委員会および管理委員会（Verwaltungsgremien）の非常に巧みな組織がつくり出されたとされている(34)。

そこで，まず**技術委員会**をみると，それは技術関係の最高の組織であった。この委員会によって扱われ，また取締役会に承認のために提案されるすべての拡張投資および更新投資のための資金枠（Kredit）の吟味・承認，製造現場の合理的な利用，在庫や類似の問題を考慮した生産品目の削減と有効な構成の決定とならんで，最初の年度には，製造現場の統合の検討・提案が，この委員会の主要な任務をなしていた(35)。このような製造現場の統合や定型削減の問題に取り組むにあたっては，技術委員会のなかの小委員会に委託され，そこでの検討・提案を経て審議されるケースもみられた(36)。

技術委員会は，1925年の設立当初には12人のメンバーをかかえており(37)，当初，技術担当取締役，主要経営グループ（事業共同体）の上級技師および中規模の工場の2，3人の工場長から構成されていた。技術委員会の機能をより詳しくみると，それには，①生産，経費の推移および従業員の職位に関する統計資料の開示，②新規設備のための工場の資金枠の申し込みについての審議および全取締役へのその回覧に関する決定，③技術的内容の協定，基本的なライセンス協定および特許問題の協議をあげることができる。また同社の科学および技術の新しい成果に関する専門家の講演による報告や生産，減価償却の協議なども，この委員会の任務とされた。この委員会の決定には，取締役会による承認が必要とされた(38)。

技術委員会にはまた，当該活動領域の問題，とくに生産や経営経済，科学に関する助言を行う多くの小委員会が存在していた。それには，染料委員会，染料応用委員会，中間品委員会，特許委員会などがあった。なかでも，染料の領域における最初の大規模な統合が終了した後の1926年10月には，11の小委員会が4つの主要な小委員会に統合された(39)。

このような技術委員会の活動でもって，企業の管理者はさまざまな工場における生産およびその原価に関する正確な概要を得ることができたとされている。またこのコンツェルンの研究開発政策も，この委員会において調整された。さらにこの委員会は取締役会のための中心的な情報源であったが，それはスタッフ部門の助けでもって運営された(40)。

また商事担当取締役および重要な諸部門の管理者によって構成される**商事委員会**は，価格政策，協定，人事問題，外国の販売会社および代理店の問題，宣伝などのような，すべての販売グループにとって重要な基本的な諸問題を扱う商事関係の最高組織であった(41)。各製品の販売それ自体は販売共同体によって行われたが，国内外における販売の統一的な活動，価格政策，販売政策の諸問題に対する立場などにおける統一性の確保は，商事委員会によって担われた。この委員会は取締役会に責任を負った(42)。その意味でも，商事委員会は，すべてのあるいは多くの販売共同体および他の商事関係の部局にとって全般的な利害をもつ商事上の問題のための調整委員会であった(43)。

商事委員会は，販売部門統轄機構である販売共同体の活動を監督するものであり，いわば染料，化学製品等の販売の統制機関であった。そこでは，各工場は自らの製品を販売共同体に対し原価で仕切るかたちをとっていた[44]。販売収益から経費を控除した額が，全社の中央財務管理部門の貸方に記帳された。しかし，L. F.ハーバーは，「このような状況のもとでは，効果的な原価管理が困難であったに違いない」としている[45]。1928年まで，商事委員会は，市場の動向とIGファルベンの国際的地位に関する情報を提供した[46]。

さらに技術的業務と商事的業務との間の必要な緊密な接触は，技術担当と商事担当の取締役が彼らのより親密な担当者とともに集まる専門委員会によって，生み出された。それには，染料委員会，化学品委員会，医薬品本会議があった[47]。技術委員会および商事委員会は業務委員会の活動を補佐したのに対して，これらの委員会は，専門スタッフとしての機能を果した。

4　中央本部（スタッフ部門）の創設

またさらに，部門を超える企業全体の諸問題を処理するために，一連の中央本部（スタッフ部門）が組織された。中央財務管理部，国民経済部，経済政策部（1932年設置），中央原料購買部，印刷部がベルリンにおかれ，中央会計部，中央税務部，中央保険部，広報部がフランクフルト・アム・マインに設置されたほか，ルートヴィヒスハーフェンには契約本部，中央交通部がおかれていた[48]。なかでも，中央財務管理部には，時間の経過にともない，もともとさまざまな財務部門によって扱われていた職務領域を超えて，新しい要求がたえずつきつけられることになってきた。またこれらのスタッフ部門の機能について，国民経済部および経済政策部のベルリンへの統合は，管轄省庁ないし経済関係の組織との交渉を考慮して行われたものであったが，同様の必要性は外国の官庁や半国家機関などとのかかわりにおいてもみられた[49]。これらの諸部門は，主として統制スタッフとしての機能を果たすものであった。これらの中央本部はさらにいくつかの課に分かれている場合が多く，例えば中央財務管理部は，財務秘書，通貨の管理，会計，信用，輸出促進など6つの課に分かれていたほか，国民経済部でも，経済全般，諸国の観察，市場調査，企業および財務の文書，フランクフルト・アム・マイン支局の5つの課に分かれていた[50]。

5　第1段階の組織革新の特徴

以上の考察をふまえて，つぎに，第1段階の組織革新の特徴をみておくことにしよう。1925年のIGファルベンの営業報告書は，「合併にともない，組織の簡素化および経営のより効率的な利用が販売部門および製造部門の合理的な統合によって追求されている(51)」としている。新しい組織構造は，本質的には，合併の目標が既存の管理組織や委員会をより効果的に結合することにおくべきだとする点ですべての者が同意した，ひとつの妥協の産物であった(52)。

R. A.ブレィディによれば，当初は4つ，後には5つに分けられた同社の大小の経営グループ（事業共同体）の各々の内部では，権限と責任の分割は職能別に行われており，こうして，各製造単位，流通単位あるいは専門のスタッフ部門は狭い範囲の職能に専門化することができたとされている。これらの各単位は，本社と密接な関係をもっており，組織のこのような諸原則の組織的な適用によって，IGファルベンは，個人およびグループの高度な責任の遂行を実現し，また大小の諸変化に直面してすばやく反応し，いつでも柔軟に対応する管理システムを確保することができたとされている(53)。また彼は，工場の職能組織，すべての工場の労働者，職員，取締役の職分の分割，責任の付与，業績評価の方法がさまざまな企業の生産活動および商業活動のすべてあるいはほとんどすべての諸局面に導入されてきており，このような諸原則のより大きな適用は，アメリカではAT&TとGMにおいて，またドイツでは合同製鋼とIGファルベンにおいて最も良い実例をみるとしている(54)。IGファルベンの制度は，アメリカのこれら2社の組織にみられる制度を手本にしてつくられたものであり，さらに合同製鋼のそれは，IGファルベンから借りてきたものであったとされている(55)。

この段階の管理組織の目標は，何よりもまず管理を分権化し，一層の専門化を行うことによって積極的なイニシアティブの向上をはかることにおかれていた。合同製鋼の場合と同様に，「分権的集権」に基づく管理体制の創出は，まさにこのような目標をもって推し進められたものであったといえる。

第3節　第2段階の組織革新とその特徴

1　事業構造の再編成と事業部の創設

(1)　事業構造の再編成と企業管理の問題

つぎに，第2段階の組織革新をみることにしよう。それは，多角化による事業構造の再編成にともなう企業管理の問題への対応として取り組まれたものであった。個々の諸部門では異なるタイプの組織構造が形成されるが(56)，事業部制のような組織に典型的にみられるように，組織の諸変化の程度は，生産される製品の種類やその増加に大きく依存している(57)。つまり，非常に多様な製品系列をもつ諸部門では，計算，生産計画，在庫保有などのための職務は増大し，それらの製品系列の相違によって，大規模な管理機構において生じるより高度な調整および統制の必要性を生み出すことになる(58)。また第3章でもみたように，複数の製品系列を扱う大企業では，集権的職能部制組織による管理方式では，各部門の長たちは，生産，販売および購買などの基本的な諸機能を遂行していく上で条件の大きく異なる複数の製品系列を扱わざるをえなくなり，多種多様な製品を取り扱うという困難に直面することになる。また現業活動の管理のそうした限界もあり，トップ・マネジメントは，全社的・長期的立場から経営資源を配分するという企業者的決定よりむしろ管理的決定に煩わされることがしばしばとなる(59)。

しかし，IGファルベンでは，合同後，多角化による事業構造の再編成が強力に推し進められながらも，第1段階での組織革新では，企業合同と製品別生産の集中・専門化の推進にともなう管理上の諸問題への対応にとどまり，多角化の展開にともなうこうした管理問題への対応は，十分には行われていなかったのである。なかでも，多角化にともなう企業管理の問題は，投資決定の困難さの増大として現われた。同社では，部門や投資を行おうとする工場は，その理由および期待される成果を添えた詳細な資金枠の申し込みを事業共同体に提出し，この申し込みは，そこからさらに然るべき専門の委員会に送られた。しかし，投資の申請を行う機関である事業共同体や大規模な工場は，一部は非常に広範囲に多角化しており，また分権的な意思決定の中心として，場合によっては，他の工場とも競合する活動領域をもっていた。それゆえ，研究から新規設備を超えて修理に至るまでのすべての領域の投資を技術的な面から統一的に管理することは容易ではなかった。この点に，同社の意思決定機構の決定的な欠点があったのである(60)。

(2)　事業部の創設

このように，IGファルベンの組織の原則は，地域別のあるいは実務上の観点に基づいた技術と商事の面における管理の分権化，責任の統合および取締役会ないしその所管の委員会における統一的な業務政策の確保にあった(61)。しかし，第1段階の組織革新において生み出された管理組織のこのような限界は，ますます顕著となった。1929年に経常的な収入が支出を下回り，また莫大な研究開発費がひとつの問題となったことを契機として，IGファルベンの活動領域は，3つの大規模な事業部（Sparte）に統合されることになった。ボッシュは，彼の個人的なやり方に合った3人のとくに有能な彼より若い管理者に，これら3つの事業部における投資の管理を任せることになった。事業部の創設は，世界恐慌の圧力のもとで投資および研究のための支出を削減することを目的としていた(62)。そこでは，これらの事業部を担当する取締役が，とりわけ生産計画，投資および新規建設計画の問題を管理することになった。

すなわち，「将来の資金枠を承認するための適切な基礎を生み出し，そして自由に使用できる資金の限界を守るために」，また生産および研究におけるより高い経済性や個々の工場のより良い協力を達成するために，世界経済恐慌前夜の1929年8月に，これらの事業部が組織されたのであった。そこでは，技術的な関連をもつ製品，あるいは化学的関連をもつ製品が，各事業部に集められた。

第1事業部（事業部長K.クラウホ）
　＝窒素，メタノール，合成燃料，人造石油，石炭，褐炭などが扱われた。

第2事業部（事業部長F.テル・メール）
　＝染料，重化学品，医薬品，アルミニウム，マグネシウム，合成ゴム，溶剤，洗剤，接着剤，合成タンニン，ガス溶接機およびガス切断機などが扱われた。

第3事業部（事業部長F.ガイェビスキー）
　＝人絹，スフ，写真製品，セルロイドなどが扱われた(63)。

これらの3つの事業部の長は，自らが担当する事業部の研究開発計画，月給職員に関するあらゆる問題や技術問題に関して，取締役会に対して責任を負った。これらの「各部門内の技術的諸問題は，専門家で構成される常任委員会によって取り扱われ」，「これらの常任委員会は，プロセス改良，応用技術（各部門の固有の製品のための），化学装置技術上の問題，包装および貯蔵問題に関与していた」[64]。事業部から出された資金枠の申請の審議は，それまでと同様に，まず技術委員会によって行われ，業務委員会のようなより上位の決定機関に回された[65]。これらの事業部は，とくに技術的な面での企業の管理に適していたとされている[66]。なかでも，3つの事業部への全活動領域の分割は，なによりもまず資金割当の問題を考えた新たな統制から生まれたものであった。事業部長は，自らの工場の支出予算を監督した[67]。しかし，各事業部の長にはその製品グループの損益計算の責任はなく，この重要な点において，デュポンの事業部長とは異なっていた[68]。

2　中央委員会の設置とその意味

第2段階の組織革新におけるいまひとつの重要な改革は，それまでの業務委員会にかわるより少人数の最高意思決定機関である中央委員会（Zentralausschuß）が設置されたことである。1920年代末になると，「生産の合理化を完成し，世界市場を取り戻すには，生産と流通の間の一層緊密な調整や，トップ・レベルでの統制をさらに集権化する必要がますます増大した[69]」。こうしたなかで，取締役会会長のボッシュが指摘したように，25人を超えるメンバーをかかえる業務委員会は，その規模ゆえに，責任の最高機関としてうまく機能してこなかった。業務委員会の意思決定能力の欠如，その遅い，また官僚主義的な活動方法が指摘されるなかで，取締役会会長と4人ないし5人の非常に人格のすぐれた正規の取締役で構成される中央機関の設置が提案され，1931年に取締役会の新しい委員会が設置された[70]。この委員会は，経営政策の大きな方針の決定とともに管理職の人選を最も重要な任務としていた。これに対して，業務委員会は，引き続き，大部分の投資決定を含む日常的業務を担当することになった[71]。中央委員会の命令は，すべての事業部，事業共同体および販売共同体，委員会に対して拘束力をもつものとされた[72]。中央委員会の設置は，そのメンバーを中心とする本社幹部の諸活動を日常的業務から切り離し，彼らを長期的・全社的な計画の策定といった本来のトップ・マネジメントの職能に専念させ，中央委員会と業務委員会との間で，全般的管理職能における分業化をはかるものであった。

このようにして，中央委員会のメンバーは取締役会の指導的なメンバーとみなされ，最終的な意思決定はこの委員会で行われるべきであり，また同委員会は，この企業の政策に対して完全な責任を負うべきものとされた。中央委員会は，第3段階の組織革新が行われる1937年まで，IGファルベンの経営を行った。G.プルンペは，この委員会のメンバーは戦略的意思決定を行うという意味において，同社における企業家であったとしている[73]。1930年から45年までの中央委員会の構成をみると，化学者の占める割合が高く，この期間の14人のメンバーのうち9人が化学者であり，3つの事業部や事業共同体の最高責任者には，化学者が配置されていた[74]。L. F.ハーバーは，企業の成功にとって重要な意味をもつ管理者層と重役陣の人材の選定について，「期待された資格要件は，化学の知識を有し，工業経済を理解し，工場運営の責任を負う能力をもつことであった[75]」としている。中央委員会の人員配置は，こうした点を考慮に入れたものであったといえる。なお，第2段階の組織革新においてつくられた管理組織を示すと，図7-1のようになる。

第4節　IGファルベンの組織革新の限界

そこで，つぎに，第2段階の組織革新において生み出されたこのような管理機構によって，効率的な投資決定がなされ経営資源の合理的な配分が行われることができたかどうかをみていくことにしよう。ここでは，まずチャンドラーによるIGファルベンの管理機構についての評価をみておくことにしよう。

チャンドラーによれば，同社の委員会のスタッフおよび職能スタッフのオフィサーは大規模であり，かつ専門化しており，またよく訓練されていた。上級経営者が多くの会議で受け取る情報は，おそらく当時の世界中のどの産業企業のスタッフ部門によって生み出される情報よりも正確かつ詳細であった。しかし，彼らがさまざまな場所で出席しなければならなかった会合の数を考える

図7-1　1931年9月のIGファルベンの組織図

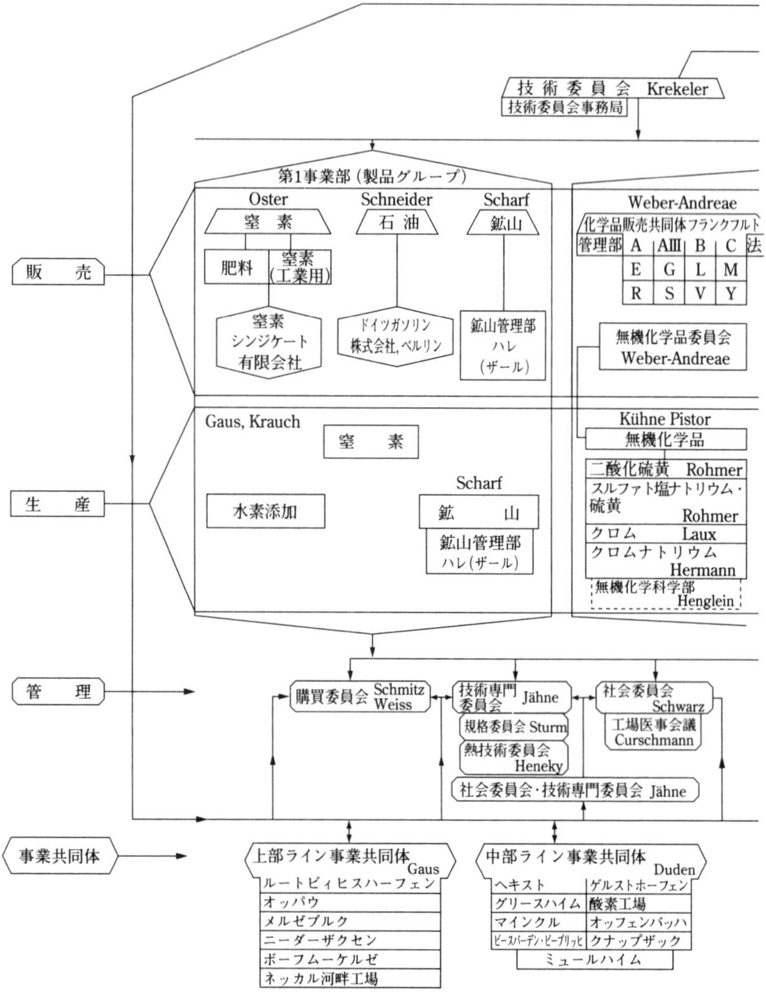

技術委員会 Krekeler
技術委員会事務局
第1事業部（製品グループ）
Oster
Schneider
Scharf
窒素
石油
鉱山
肥料
窒素（工業用）
窒素シンジケート有限会社
ドイツガソリン株式会社，ベルリン
鉱山管理部 ハレ（ザール）
Weber-Andreae
化学品販売共同体フランクフルト
管理部
A
AIII
B
C
法
E
G
L
M
R
S
V
Y
無機化学品委員会 Weber-Andreae
販売
生産
Gaus, Krauch
窒素
水素添加
Scharf
鉱山
鉱山管理部 ハレ（ザール）
Kühne Pistor
無機化学品
二酸化硫黄 Rohmer
スルファト塩ナトリウム・硫黄 Rohmer
クロム Laux
クロムナトリウム Hermann
無機化学科学部 Henglein
管理
購買委員会 Schmitz Weiss
技術専門委員会 Jähne
規格委員会 Sturm
熱技術委員会 Heneky
社会委員会 Schwarz
工場医事会議 Curschmann
社会委員会・技術専門委員会 Jähne
事業共同体
上部ライン事業共同体 Gaus
ルートビィヒスハーフェン
オッパウ
メルゼブルク
ニーダーザクセン
ボーフムーケルゼ
ネッカル河畔工場
中部ライン事業共同体 Duden
ヘキスト
ゲルストホーフェン
グリースハイム
酸素工場
マインクル
オッフェンバッハ
ビースバーデン・ビーブリッヒ
クナップザック
ミュールハイム

（出所）：Kommission der I. G., S. 72, *Bayer Archiv,* 13/2.

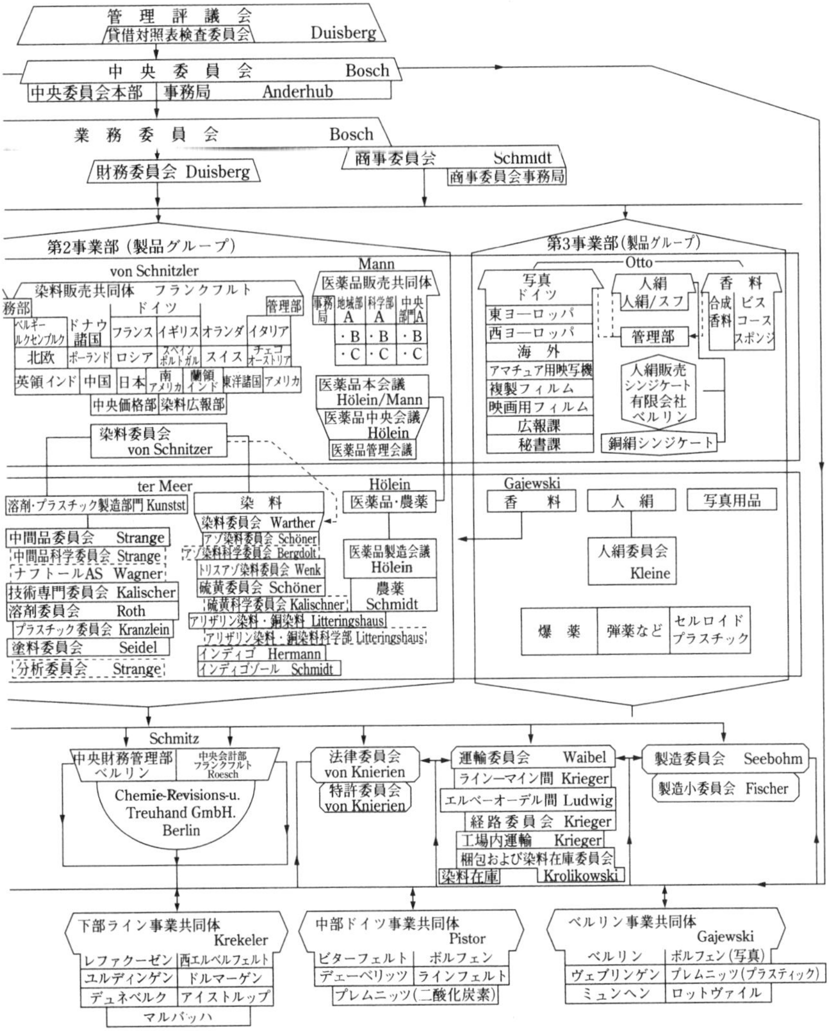

管理評議会
貸借対照表検査委員会
Duisberg
中央委員会
Bosch
中央委員会本部
事務局
Anderhub
業務委員会
Bosch
商事委員会
Schmidt
商事委員会事務局
財務委員会 Duisberg
第2事業部（製品グループ）
von Schnitzler
染料販売共同体 フランクフルト
事務部
ドイツ
管理部
ベルギー ルクセンブルク
ドナウ諸国
フランス
イギリス
オランダ
イタリア
北欧
ポーランド
ロシア
スペイン ポルトガル
スイス
チェコ オーストリア
英領インド
中国
日本
南アメリカ
蘭領インド
東洋諸国
アメリカ
中央価格部
染料広報部
Mann
医薬品販売共同体
事務局
地域部
科学部
中央部門
A
・B
・C
医薬品本会議
Hölein/Mann
医薬品中央会議
Hölein
医薬品管理会議
染料委員会
von Schnitzer
ter Meer
溶剤・プラスチック製造部門 Kunststoff
染料
染料委員会 Warther
アゾ染料委員会 Schöner
アゾ染料科学委員会 Bergdolt
トリスアゾ染料委員会 Wenk
硫黄委員会 Schöner
硫黄科学委員会 Kalischner
アリザリン染料・銅染料 Litteringshaus
アリザリン染料・銅染料科学部 Litteringshaus
インディゴ Hermann
インディゴゾール Schmidt
中間品委員会 Strange
中間品科学委員会 Strange
ナフトールAS Wagner
技術専門委員会 Kalischer
溶剤委員会 Roth
プラスチック委員会 Kranzlein
塗料委員会 Seidel
分析委員会 Strange
Hölein
医薬品・農薬
医薬品製造会議
Hölein
農薬
Schmidt
第3事業部（製品グループ）
Otto
写真
ドイツ
東ヨーロッパ
西ヨーロッパ
海外
アマチュア用映写機
複製フィルム
映画用フィルム
広報課
秘書課
人絹
人絹/スフ
管理部
香料
合成香料
ビスコース
スポンジ
人絹販売シンジケート有限会社ベルリン
銅絹シンジケート
Gajewski
香料
人絹
写真用品
人絹委員会
Kleine
爆薬
弾薬など
セルロイド
プラスチック
Schmitz
中央財務管理部
ベルリン
中央会計部
フランクフルト
Roesch
Chemie-Revisions-u.
Treuhand GmbH.
Berlin
法律委員会
von Knierien
特許委員会
von Knierien
運輸委員会 Waibel
ライン―マイン間 Krieger
エルベ―オーデル間 Ludwig
経路委員会 Krieger
工場内運輸 Krieger
梱包および染料在庫委員会
染料在庫
Krolikowski
製造委員会 Seebohm
製造小委員会 Fischer
下部ライン事業共同体
Krekeler
レファクーゼン
西エルベルフェルト
ユルディンゲン
ドルマーゲン
デュネベルク
アイストルップ
マルバッハ
中部ドイツ事業共同体
Pistor
ビターフェルト
ボルフェン
デーベリッツ
ラインフェルト
プレムニッツ（二酸化炭素）
ベルリン事業共同体
Gajewski
ベルリン
ボルフェン（写真）
ヴェプリンゲン
プレムニッツ（プラスティック）
ミュンヘン
ロットヴァイル

と，彼らには，受け取った大量のデータを長期的な戦略計画のために吸収し，評価するための時間はほとんどなかった。そのかわりに，彼らは，むしろ，引き続き，自分たちが非常に深く巻き込まれていた日常的な生産と流通の諸活動に関する短期的な意思決定のために，こうしたデータを利用したとされている。

さらに彼らは，デュポンの場合とは異なり，全般経営者が主に現業的業務からほぼ解放されて成果を監視すること，またそのような監視や，経済，技術，市場および政治の面での状況に関する彼ら自身の理解に基づいて経営資源を配分すること，さらに長期的な戦略を策定しそれを遂行することに専念する本社組織（corporate office）または総合本社（general office）をもたなかった。彼らは，製品市場に基づいた一連の事業部を生み出すことも，また上級経営者が自らのすべての注意をトップ・マネジメントの基本的な諸職能に向けることのできる単一の本社組織をつくり出すこともできなかったとされている[(76)]。

そこで，IGファルベンの事業部と中央委員会を中心とする管理機構によって，各事業部レベルの現業的業務の効率的な管理・運営がなされたかどうか，また中央委員会のメンバーを中心とする本社幹部が事業部の適切な業績評価を行い，それに基づいて，全社的・長期的な計画を策定し，経営資源の配分を行うといった本来的な最高管理の諸職能に専念することができたかどうか，を検討しておくことにしよう。

まず第1に，IGファルベンでは，デュポンと比べても多岐にわたる製品系列をもちながらも，3つの事業部しか設置されていなかった。これらの事業部には技術的あるいは化学的な関連をもつ製品が集められたとはいえ，実質的には，ひとつの事業部において，生産，販売および購買の諸条件の面で大きく異なる複数の製品系列が扱われていた。そのような状況のもとでは，多角化のさいに職能部制組織が直面する上述の如き管理上の問題が十分に解決されえなかったといえる。この点，IGファルベンよりも少ない製品系列に対して，①爆薬，②染料，③ピラリン，④ペイント・化学薬品，⑤人造皮革・フィルムの5つの製品別事業部がおかれ，基本的には生産，販売および購買の諸条件が異なる製品系列ごとにひとつの製品別事業部がおかれていたデュポン[(77)]とは，大きく異なっている。

第2に，IGファルベンの事業部には利益責任単位制がとられていなかったが，そのことは，本社管理機構による現業部門，つまり事業部の管理・統制において一定の限界をもたらすことになったといえる。すなわち，事業部に利益責任がなく，投下資本利益率（ROI）のような統制手法が利用されていなかったことは，中央委員会のメンバーを中心とする本社幹部が全社的な立場から各事業部の業績を評価する上で困難をもたらすことになったであろう。このことはまた，彼らが各事業部の業績評価に基づいて経営資源を配分していく上でも大きな限界をもたらすことになったと考えられる。資金的要因や市場的要因に加えて，「経営陣の能力と各事業部長に事業部損益計算の責任をもたせることによる周到な業績測定とが相俟って，デュポン社の成功の秘訣となったものと思われる(78)」というL. F.ハーバーの指摘にみられるような状況とは，IGファルベンのケースは大きく異なっていた。すなわち，デュポンの事例のように，各事業部がたんに売上高責任やコスト責任だけではなく，独自の利益責任を本社に対して負う利益責任単位（プロフィット・センター）となっているかどうかということは，事業部制の運用，その成果と深く関係しており，IGファルベンとデュポンとの間の大きな相違のひとつがこの点にみられる。

第3に，IGファルベンでは，GMやデュポンなどでみられたようなゼネラル・スタッフとしての機能を果す組織が確立していなかったことも，管理機構の限界のひとつの要因であったと考えられる。全般的管理の諸職能にあたる業務委員会を補佐する委員会として技術委員会と商事委員会が存在した。しかし，業務委員会が主として日常的業務を担当していたこともあって，これらの委員会も主として日常的業務に関する準備的機能や補佐を行ったのであり，全社的・長期的な計画の策定を行う中央委員会の諸活動を主に補佐するものではなかった（図7-1参照）。また企業全体の諸問題を扱うために3つの地域におかれたスタッフ的部門である中央本部は，主に統制スタッフとしての機能を果していたのであった。このように，中央委員会を支えるゼネラル・スタッフとしての機能を果す組織が確立されていなかったために，この委員会のメンバーを中心とする本社幹部は，多くの情報を得るために多くの会議に出席せざるをえなかった。そのような状況のもとでは，長期の戦略的計画の策定のために得る大量のデータを吸収し，評価するための十分な時間をもつことは，困難であったと思われる。

このように，IGファルベンの管理機構においては，多岐にわたる製品系列に対して生み出された事業部の数が3つと少なく，それゆえ，ひとつの事業部が生産，販売および購買の諸条件において大きく異なる複数の製品系列を扱わざるをえなかったこと，各事業部には利益責任単位制が導入されていなかったこと，さらにゼネラル・スタッフとしての機能を果す組織が確立していなかったことから，中央委員会のメンバーを中心とする本社幹部は，事業部の効率的な管理・統制を十分に行うことができなかったといえる。それだけに，彼らは，日常的業務に深く巻き込まれざるをえず，全社的・長期的な計画の策定を行い，経営資源を配分するといった本来的な全般的管理職能に十分に専念することができなかったであろう。このような管理上の限界は，多角化による事業構造の再編成にともなう組織面における対応の不十分さによるものであった。実際には，デュポンの成功とは対照的に，IGファルベンの組織革新の限界は，世界恐慌期およびナチス期の投資決定のあり方にも影響をおよぼすことになり，組織革新の成否は，両社のその後の企業成長にも大きな影響をおよぼすひとつの要因になったのである(79)。

（1） G. Plumpe, *Die I. G. Farbeinindustrie A G: Wirtschaft, Tecknik, Politik 1904-1945,* Berlin, 1990, S. 154, S. 163. デュイスベルクとボッシュの間のIGファルベンの組織の構想とそれをめぐる議論については，W. Fischer, Dezentralisation oder Zentralisation——kollegiale oder autoritäre Führung? Die Auseinandersetzung um die Leitungsstruktur bei der Entstehung des I. G. Farben-Konzerns, N. Horn, J. Kocka(Hrsg.), *Recht und Entwicklung der Großunternehemen in 19. und 20. Jahrhundert. Wirtschafts-, sozial- und rechtshistorische Untersuchungen zur Industrialisierung in Deutschland, Frakreich, England und den USA,* Göttingen, 1979を参照。

（2） H. Tammen, *Die I. G. Farbenindustrie Aktiengesellschaft [1925-1933],* Berlin, 1978, S. 29.

（3） R. A. Brady, *The Rationalization Movement in German Industry,* Berkeley, California, 1933, p. 121.

（4） Vgl. Institut für Wirtschaftsgeschichte der Akademie der Wissenschaften der DDR, *Produktivkräfte in Deutschland von 1917/18 bis 1945,* Berlin, 1988, S. 103. この点については，前川恭一『現代企業研究の基礎』森山書店，1993年，174ページをも参照。

（５）R. A. Brady, *op. cit.*, p. 237, H. Tammen, *a. a. O.*, S. 21-22, G. Plumpe, The Political Framwork of Structural Modernization, W. R. Lee (ed.), *German Industry and German Industrialization*, London, New York, 1991, p. 225.

（６）P. Waller, *Probleme der deutschen chemischen Industrie*, Halberstadt, 1928, S. 18.

（７）Vgl. Enquete-Ausschuß, (Ⅰ)－3, *Wandlungen in den wirtschaftlichen Organization*, Berlin, 1928, S. 443, P. Hayes, *Industry and Ideologie. IG Farben in the Nazi Era*, Cambridge, Massachusetts, 1987, p. 20, H. Tammen, *a. a. O.*, S. 21-22.

（８）Eidesstattliche Erklarung von Ernst Struss über die Betribsgemeinschaften und die Sparten, *Document No. NI-9487* (*Nürnberger Prozess*), S. 3.

（９）この点については，Betriebsgemeinschaft „Mittelrhein" neu (8. 3. 1927), S. 1, *Hoechst Archiv*, IG200, Betriebsgemeinschaft Mitterhein, S. 1, *Hoechst Archiv*, IG200, Über Struktur und wirtschaftliche Verflechtung der westdeutschen Werke der I. G. Farbenindustrie Aktiengesellschaft, S. 3-4, *Hoechst Archiv*, IG194, Ausführliche Geschichte des Technischen Ausschusses, S. 11-14, *Hoechst Archiv*, IG194, Eichwerk Heinz Aufzeichnungen über Gründung, Entwicklung, Organisation und Mitglieder von TEA-Hauptgruppe-2-Kommissionen der I. G. Farbenindustrie A. G., Bd. I (Frankfurt 1943), S. 11-13, *Hoechst Archiv*, IG194, Gründung und Entwicklung der I. G. (Oktober 1936), *Hoechst Archiv*, IG194, *I. G. Farbenindustrie Aktiengesellschaft* (Das Spezial Archiv der deutschen Wirtschaft), R. & H. Hoppenstedt, Berlin, 1929, S. 21-22, G. Plumpe, *a. a. O.*, S. 142, H. Tammen, *a. a. O.*, S. 21, W. Feldenkirchen, Big Business in Interwar Germany, *Business History Review*, Vol. 61, Autumn 1987, pp. 436-437, L. F. Haber, *The Chemical Industry, 1900-1930*, Oxford University Press, 1971, pp. 339-340〔鈴木治雄監修，佐藤正弥・北村美都穂訳『世界巨大化学企業形成史』日本評論社，1984年，521ページ〕, A. D. Chandler, Jr., *Scale and Scope*, Harvard University Press, 1990, pp. 569-571〔安部悦生・川辺信雄・工藤 章・西牟田祐二・日高千景・山口一臣訳『スケール・アンド・スコープ』有斐閣，1993年，492-493ページ参照〕, A. Schneckenburger, *Die Geschichte des I. G. Farbenkonzern. Bedeutung und Rolle eines Grossunternehmen*, Köln, S. 33-34などを参照。このような事業共同体の設置の目的について，バイエルの内部文書は，例えば下部ライン事業共同体の場合，主要な製造現場での合理的な生産と統一的な観点に基づいて管理される生産を達成するために，ライン下流域にあるIGファルベンの製造現場を統合することにあったと指摘している。Vgl. Richtlinien für eine Fusion der I. -G. und für die Bildung einer Betriebsgemeinshaft der Farbenfabriken vorm. Friedr. Bayer &Co. (Leverkusen) mit den Chemischen Fabriken vorm. Weiler-ter Meer (Uerdingen), S. 2, *Bayer Archiv*, 004/C-19.

（10）Eichwerk Heinz Aufzeichnungen über Gründung, Entwicklung, Organisation und Mitglieder von TEA-Hauptgruppe-2-Kommissionen der I. G. Farbenindustrie A. G., Bd. I (Frankfurt 1943), S. 12-13, *Hoechst Archiv*, IG194, Auszug aus der Niederschrift über die Sitzung des Arbeits-Ausschusses vom 22. 11. 29, S. 1-2, *Hoechst Archiv*, IG200, Ausführliche Geschichte des Technischen Ausschusses, S. 12, *Hoechst Archiv*,

IG194, Brief an Pistor(18. 9. 1929), *Hoechst Archiv,* IG200, H. Tammen, *a. a. O.,* S. 21-22.

(11)　A. D. Chandler, Jr., *op. cit.,* p. 568〔前掲訳書，490ページ参照〕。

(12)　Enquete Ausschuß, (Ⅲ)－3, *Die deutsche Chemische Industrie,* Berlin, 1930, S. 113.

(13)　Über Struktur und wirtschaftliche Verflechtung der westdeutschen Werks der I. G. Farbenindustrie Aktiengesellschaft, S. 5, *Hoechst Archiv,* IG194.

(14)　Betriebsgemeinschaft „Mittelrhein" neu (8. 3. 1927), S. 1, *Hoechst Archiv,* IG200.

(15)　Geschäftsordnung und Aufgabenkreis der Betriebsgemeinschaft Mittelrhein, S. 1, *Hoechst Archiv,* IG200.

(16)　Betriebsgemeinschaft MITTELRHEIN. Sachbearbeiter(Vertrauensleute), *Hoechst Archiv,* IG200.

(17)　Über Struktur und wirtschaftliche Verflechtung der westdeutschen Werks der I. G. Farbenindustrie Aktiengesellschaft, S. 11-12, *Hoechst Archiv,* IG194, Gründung und Entwicklung der I. G.(Oktober 1936), *Hoechst Archiv,* IG194, Verkaufsgemeinschaft Farben und Farbereihilfsprodukte. Geschäftsordnung des Farben-Ausschusses, S. 1-2, *Hoechst Archiv,* IG235, Ländereinteilung der Verkaufsgruppen für Farben und Färbereihilfsprodukte, *Hoechst Archiv,* IG235, W. Feldenkirchen, *op. cit.,* p. 438, F. ter. Meer, Die I. G.：Ihre Entstehung, ihre Entwickung und Bedeutung, *Chemische Industrie,* 4. Jg, Heft 10, Oktober 1952, S. 786-787, *I. G. Farbenindustrie Aktiengesellschaft*(Das Spezial Archiv der deutschen Wirschaft), R. & H. Hoppenstedt, Berlin, 1929, S. 23, H. Tammen, *a. a. O.,* S. 22-23, R. A. Brady, *op. cit.,* pp. 238-239, A. D. Chandler, Jr., *op. cit.,* p. 572〔前掲訳 書，494ページ〕.

(18)　F. ter. Meer, *a. a. O.,* S. 787, Organisation der Verkaufsgemeinschaft Pharmazeutika ≫Bayer≪, Dental ≫Bayer≪, Pflanzenschutz ≫Bayer≪, Sera- u. Vet.-Med. Produkte ≫Behringswerke≪, Leverkusen a. Rh., *BASF Archiv,* I. G. C0/2.

(19)　Über Struktur und wirtschaftliche Verflechtung der westdeutschen Werks der I. G. Farbenindustrie Aktiengesellschaft, S. 9, S. 11, *Hoechst Archiv,* IG194.

(20)　*Ebenda,* S. 12-13.

(21)　Verkaufsgemeinschaft Farben und Farbereihilfsprodukte. Geschäftsordnung des Farben-Ausschusses, S. 2-3, *Hoechst Archiv,* IG235.

(22)　Vgl. Auszug aus dem Protokoll über die 15. Sitzung der käufmannischen Kommission vom 12. September 1928 in Höchst am Main, *Hoechst Archiv,* IG234, Auszug aus dem Protokoll über die 16. Sitzung der käufmannischen Kommission vom 24. Oktober 1928 in Frankfurt am Main, *Hoechst Archiv,* IG234, Wunschliste für Neue Produkte. Beschluss zu Punkt 3 der Tagesordnung der Sitzung der Käufmannischen Kommission vom 12. September 1928, *Hoechst Archiv,* IG235.

(23)　R. A. Brady, *op. cit.,* p. 239.

(24)　F. ter Meer, *Die IG Farbenindustrie Aktiengesellschaft,* Düsseldorf, 1953, S. 47.

(25)　G. Plumpe, *a. a. O.,* S. 163.

(26)　F. ter Meer, *Die IG Farbenindustrie Aktiengesellschaft,* S. 51, L. F. Haber, *op. cit.,*

p. 339〔前掲訳書，520ページ〕, I. G. Farbenindustrie Aktiengesellschaft, *Bericht des Vorstandes und Aufsichtsrates über das Geschäftsjahr 1925.*

(27) W. Feldenkirchen, *op. cit.,* p. 434参照.

(28) Enquete Ausschuß,(Ⅰ)−3, *a. a. O.,* S. 439.

(29) A. D. Chandler, Jr., *op. cit.,* pp. 567-568〔前掲訳書，490-491ページ参照〕.

(30) Geschäftsordnung für die Mitglieder des Vorstandes der I. G. Farbenindustrie Aktiengesellschaft, S. 3, S. 5-6, *Hoechst Archiv,* IG194.

(31) Eichwerk Heinz Aufzeichnungen über Grüdung, Entwicklung, Organisation und Mitglieder von TEA-Hauptgruppe-2-Kommissionen der I. G. Farbenindustrie A. G., Bd. Ⅰ(Frankfurt 1943), S. 17, *Hoechst Archiv,* IG 194.

(32) G. Plumpe, *a. a. O.,* S. 145, S. 149-150, S. 152.

(33) Institut für Wirtschaftsgeschichte der Akademie der Wissenschaften der DDR, *a. a. O.,* S. 103, G. Plumpe, *op. cit.,* pp. 225-227.

(34) F. ter Meer, *Die IG Farbenindustrie Aktiengesellschaft,* S. 47. IGファルベンの監査役会には数名で構成される独自の委員会として管理委員会があった。Gründung und Entwicklung der I. G.(Oktober 1936), *Hoechst Archiv,* IG194.

(35) Ausführliche Geschichte des Technischen Ausschusses, S. 6-7, *Hoechst Archiv,* IG194, Besprechung technischer Fragen. Zusammenlegung der Fabrikationen, S. 1-2, *Hoechst Archiv,* IG214, Tagesordnung für die Sitzung des Tea am Dienstag, den 1. Oktober, vormitags $9\frac{1}{2}$ Uhr in Ludwigshafen(1. 10. 1929), S. 1, *Hoechst Archiv,* IG214, Niederschrift der Sitzung des TEA am Dienstag, den 1. Oktober 1929 vormittags $9\frac{1}{2}$ Uhr in Ludwigshafen a. Rhein, S. 3, *Hoechst Archiv,* IG214, H. Tammen, *a. a. O.,* S. 24.

(36) Niederschrift über die Sitzug des Tea am Donnerstag, den 28. Oktober 1926, Vormittags 9½ Uhr in Frankfurt a. M., Feuerbachstrasse 50, S. 2, S. 5, *Hoechst Archiv,* IG214, Gemeinschaftliche Sitzung des TEA mit dem Farbenausschuss und der Koloristischen Kommission am Freitag den 4. Februar 1927 vorm. $9\frac{1}{2}$ Uhr in Frankfurt a. M., Feuerbachstr. 50, S. 1-2, *Hoechst Archiv,* IG214.

(37) Ausführliche Geschichte des Technischen Ausschusses, S. 8, *Hoechst Archiv,* IG194.

(38) Anlage zu den 126 Job sheet for executives of the former I. G. Farbenindustrie A. G. Arbeitsteilung und Verantwortung der IG-Vorstandsmitglieder und Direktoren (14. 4. 1946), *Hoechst Archiv,* IG194, Niederschrift über die Sitzug des Tea am Donnerstag, den 28. Oktober 1926, Vormittags 9½ Uhr in Frankfurt a. M., Feuerbachstrasse 50, S. 1, *Hoechst Archiv,* IG214, Niederschrift über die Sitzung des Tea am Donnerstag, den 10. März 1927, vormittags 9½ Uhr in Frankfurt a. M., Feuerbachstr. 50, *Hoechst Archiv,* IG214, Niederschrift der Sitzung des TEA am Dienstag, den 1. Oktober 1929 vormittags $9\frac{1}{2}$ Uhr in Ludwigshafen a. Rhein, S. 1, *Hoechst Archiv,* IG214, F. ter. Meer, Die I. G., S. 783.

(39) Ausführliche Geschichte des Technischen Ausschusses, S. 9-11, *Hoechst Archiv,*

IG194, Anlage zu den 126 Job sheet for executives of the former I. G. Farbenindustrie A. G. Arbeitsteilung und Verantwortung der IG-Vorstandsmitglieder und Direktoren (14. 4. 1946), *Hoechst Archiv,* IG 194.

(40)　G. Plumpe, *a. a. O.,* S. 146.

(41)　Anlage zu den 126 Job sheet for executives of the former I. G. Farbenindustrie A. G. Arbeitsteilung und Verantwortung der IG-Vorstandsmitglieder und Direktoren (14. 4. 1946), *Hoechst Archiv,* IG 194, F. ter. Meer, Die I. G., S. 787, F. ter Meer, *Die IG Farbenindustrie Aktiengesellschaft,* S. 46.

(42)　Über Struktur und wirtschaftliche Verflechtung der westdeutschen Werks der I. G. Farbenindustrie Aktiengesellschaft, S. 13, *Hoechst Archiv,* IG194.

(43)　Die Funktion des Kaufmännischen Ausschusses (KA), *Hoechst Archiv,* IG194.

(44)　Über Struktur und wirtschaftliche Verflechtung der westdeutschen Werks der I. G. Farbenindustrie Aktiengesellschaft, S. 11, *Hoechst Archiv,* IG194.

(45)　L. F. Haber, *op. cit.,* p. 340〔前掲訳書，521ページ〕.

(46)　W. Feldenkirchen, *op. cit.,* p. 436, H. Tammen, *a. a. O.,* S. 24.

(47)　Anlage zu den 126 Job sheet for executives of the former I. G. Farbenindustrie A. G. Arbeitsteilung und Verantwortung der IG-Vorstandsmitglieder und Direktoren (14. 4. 1946), *Hoechst Archiv,* IG 194, Organisation der I. G., *BASF Archiv,* I. G. C0/2, F. ter. Meer, Die I. G., S. 787.

(48)　*Ebenda,* S. 787, G. Plumpe, *a. a. O.,* S. 153. これらの中央本部のうち例えば中央会計部についてみると，その職務は，毎年企業全体のために貸借対照表を作成すること，すべての支店の計算組織を監督すること，4つの事業共同体におけるあらゆる製造原価の算定を完全に同一の原則および基準に基づいて行うということに関して監視することなどにあり，最後の点は最も重要な職務のひとつであったとされている。Vgl. Organisation der Zentralbuchhaltung Frankfurt, S. 1, *Bayer Archiv,* 004/B-36.

(49)　Entstehung und Aufgabengebiet der I. G. Berlin NW. 7 (20. 8. 1937), S. 1-3, *Hoechst Archiv,* IG194, Entstehung und Aufgabengebiet der I. G. Berlin NW. 7 (20. 8. 1937), S. 1-3, *BASF Archiv,* I. G. C0/3, F. ter Meer, *Die IG Farbenindustrie Aktiengesellschaft,* S. 47. 国民経済部については，1930年代にはとくに為替相場の安定を考慮した通貨の動き，4ヵ年計画との関連や一層協力に推し進められた輸出増進策のなかで世界の原料市場を持続的に観察する必要性，外国の市場や企業の継続的な調査の必要性が，同部門の形成にとって決定的であったとされている。Entstehung und Aufgabengebiet der I. G. Berlin NW. 7 (20. 8. 1937), S. 2, *Hoechst Archiv,* IG194, Entstehung und Aufgabengebiet der I. G. Berlin NW. 7 (20. 8. 1937), S. 2, *BASF Archiv,* I. G. C0/3.

(50)　Vgl. Organisationsplan der I. G. Belin NW7, *Hoechst Archiv,* IG194 Organisationsplan der I. G. Belin NW7, *BASF Archiv,* I. G. C0/3.

(51)　I. G. Farbenindustrie Aktiengesellsachaft, *a. a. O.,* S. 2.

(52)　A. D. Chandler, Jr., *op. cit.,* p. 569〔前掲訳書，492ページ参照〕.

(53)　R. A. Brady, *op. cit.,* p. 237.

(54) *Ibid.,* p. 46.
(55) *Ibid.,* p. 121.
(56) Vgl. A. Kieser, H. Kubicek, *Organisation,* 2. neubearbeitete und erweiterte Auflage, Berlin, New York, 1983, S. 249, E. Schmallenbach, *Über Dienststellengliederung im Großbetriebe,* Köln, Opladen, 1959, S. 9.
(57) Vgl. J. Wolf, *Strategie und Struktur 1955–1995. Ein Kapitel der Geschichte deutscher nationaler und internationaler Unternehmen,* Wiesbaden, 2000, S. 320, S. 322, R. Stockmann, *Gesellschaftiche Modernisierung und Betriebsstruktur,* Frankfurt am Main, New York, 1987, S. 87.
(58) *Ebenda,* S. 199.
(59) 例えば，H. E. Kroos, C. Gilbert, *American Business History,* New Jersey, 1972, p. 253〔鳥羽欽一郎・山口一臣・厚東偉介・川辺信雄訳『アメリカ経営史（下）』東洋経済新報社，1974年，372–373ページ〕, A. D. Chandler, Jr., *Strategy and Structure,* Cambridge, Massachusetts, 1962〔有賀裕子訳『組織は戦略に従う』ダイヤモンド社，2004年〕参照。
(60) G. Plumpe, *a. a. O.,* S. 146–147.
(61) Über Struktur und wirtschaftliche Verflechtung der westdeutschen Werks der I. G. Farbenindustrie Aktiengesellschaft, S. 2, *Hoechst Archiv,* IG194.
(62) G. Plumpe, *a. a. O.,* S. 148, G. Plumpe, *op. cit.,* p. 228, p. 235.
(63) Die Aufteilung der I. G. in 3 Sparten, *Hoechst Archiv,* IG194, Über Struktur und wirtschaftliche Verflechtung der westdeutschen Werks der I. G. Farbenindustrie Aktiengesellschaft, S. 3, *Hoechst Archiv,* IG194, Gründung und Entwicklung der I. G.(Oktober 1936), *Hoechst Archiv,* IG194, Aufstellung der in der Sitzung des Technischen Ausschusses am 21. November 1929 in Leverkusen zur Beratung vorliegenden Kreditforderungen, *Hoechst Archiv,* IG214, Organisation der I. G., *BASF Archiv,* I. G. C0/2, Sparten, Betriebsgemeinschaften und Werke der I. G. bei Kriegsende, *BASF Archiv,* I. G. C0/2, H. Tammen, *a. a. O.,* S. 23–24, G. Plumpe, *a. a. O.,* S. 147–149, F. ter. Meer, Die I. G., S. 783, W. Feldenkirchen, *op. cit.,* p. 437, A. D. Chandler, Jr., *Scale and Scope,* pp. 574–575〔前掲訳書，496ページ〕, L. F. Haber, *op, cit.,* p. 339〔前掲訳書，520ページ〕を参照。
(64) *Ibid.,* p. 339〔同上訳書，520–521ページ〕.
(65) Aufstellung der in der Sitzung des Technischen Ausschusses am 21. November 1929 in Leverkusen zur Beratung vorliegenden Kreditforderungen, *Hoechst Archiv,* IG214, Niederschrift der Sitzung des TEA am Mittwoch, den 23 Juli 1930, vormittags 9 $\frac{1}{2}$ Uhr in Frankfurt a. M., Feuerbachstrasse 50, S. 4, *Hoechst Archiv,* IG214.
(66) G. Plumpe, *a. a. O.,* S. 148.
(67) H. Tammen, *a. a. O.,* S. 24.
(68) L. F. Haber, *op, cit.,* p. 339〔前掲訳書，520ページ〕.
(69) A. D. Chandler, Jr., *Scale and Scope,* p. 573〔前掲訳書，495ページ〕.

(70)　G. Plumpe, *a. a. O.,* S. 149-150, S. 152. この点については，H. Tammen, *a. a. O.,* S. 27, F. ter. Meer, I. G., S. 789, W.Feldenkirchen, *op. cit.,* p. 434, A. D. Chandler, Jr., *Scale and Scope,* p. 575〔前掲訳書，496-497ページ〕などを参照。

(71)　Anlage zu den 126 Job sheet for executives of the former I. G. Farbenindustrie A. G. Arbeitsteilung und Verantwortung der IG-Vorstandsmitglieder und Direktoren (14. 4. 1946), *Hoechst Archiv,* IG 194, G. Plumpe, *a. a. O.,* S. 152.

(72)　H. Tammen, *a. a. O.,* S. 28.

(73)　G. Plumpe, *a. a. O.,* S. 150. ただ1935年のC.ボッシュの取締役会から監査役会への移動にともない，中央委員会の影響は低下し，事業部および製品部門の管理はIGファルベン内部の重要な意思決定の中心となった。C. Reuber, *Der lange Wege an die Spitze. Karrieren von Führungskräften deutscher Großunternehmen im 20. Jahrhundert,* Frankfurt am Main, 2012, S. 51.

(74)　Vgl. G. Plumpe, *a. a. O.,* S. 152.

(75)　L. F. Haber, *op. cit.,* p. 342〔前掲訳書，524ページ〕.

(76)　A. D. Chandler, Jr., *Scale and Scope,* pp. 578-579〔前掲訳書，499-500ページ参照〕.

(77)　例えば，A. D. Chandler, Jr., *Strategy and Structure*を参照。

(78)　L. F. Haber, *op, cit.,* p. 342〔前掲訳書，523-524ページ〕。

(79)　この点については，拙書『ドイツ企業管理史研究』森山書店，1997年，第9章を参照。

第3部　ナチス期における企業経営の展開

第8章　レファ・システムの普及と管理の変革

第2部では，ヴァイマル期における企業経営の展開についてみてきたが，ナチス期には，それまでとは異なるかたちでの国家の強い関与のもとで合理化運動が展開され，そのなかで，企業経営の大きな変化がみられた。ナチス期の合理化の主要な諸方策は，ヴァイマル期と同様に，技術と労働組織・管理の領域にあった。なかでも，後者においては，レファの計算係によって実施された「科学的な」作業研究・時間研究は，賃金形態の「近代化」および多様化をもたらし，生産技術的合理化とならぶ第2の要因をなした(1)。ナチス政府の経済全体の計画化という枠組みのなかで経営の給付経済・時間経済の重要性が一層高まったことによって，作業研究・時間研究の利用領域も拡大し，とくにレファ方式が普及することになった(2)。この時期には，国家の強いかかわりのもとで，レファ・システムは，時間研究を超えて広く作業研究の有力な方式として発展し，それを基礎にした作業準備，作業管理および作業設計の合理化が推し進められることになった。

それゆえ，本章では，ナチス下のレファ・システムの導入とそれによる管理の変革について，ヴァイマル期との比較視点のもとに考察を行うことにする。まず第1節においてナチス期のレファの活動とその特徴についてみた上で，第2節では，ドイツ企業へのレファ・システムの導入の全般的状況を考察する。それをふまえて，第3節では，レファ・システムによる管理の変革について，主要産業部門を取り上げてみていくことにしよう。

第1節　ナチス期のレファの活動とその特徴

1　レファへの国家のかかわりとその意義

まずナチス期のレファの活動についてみると，その重要な特徴のひとつは，国家の強いかかわりという点にみられる。合理化促進のための国家機関の活動をとおして，またそのイニシアティヴのもとに，レファの活動の重要性が高まり，その活動領域が拡大した。「生産増大のための全国委員会」（Reichsausschuß für Leistungssteigerung）とその傘下にある委員会の重点のひとつである人間の合理的な作業方法の確保という課題の実現への取り組みが，レファの活動に依拠するかたちで推進されており，こうしてレファの活動領域が拡大されたのであった(3)。

また労働科学のさまざまな部分的な領域に取り組んでいた他の機関，とくに国家機関あるいは半国家的機関との協力がはかられたことに，いまひとつの特徴がみられる。そのような機関としては，ドイツ技術労働教育研究所（Dinta）から1935年に誕生した，ドイツ労働戦線内部の経営管理・職業教育局（Amt für Betriebsführung und Berufserziehung）をあげることができる(4)。1933年以前にすでに始まっていたレファとドイツ技術労働教育研究所との間の協力は，35年10月の協定によって公式的性格をもつに至った(5)。こうした協力の目標は，ドイツ経済の最高の成果のために必要な経営経済の知識を企業に仲介することにあった(6)。その後，レファの教育コースは，レファと経営管理・職業教育局によって共同で実施されることになった。前者は教育とともに講師と教材の提供に，後者は参加者への宣伝と募集に責任を負った。経営管理・職業教育局のもつ比較的大規模な人員組織が，1935年以降，レファの活動の非常に強力な拡大に大きく貢献した(7)。

レファに対するこうした協力が強化された1935年頃までは，レファの教育コースには，レファの時間測定員，計算担当係などとしての活動のための必要な理論的な前提条件となる知識をもたない者が参加していたという状況にあった。そうした不都合な状態を当初から排除するために，経営管理・職業教育局とレファによって，2人のメンバーで組織される開始委員会が，コースの開始前に活動するようになっている(8)。個々の企業の要求が問題とならない限りは，経営管理・職業教育局による合理化活動の支援は，つねに国家の工業グループの仲介のもとに行われた[9]。しかし，レファは，こうしたグループの影響のもとにあって，組織と内容の面での自律性を十分に保つことに成功したとされている[10]。ただレファの組織の編成に関しては，ドイツ労働戦線と同様に広範な地域組織をもつ構成が望ましいとするこの国家機関の要望に基づいて地域委員会の組織が拡大されるなど，影響は小さくなかったという面もみられる[11]。

このようにして，レファ・システムは，比較的短期間に，産業の広い範囲に普及するに至ったのであり，R.ハハトマンは，ドイツ労働戦線のような半国家的組織の支援がなければ，レファ方式の急速な拡大は考えられなかったであろうと指摘している[12]。ドイツの産業経済にとっては，労働の合理化が国家機関や経営者によって是認されるだけでなく少なくとも強力に促進されるかあるいは直接指示されることが，とくに重要であった[13]。国民社会主義者は，近代的な産業なしには戦争に勝利しえないという理由からのみ多種多様な近代化および合理化の運動を促進したのではなく，彼らの多くは，そうした諸過程のもつ支配の安定の効果を知っていた。ナチスドイツにおけるテイラーの時間・動作研究の積極的な受け入れおよび1934年以降のレファの活動の著しい拡大は，経営内部の社会的衝突の「科学的」な解決や緩和，その限りにおいて国民社会主義者によって目標とされた社会調和的な「経営共同体」の実現に決定的な貢献をなしうるというテイラリズムの約束から明らかになるとされている[14]。そのさい，工業生産の「アメリカ化」の進展や経営内部の社会的関係の急速な諸変化の背後で，労働科学，労働心理学，産業社会学などの科学の諸領域からの研究やコンセプトは，より広い反響を見出したのであった[15]。

この時期のレファの活動に関して重要ないまひとつの点は，ナチスの政権獲得，ドイツ労働戦線による労働者統制の強化のもとで，「中立」を標榜するレファやドイツ技術労働教育研究所の独立性がもはや完全に失われてしまったということにある。レファの教育コースは，財政的には自前で行われ，ナチスの機関であるドイツ労働戦線による助成を受けるかたちではなかった[16]。しかし，「科学的管理（法）の導入以降企業管理者や労働科学者たちが一貫して求めた労働者の最適能率の追求といった問題は後方におかれ，労働者に対する共同体意識の醸成や国家への忠誠といったことが重視され，戦時労働力総動員体制にむけての基礎が築かれ」た[17]。レファなどの機関は，その存続のためには，国家や国の政党の複雑な組織の構成要素とならざるをえず[18]，それだけに，労働者に対する統制やナチスのイデオロギーの強化という国家の目的の影響のもとにおかれざるをえなかった。このように，ドイツ労働戦線のような半国家的組織の関与によって，むしろ「中立性」,「客観性」の確保というレファの本来の目標からは大きく遠ざかってしまう結果となった。

2　レファの取り組みとその特徴

つぎに，レファの取り組みとその特徴をみることにする。ナチス期には，レファの方法は質的拡大がはかられ，1936年3月の「全国作業研究委員会」(Reichsausschuß für Arbeitstudien) へのレファの改称にみられるように，この機関の活動の重点は，時間研究から広範な作業研究に移った[19]。1924年のレファ協会の設立当初にあっては，時間研究への取り組みが中心であった。しかし，1930年代半ばには，決められた一定の方法で作業がいかにはやく行われるかをつきとめるだけでなく，作業がどのように行われるか，ある特定の作業がより良く設計されるかどうか，それが理論的に最適に行われうるかどうかという作業の遂行それ自体も，重要な問題となっていた[20]。

こうして1936年には，レファの活動は，標準時間の設定，職務設計，職務評価，作業指導といった作業研究全般におよぶようになった[21]。この点について，A.ヴィンケルは1938年に，レファの活動へのドイツ労働戦線の影響によって職務設計への発展過程が強力に促進され，また一層推し進められることになり，その結果，最も合目的的な職務設計への要求は最も上位の基本原則となったとしている[22]。なおそのさい，経営における作業研究・時間研究の実施は，1933年以降初めて，たえず拡大している心理学的な基礎の確立とその普及を経験することになった。そこでは，人間の労働給付の問題を「人間的な観点」から最新の知識の水準に応じてわかりやすく，しかしまた詳しくまとめた「人間の経営労働の精神的・肉体的諸条件」に関する「手引き」がとくに重要な意味をもった[23]。このように，1920年代と同様に，労働科学的研究を課題とする合理化の諸科学が，大きな役割を果したのであった。

また第2次大戦時には，軍需生産のさらなる増大の必要性と専門労働者不足のもとで，作業研究の意義，役割は一層高まることになった。K.ペンツリンは1942年に，なお存在している予備的な生産能力の戦争経済への動員に役立ちうるあらゆる諸方策のなかで，作業技術，作業研究の諸成果の利用は重要な役割を果しうるものであったとしている[(24)]。W.ヴァイゲルの1942年の指摘にもみられるように，とくに重要な目的のために専門労働者を確保しておくことや半熟練労働者によるその代用が配慮されねばならず，それゆえ，近代的に配置された工場にとっては，もっぱら作業研究に従事し作業研究の組織化・拡大を十分に促進するような独立した部門が重要かつ必要であった[(25)]。またG.パイゼラーは1943年に，最善の給付を達成するための経営の比較は適切な時間研究・作業研究に基づいて初めて効率的かつ適切なものになるが，それをさまざまな経営に対して最も効率的に行おうとするならば，なお一層の合理化が必要であったとしている[(26)]。

このように，レファの活動は，ナチスの軍需景気のもとで，また労働力不足のもとで急速に拡大していくことになったが，つぎにレファによる教育コースとその参加者の数の推移をみることにしよう。ドイツ産業のあらゆる部分での労働力不足のためにかなり強められた労働強度の引き上げのための諸努力が，1935/36年以降，レファの教育コースとその参加者の数を急速に増加させることになった[(27)]。レファの教育コースは，1935年には100にも満たなかったものが第2次大戦の始まる39年には約230へと増加したほか，その参加者数も，約2,000人から約6,000人へと約3倍に増加した[(28)]。

また戦争経済への諸要求は，こうした発展をさらに加速させることになり，レファの教育コースの参加者数は，1943年には約12,000人でもって，その頂点に達した。1942年以降すべての金属経営に対して拘束力をもつことになった「製鉄・金属賃金目録」も，同年にいま一度のレファの本格的な躍進をもたらした[(29)]。それは職務評価の導入とも深いかかわりをもっていた。そこでは，職務評価に必要な作業研究が，個々の諸活動および労働力を正確に分析し，また評価する可能性を与えた[(30)]。レファの表や基準値がなければ，またレファの類似のものの利用がなければ，時間のロスなしに期限どおりに複雑な生産計画を前もって正確に立てること，事前に計算すること，また正確な時間の算定に基づいて給付増大の残された余地を戦争経済のために利用することは不可能であろうと指摘されていた[31]。またティセンクルップ・コンツェルン文書館に所蔵の1942年10月20日の内部文書でも，軍需産業における生産増大の要求の実現は，その大部分がレファの活動の成功にかかっており，作業の最善の設計のための作業研究，正確な時間の決定のための時間研究，その価値に基づく労働の等級づけの3つの問題があげられている。また時間の測定と職務評価も重要な意味をもっていたとされている。さらに，公正な賃金は従業員の満足のための基礎であり，それでもって生産増大の基礎が築かれるという事情から，工業全体の賃金の再編は絶対的に必要であったことが指摘されている。こうした賃金の問題への対応は，その大部分がレファマンによって担われていたが，このような新しい問題に精通したレファマンの養成のための集中的な教育活動がレファの地域委員会組織において行われる必要性が高まり，そのような活動が，ドイツ労働戦線との協力で行われるようになった。そこでは，養成教育，資料の提供などの面でのレファの役割が，一層高まったのであった[32]。

しかし，戦争経済の諸条件のたえまない変化のもとで，すでに生産経済的原則の遵守と時間経済の実施ははるかに困難となり，また傾向としてみれば，不可能となった。このことはレファの活動の低下として現れており[33]，レファの教育コースおよびその参加者の数は1943年以降減少した。参加者数は，1945年には，35年の水準を下回る約1,600人にまで減少した[34]。確かに作業研究・時間研究によって作業職場や事務部門における個々の作業の進展を可能にする最善の解決策が追求されるなど，引き続き作業研究・時間研究は一定の役割を果たした[35]。しかし，E.ペッヒホルトが指摘しているように，材料の調達，生産設備の取り替え，攪乱されやすいこと，官僚主義的な経済組織などにおける欠陥は人間の給付の増大によって埋め合わせることはできず，戦争の負担の増大にともない，作業研究の利用は破綻に向かってすすんだ[36]。レファの活動は，ナチス支配の終焉でもって，初めて一時的にその機能を停止することになった[37]。

この時期のレファの方法の急速な拡大は，労働市場の変化に規定されたものでもあったが，そこでは，作業研究・時間研究によって，労働の強度が大きく引き上げられ，労働力が節約された。レファ方式の「科学性」・「客観性」の主張は，給付にかなった賃金支払いによって「経営共同体」内部の「労働平和」を持続的に確保する機会を開くと考えられていた[38]。1930年代半ばまでは，同じ作業条件のもとでの出来高払いの安定性を生み出そうという決定を行うことができなかったので，労働の科学的な測定や時間研究自体も，出来高払いをめぐる紛争を解決することはなかった[39]。それだけに，レファ・システムによって労働平和を実現するという努力は大きな意味をもったといえるが，実際には，出来高給をめぐる紛争が起こっている。そこでは，出来高の抑制は，当時労働者によって好まれた出来高給をめぐる闘争の形態となりえた。確かに，労働者の給付能力や給付の可能性のより正確な知識を獲得し，またそうして労働者側の独自の「出来高政策」に狭い限界を設けようとする試みとしてのレファ方式の普及や，とりわけベルト・コンベアの導入（機械的な流れによる作業テンポの統制）は，彼らの出来高抑制の基盤を徹底して奪いとった。しかし，それにもかかわらず，実際には，レファ方式の普及と平行して，むしろストップウオッチや計算係をめぐる紛争が頻発した[40]。

第2節　レファ・システムの普及の全般的状況

それゆえ，つぎに，ナチス期におけるレファ・システムの普及の全般的状況をみると，レファ協会の設立当初と同様に，その中心は広義の金属産業におかれていた。金属加工業では，レファおよび経営管理・職業教育局によって多くの金属経営において促された根本的な労働組織の近代化は，1932年から34/35年までにみられた生産性の低下傾向の転換に寄与し，34年から39年第1四半期までの間に，労働時間でみた生産性は34.4%の上昇をみた[41]。

またレファの教育コースについてみると，2時間を1コマとする26回の授業のもとで作業研究の原則および方式が部門を問わずに教授される基本コースのほか，特定の領域での利用のための2時間を1コマとする12回の専門教育コースがおかれていた。さらに1939年から45年までに，レファの正規の教育コースに追加的に提供されたドイツ労働戦線のアウグスツッス校には，47の3週間集中コースがおかれた。そのうち，26が金属産業向けのものであり，衣料品産業向けに7つ，製材業および製紙業向けにそれぞれ3つ，鋳造業向けに2つ，またガラス産業，窯業，造船業，炭鉱業，ゴム産業，印刷業向けにそれぞれひとつのコースが開催されており[42]，レファの教育コースは，金属産業以外の産業部門でも広く普及した。また第2次大戦中には，レファ方式の一層強力な拡大と1942年末以降の製鉄・金属賃金目録の導入が，とくに軍備にとって重要な金属加工業において，労働の強化を促進した[43]。作業研究の実施は，決して機械的工業部門あるいは大経営に限られるものではなく，レファに依拠した活動は，さらに冶金工業や鍛造工場，材木加工業，被服産業や製靴産業でもみられた[44]。

しかし，レファ・システムの導入・普及が一層すすんだ部門とともに，組織的な作業研究・時間研究が一部では大きな困難に直面した産業部門も存在した。造船業がその代表的事例をなす。確かにレファ・システムを造船所に導入しようとする諸努力がより強力に行われており，1941年の初めまでに，このシステムは，若干のより小規模な造船所を例外として，ほとんど至るところで導入された。大多数の企業の管理者はレファの方式をよく知ってはいたが，造船業では，レファに完全に依拠した把握とは大きな隔たりがあった。出来高給の正確な算定には比較的長い時間がかかるために，一般的に比較的大ざっぱに評価された予定時間を基礎にせざるをえなかった。また海軍のたえまない計画変更によってしばしば緊急の課題が優先されざるをえず，予定された作業工程がそれによって撹乱されたので，徹底した作業準備がほとんど不可能であった。さらに，戦時中には出来高部の必要な要員が不足していた。これらの理由から，出来高給の正確な算定は困難であった。それゆえ，レファによる活動が十分に行われえたのは，わずかの造船所にすぎなかった[45]。例えばドイツ造船会社では，すでにナチスの権力獲得直後にレファの方法による作業研究・時間研究およびそれを基礎にした出来高給が導入されているが，造船業の大多数の他の企業は，1938/39年に初めて造船作業のテイラー化を開始していたにすぎない。また1941年までまだレファ方式を利用しておらずその多くがより小規模であったわずかな造船所では，主として，はるかに平均を超える割合の「レファの適用が可能」ではない修理作業が発生したような企業が関係していたとされている[46]。また化学産業も，レファ・システムの導入が強力に取り組まれた部門ではなかったが，少なくともこの産業の一部では，特殊な賃金制度や時間研究によって労働強度を高めようとする諸努力が行われている[47]。

このように，1930年代半ばに始まる景気の躍進は，決して直ちにすべての産業部門において作業研究・時間研究の高まりをもたらしたわけではなかったが，そのことは，ナチスの権力獲得と同時に現れた国家による経済政策の統制が軍備にとって重要な産業部門に集中していたことによるものであった。こうした事情は，政府によって重視されなかったその他の産業部門，とくに消費財産業における作業研究・時間研究の立ち遅れをもたらすことになった[48]。

第3節　主要産業部門におけるレファ・システムの普及と管理の変革

これまでの考察において，ナチス期のレファの活動とその特徴，レファ・システムの導入の全般的状況をみてきた。それをふまえて，つぎに，主要産業部門におけるレファ・システムの導入とそれによる管理の変革について，作業準備，作業管理および職務設計との関連も含めてみていくことにしよう。

1　電機産業におけるレファ・システムの普及と管理の変革

まず電機産業をみると，ナチス期には，作業時間の研究は，作業準備の最も責任の重い活動に属しており，そこでは，一般的に「レファの原則」の利用が作業時間算定の最善の形態を示していたとされている[49]。G.ライファーは1939年に，電機産業でもその近年にレファの考え方が経営においてより多く採用されてきたとしている[50]。例えばAEGでは，1940年6月の同社の内部文書によれば，真空管の生産においてレファの原則に依拠した作業時間の算定が取り組まれている。ベルリン真空管工場では，作業研究・時間研究は，レファの方針に依拠して経営の改善，公正な賃金および概算のための基礎資料を生み出すべきものとされており，その導入のために，作業計画部が，レファの基本概念をまとめている。それでもって，将来にはすべての部署において同種の資料が使用され照合可能となるほか，統一的な概念の適切な利用も達成されると考えられていた[51]。1940年6月にはさらに，時間の観察およびタイム露出撮影の利用に関する方針が説明されている[52]。1941年1月にもレファに基づいた作業時間の算定における損失時間の問題が取り上げられており，そこでは，全般的に妥当する時間値の決定が計画されている(53)。またこの時期には，職務評価の導入もすすんでおり，AEGでは，一般的に，すでに，コスト責任を負うさまざまな単位において作業工程の評価の認識がはかられてきたが，そのような評価を他の部署にも適応させるために，職務評価の領域とも緊密な接触をはかることが推奨された(54)。

そこで，作業準備，作業管理の合理化の代表的な事例をみておくことにしよう。まず**電動機製造部門**をみると，ジーメンス・シュッケルトのエルモ工場においては，1934年には，効率的な生産のために，中ぐりやねじ切りにおいてタイム露出撮影が継続されており(55)，多くのタイム露出撮影が実施されている。それによって，スリップリング回転子鉄心の生産において，約40％もの時間の節約が可能となった(56)ほか，タイム露出撮影の結果として，その後の管理のために20の新しい事前計算メモが作成される(57)など，ヴァイマル期に進展をみた作業研究の取り組みの拡大がはかられている。翌年の1935年にも，丸1年を超えて時間研究およびタイム露出撮影の実施の拡大が報告されており，そこでは，それによる20％を超える時間の節約が見込まれた(58)。エルモ工場では，1937/38年の営業年度には，期限制度が新たに組織され，冷蔵庫や電動機などの製品の生産拡大を準備する計画部が設置されている(59)。1939年6月の*Der Vierjahresplan*誌によれば，電動機製造の領域において，作業研究，より良い作業準備，工具の改良やより多くの装置の配置によって，部品の生産では，専門労働者と半熟練労働者（特殊技能労働者）の比率は以前の7：3から5：95に，組み立てでは，8：2から1：9となっており(60)，後者の比率が高まっている。

つぎに**小型製品製造部門**をみると，ジーメンス・シュッケルトの工場でも，エルモ工場と同様に，時間・動作研究のための取り組みが行われており，1935年にはタイム露出撮影による15-20％の時間の節約が達成されている(61)。同社のスイッチ工場では，1935/36年の営業年度には，古くなった工作機械の置き換えをより大規模に行うことが必要となり，そこでは，高速度鋼に代えて硬質合金鋼が利用された。そのさい，時間研究および作業の観察によって，硬質合金の利用にとくに適した機械や仕掛品にそれを利用した場合の加工時間が鋳鉄の加工では高速度鋼の利用の場合の作業時間に比べ3分の1に，鋼の加工では5分の1に，鋳鋼の加工では8分の1にまで短縮されることが明らかにされた[62]。また**電話機製造部門**をみても，ジーメンス&ハルスケのヴェルナーF工場では，労働力の組織的な教育や出来高賃金の支払いの科学化は，すでに長い間，適切な男女の労働者を適した作業場に配置し，また適切な給付へと導くことを目標とするジーメンスの人事政策の標準的な項目に属してきたとされている[63]。さらに**ラジオ製造部門**をみると，ラジオの生産では，製造職務の多様な形態のために必要な工具や装置も多様であり[64]，そのことは，作業準備の意義を一層高めることになっており，作業準備の機能は，その後も重要な役割を果した。また1941年1月には，作業準備や作業管理のための用具として，ベルリン真空管工場へのホレリスコードによるパンチカード方式の導入に関する協議が行われており，それまで工場記帳部において8人の労働者によって担われていた作業は，ホレリスカードの導入によって機械で行われるようになった[65]。

2　自動車産業におけるレファ・システムの普及と管理の変革

つぎに，自動車産業についてみると，賃金の算定の問題と設計の領域の問題が作業準備の役割を一層重要なものにした[66]。生産現場についてみても，W.v.シュッツは1942年に，その10年間は経営の組織的な編成，合理化によって，またとくに戦時中には労働力の最も節約的な管理によって支配されていたとした上で，需要が供給を何倍も上回るという当時の状況のもとで，作業準備および作業の計画化が非常に広い範囲で普及したとしている[67]。ドイツのすべての自動車企業では，1930年代末には，作業準備が労働過程を組織化した。そこでは，作業準備は，部品あるいはユニットの加工・生産のための作業順序の決定，これらの作業のための機械，工具および設備の決定を行った。しかし，アメリカの大規模な自動車企業とは異なり，徹底的な最適化をはかるという課題は，なお職長や専門労働者に残されていた。例えば作業が非常に詳細に計画されていたために労働者には予定時間にあわせた執行のみが可能であったフォード社とは異なり，アメリカ的生産方法の導入の典型的な事例をなすオペルでさえ，たとえ定められた枠内であったにせよ，作業の遂行の自立的な組織化の余地が残っていたとされている[68]。

この時期には，ダイムラーベンツにおいても，またオペルにおいても，作業管理の計画機能は，ローワー・レベルから，新しく誕生したミドルのレベルにますます移されており，このことは，出来高払いの決定・計算や労働給付の統制において明らかになる。すでに第2次大戦前に，業務の管理機能の分化という方法で，経営社会組織における近代的な作業管理のための基礎が生み出され，また一層の職能的専門化をともなう新しい作業管理がたえず形成された[69]。

また賃金制度との関連でみると，ダイムラー・ベンツでは，1938年には，すでにアメリカにおいてその価値を実証されていた「分析的職務評価」という新たな方法に依拠しながら，36年以降加速された個別駆動の専用工作機械および近代的な設備の導入とこの時期に実施された教育訓練制度の変更に合せるかたちで，それまでの5つの賃金階層に代えて新たな8つの労働グループが確定され，新たな順位づけが行われた[70]。この点について，B. P.ベロンも，1930年代後半の急速な拡大および合理化との関連のなかで，同社は19世紀以降存在していた熟練と能力のレベルに基づく範疇（熟練，半熟練，不熟練）をもつ賃金制度の最初の改革に取り組んだとしている[71]。そこでは，作業研究・時間研究の組織的な導入に対応した客観化の傾向や作業に関連した賃金支払いの形態へのより強い傾向によって，利用価値の高いあるいはより高い労働の遂行能力をもつ従業員がそれまで以上に彼らの能力にふさわしい作業場に配置されるように努力すべきものとされた。しかし，賃金決定の客観化や職務評価の洗練された方式の利用をめぐる経営側の諸努力によって，より多くの権限が時間研究部門や作業準備部門に移されたので，そうした努力は，いつかのケースでは，職長や部門管理者の反対に直面した[72]。また同社では標準時間の算定にあたり，レファ・システムが導入されており，1942年3月23/24日の取締役会の議事録によれば，例えばゲンスハーゲン工場では，時間の算定は一貫してレファ・システムに基づいて行われていた。作業時間の最も大きな部分が機械によって規定されている場合には，レファ・システムが利用可能であったが，車体部門や組み立てにおいてのように，手作業の場合には，そうした問題は難しくなったとされている[73]。

3　機械産業におけるレファ・システムの普及と管理の変革

さらにレファのような作業研究の方法が重要な意味をもった機械産業をみると，工作機械製造では，1933年以降，労働力，時間およびコストの管理という3つの領域において，作業準備の発展によって，専門労働者の管理能力やフレキシビリティポテンシャルの育成によって，また体系的な原価および時間の管理のさらなる発展によって，技術的・組織的変革が推し進められた(74)。工作機械産業では，ことに労働力の配置において，作業準備，作業管理および職務設計のテーマは，専門労働者不足の拡大によって特別な推進力を得た。そこでは，徹底的な作業の分割，古くなった標準賃金のグループの徹底的な変更およびより公正な賃金の発見の諸方法が，必要な将来的な動きであり，このような方向は，作業準備に対する新たな，複雑な諸要求と結びついていた(75)。

そこで，作業準備の機能において重要な役割を果す時間研究・作業研究についてみると，その成果のひとつは，労働者の作業負担の軽減にあった。鍛造職場における配置の改善が行われた事例が報告されているが，そこでは，作業研究は，労働手段のより良い配置によって，鍛造工および補助労働者の時間と労力の節約をもたらした。また正確な作業研究によって，期限の遵守においても，大きな成果がもたらされた。ある工作機械製造企業では，期限の遵守の割合は27%にすぎなかったのに対して，作業研究に基づいて計画的に期限を決定していた他の企業では，その割合は65%にのぼっていた(76)。作業研究・時間研究は，組立工程においても，工場の全体的な組織，例えば作業準備，作業の割り当て，期限，在庫保有，作業の計画化，作業の精度，なお不足している設備や装置についての有効な結論を引き出すことができるという大きな利点をもっていた(77)。

こうして，ナチス期には，時間研究をより拡大させた作業研究を基礎にした管理の再編成，強化が取り組まれた。そうしたなかで，作業準備の発展と同様に，作業編成の合理化が大きな進展をみることになり，管理の一層の強化がはかられた。

4　鉄鋼業におけるレファ・システムの普及と管理の変革

また以上の加工組立産業とは異なるタイプの産業に属する鉄鋼業についてみ

ると，時間の算定は，「レファ」に基づいて，時間研究，概算，計算，経験値との比較によって，またさまざまな諸方式の結合によって行われることができたとされている(78)。製鉄所においては，時間研究は，生産設備の最も効率的な利用，製造時間の短縮，作業準備のための，また期限の管理のための方法を示すのに役立った(79)。またある熱間圧延工場では，仕上工程において，レファ・システムに依拠するかたちで，詳細な時間研究・作業研究に基づいて各グループに対して新しい出来高給（時間出来高給）が導入された事例がみられる(80)ほか，冷間圧延工場でも，詳細な作業研究・時間研究に基づいて，個人別の出来高給が導入されている。そこでは，時間研究の結果が手作業については1枚の表に，また機械作業については2枚目の表に記録され，それらに基づいて予定時間が算定された(81)。さらに鋳造工場でも，時間研究の利用がすすんだ。事前計算および出来高の基準値のための申し分のないデータの入手のためには，製品ひとつの完成に必要な時間全体が個々の操作の時間に徹底して分割されなければならなかったが，そこでも，レファの原則が決定的な意味をもったとされている(82)。

さらに動作研究の取り組みもみられ，例えばアウグスト・ティセン製鉄所では，タイム露出撮影による動作研究と給付の算定が取り組まれた。その結果，24時間当たりの溶銑炉の最高生産量は約1,000トン，平均給付は815トンとされた。これらの数字は拘束力をもつものとされ，生産計画の基礎にされた(83)。またこの時期には，ガント・チャートを利用した管理の取り組みを行っていたというケースもみられた(84)。

このように，鉄鋼業でも，時間研究・動作研究に基づく管理の変革・強化が取り組まれているが，その状況は企業によって大きく異なっていた。H.ロッシーは1939年に，当時なお実際に使用することのできる測定道具が欠けており，それゆえ，正確な時間研究の諸方式のための利用領域は限られていたとしている。とくに中小経営では，予定時間の決定にさいして，かなり大きな部分を概算に依拠していた(85)。またクルップでは，例えば1937年4月21日のある文書をみても，出来高給の再検査が実施されたさまざまな経営では，出来高給を根拠なく低く抑えようとする努力が行われており，それへの対抗措置として労働者側の作業の抑制が行われたケースや，出来高給の引き下げに対する異議や改善要求が出されていたケースがみられた[86]。

5　化学産業におけるレファ・システムの普及と管理の変革

また化学産業についてみると，1920年代の合理化の時期にも出来高給が導入されていたが，ナチス期おいても，その決定において時間研究・作業研究が大きな役割を果たした。IGファルベンの出来高給制度は，最も細かい部分に至るまで完全なものにされたが，例えばレファークーゼンでは，個々の経営および製品について表で決定される約3万もの出来高単価と数百もの割増給の規定が存在していた[87]。またバイエルのドルマーゲン工場でも,1935年頃以降に，ひとつの例外を除いて，すべての製造現場において，作業研究・時間研究を基礎にして，出来高割増給が導入されている[88]。出来高給のための洗練されたシステムの導入にあたり，時間研究・作業研究の実施は，一層重要な意味をもつことになった。上述したように，化学産業はレファ・システムのような方法の導入が強力に取り組まれた部門ではなかったが，少なくともこの産業の一部において，特殊な賃金制度や時間研究によって労働強度を高めようとする諸努力が行われた[89]。

例えばIGファルベンの**BASF**では，事前計算部の主要な領域は，出来高労働の実施および製造割増給のためのデータの作成の2つの大きなグループに分かれていた。製造割増給については，個人の給付ではなく一定の期間，通常1ヵ月におよぶある経営の全従業員の給付を基礎にすることが適切であることが明らかになった。そのような諸変化は，事前計算部の組織の徹底的な変革を必要とすることになり，それまでの3つの出来高部にかえて，中央事前計算部が設置されていた。そこでは，1932年には67人と最低水準にあった要員数は，40年には222人に増加しているが[90]，事前計算係の数は，33年のわずか18人から40年には142人にまで大きく増加している[91]。

また**バイエル**でも，事前計算や時間研究・作業研究に従事する部署として作業部（Arbeitsbüro）が設置されていたが，それは1920年8月に設置された出来高給委員会（Akkordkommission）をはじまりとしていた。出来高部は，監督機関および経営の助言機関として生み出されたものであった[92]。1920年代後半には，20年代初頭までもっぱら職長の手に握られていた事前計算[93]の機能を出来高部が作業研究・時間研究でもって担当するようになっており，そこではレファ・システムに依拠して行われるようになっていた。ナチス期には，そのような取り組みは一層すすんだ。1930年代末には，出来高部は，出来高時間の算定だけでなく，職務設計，賃金支払方法や賃金水準にかかわる諸問題にも従事するようになっており，そのような職務範囲の拡大にともない，40年1月には作業部への名称変更が行われた(94)。

ただレファークーゼンでは，1930年代には計算機能が時間検査係と職長によって行われる二重体制的な形態がとられており，その意味では，作業部あるいは出来高部への計算機能の移行は，なお過渡的段階にあったといえる。そのような体制への転換後も，事前計算は，依然として，主に職場従業員によって実施されており，1942年以降，事前計算に関するすべての業務を作業部に移すための諸努力が，はるかに強力に取り組まれた。しかし，事前計算が独立した計算係のもとにおかれるようになったのは，第2次大戦後の1946年のことであり，そのような転換は，作業部の要員の大幅な増加をもたらした。1946年末には，その数は75人となっており(95)，33年の28人の約3倍に増加している(96)。また出来高給の設定に従事する要員の養成をみても，1920年代後半には，28年の32人が人数としては最高であったのに対して，34年には92人，38年には80人が養成されるなど，その数は大きく増加している。1933年から45年までの期間に養成された人数は，501人にものぼっている(97)。出来高給や割増給に関する作成されたデータをすべての職場や経営において均一的に運用することが，職長から中立的な機関である作業部への計算の移動を規定したのであった(98)。

このように，鉄鋼業や化学産業でも，賃金決定のための作業研究の導入などが行われている。しかし，これらの産業では，その生産過程や労働工程の特質もあり，作業管理，作業準備および職務設計の領域においても，電機，自動車，機械などの加工組立産業の諸部門と比べると，労働組織の合理化の果す役割はあまり大きなものとはならなかったといえる。

以上の考察において，ナチス期のレファ・システムの導入・普及とそれによる管理の変革についてみてきたが，この時期には，ヴァイマル期とは大きく異なる軍需市場の著しい拡大のもとで，フォード・システムの導入が一層重要な課題となってきた。それゆえ，次章では，この点について考察を行うことにしよう。

（1） R. Hachtmann, *Industriearbeit im 》Dritten Reich*《, Göttingen,1989, S. 175.
（2） R. Schmiede, E. Schudlich, *Die Entwicklung der Leistungsentlohnung in Deutschland,* 4. Aufl, Frankfurt am Main, New York, 1981, S. 304.
（3） R. Hachtmann, *a. a. O.,* S. 74.
（4） *Ebenda,* S. 180.
（5） *Ebenda,* S. 181, Richtlinien für organisatorische Fragen innerhalb der Refa-Ausschüsse, S. 2, S. 4, *ThyssenKrupp Konzernarchiv,* VST/590, E. Pechhold, *50 Jahre REFA,* Berlin, Köln, Frankfurt am Main, 1974, S. 83.
（6） Schulungsarbeit des Refa, *Maschinenbau,* Bd. 13, Heft 21/22, November 1934, S. 602.
（7） Arbeitsrichtlienien für die Einrichtung und Dürchführung von Refa-Kursen(4. 10. 1935), S. 1, *ThyssenKrupp Konzernarchiv,* VST/590, Richtlinien für organisatorische Fragen innerhalb der RefaAusschüsse, S. 3, *ThyssenKrupp Konzernarchiv,* VST/590, Vereinbarung zwischen Amt für Arbeitsführung und Berufserziehung und Refa, *ThyssenKrupp Konzernarchiv,* VST/590, R. Hachtmann, *a. a. O.,* S. 181, E. Kothe, Bestgestaltung der Arbeit durch Arbeitsstudien, *Maschinenbau,* Bd. 15, Heft 3/4, Februar 1936, S. 65, A. Winkel, Die Auswirkung der Refa-Arbeit im Unternehmen, *Maschinenbau,* Bd. 17, Heft 19/20, Oktober 1938, S. 505.
（8） Arbeitsrichtlienien für die Einrichtung und Dürchführung von Refa-Kursen(4. 10. 1935), S. 2, *ThyssenKrupp Konzernarchiv,* VST/590.
（9） Klare Zuständigkeiten in der Rationalisierungsarbeit, *Der Deutsche Volkswirt,* 14. Jg, Nr. 5, 1939/40, 3. 11. 1939, S. 124.
（10） E. Pechhold, *a. a. O.,* S. 82, R. Hachtmann, *a. a. O.,* S. 181.
（11） Richtlinien für organisatorische Fragen innerhalb der Refa-Ausschüsse, S. 2, *ThyssenKrupp Konzernarchiv,* VST/590, Verzeichnis der Refa-Gau- und Refa-Ortsausschüsse im Reich, *ThyssenKrupp Konzernarchiv,* VST/590.
（12） R. Hachtmann, *a. a. O.,* S. 303.
（13） K. Penzlin, Grundsätzliches zur deutschen Arbeitsrationalisierung(Kritik des Bedaux-System), *Technik und Wirtschaft,* 31. Jg, Heft 2, Februar 1938, S. 40.
（14） R. Hachtmann, *a. a. O.,* S. 303.
（15） *Ebenda,* S. 81.
（16） Richtlinien für organisatorische Fragen innerhalb der Refa-Ausschüsse, S. 3, *ThyssenKrupp Konzernarchiv,* VST/590.
（17） 幸田亮一・井藤正信「ドイツにおける科学的管理法の展開」，原　輝史編『科学的管理法の導入と展開』昭和堂，1990年，201ページ。
（18） Vgl. E. Pechhold, *a. a. O.,* S. 82-83.

(19) R. Hachtmann, *a. a. O.,* S. 180, Refa=Reichsausschuß für Arbeitsstudien, *Maschinenbau,* Bd. 15, Heft 7/8, April 1936, S. 215, A. Winkel, *a. a. O.,* S. 505.
(20) K. Pentzlin, Die Zweckstudie. Beitrag zum Neuaufbau der Arbeitswissenschaft, *Technik und Wirtschaft,* 28. Jg, Heft 8, August 1935, S. 226.
(21) K. Schlaich, Stand und Weiterentwichklung der REFA-Lehre, *REFA-Nachrichten,* 27. Jg, Heft 3, Juni 1974, S. 190.
(22) A. Winkel, *a. a. O.,* S. 505.
(23) H. Böhrs, Leitfaden für das Arbeitsstudium, *Technik und Wirtschaft,* 35. Jg, Heft 4, April 1942, S. 70.
(24) K. Pentzin, Arbeitsforschung und Betriebspraxis, *Technik und Wirtschaft,* 35. Jg, Heft 4, April 1942, S. 57.
(25) W. Weigel, Neuzeitliche Arbeitsuntersuchung im Zusammenbau, *Werkstattstechnik und Werksleiter,* 36. Jg, Heft 3/4, Februar 1942, S. 46.
(26) G. Peiseler, Rationalisierung der Zeit- und Arbeitsstudien, *Technik und Wirtschaft,* 36. Jg, Heft 2, Februar 1943, S. 26-27.
(27) R. Hachtmann, *a. a. O.,* S. 176.
(28) Vgl. E. Pechhold, *a. a. O.,* S. 86-87.
(29) R. Hachtmann, *a. a. O.,* S. 176.
(30) R. Schmiede, E. Schudlich, *a. a. O.,* S. 305.
(31) Refa――Vorstufe der Rationalisierung, *Wirtschaftsdienst,* 27. Jg, Heft 26, 26. 6. 1942, S. 460.
(32) Vgl. Leistungssteigerung in der Rüstungsindustrie (20. 10. 1942), S. 1-3, *ThyssenKrupp Konzernarchiv,* VST/590.
(33) R. Schmiede, E. Schudlich, *a. a. O.,* S. 312.
(34) E. Pechhold, *a. a. O.,* S. 87.
(35) Rationalisierung nach Erzeugnissen, *Die Deutsche Volkswirtschaft,* 12. Jg, Nr. 15, Mai 1943, S. 470.
(36) E. Pechhold, *a. a. O.,* S. 89.
(37) R. Hachtmann, *a. a. O.,* S. 176.
(38) *Ebenda,* S. 178-179.
(39) R. Schwenger, Das soziale Frage im Betrieb, *Jahrbuch für Nationalökonomie und Statistik,* Bd. 142, 1935, S. 159.
(40) R. Hachtmann, *a. a. O.,* S. 201-203.
(41) *Ebenda,* S. 228.
(42) E. Pechhold, *a. a. O.,* S. 88.
(43) R. Hachtmann, *a. a. O.,* S. 230-231, R. Schmiede, E. Schudlich, *a. a. O.,* S. 306.
(44) Arbeitsstudien fördern die Leistung, *Der Vierjahresplan,* 3. Jg, Folge 14, Juli 1939, S. 881.
(45) R. Hachtmann, *a. a. O.,* S. 179-180.
(46) *Ebenda,* S. 367.

(47)　R. Schmiede, E. Schudlich, *a. a. O.,* S. 304.

(48)　*Ebenda,* S. 295.

(49)　G. Frenz, Aus der Praxis der Arbeitsvorbereitung, *Maschinenbau,* Bd. 14, Heft 11/12, Juni 1935, S. 299.

(50)　G. Leifer, Der Einfluß des planmäßigen Arbeitseinsatzes auf die Leistung der Betriebe, *Der Vierjahresplan,* 3. Jg, Folge 10, Mai 1939, S. 667-668.

(51)　Arbeitszeitermittlung nach den Grundsätzen des Reichsausschuß für Arbeitsstudien (Refa) bei der Herstellung in der Röhrenfabrikation, S. 1, *AEG Archiv,* GS6385.

(52)　Richtlinien über Zeitbeobachtung und Auswertung von Zeitaufnahme, *AEG Archiv,* GS6385.

(53)　Verlustzeiten bei der Arbeitszeitermittlung nach Refa, S. 1, *AEG Archiv,* GS6385.

(54)　Bericht über eine Besprechung über Arbeitsbewertung und Zeitaufnahme am 14. 1. 41, S. 1, *AEG Archiv,* GS6385.

(55)　Technicher Bericht der Elektromotoren-Werk, Metallgießerei und Eisengießerei Pasewalk des 3. Vierteljahr (Monate April-Juni) 1934 (2. 7. 1934), S. 2 (in: Technische Vierteljahresberichte 3., Monate April-Juni 1934), *Siemens Archiv Akten,* Ls101.

(56)　Technicher Bericht der Elektromotoren-Werk, Metallgießerei und Eisengießerei Pasewalk des 2. Vierteljahr (Monate Juli-September) 1934 (18. 4. 1934), S. 2 (in: Technische Vierteljahresberichte 2., Monate Januar/März 1934), *Siemens Archiv Akten,* Ls101.

(57)　Technicher Bericht der Elektromotoren-Werk, Metallgießerei und Eisengießerei Pasewalk des 4. Vierteljahr (Monate Juli-September) 1934 (13. 10. 1934), S. 2 (in: Technische Vierteljahresberichte 4., Monate Juli-September 1934), *Siemens Archiv Akten,* Ls101.

(58)　T. Siegel, T. v. Freyberg, *Industrielle Rationalisierung unter dem Nationalsozialisumus,* Frankfurt am Main, New York, 1991, S. 356.

(59)　*Ebenda,* S. 359.

(60)　Innerbetriebliche Leistungssteigerung, *Der Vierjahresplan,* 3. Jg, Folge 11, Juni 1939, S. 735.

(61)　T. Siegel, T. v. Freyberg, *a. a. O.,* S. 356.

(62)　Jahresbericht des Schaltwerks für das Geschäftsjahr 1935/36 (31. 12. 1936), S. 3-4 (in: Chronik 1935/36. Bericht der ZW und der Werke, S. 97-98), *Siemens Archiv Akten,* 15/Lg562.

(63)　T. Siegel, T. v. Freyberg, *a. a. O.,* S. 341.

(64)　U. v. Moellendorff, Werkzeuge und Vorrichtungen im Rundfunkgerätebau, *Maschinenbau,* Bd. 14, Heft 3/4, Februar 1935, S. 81.

(65)　Besprechung über Einführung des Hollerith-Lochkartenverfahrens in der Röhrenfertigung des RöwB, S. 1, *AEG Archiv,* GS6385. 作業準備，作業管理のための用具の利用に関しては，AEGでは，1942年10月に機械による賃金総額の算定のため

の提案が行われており，そこでは，パンチカード部門において賃金総額の把握を機械的に実施することが提案されている。 Vorschlag für den Ablauf einer maschinellen Bruttolohnerrechnung, S. 1, *AEG Archiv,* GS6385.

(66) Vgl. O. Dyckhoff, Grundlagen für eine Großproduktion und deren maschinelle Ausrüstung im Kraftfahrzeugbau, *Automobiltechnische Zeitschrift,* 45. Jg, Heft 11, 10. 6. 1942, S. 296, E. Eichwald, Arbeitsvorbereitung im Konstruktionsbüro von Kraftwagenfabriken, *Automobiltechnische Zeitschrift,* 38. Jg, Heft 12, 25. 6. 1935, S. 310-313.

(67) W. v. Schütz, Betriebsführung und Betriebswissenschaft, *Automobiltechnische Zeitschrift,* 45. Jg, Heft 21, 10. 11. 1942, S. 580.

(68) Vgl. M. Stahlmann, Von der Wekstatt zur Lean-Production, *Zeitschrift für Unternehmensgeschichte,* 39. Jg, Heft 3, 1994, S. 228.

(69) *Ebenda,* S. 234.

(70) Protokoll der Vorstandssitzung in UT. am 23. /24. März 1942, S. 17-19, *Mercedes-Benz Classic Archiv,* Kissel Protokolle, I /15, Schriften der Hamburger Stiftung für Sozialgeschichte des 20. Jahrhunderts (Hrsg.), *Das Daimler-Benz Buch. Ein Rüstungskonzern im 〉Tausendjährigen Reich〈,* Nördlingen,1987, S. 158.

(71) B. P. Bellon, *Mercedes in Piece and War,* New York, 1990, pp. 224-225.

(72) Vgl. M. Stahlmann, Management, Modernisierung- und Arbeitspolitik bei der Daimler-Benz AG und ihren Vorläuferunternehmen von der Jahrhundertwende bis zum Zweiten Weltkrieg, *Zeitschrift für Unternehmensgeschichte,* 37. Jg, Heft 3, 1992, S. 172-173.

(73) Vgl. Protokoll der Vorstandssitzung in UT. am 23./24. März 1942, S. 18-19, *Mercedes-Benz Classic Archiv,* Kissel Protokolle, I /15.

(74) T. Siegel, T. v. Freyberg, *a. a. O.,* S. 258.

(75) Vgl. *Ebenda,* S. 265, K. Haase, Aufgaben des deutschen Werkzeugmaschinenbau, *Werkstatt und Betrieb,* 70. Jg, Heft 5/6, März 1937, S. 59. 例えばMANでは1942に作業準備部の拡大が取り組まれており，そこでは，主として職場における給付の増大に従事する若い3人の技師を作業準備部に新たに配置することが有効であるとみなされた。Leistungssteigerung ; 23. Betriebskommission—Punkt 19 (Betriebskommissionssitzung am 15. u. 16. Mai 1942 in Düsseldorf), *MAN Archiv,* 2. 3, Nr. 27, S. 1.

(76) Vgl. E. Kothe, Bestgestaltung der Arbeit durch Arbeitsstudien, *Maschinenbau,* Bd. 15, Heft 3/4, Februar 1936, S. 65-66.

(77) F. Mayer, Arbeits- und Zeitstudien in der Schlosserei und im Zusammenbau, *Maschinenbau,* Bd. 18, Heft19/20, Oktober 1939, S. 509.

(78) H. Rossie, Zur Frage der Schätzung von Arbeitsvorgabezeiten bei Akkordarbeit, *Stahl und Eisen,* 59. Jg, Heft 38, 21. 9. 1939, S. 1067.

(79) F. Springorum, Die technische Entwicklung der deutschen Eisen- und Stahlerzeugung während der letzten fünfzehen Jahre, *Stahl und Eisen,* 56. Jg, Heft 38,

17. 9. 1936, S. 1046.

(80) Vgl. C. Hoppe, Zeitakkorde in Zurichtereien, besonderers in Walzwerken für mittlere und schwere Form- und Profilstähle, *Archiv für das Eisenhüttenwesen,* 11. Jg, Heft 6, Dezember 1937, S. 303–306, K. Veit, Betriebswirtschaftliche Untersuchung in einer Zurichterei, *Stahl und Eisen,* 52. Jg, Heft 22, 2. 6. 1932, S. 544–545.

(81) F. Weichselmann, Betriebswirtschaftliche Maßnahmen zur Leistungssteigerung in der Eisenhüttenindustrie, *Stahl und Eisen,* 60. Jg, Heft 9, 29. 2. 1940, S. 170.

(82) W. Schütte, Betriebswirtschaftliche Maßnahmen zur Leistungssteigerung in der Eisenhüttenindustrie, 2 Teil, *Stahl und Eisen,* 60. Jg, Heft 49, 5. 12. 1940, S. 1108.

(83) Vgl. K. Skroch, Leistungsüberwachung in Feinblechwalzwerken, *Stahl und Eisen,* 55. Jg, Heft 20, 16. 5. 1935, S. 547–548, H. Monden, Leistungsüberwachung im Walzwerken in Anlehnung an das Gantt-Verfahren, *Archiv für das Eisenhüttenwesen,* 7. Jg, Heft 9, März 1934, S. 539–546, Leistungsüberwachung in Siemens-Martin Werken mit Hilfe des Gantt-Verfahrens, *Stahl und Eisen,* 54. Jg, Heft 38, 20. 9. 1934, S. 986–988.

(84) Vgl. G. Schmidt, Zeitstudien in Schmiedebetrieben und ihre betriebswirtschaftliche Verwalting, *Archiv für das Eisenhüttenwesen,* 11. Jg, Heft 3, September 1937, S. 156–162.

(85) H. Rossie, *a. a. O.,* S. 1067.

(86) Vgl. Niederschrift über die Sitzung des Vertrauensrats der Gußstahlfabrik am 21. April 1937, vormittags 10 Uhr, im Hauptverwaltungsgebäude, S. 1–2, *Historisches Archiv Krupp,* WA41/6–207.

(87) Vgl. W. Zollitsch, *Arbeiter zwischen Weltwirtschaftskrise und Nationalsozialisnus,* Göttingen, 1990, S. 80.

(88) R. Schmiede, E. Schudlich, *a. a. O.,* S. 28.

(89) *Ebenda,* S. 304–305.

(90) Chronik der BASF 1865–1940, Ⅷ. Periode (1933–1940), *BASF Archiv,* Vogtländer-Tetzner V, Werksgeschichte Heft Ⅸ, S. 1343–1344.

(91) *Ebenda,* S. 1539.

(92) Arbeitsbüro, *Bayer Archiv,* 1/6–6–25, S. 1.

(93) *Ebenda,* S. 4–5.

(94) *Ebenda,* S. 11–12.

(95) Vgl. *Ebenda,* S. 14–15.

(96) *Ebenda,* Anlage 4.

(97) *Ebenda,* Anlage 2.

(98) *Ebenda,* S. 38.

第9章　軍需市場の拡大とフォード・システムの導入

これまでの考察において，レファ・システムの導入・普及と管理の変革についてみてきたが，ナチス期には，経済の軍事化や戦争経済の推進による軍需市場の著しい拡大という特殊的条件のもとで，フォード・システムの導入が強力に推し進められることになった。この時期にはまた，国家の強力な関与のもとに，標準化が推進された。そうしたなかで，フォードの生産合理化策のひとつの柱をなす生産の標準がどのようにすすめられたか，また大規模な軍需市場のもとで，流れ生産方式による大量生産への取り組みがどのように展開されたかという点の解明が，重要な課題となってくる。

それゆえ，本章では，フォード・システムの導入について考察を行うことにする。まず第1節において，ナチス下における国家の強力な関与による生産の標準化の取り組みをみた上で，第2節では，流れ生産方式の導入・展開について，経済の軍事化，戦争経済の推進のもとでの大量生産への取り組みとの関連で考察を行う。それをふまえて，第3節では，フォード・システムによる大量生産の推進における軍需市場の意義と限界についてみていくことにする。

第1節　生産の標準化とその特徴

1　ナチス期の標準化の取り組みとその特徴

まず生産の標準化についてみると，ファシズムの経済政策は規格化・定型化に新しい目標をおいており，そのことは，原料の節約や効率的な利用を可能にする生産方式の利用にとっての規格化の利益に示されている[(1)]。そこでは，規格や統一的な引き渡し条件は，原料の適切な管理のための不可欠なペースメーカーとなった[(2)]。ナチスのもとでは，こうした観点からも，規格化，標準化の必要性と重要性が一層広く認識されるようになった。規格リストの総数は，1929年の約3,000から36年には6,000超にまで大きく増加し，39年の初めには6,400以上，さらに戦争の終結までの時期の頂点に達した44年には8,200にものぼっている(3)。また1936年の規格リストの内訳をみると，造船関連のものが1,250と圧倒的に多く，鉄道関連（650件）や機械製造・材料検査関連のもの（630件）がそれについで多い。その他では，電気工学関連（450件），建設関連（410件），炭鉱関連（400件）のほか，工具・工作機械関連（250件），自動車製造関連（170件）(4)など，加工組立産業に関係するものが多いことが特徴的である。規格リストの数は，1942年には約7,700にまで増加しているが，その内訳では，36年とほぼ同じ傾向がみられる(5)。

この時期の規格化・標準化の進展は，経済の軍事化の推進のもとで生産技術的合理化を促進する国家の介入がこの領域において始められたことによるものであった(6)。それまでは，国防軍，ライヒスバーン，ライヒスポストなどへの供給に対しては，規格が義務的なものとされていたが，一般的には，官公庁のみを例外として，規格の創出への参加は自由であり，たんに推奨とみなされていた。しかし，1936年の第2次4ヶ年計画にともない，こうした状況は変化し，経済大臣の訓令によって，規格化の適用が初めて義務とされた。また1939年2月の「生産増大のための全国委員会」の設立後，規格の強制的な導入が推し進められた。

こうしたなかで，規格化の活動は，軍需経済の生産能力を増大させる手段として，経済省が1939年5月に緊急計画において決定した課題の中心になった。さらに同年9月8日の4ヶ年計画のための全権代理の命令に基づいて，定型数および品種数の変更のための訓令が出され，これは，経済大臣に規格を義務と宣言する権限を与えた。同年9月28日には，規格化，定型化およびコスト削減に関する産業グループの指導者の適切な指導が行われるようになっている(7)。

さらに第2次大戦の勃発は，規格化，標準化の取り組みを一層緊急かつ組織的なものにした。規格化および定型化がもつ戦争経済上の意義は，①生産を容易にすること，②同じ設備の部品の互換性を確保すること，③さまざまな設備の部品の互換性を確保することにあるが，とくに③は，戦争にとって重要な産業の転換に寄与するものであった(8)。経済大臣や各部門の全権代理の命令および定型数や品種数の削減のためのその他の命令は，定型化を戦争経済の業務のなかに位置づけた。こうして，定型化の試みがわずかな成果しかあげなかったヴァイマル期とは異なり[9]，ナチス期には，定型化がひとつの主たる中心をなした[10]。例えば機械産業でも，とくに工作機械の生産の開始あるいは中止についての届出義務を導入した1941年5月28日の命令によって，定型の削減が促進された[11]。また金属加工を行う他の諸部門や産業でも，定型数は徹底して削減された[12]。炭鉱業においても，1942/43年には，ヒトラーの命令によって専門化・定型化による生産の単純化が求められることになった[13]。また規格化についてみても，1942年にはすでに，1,700の規格のうち，約1,500が強制力をもつものとなっていた[14]。しかし，戦時生産の増大を目的とした規格化の活動の効率を高めるために，1944年6月24日の軍備相の訓令でもって，「規格化・定型化のための委員会」が，ドイツ規格委員会の委員長を会長として組織され，規格を義務的なものと宣言する権限が彼に与えられた。この会長は，「規格化および定型化の厳格な統合と促進」のための任務や諸方策の実施に対して，軍備相に責任を負うとともに，規格の導入のための適切な諸方策を軌道に乗せることを任務とした[15]。

またこの時期の規格化，標準化のいまひとつの特徴は，ヴァイマル期には専門化にともなう市場における高いリスクへの対応としてカルテル政策が推し進められたのに対して，ナチス期には国家の強制がそのような機能を代替したということにある。ヴァイマル期には，わずかな類似した機械の定型に生産を限定するというかたちでの専門化は，市場における高いリスクと結びついていた。大部分の工作機械の生産者はそのようなリスクを恐れたことから，専門化（規格化，定型化，産業集中）のための前提条件を改善することが，この時期のカルテル政策のひとつの重要な課題となった[16]。これに対して，ナチス期には，国家の強制力をもって，そのような合理化方策が推し進められた。国家独占的規制の中央集権化による戦時経済組織の効率の引き上げにあたり全面に押し出されたのは，独占資本の諸組織による企業間合理化の促進であり，それは，生産工程や組立工程における規格化と分業の強化であった[17]。

2　主要産業部門における生産の標準化の進展

これまでの考察をふまえて，つぎに，主要産業部門における生産の標準化の進展についてみることにする。ここでは，フォード・システムの展開が重要な課題となった電機産業，自動車産業および機械産業の加工組立産業部門を取り上げて考察することにしよう。

(1)　電機産業における生産の標準化の進展

まず電機産業をみると，この産業の経済グループの長による命令に基づいて，この分野の多くの規格が義務づけられたほか，通信技術の全権代理によってラジオ真空管の領域において徹底した定型の削減が指示されるなど，規格化・標準化が，国家の強制のもとに取り組まれた(18)。また軍や軍需産業向けに供給される電気設備の生産の大幅な増大を達成するために設置され，金属の割当，製品の標準化，生産工程の単純化などを指揮した電気技術中央委員会（Hauptausschuss Elektrotechnik）も，生産の標準化および重要でない特定の製品の排除に取り組んだ(19)。

またカルテル組織が，標準化を推し進める上で大きな役割を果した。この時期には，カルテルは，価格の規制，ドイツ以外の地域における市場の割当，生産の標準化および全般的な技術情報の交換を目的として形成された(20)。

そこで，つぎに生産の標準化の取り組みについてみると，電気関連のドイツ工業規格の数は，1925年のわずか約50から30年には200超にまで増加しているが，本格的な増加は30年代のことであり，40年代に入ってからの数年後には，約500を超えるところまで増加した(21)。電機産業の生産の重要な特性のひとつは，ベルの押しボタンから10万KVAの性能をもつターボ発電機までにおよぶ著しい多様性にあり，その利用領域でも同様に多様であるということにある(22)。そこで，以下では，主要製品部門について具体的にみていくことにしよう。

電動機製造部門について――まず電動機製造部門をみると，主として出力，回転数，防護方式，稼働時間や寸法に関する製品の多様性の結果，多くの定型が生まれており，例えば1940年に混合製鉄企業において操業している開放タイプの三相交流電動機では1定型当たりの台数は，わずか3.7台であった。ある程度許容できる状況に到達するためには，まずできる限り1つか2つの電動機の納入会社に制限することが必要であった。しかし，それは，すべてのケースで実施されたわけではなく，何ら問題の真の解決を示すことにはならなかった[(23)]。終戦に近づいた年には，さまざまな作業機の個別駆動のための諸努力は，動力機，主に三相交流電動機の非常に大きな需要をもたらし，それを充たすには電動機の生産のできる限り広範囲におよぶ定型化が必要とされた[(24)]。しかし，大戦の終結直前になっても，電動機の定型化は十分にすすんだわけではなく，1944年2月の*Der Vierjahresplan*誌も，この点について，同年にもなお電動機の定型の削減は大部分の領域において継続されるべきであったとしている[(25)]。また部品の規格化をみると，1930年代末にDIN VDE2,942でもって電動機のシャフト端，ベルト車や固定フランジの規格が誕生しているほか，軸の高さではDIN747が遵守されるなど，その取り組みはすすんでいたといえる[(26)]。

通信機器製造部門について——つぎに通信機機製造部門をみると，まず**電話機**の生産では，構造の単純化，部品の規格化などによって，ジーメンスの電話機の総重量は16%，金属部品の重量は56%，部品点数は13%減らされ，製造賃金も38%引き下げられた[(27)]。1937/38年の営業年度には，構造の単純化によって，最新の電話機の個別部品の数は，116から58へと半分に減らされている[(28)]。またH.ヴァーグナーは1942年に，その最近にコンデンサ，抵抗器などの通信設備の部品の規格化が特別な推進力を得たが，そこでは，「ユニット・システム」(Baukastensystem) に基づいて，比較的少ない製造要素でもって，そのつど新たな設計作業や特別な製作を行うことなく大量のさまざまな機器が組み立てられたとしている。このような規格化の方法は，しばしば定型化へと導いた[(29)]。また**ラジオ**の製造では，専門グループの希望に基づいて，すべての企業が特定の特別構造の製品を放棄することになり，その結果，200を超えていた定型数は，170未満にまで減らされた[(30)]。1930年代末における国防軍の受信機の大量生産を目標とした，国家機関の委員によるラジオ製造業の合理化計画では，機器のタイプの形状は40/41年には266から138に減らされるべきものとされたが，個別部品の規格化や定型の削減でもって，古くからの要求が実現されることになった[31]。

小型製品製造部門について――さらに小型製品製造部門をみると，1944年2月の*Der Vierjahresplan*誌によれば，コンセント用の接触スプリングの統一化によって，製造時間が80％以上も短縮され，原料消費は約30％，コストは40％引き下げられた[32]。また通信設備用のプラグでも，1944年の報告によると，新たな設計のさいには，シャフトの直径5.75mmの三極プラグをDIN41,700に基づいて設計することが，すべての機器とプラグの生産者に義務づけられた[33]。

白熱球製造部門について――さらに白熱球製造部門をみると，この領域でも，とくに軍需産業のたえず増大する需要に生産を適応させるためには，すでに以前に始められていた合理化諸方策が，戦争の開始にともない，かなり拡大されなければならなかったが，その最も重要な方策のひとつが，標準化の取り組みであった[34]。そこでは，とくに1942年半ばのサークル組織の設立後，「電球共同体」に統合された生産者の協力によって，驚くべき良い成果がもたらされた。その結果，1944年5月には，以前の27,000ものタイプに代えて，定型数は約330のタイプにまで減らされており，第1次大戦前の約90分の1にまで大きく削減された。同様の取り組みは，特殊な大型電球や小型の電球でもみられた。白熱球製造部門では，電気技術専門委員会や電球技術専門委員会が大きな役割を果たしており，それらが模範的な協働においてこうした成果に決定的に貢献したという点も特徴的である[35]。

その他の製品について――またその他の製造部門についてみると，**拡声器**では以前には100の定型が製造されていたが，1940年にはすでに14しか製造されていなかった[36]。**電線**では，1943年4月の報告によれば，架空電線の製造において，互換性をもつ原料を利用するために，電気技師協会の一連の規定や規格が新たに出されたほか，変更も加えられた。同協会はさらに，架空電線の部品および絶縁体の領域における合理化や定型削減の諸方策にも関与した[37]。

さらに**絶縁体**をみると，高圧用の絶縁体では，その定型数は1943年前半までに120から19に減らされているが[38]，当時，適切なDINの規格リストが全面的に新しく作成され，定型削減の当時の状況への適応がはかられた[39]。また**蓄電池**では，R.ヴィンクラーの1944年の指摘によれば，すでにそのしばらく前に輸送機械の蓄電池の徹底した規格化が，DIN72,311に基づいて実施されているが，43年10月に鉛蓄電池の新しい統一規格が誕生している。しかし，固定式蓄電池の規格化では有利な条件がみられたのに対して，鉛蓄電池のその他の利用領域では状況は異なるなど，標準化の進展状況には相違がみられた[40]。さらに内燃機関を備えた**発電機**のタイプは，1944年には，以前の415から51に，**電気はんだ工具**のタイプは105から66に，**電気測定機器**のケーシングのタイプは260から8に，大型の**調理器**のタイプは150から9に減らされている[41]。

このように，電機産業でも，規格化・標準化の取り組みが国家の強制力をもって推し進められたが，例えば*Elektrotechnische Zeitschrift*誌に掲載された規格化・標準化・定型化に関する論文や報告は，第2次大戦時に圧倒的に多い[42]。そうした取り組みは，戦時期に本格的にすすむとともに，それなりに大きな成果をもたらしたといえる。例えばW.フェルデンキルヘンも，ジーメンスでは，第2次大戦期における合理化の最大の成果は定型の削減によるものであったとしている[43]。また5社の電動機工場と電源変圧器工場を調べたイギリスの調査によれば，そこでは標準化が非常にすすんでおり，それは，製品の構成部品やその他の製造のデータに適用されており，最も効率的かつ経済的なかたちでの生産を促進してきたとされている[44]。さらにアメリカの戦略爆撃調査団の報告でも，爆撃による工場設備の大きな被害にもかかわらず，製品の定型の大幅な削減や生産工程の単純化のゆえに，1944年11月まで，生産は増大し続けたと指摘されている[45]。

(2)　自動車産業における生産の標準化の進展

つぎに，自動車産業をみると，「従来から資本集中度が低く，自動車市場が狭隘なドイツでは，アメリカとはまったく逆に，極端な多種少量生産が行われていた(46)」という傾向にあった。1937年当時，乗用車では52，トラックでは113，オートバイでは150，牽引車（トラクター等）では105，3輪車では20の定型数が存在していた。例えばトラックでは，15～16もの実用荷重別のクラスが存在していた(47)。またトラックの被引車では，全生産のかなりの割合が手工業的に生産されていたために，無数の定型が存在しており(48)，39年のその数はバリエーションを含めると1,367にものぼっていた(49)。しかし，実際には，440にものぼる自動車全体のこのような主要定型に加えて，1つの主要定型につき2つから3つのバリエーシュンが存在しており，その結果，全体では約1,200もの定型が存在していた(50)。

また部品の規格化をみても，ドイツにおける自動車の原料費の高さは，部品の規格化の遅れにその主たる要因のひとつがあった。1934年のある報告では，自動車1Kg当たりの原料費は，アメリカに比べ49%も高く，例えば鋼では25%，銅では30%，プレス部品では60%，ゴムでは40%高く，ねずみ鋳鉄，ねじ・リベット・ボルトなどではそれぞれアメリカの原料費の2.25倍にもなっていた(51)。1939年のある報告によれば，123種類の部品に対して5,381もの定型が存在しており，平均すると，各部品につき約44もの定型が存在していたことになる(52)。取替部品の価格の高さも，自動車の定型の多さがひとつの大きな要因となっていた(53)。そのような状況のもとで，基幹要素部品の標準化も重要な課題となっており，例えばダイムラー・ベンツの1938年9月20日の協議でも，L66タイプのリアアクスルが将来の経済車にも利用できるかどうかの決定が重要であったことが指摘されている(54)。

そのような状況のもとで，自動車産業では，他の産業部門と比べても国家の介入・強制力が特別なかたちをとった。1938年までは，自動車企業は，その定型の決定において自立性を保っていた(55)。例えばダイムラー・ベンツでも，定型の選別が自立的に行われており，1937年11月12日の取締役会の会議では，同社の定型プログラムは，すでに非常に整理されていたと指摘されている(56)ほか，同年11月29日の他の内部文書でも，同社の定型プログラムはドイツ自動車産業の最も明確でかつ簡素なものに属していたとされている(57)。

しかし，開戦を控えたドイツは，抜本的な型の縮減を実施しようとすることになった(58)。自動車産業全体としてみても，また軍需生産の増大という観点でみても，標準化の取り組みは十分ではなかった。それゆえ，それを国家の関与のもとに強力に推進するための体制がとられることになり，1938年11月に陸軍の最高司令部のA. v. シェルが自動車部門総全権代理（Generalbevollmächtigten für das Kraftfahrzeugwesen）に任命された。1939年3月2日の自動車産業における定型の削減に関する命令の後に，彼は，同年12月31日までに自動車の定型数を335から81にまで減らすという目標を決定している(59)。

そこで，その内容を具体的にみると，**乗用車**では，52から30への定型数の削減が目標とされたが，1.2リッターまでの乗用車では5つの主要定型が4社によって，1.2リッターから2リッターまでのものでは6つの主要定型が6社によって，2リッターから3リッターまでのものでは11の主要定型が10社によって，3リッターから4リッターまでのものでは3つの主要定型が3社によって，4リッターを超えるものでは5つの主要定型が3社によって生産されるものとされた。そこでの定型の削減の重点は，とくに1.3リッターを超えるクラスにおかれていた。

また**トラック**では，113から19への定型数の削減が目標とされた。それまでの15～16のさまざまなトン数別のクラスのうち，1.5トン，3トン，4.5トン，6.5トンの4つのみが残るべきものとされた。公称実用荷重1トンのトラックでは，1定型のみが1社によって，1.5トン車では，5つの主要定型が5社によって，3トン車では，6つの主要定型が7社によって，4.5トン車では，4つの主要定型が8社によって，6.5トン車では，3つの主要定型が6社によって生産されるものとされた。小型のトラックでは，公称実用荷重650Kgの500ccの3輪車と4輪車がそれぞれ1定型のみ5社によって生産されるものとされ，20から2への定型数の削減が目標とされた。それゆえ，このような小型トラックを含めた定型数は，21に削減されるべきとされた。同様の目標値がオートバイや被引車・牽引車にも設定されたが，前者については150から30への定型削減が目標とされた(60)。

このような定型削減案の結果，1939年9月には，バリエーションを含めると1,200にものぼっていた自動車の定型は，200に減らされており，また部品についてみても，5,381あった定型が739にまで減らされている(61)。シェルの「自動車部門総全権代理」への任命と彼による定型削減案は，「軍事的観点から，非常に多岐におよんでいた自動車の規格化，機種の制限を行おう」というゲーリングの意図によるものであった[62]。しかし，当初の計画のようにはすすまず[63]，それでも多すぎるということになり，シェルはさらに定型数を削減し，また同時に戦時案をも策定した[64]。

この戦時案では，例えば乗用車については，定型数を5つにまで減らすことが目標とされた[65]。しかし，「こうした努力にもかかわらず，機種の制限は計画通りには達成されず[66]」，例えば軍用車輛の種類をみても，なおアメリカ軍などと比較すれば非常に多かった[67]。そうしたなかで，1943年1月にスターリングラードの戦いにおいて5万台のトラックと半年の生産分の牽引車を失ったこと[68]は，状況を大きく変えることになった。自動車中央委員会が再組織され，2，3のわずかな定型に生産を集中することが決められた[69]。

そのような状況のもとで，1944年には，125ccと350ccの2つのオートバイがアウト・ウニオンによって生産されるものとされたほか，フォルクスワーゲンは，唯一の自動車（ジープ）の製造業者とされた。またトラックに関しては，3輪の0.65トン車は1つ，1.5トン車は2つ，3トン車は3つ，4.5トン車は2つ，8トン車は1つの合計9つのタイプが特定の企業によって生産されるべきものとされた。軍用の特別タイプでは，5つの定型の特殊車両と1トン，3トン，5トン，8トン，12トン，18トンの6つの定型の無限軌道車が生産されるものとされた[70]。

戦争の始まり以降，トラックの生産とは反対に，民需用の乗用車の生産は小さな範囲に削減されており，ドイツの市場向けには考えうる最小限の定型数に削減することが，国民経済的な理由からも有効であった[71]。しかし，それにもかかわらず，ダイムラー・ベンツでは，自動車部門総全権代理の定型プログラムは，本質的には，トラックにのみ関係しており，乗用車の製造においては，定型は本質的には承認されていた[72]。実際には，シェル・プログラムの決定までには，企業側との交渉というかたちを経て，検討・修正が加えられており[73]，さらにその上で企業内部での製品プロフラムとしての内容の詳細の決定が行われるなど，国家による介入は，必ずしもファシズム的合理化というかたちで全面的に推進されたわけでは必ずしもない。国家による介入が強かったトラックでも，同社は1942年まで1.5トンから4.5トンまでにおよぶ39年3

月のシェル計画の定型を供給しているが，そのような行動は，弾薬類や武器の生産では考えられないことであったとされている(74)。すなわち，1939年3月の時点では，オペルは3トントラックの1定型のみが計画されたのに対して，ダイムラー・ベンツでは1.5トン，3トンおよび4.5トンの3つのタイプが生産の主要な対象として割り当てられる方向ですすめられ(75)，企業間でも，定型化の状況には差異がみられた。

また個別企業のなかでも，生産の専門化の取り組みが行われた。ダイムラー・ベンツの1938年3月1日のある会議の議事録にもみられるように，個別企業のなかでの生産の専門化の取り組みは，シェルが自動車部門総全権代理に任命される頃には重要な課題となっていた(76)。例えばダイムラー・ベンツのトラック生産では，戦争の始まりの頃には，ガゲナウ工場は2トン，3トン，3.75トン，6トン，10トンのトラックを生産していたが，さまざまな工場のトラック生産を1モデルに統一するというシェルの標準化計画の結果，1941年には，ウンターテュルクハイム工場は1.5トン車，マンハイム工場は3トン車，ガゲナウ工場は4.5トン車のみを生産すべきとされた。古いモデルの注文が完成するにつれて，こうした計画は，徐々に効果を現した(77)。

(3)　機械産業における生産の標準化の進展

さらに機械産業をみると，工作機械産業にみられるように，経済の軍事化のもとで，合理的な生産のための最善の可能性をもつ企業への特定製品の生産の集中によって，生産の割り当てが行われるようになった。そのことが標準化の進展のためのひとつの条件を築いたという点が，特徴的である。工作機械産業では，そのような生産の調整によって，生産力のより合理的な配置が保証されたが，こうした専門化が実施された工作機械のタイプには，ラジアルボール盤，歯車加工機械，自動機械などがあった(78)。機械製造のすべての主要な専門領域に対して，定型の削減をよりはやく，またより強力に推し進めるための専門委員会や作業委員会が組織され(79)，工作機械の領域の生産計画や統制のこうした経験が，1942年半ばには，機械産業全体に利用され，徹底した定型の削減が実施された(80)。

しかしまた，電機産業と工作機械産業との間の緊密な協力が必要とされたにもかかわらず，そのような協力関係が十分には築かれてはおらず，K.ヘクナーの1937年の報告にもみられるように，電動機の生産者が生み出さねばならない規格化は，まだ達成されていなかった。そのことは，工作機械製造工場に対して，設計上や経営技術的な点でも，非常に大きな困難をもたらすことになった(81)。

そこで，つぎに生産の標準化がいかにすすんだかをみると，1940年の*Der Vierjahresplan*誌は，工作機械製造はずっと以前から規格化のペースメーカーであり定型化および専門化のよい事例を示していると指摘している(82)。H.キーケブッシュの1939年の指摘によれば，工作機械産業は，通常の規格化をこえて，ユニット・システム，特殊な目的のための機械の製造における統一部品・部品グループの全般的な利用，一般的な製品グループの全般的な利用によって，また規格化された部品の外部からの購入などによって，こうした目的をねばり強く追求した。生産と購入にとってのその利点のゆえに，切削加工の工作機械の製造における規格化はすでにひろく進展をみていたのに対して，成型加工の機械では規格化の活動は，なお立ち遅れていた(83)。

さらに第2次大戦時をみると，戦争は生産量の増大と定型数の削減をもたらしたが(84)，上述したように，工作機械の生産の開始や中止に対して報告義務を導入した1941年5月28日の命令によって，定型の削減が決定的な進展の契機をなした(85)。機械産業全体でみると，1942年までに，すべての機械の定型は3,637から1,011に減らされているが，工作機械の定型数は，1,321から526に減らされた。これを機種別にみると，旋盤では53%，自動旋盤（単軸）では70%，フライス盤では71%，平削り盤では67%，工具旋盤では84%，車輪ホブ盤では42%，歯車形削り盤では22%の減少となっていた。定型数の削減がとくに顕著であったのは，工作機械（定型の残存率は切削加工機械では39%，成型加工機械では40%）以外では，選鉱機（同11%），農機具・製粉機（同19%），建設機械（同29%），条播機（同4%），ロール砕鉱機（同3%），みがきロール機（同6%）などであり(86)，流れ生産方式の展開が重要な課題となった部門である。

ここで規格化，標準化の進展状況を代表的企業のひとつであるMANについてみると，1938年4月11日の時点では，90の規格リストの草案が作成中であるかあるいは完成していた。なかでも搬送手段（電気トラック，起重機貨車，リフトトラック，被引車など）のための設備や機器の規格化が最もすすんでいたが，鋳造設備や鍛造設備の規格化も，標準化のひとつの重要な領域であった[87]。また1940年9月30日には規格リストの数は138となっていたが[88]，41年9月12日にはその数は172に増加している。その内訳をみると，事務機器が3%，工場の輸送設備が2.5%，倉庫設備が25%，搬送設備が27.5%，作業現場の設備が25%，取付装置が13%，鋳造設備が4%を占めている[89]。さらに1942年6月30日の時点では，規格リストの数は183にまで増加していた。同社では，それまでに，合計22,800の作業職場用の機器が，規格に基づいて製造されてきた[90]。しかし，その後は規格リストの数はほとんど増加しておらず，1943年の時点では183，44年1月24日の時点でも185にとどまっていた[91]。

また工場規格の導入も大きな意味をもっており，すでに1939年12月15/16日の経営委員会の会議でも，MANコンツェルンにおける工具の多様性をできる限り制限するために，工場規格をできる限り相互に調整することが決定されている。すでに行われていた工具の規格化の交流は，同社の3つの工場に対して，それまで実施されてきた諸活動を概観しまた自分のところのものと比較する可能性を与えたとされている。そのような規格化の取り組みにあたり，その基礎として，ドイツ工業規格をできる限り利用することが決定されている[92]。

このような規格化の取り組みに比べると，MANでは，製品の定型化は遅くになっても取り組まれている。例えばC.ヘッヒナーは1942年2月に，船用の内燃機関に関して，定型の削減との関連で合理的な生産に寄与するあらゆる諸方策を試すという課題を引き受けたと報告している[93]。また1943年2月の経営委員会の議事録でも，将来には定型の単純化および既存の機器の整理に特別な注意が払われねばならないと指摘されていた[94]。

3　生産の標準化の限界

このように，ナチス期には，加工組立産業や軍需品および軍需関連の代表的な産業部門を中心に大量生産の推進が重要な課題となるなかで，規格化，標準化の取り組みは，国家の強制力をもって，一層強力かつ組織的に行われた。しかし，規格化は，一方では資本主義的競争の限界につきあたり，他方では最新の科学技術の水準へのそのたえまない適応がつねになされているわけではなく，技術進歩を制限さえしたとされている。このことは，とくにファシズムの戦時生産の諸年度にみられた。厳格な定型の削減は，新たな設計の可能性を消し去り，また専用機械の配置を制限することになった。必要であることが明らかになるはずであった場合には，定型の削減のさいにも平和時の計画が考慮に入れられねばならず，廃止された定型がそうした考慮によって後に再び容易に取り入れることが可能になるという認識をドイツ技師協会は示していた。こうした確認は，品目の削減が必ずしも大量生産の必要性にあっていなかったことを示している(95)。定型化は1942年末までは決して「ほとんど完了」することはなく(96)，その後も定型の削減は国家のイニシアティブによって継続された(97)。そこで，以下では，この時期の生産の標準化の限界を主要産業についてみておくことにしよう。

まず**電機産業**についてみると，生産工程の再編やそのために必要な設備の切り換え，また使用者の側での規格化された部品への転換は，つねにコストや経営上の諸困難と結びついていた。それゆえ，実際の規格の導入は，時おり，諸困難に突きあたった。費用は短い時間のうちに発生するが，規格化・標準化から得られる利益はより長い時間の経過のなかで初めて明らかになる(98)。K.ボベックも1945年1月に，ドイツにおける従来の規格の合理化への貢献は考えられていたほどには大きくなく，そのような成果をそれまでよりもはるかに大きなものにするためには，規格が拘束力をもつこと，それが維持されることとなど，いくつかの諸要求を充たさねばならなかったとしている(99)。

また**自動車産業**をみると，互換性の原則による軍用車と民生車との共通化がトラックの生産において試みられたが，生産が分散化していたという理由もあり，そのような試みは，必ずしも成功しなかった(100)。例えばW. v.シュッツは1942年に，乗用車については，当時初めて規格化および定型化の非常にかすかな萌芽がみられたが，トラックについては，上からの介入が非常に遅くになって初めて行われたとしている。その結果，まさに戦時中には，規格化の過渡的現象，つまりその導入期において規格として決定された定型が既存の定型に加わるという現象がおこっており，自動車産業における規格化・定型化の諸努力は，その後少なくとも5年から10年の遅れをもって始まったとされている[101]。またK.ペンツリンは1943年に，まさに直接的な戦時生産のもとで，定型数の削減という意味での全般的な定型の整理とは逆方向の，それを妨げるような傾向がみられたとして，わずかに存在する定型のたえまない変更が行われたことをあげている[102]。

部品の規格化をみても，例えば自動車産業経済グループのような企業を超えた機関の関与のもとで付属品の規格化の取り組みが推進される[103]など，組織的な努力が行われていたが，付属品の標準化・統一化の努力は，エンジンや自動車の多くの変更をもたらすこともありえた[104]。このことは，規格化の制約要因ともなりえた。例えばダイムラー・ベンツの1939年12月5日に行われた取締役会の会議でも，バス用車体の統一化の活動は当時行き詰っており，統一化は，構造上の理由から，個別企業では当初考えられていたようには実施されることができなかったとされている[105]。付属品の製造業における統一化はまた，なお走行している，以前の統一化されていない自動車の取替部品の需要によって制限される結果となったほか，産業部門間の調整の欠如によって，決定的な相乗効果の実現は困難であった。また1943年の戦時計画の発効にともない，自動車部品の定型は，本質的には，既存の規格に基づいて製造されており，これらの定型の変更はもはや行われるべきではないとされたので，規格化の諸努力は，42年にはピークを迎えた[106]。実際には，仕掛品の合理的な組み立ては部品の絶対的な同一性と互換性を求めたが，1950年代末の西ドイツの自動車産業においても，部品の互換性は，熟練をもった研削工によって確保されており[107]，60年代になって初めてフォード社の機械化の水準に達したとされている[108]。

生産の標準化の限界をシェル計画との関連でみると，同計画のような組織的な取り組みのための計画を策定しても，要求が過度な条件である場合や労働者の問題や機械の調達の困難が存在するなど，同計画による諸要求に企業側がいかに応えうるかという問題があり，実施には多くの困難をともなう場合も少なくなかったといえる[109]。例えばダイムラー・ベンツの場合，1.5トントラックはまったく新しい構造を意味したが，シェル計画の諸条件のゆえに，悪路でも十分に走行できるということに関しては，このタイプのトラックをうまくつくりあげることは非常に困難であった[110]。また自動車の生産能力を上回る台数が供給すべき量として求められたという問題もあった[111]。さらに各企業に割り当てられた定型に関してその後どのような決定が行われるかということによっても生産が影響される[112]という点も，標準化の組織的な取り組みの効果に対する制約要因ともなりえた。

また標準化の取り組みにおいては，定型数それ自体の削減とともに，できる限り少ない生産者への特定の定型の集中・専門化による量産効果の発揮が重要な意味をもつが，この点についても，限界が目立っている。1940年と45年の比較では，トラックの定型クラス数は5から6に増えており，生産者数は22から12に減少しているものの依然としてその数は多かった。また牽引車では，定型クラス数は7から6にわずかに減少している一方で，生産者数は6から1943年には11まで増加した。生産者数は1945年には再び8まで減少しているものの，40年の数を上回っている[113]。特定の定型の生産を担当する生産者の数の削減を含めて考えると，乗用車では，1942年末まで定型削減はまだ十分な効果を生んではおらず[114]，オートバイでも定型クラス当たり1つの生産者という合理化の目標は44年に初めて達成された[115]。このように，軍事目的にとって大きな意味をもつトラックにおいてさえ，生産者数の削減によるドラスティックな生産の集中・専門化は十分はすすんでおらず，そのことの意味は大きかったといえる。

さらに**機械産業**をみても，第2次大戦前にはドイツの機械産業における約6,000の企業のうち，約3分の2は100人以下の従業員を雇用する非常に小規模な企業であり，個々の企業による専門化の立ち遅れみられた[116]。4つ以上の範疇に属する工作機械を製造していた企業の占める割合は，1938年の24.6%から42年には21.9%に低下しているにすぎず，戦時中に行われた専門化の程度は非常に低く，各範疇のなかで製造される機械の定型数は多いままであったとされている[117]。81の工作機械の製造業者を調べたある研究によれば，研削盤では，1938年には33社によって製造されていたものが44年には27社に減少したにすぎない。戦前には20以上の企業が中ぐり盤，横中ぐり盤，フライス盤を製造していたが，こうしたケースは，第2次大戦の末にもなおみられた[118]。また工作機械のような生産財部門では，そのような製品特性が規格化・標準化の限界をもたらした一要因となった。自動車産業の最大の顧客のひとつは国防軍であり，国家の介入によって顧客の特別な要望が制約されたので，定型化を推し進める上で，顧客との協力をはかることが比較的容易であった。これに対して，工作機械産業では，製造されるべき部品の構造や数量に標準的な機械が適応しなければならないという事情が，徹底した標準化の推進を困難にした(119)。そのような状況のもとで，戦時中をみても，1943年の初め頃になっても，機械産業では，暫定的な目標さえまだまったく達成されていなかったとされている(120)。

このような生産の標準化の進展を基礎にして，経済の軍事化による市場の拡大のもとに，流れ生産方式の導入による大量生産への移行が推進されることになった。それゆえ，次節では，そのような市場の条件の大きな変化のもとで，流れ生産方式の導入がどのようにすすんだかという点についてみることにしよう。

第2節　流れ生産方式の導入とその特徴

1　経済の軍事化と流れ生産方式の導入

1920年代には，国内市場の狭隘性と輸出市場の困難性という厳しい市場の条件が，フォード・システムの導入による大量生産の実現を大きく制約することになった。そこでは，むしろ，アメリカの場合よりも少ない生産量でも一定の効果をもち，製品間の需要変動に対して生産のフレキシビリティをある程度確保しうるような流れ生産の方法の導入に重点がおかれた。しかし，1930/31年以降の経済恐慌の始まりとその深刻化にともない，流れ生産の拡大は，その一時的な終わりをみることになった。1935/36年までは，人間と機械の生産機能がほぼ円滑にかみ合い，またベルト・コンベアと部分的あるいは完全に自動化された機械設備とによって作業テンポが徹底して規定されるような，完全なかたちのベルト・コンベア・システムは，例外的な事例においてみられたにすぎないとされている(121)。

ナチス期には，流れ生産方式の導入が本格的に推し進められることになった。T.ジーゲルは，1920年代には合理化過程は軌道に乗せられ，また合理化の思考が企業政策の自明のガイドラインにまで発展したが，30年代には，合理化そのものではなく，それが実施された特殊的な条件がテーマとなったとしている。すなわち，世界経済恐慌の時期には，「節約すること」が「合理化すること」よりも重要であったが，その後市場が拡大し，1936年にドイツ電機産業の生産能力が再び完全利用されたとき，フォード的な標準化された大量生産のためのほぼ「アメリカ的な」販売条件が生まれたとされている(122)。

かくして，すでに1920年代に展開され端緒的に実現されていた合理化の計画は，とくに30年代後半以降により強力に追求されることになった。それは組織的合理化，生産技術的合理化，設計の合理化および「人事管理」のすべてのレベルで追求され(123)，ここに至り，合理化の諸努力はその実験的な性格を失うことになった。1930年代には，20年代の諸条件のもとではまだ絶対的に必要であった間に合わせの設備や妥協的な解決のかわりに，高度に機械化され標準化された大量生産のアメリカの模範への徹底した接近が行われた。そこでは，流れ作業だけでなく，「フォード化」，作業の遂行の徹底的な機械化や可能な場合には自動化が，1936/37年以降の深刻な労働力不足によって大きな推進力を得た新たな合理化の中心的な目標となった(124)。例えばダイムラー・ベンツをみても，生産の基盤の拡大および1936年の完全雇用にともなう専門労働者不足の高まりが，資本集約的な生産方法への移行を強制することになったが，そこで重要な役割を果たしたのが，流れ生産方式による大量生産の方法であった(125)。

ナチス期の流れ生産方式導入の本格的な推進は，経済の軍事化のもとで大量生産のための一定の諸条件が与えられたことによるものであった。H.モテックも指摘するように，1934年から39年までの軍需経済は，国家の軍需が資本主義的工業生産にとっての決定的な市場となったことに特徴がみられる(126)。また武器の大量生産およびナチス支配のもとでのヨーロッパ広域経済圏の創出が大量の製品のための市場を大きく拡大し，またそれでもってアメリカを模範とした大量生産の拡大のための条件を生み出した限りでは，戦争，とくに西方出兵およびその後のソビエトへの国防軍の進入は，合理化運動に関して，またとくに流れ生産に関して，ひとつの重要な転機を示したとされている(127)。

このような条件のもとで，ナチス期には，流れ生産方式の導入の取り組みが一層強力に推し進められた。この点について，R.ハハトマンは，多くの研究や資料に基づいて，流れ生産は1936年から44年までの間にそれまでにない規模で拡大されたとして，その特徴をつぎのように指摘している。すなわち，ナチスの権力掌握の以前には流れ作業がほとんど利用されていなかった産業部門でも，そのような方式がますます利用された。小規模な経営ではベルト・コンベアは1933年まではあまりみられなかったが，ナチス期にそれが強力に導入された。とくに金属加工業では，流れ作業システムがますます完全なものにされ，コンベアのもとでは，部分自動ないし完全自動の機械がはるかに強力に配置された。とりわけ消費財産業では，その後もまだあまり発展をとげていないような流れ作業システムが利用されており，若干のケースでは，その後も，ベルト・コンベアなしの流れ作業が実施されていた(128)。

そこで，つぎに，フォード・システムの導入による大量生産への取り組みを主要産業部門について考察することにしよう。以下では，電機産業，自動車産業および機械産業についてみることにする。

2　主要産業部門における流れ生産方式の導入

(1)　電機産業における流れ生産方式の導入

まず電機産業をみると，この産業では，世界恐慌期の後の回復は比較的はやくにすすんでおり，流れ生産の展開もはやくに取り組まれた。ジーメンスでは，恐慌期の厳しい状況は，1933/34年の営業年度にはすでに克服され，例えば電動機工場におけるシャフトの生産や家庭電気器具部門のような生産領域は流れ生産に再編されており，33年以降には質的に新しい合理化の波について語ることができるとされている。しかし，本来の意味でのベルト・コンベアが普及するのは，1930年代の後半のことであった(129)。そうしたなかで，1936年からの第2次4ヵ年計画にともなう軍需市場の著しい拡大は，流れ生産方式の導入による大量生産の展開の条件を大きく変えることになった。以下では，主要製品部門を取り上げてみていくことにしよう。

①電動機製造部門の事例

まず電動機部門をみると，ジーメンス・シュッケルトのエルモ工場では，ナチス期には，基軸となる製品と軍需品の生産を結びつけるという企業管理の原則を実現することができたとされている。この工場は，電動機や電動工具のほか，軍需産業向けの生産手段を供給しており，航空機の装備に利用される小型電動機の開発を行った。とくに家庭用電気器具の市場での激しい競争は，この工場に生産の経済性に特別な注意を払うように強制した。その結果，1930年代には，エルモ工場は，生産の一部をはやくに移転させ，ベルリンの高い賃金水準を回避したのであった(130)。

かくして，ザール河畔のノイシュタットに第2工場が建設されたが，1937/38年の営業年度には，電気掃除機の安価な生産を達成するために，リズミカルに動くベルト・コンベア，専用の自動機械や搬送設備が開発された。また1938年の第1四半期に始まる第2建屋の建設計画では，冷蔵庫の新しい生産ラインの計画化は，最少の専門労働力でやっていくために，専用設備でもって生産を非常に強力に自動化するという目標をもって，最も近代的なアメリカ的な生産方法の展開という観点から実施された(131)。

それゆえ，流れ生産方式の導入を具体的にみると，1935/36年には，冷蔵庫の組み立てが流れ生産に転換され，最も小型の電動機の組み立てにおいてはコンベアでの梱包が導入された(132)。電動機のケーシングの生産は，流れ作業ラインの配置によって増大し，電動機の組み立てにおいては，既存の1本のベルト・コンベアでは増大した需要を充足することができず，さらに2本の新たなコンベアが配置された。そのうちの1本のコンベアでは，アルミ製ケーシングのより軽量の電動機が組み立てられ，もう一方のコンベアは，標準型ではないすべての電動機の組み立てのために利用された。また最も小型の電動機，換気装置，電動式工具のために5基の新しい組立コンベアが配置された(133)。多様なタイプの電気掃除機の効率的な生産はベルト・コンベアの頻繁な転換によって非常に困難となったので，複数のタイプの電気掃除機に同じ機械装置を取りつけることをめざして，設計の再検討が行われた(134)。

また巻線職場をみると，電動機の総コストに決定的な影響をおよぼす巻線作業は，より多くの作業工程への分割によって，ベルト・コンベアで行われるようになった。それによって，巻線時間が短縮されたほか，巻線女工の訓練期間の3ヵ月から4週間への短縮，1人の巻線女工の養成に要する費用の220マルクから75マルクへの引き下げが追求された。1937/38年には，生産の増大にもかかわらず製造時間が16％短縮されているが，巻線職場の作業時間が第1工場の総時間の4分の1以上を占めていたという状況を考えると，このことは大きな意義をもっていたといえる[135]。

しかし，第2工場の合理化の取り組みは，1940年代の軍需生産への重点移動の一層の推進によって，大きな影響をうけることになった。確かに民需向けの財の生産は大きく制限され，その生産禁止は，例えば第2工場における電気掃除機のベルト・コンベア生産のほぼ完全な休止をもたらした。当時，電機産業でも，戦争の早期の終結が考慮されており，冷蔵庫の生産では，戦争終結後の輸出の準備のために，建物の完成とその操業開始を成し遂げるという決議がなされた。しかし，家庭用電気器具の生産の禁止は，1940/41年には，より大規模でかつ厳しいものとなり，その結果，第2工場では，電気掃除機，電動式床みがき機や換気装置と同様に，まさに始まったばかりでありまだ非常にわずかな台数にすぎなかった冷蔵庫の生産も，中止されねばならなかった。そのかわりに，航空機用の電動機の生産がベルリン工場から第2工場に移されたほか，焼夷弾用の部品の生産が開始された。ただそこでも，家庭用電気器具の生産は以前には小型電動機の生産を基礎としていたので，軍需品にかかわりをもちながらも，ジーメンス・シュッケルトは，平和時の生産に装備を合せるという企業戦略を継続することができたのであり，同社の電気器具の生産の基礎が維持された[136]。

②積算計器製造部門の事例

つぎに積算計器製造部門をみると，積算計器の稼働の条件に応じて多くの数の基本タイプが存在していたが，多くのタイプでは，流れ生産の配置を正当なものにするだけでなくそれを絶対的に必要にするだけの台数がみられた。わずかな重量機械を度外視すると，主として軽量機械のみが問題となるので，それらは，あまり大きな諸困難なく非常にうまく流れ作業過程に組み込まれた。

AEGの積算計器工場では，1,500メートルにおよぶ全部で50の移動台が設置されていた。そこでは，従業員の移動の自由と搬送用の箱のための場所を確保するために，作業場の間隔は平均すると1メートルとなっていた。それゆえ，大部分の複数の仕掛品も，2つの作業場の間を移動していった。それによって，仕掛品の搬送の手待ちが削減され，流れのある程度の弾力性が実現された。例えば大型の押し抜き機職場においてのように，個々の作業を機械で行わねばならない移動台では，仕掛品を直接機械に送る特別な設備がみられた。仕掛品は，ポイントのついたレールによって流れの方向に沿ってつぎの機械まで送られていき，そこでは，ローラー・コンベアによって，非常に密集して機械のところまで転がっていった。作業の終了後，仕掛品はもう1基のローラー・コンベアの上におかれ，それによって再び流れの方向に送られていく。H.ヘルホルトは，このような流れ生産の利点として，徹底した分業のゆえに作業が非常に簡単であるため労働力のおき替えが可能なこと，また以前の作業方法と比べての非常に高い快適性や作業のしやすさ，材料ないし仕掛品の自動搬送によって女子労働者は部品の加工に集中することが可能となりそのことが製品の品質にとってもプラスになったことをあげている。

そこで，当時の近代的な生産のモデルをなすAEGについて，まず**機械加工工程**をみると，この工場の作業の流れは小型の押し抜き機の職場において始まるが，この職場は積算計器の全部品の70%を生産した。それにつづく大型の押し抜き機の職場では，床板とフードが長い移動台で生産されたが，生産に必要な機械は，移動台の左右に配置されていた。その後次々に作業が行われるが，平行して流れるサブラインで生産されるフックの留め環や留め金の差し金のような部品が，電気スポット溶接かリベット留めによって固定される。別のグループのプレスでは，フレームがベルト・コンベアで加工され，またリベッタや溶接機によって，複数のゲージでの制御のもとに完成される。1階の他のところには中子押し抜き職場があったが，自動高速押し抜き機によって，1往復行程当たり2つの中子円板が切断された。複数の移動台が，押し抜き機から送られてくる個々の板を手作業へと搬送した。

1階で製造されたすべての部品は**塗装**のためにエレベータで4階に搬送され，グリース抜きの後，床板とフードが3台の塗装用移動台に送られた。フードへの作業も移動台で行われたが，移動台のコンベアのすぐ横には浸漬設備が配置されており，床板は両面を塗装されねばならないので，この設備はとくに床板の塗装のために利用されていた。特別な針金製の弓形金具でもって床板はチェーン・コンベアに掛けられ，搬送のさいに塗料タンクに浸された。その後，床板はタンクから離れ，弓形金具でもって移動台のコンベアの上におかれた。移動台は，20メートルの長さの乾燥炉を横切るかたちで，塗装されたすべての部品を搬送し，約1時間後に部品はさらなる加工のために炉のもう一方の側に現れた。こうした炉での塗装とならんで，多くの部品は空気乾燥の塗料を塗られた。このような塗装は，乾燥のために短い時間しか必要としないという利点をもっていた。

また塗装職場に隣接して精密部品の製造が行われたが，計量装置の架台は，自動金属被覆機械（自動鋳造機械）によって，精密な方式に基づいて生産された。また真鍮製のライニングや軸は多くの小さな機械で製造され，ウオームや歯車は特別な自動フライス盤で製造された。計量装置の部品の製造につづいて計量装置の組み立てが行われたが，それも移動台で実施された。ドラム，軸，歯車などは，適切なはめ合わせ装置でもって組み立てられた。計量装置は，検査所での検査の後に，専用の搬送ケースに入れて倉庫に運ばれた。

つぎに**巻線工程**をみると，直巻コイルの巻線は小さなクランク機械で行われ，電圧コイルの生産は，毎分3,000の高回転数で稼働する特別な専用機械で行われた。この機械は幾重もの巻線を完全自動で行い，線の異常や結び目などにあたった場合には，この機械は自動で停止した。コイルの完成やフランジの固定の後に，これらのコイルは，電流コイルとともに駆動システムの組み立てに届く。そこでは，中心部分，より小さい部品やねじと一緒に，ベルト・コンベアの上で，積算計器への組み付けのための完成したユニットとして特別な搬送ケースに入れて最終組立に送られる駆動システムへの組み立が行われた。もう1台の移動台では，円板状の電機子が，原料から組みつけの完了した部品になるまで順番に生産されていった。

さらに積算計器の最後の構成要素として制動磁石があったが，そこでは，1日に数千もの鋼磁石が継目なしチェーンで複数の洗浄漕およびめっき漕をとおって運ばれていく移動式の電気めっき設備が，とくに注目に値する。チェーン・コンベアが，電気めっきされた磁石を移動台に搬送し，そこでそれらは磁化され，また専用の器具でもって正確に測定された。

組みつけが終了したすべての部品はいったん中継倉庫に送られたが，中継倉庫は，多くの部品を集め，分類し，生産計画に従って組み立てが必要とするのにあわせてそれを並べるだけでなく，さらにさまざまな部品の所要時間の調整を行った。それによって，最終組立への安定した材料の流れが達成された。

こうして，生産の最後の段階をなす**最終組立**が行われることになるが，それは，複数の移動台のもとで，電流の種類ごとに行われた。各移動台にはまず組み立てに必要な床板，フード，接続端子などが送られた。計量装置，駆動システム，磁石，ねじなどのようなその他の部品は，作業の遂行のためにそれらが必要とされる個々の作業場に直接置かれた。顧客の注文の特別な指示に合った部品が積算計器の床板に組みつけられるとすぐに，あらゆる特別な指示が記入されたカードが床板に貼られた。それによって，他の部品の組みつけのさいに，顧客の注文に合っているかどうかをチェックすることができた。

最終組立が終わると**検査**が行われるが，フードは移動台の最後のところに一時的に置かれ，また完成した積算計器は，移動式の棚の台に片づけられ，検定所に運ばれた。検定所では，積算計器はひとつずつ開けられて検定されたが，そこでは，仕掛品が移動するのではなく，検定係が台から台へ移動していき，そのつど一定の調整のみを行うように流れ作業システムが実施された。検定が終わると，積算計器は結線に送られ，高圧での絶縁強度の最終検査の後に検定所を離れ，倉庫に運ばれ，さらに梱包に送られたが，梱包作業も移動台で行われた(137)。

③ラジオ製造部門の事例

さらにラジオ製造部門をみると，そこでは，すでに1920年代に流れ生産方式の導入が行われていたが，U. v.メーレンドルフは33年に，以前の単純な受信機は多かれ少なかれひとつだけの作業の流れのなかで，それゆえ，例えば1台の移動台で組み立てられていたのに対して，徹底的に分解され組立グループに分けられた生産方法がそのような方式にとって代わったとしている(138)。彼によれば，すでに1933年に，ラジオ機器の製造のまぎれもない大量生産が，個々の作業場の結合のための手段である移動台の利用をもたらしたとされている(139)。

製造すべきすべてのタイプの受信機に利用される可変コンデンサの生産は，1台の移動台に集められ，よく工夫された装置でもって，個々の回転子や固定子が組み立てられ，修正コンデンサによってケースに組みつけられた。固定コンデンサ，抵抗器やその他の個別部品でのコイルの組み立ては，再び可変コンデンサの生産の隣にある組立グループにおいて行われた。さらに受信機のシャーシの組み立てをみると，その本来の組み立ては，機械による床板への構成部品の組みつけとその正確な結線のみであった。完成されたシャーシは，さらにつぎの机の上でケースに組みつけられた。受信能力と検定の再検査がなされ組みつけが行われた拡声器も，音響効果のテストが行われる最終検査へすすんでいった。その後，ベルト・コンベアは，さまざまな組立台や検査台から届く受信機を受け取り，梱包所をとおってそれを発送倉庫に送った。メーレンドルフは，1933/34年にはこのような十分に考えぬかれた生産の組織は非常に複雑な受信機をタイミングよく大量に生産することを可能にしたとしている(140)。また検査をみると，1日何千台もの生産量をもつ最も複雑なラジオ受信機のベルト・コンベアでの生産の場合，実験所の原則に基づいた検査ではもはや十分ではなく，検査のプロセスと方法が変更された。近代的な検査所は，「個別部品の検査――グループ検査――シャーシの検査――拡声器の検査――機器の最終検査」の5つの段階を示しており，そこでは，検査作業はベルト・コンベアで流れ作業的に行われた(141)。

ナチス期にはまた，軍需市場の拡大にともなうラジオ機器の大量生産の必要性から，流れ生産方式の導入が，一層強力に取り組まれることになった。1940年のメーレンドルフの報告では，効率的な大量生産の方式である流れ作業は，その実施のためにとくに適した搬送手段を必要としたが，なかでも精密機械の生産において最も普及していたものは移動台であった。そこでは，中央を流れるエプロン・コンベアが流れの方向への仕掛品の搬送に役立ったのに対して，加工は，固定された棚板の両側かあるいは小さな側面机で行われた。そこでは，仕掛品は，各作業場においてコンベアから取り出され，作業工程の終了後に再びコンベアに戻される。

生産計画において非常に大きな数の特定の機器のタイプとより少ない台数のはるかに多くの異なるタイプの生産を開始するという特別な目的のために，2つの生産の種類に利用可能な，また製造年度ごとに不可避的に必要となる生産計画の変更に合わせてできる限り多様に利用することのできる移動台が，必要とされた。図9-1に示された移動台は，そのような事例のひとつをなす。そこ

図9-1　移動台でのラジオの組み立て

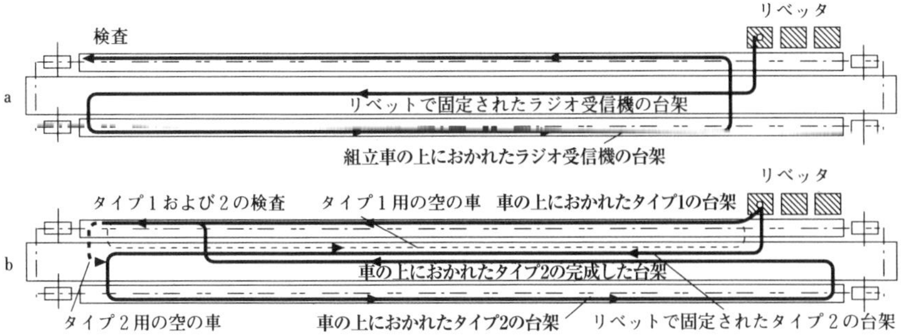

（注）：a）　両サイドがひとつの流れをなす。
　　　　b）　各サイドはひとつの特別なタイプのためのもの。
（出所）：U. v. Moellendorff, Leistungsteigerung im Zusammenbau, *Werkstattstechnik und Werksleiter*, 34. Jg, Heft 8, 15. 4. 1940, S. 131.

では，大きな台数の機器の場合には，一方で進行方向での作業が，他方で反対方向にすすみながらの作業が行われるように配置された（図9-1の上段参照）。またより少ない台数の場合には，同じコンベアで2つのタイプが生産されたが，その最初の作業工程に類似性がみられるときには，作業はコンベアの最初の所で一緒に行われ，その後，生産は2つの側に分かれた（図9-1の下段参照）。このような移動台の構造は，大量生産のための非常に多様な実施方法を可能にした。

しかし，より効率的な生産のためにまったく新しい設備を調達することが必ずしも可能ではなく，わずかな改造やそれなりに巧みな職場の配置によって既存の古い移動台の利用が最も効率的な方法で行われた事例もみられた。ケースへの受信機の台架の組みつけのために，まず受信機の台架が軽量の車の上に置かれ，また組みつけのために用意された空のケースが，移動台のベルト・コンベアの上に置かれた。ケースは，組立女工によってそれが降ろされるラインのほぼ中央まで進んでいった。受信機の台架が積まれた車は，コンベアの最後のところまですすんでいき，そこで，棚板の位置のわきに取りつけられたレールの上に置かれた。この車は，そこから作業工程をとおってレール上を組みつけ場まですすんでいき，さらに組みつけられた機器と一緒に，再びコンベアの最初の所まですすんでいった。そこでは，完成した受信機は再びベルト・コンベアの上に置かれ，それによって管理職場へ運ばれた後に，検査所に送られた。空の車は，つぎの台架の受け取りのために再び使用された(142)。

このように，ラジオの組み立てにおいては，生産されるべき製品の変更にも柔軟に対応できるような生産方式が試みられたのであった。アメリカの戦略爆撃調査団の報告は，戦時中には，電機産業内部の計画化は短期的な問題であり，頻繁な変更が行われており，それはとくに通信設備においてみられたとしている(143)。生産計画の変更に応じた移動台のできる限り多様な利用を可能にするような流れ生産の編成は，このような問題に対応したものであり，市場の変動に対する柔軟性（フレキシビリティ）を配慮したものであった。

④小型製品製造部門の事例

つぎに小型製品製造部門をみると，ジーメンス・シュッケルトの小型製品製造工場における全注文の平均額は1936/37年には140RMにも達しておらず，この工場の顧客層は広く分散していた。この工場の広範な製品系列は，それらが市場の多様な諸要求に応えねばならないようにした。この部門の工場も，生産の一部をはやい時期に移転しベルリンの高い賃金水準を回避した工場に属していた。1930年代半ばには，第2工場が標準化された大量生産用に拡大されたのに対して，ベルリンの第1工場では，航空機の搭載機器関連の生産のために新しい職場が組織され，工場間の分業がはかられた(144)。

1939/40年には「新しい生産方式の開発と広範囲におよぶ合理化」が，小型製品製造工場のスローガンであった。セレン整流器の生産は，実験的な生産から大量生産へと発展し，ライヒスポスト向けの中央整流器の組み立ては，ライン生産に転換された。また中ぐりやねじ切りの合理化も取り組まれたほか，第2工場の組み立ても一層合理化された(145)。さらにめっき部門では，新しい環状式コンベアによって50%の給付の上昇が達成されている(146)。このように，この部門では，標準化された製品の大量生産を推し進めた第2工場に合理化の重点があり，そこでは，流れ作業方式による労働組織の変革が強力に推し進められた。

またスイッチの生産では，組み立ては，搬送機構での規則的に進んでいく流れ作業工程（コンベア作業）で行われていたが，決められたタクトで行われるのではない作業工程では，コンベアを備えた組立作業用の機械を複数設置する可能性やそれらの適切な操作によって作業タクトを何倍にも高める可能性が存在していた。そこでの流れ生産の導入は，組立作業用の機械の設置とあいまって生産性を大きく向上させるための手段となっていた(147)。また複雑な二重式スイッチの生産も，半自動の組立台の上で行われるようになった(148)。

⑤電熱機器製造部門の事例

最後に電熱機器製造部門についてみると，ジーメンス電熱会社では，フォードをモデルとした大量生産への一層の接近という目標をもって，合理化方策が1934/35年に始められ，35/36年以降，徐々に実施された。同社の製品の市場は確かに一層増大するが同時に激しい価格競争に見舞われるという予想が，その最も重要な理由であった。また専門労働者および原料の全般的な不足も，合理化の推進と深いかかわりをもっていた。さらに経済の軍事化のもとでの基軸製品の生産の禁止や軍需生産への転換のような特殊な諸問題によっても，合理化が促進されたが，他方では，逆に妨げられることにもなった。同社の製品系列は1928/29年頃以降減らされており，工場は，徐々に，小型電気器具のための工場からレンジと蓄電池のための工場へと変化した。レンジの生産の合理化は，厳しい市場の条件のもとでの価格の引き下げ圧力によって規定されていた。しかし，1930年代半ばには，同社の製品が高くても販売することができた時代は決定的に過ぎ去ってしまったと考えられており，電機企業は，ガスレンジの価格で電気式レンジを市場に出すこと，またレンジの価格を約25%引き下げることを強いられた。そのような状況のもとで，すでにコンベア作業に転換されていたレンジの組み立てにおいて，作業方法の工夫が取り組まれており，他の機器の組み立てにおいても，転換がはかられた(149)。

ジーメンス電熱会社では，1934年には，EKPH型とEKNK型のレンジの売り上げの増大によって，組立において，コンベア生産への移行が推し進められたが(150)，生産の流れを改善するために，梱包に至るまでのすべての職場が再編された。レンジの組み立てでは，平行して流れる3本の小規模なベルト・コンベアのかわりに，一本の大規模な組立コンベアが配置され，その上ですべてのモデル――しかしつねにひとつのタイプのみ――のレンジが，同じ時間でそれまでよりも多くの台数で連続して組み立てられた。レンジの組み立てにおけるこのような作業方式の改善によって，13%のコスト削減が達成されたほか，熟練をもつ専門労働者の25%，半熟練労働力の約13%が不要となった。それにともない，婦人労働の割合が35%から63%に上昇した(151)。

こうして，1942年のフレッケンシュタインの報告も指摘するように，電熱式キッチンレンジの生産は，すでにまぎれもない大量生産となっていた(152)。上述したように，1935/36年までは，ジーメンス電熱会社における合理化の動機は，とりわけ特殊な販売市場の諸条件から生じていたが，その後は，経済の軍事化にともなう市場の諸条件の変化に規定されていた。同社は1940/41年の営業年度には売上の減少を記録した。同社の基軸製品の生産禁止後には，売上高は8%減少した。また国防軍は短期の注文を取り消したので，軍需品の売上高は31%減少した。国防軍の計画変更による生産の不安定性は，この工場の収支結果において1941/42年の営業年度の損失を発生させる一要因となった(153)。

また季節と結びついた電気式レンジの需要は，流れ生産ラインの組み替え可能な配置を求めたのであり，しかも高い輸出比率のもとで，各国のさまざまな諸要求が考慮されねばならなかった。そのことによって，交替型の作業の割当が必要となった。そのような弾力的な流れ生産の形態は，ベルト・コンベアのもとでの機械的に規定された流れのタクトによる硬直的な流れ生産と比べると，最善の成果と能率を示してきたとされている(154)。

これまでの考察から明らかなように，電機産業における流れ生産方式の展開においては，変動の激しい軍需市場の諸要求への生産のフレキシブルな適応が求められることになった。それゆえ，同一の定型製品を連続して大量に生産するアメリカ的な生産方式よりはむしろ，生産のフレキシビリティの確保に重点がおかれなければならず，市場の特殊的条件が，生産方式の導入・展開のあり方を規定することになった。フォード・システムの本格的な普及は，第2次大戦後の消費財生産のブームの結果，1950年代および60年代にみられ，そこでは，ベルト・コンベア作業は，とりわけラジオやテレビ，電気掃除器，洗濯機，自動食器洗い器，レンジといった主要な製品系列の最終組立において普及した(155)。

(2)　自動車産業における流れ生産方式の導入

つぎに，自動車産業についてみると，1920年代末からの世界恐慌期には，この産業では，広範囲におよぶ購買者層の貧困化のために，小型車や大衆車を供給するという決定が再び行われていた[156]。生産と販売の状況が一層厳しいものになるなかで，アメリカの生産方式は，簡単には導入することができないようになった[157]。しかし，そのような状況は，ナチスのモータリゼーション促進政策と経済の軍事化のもとで大きく変化し，流れ生産方式の展開がより強力に推し進められていくことになる。

①アメリカ的大量生産と流れ生産方式の導入

そこで，まずアメリカ的大量生産モデルの追求の典型事例として，オペルについてみることにしよう。W.ヴァールは，アメリカのGMがオペルの経営を受け継いで以降，すべての生産がアメリカの模範に従って拡大され始めたとしているが[158]，その最も典型的な事例はブランデンブルク工場（オペル）のトラック生産にみられる。オペルは1935年4月1日には，そのすべてのトラック生産をリュッセルスハイムからブランデンブルクに移すことを決定し，わずか190日の労働日でもって最も近代的な自動車工場が生み出されることになった。同社では，いたるところで最も近代的な生産方法がみられ，流れ作業システムのすべての可能性が徹底して利用された[159]。

1935年11月以降には，このトラック工場では，100%流れ作業とみなすことのできる13本の機械ライン，27本の完全自動のコンベアベルトおよび完成組立のコンベアから成る非常に緊密なシステムが実現されたとされている[160]。この工場では，製品の種類，加工機械の種類ないし類型が場所の必要性あるいは機械の配置の計画を規定したのではなく，個々のベルト・コンベアのもとで正確に決められた時間に従って生産される完成組立に必要な自動車部品のみが，それらを規定した[161]。この工場のレイアウトを示せば図9-2のようになるが，それまでの自動車工場とは異なり，原料から完成車までのすべての生産がひとつの建屋において行われており，場所的に統合された本来の意味での工場結合体をなしていた。当時，この工場は800人の男性の従業員を抱えており，そのうち15%はとくに職長と専門労働者であったが，8時間労働で日産50

図9-2　オペルのブランデンブルクトラック工場のレイアウト

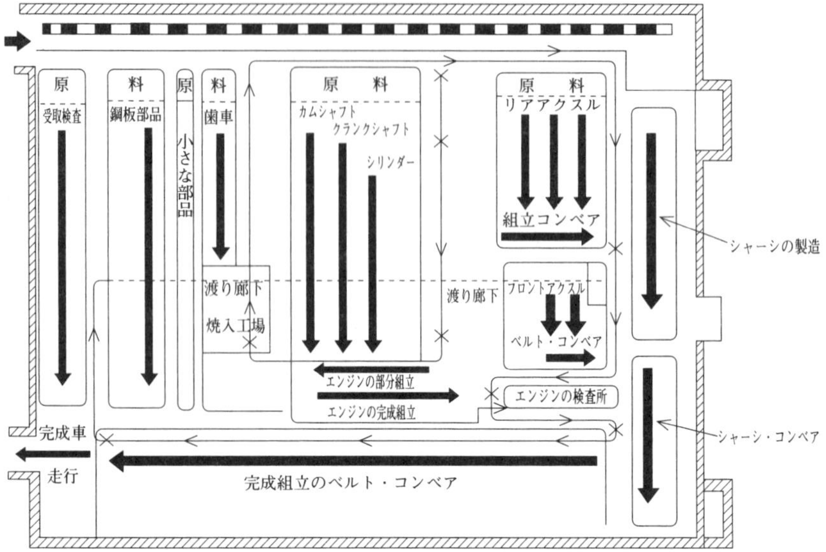

（出所）：Das Nene Opel-Lastwagenwerk, *Automobiltechnische Zeitschrift*, 39. Jg, Heft 2, 25. 1. 1936, S. 39, K. Stodieck, Entwurf und Bau mechanischer Werkstätten, *Maschinenbau,* Bd, 15, Heft 5/6, März 1936. S. 137, E. Hundt, Besuch bei OPEL in Brandenburg, *Motorschau,* 1. Jg, Heft 4, Juni 1937, S. 356-357, H. C. G. v. Seherr-Thoss, *Die deutsche Automobilindustrie. Eine Dokumentation von 1886 bis 1979,* 2., korrigierte und erweiterte Auflage, Stuttgart, 1979, S. 337.

台，3交代制では約2,500人の労働者で24時間に150台の生産能力を有していた(162)。

そこで，この工場における流れ生産方式の導入状況をみていくことにする。ここでは，工程別に考察することにしよう。

まず**機械加工工程**をみると，この工場の機械設備は約1,200台の個別駆動の工作機械で構成されていたが，そこには13本の機械加工ラインがあった。個々の部品ユニット，フロントアクスルとリアアクスル，クランクシャフトとカムシャフト，シリンダブロックの加工，駆動装置およびシャーシの製造は，すべて機械ライン別に編成されていた。加工される部品の搬送には，もっぱらローラー・コンベアや完全自動のコンベアベルトのような機械的搬送手段が利用されていたが(163)，ある作業機からつぎのそれへの重い仕掛品の搬送は，ローラー・コンベアによって行われた[164]。特定の部品は，ベルト・コンベアにおいて生産された[165]。

つぎに**組立工程**をみると，まず部分組立の方式で行われるエンジンの組み立ては，ベルト・コンベア上に置かれた回転台の上で行われた。完成したエンジンは，電気トラックによって，その組立コンベアから検査所に搬送された。また完成組立をみると，個別部品と部品ユニットを生産するすべての機械加工ラインが完成組立のメインラインに流れ込んだ[166]。到着する部品のグループは，中継倉庫なしに約110mの長さをもつ完成組立のコンベアへと進んでいったが，このコンベアの両端の間には原料倉庫があった[167]。完成組立では，まずコンベアの上でシャーシにアクスルとスプリングが取りつけられ，その後エンジン，操舵装置，燃料タンクおよびラジエータや踏み段およびフェンダーの組みつけが行われるというかたちとなっていた。完成組立の作業を例えばリアアクスルについてみると，ベルト・コンベアで完成組立が行われたが，差動装置がリアアクスルケースに組みつけられた後に，ブレーキドラムとハブが組みつけられ，最後の作業工程として，完成組立が行われたリアアクスルに吹き付け塗装機でもって塗装が行われた。これらの作業の終了後，クレーンが運転室を運び出すが，その間に，コンベアは，電装品，ボンネットおよび車輪がトラックに組みつけられる位置まで進んでいった。最後の30メートルのところで，すでに完成した車の検査と点検が行われた[168]。このように，この工場では，生産過程の組織的な統合化が最も広範に推し進められ，最終組立コンベアには，タクト化がはかられた27のコンベアが流れ込んでおり[169]，その全長は5Kmにもおよんだ[170]。

またその他の工程として**焼入工程**をみると，焼入作業も流れ生産の進行のなかに組み入れられており[171]，これらの作業もベルト・コンベアでの流れ生産で行われたが，焼入工場における流れ作業の導入は，初めて実現されたものであった。**電気めっき工程**でも同様に，生産はベルト・コンベアでの流れ作業で行わるようになった[172]。さらに**車体製造工程**をみると，車体の大きな部品も，コンベアで組み立てられるようになった[173]。

このように，最新鋭のブランデンブルク工場では，自動車生産の主要な工程において流れ作業やコンベア作業が展開されていた。部門間搬送をみても，完成部品や付属品，組み立てや組みつけに必要なより小さな部品の搬送は，オーバーヘッド・チェーン・コンベアやローラー・コンベアのような搬送装置によって行われた[174]。この工場で生産される「オペル・ブリッツ」は1939年から終戦まで軍の基盤をなしており，このトラックがなければ42/43年には軍の自動車設備は完全に麻痺したであろうという指摘や，このトラックのおかげでトラック産業における合理化の遅れの大部分が埋め合わされることができたという指摘[175]がみられるほどに，ブランデンブルク工場の生産力は，当時のドイツにおいて高い水準のものであったといえる。また非常に大規模な鍛造工場，365台のプレスを備えたプレス工場，6つの大規模な地下の機械室と約1万台の高性能な工作機械を備えた工場をもつ，ヨーロッパにおける最も完全に統合化された自動車工場である同社のリュッセルスハイム中央工場[176]でも，1937年には，総延長約12キロメートルの96基のコンベアが存在していた[177]。

このように，オペルは，アメリカ的生産方式の導入の典型例をなしたといえる。そこでは，すでに第2次大戦の勃発までに，タクトサイクルおよび組立コンベアでの比較的細分化された製造作業，単純な標準化された生産構造，専用機械および最初の自動搬送コンベアの先駆け，階層的・職能的な次元における部分的な組織的分化，また水平的および垂直的な分業，生産技術，計画化，品質管理のための専門化されたスタッフなどの，近代的な大量生産の本質的な構成要素が普及するに至ったとされている[178]。

②「品質重視のフレキシブルな生産構想」の展開とその意義

このようなアメリカ的モデルに基づく流れ生産方式の推進とならんで，ナチス期にも，1920年代と同様に，ドイツの状況に合わせてより独自的な展開をはかった企業もみられた。ダイムラー・ベンツにその典型事例がみられる。1926年の合併以降に追及された同社の品質重視のフレキシブルな生産構想は，世界恐慌のなかにあって，需要の変化への徹底した適応を可能にし，また躍進の局面では，大量生産への徐々の移行のためのきっかけを与えた[179]。同社にとっては，作業計画の多様性によって，また伝統的な制約から，その製品特性への流れ生産の非常に徹底した適応の必要性が生まれた。またそのことを完全に度外視しても，ウンターテュルクハイム工場では，1933年に始まるあらゆるモデルの生産量の著しい増大を達成するという困難な課題が，作業現場において解決されなければならなかった[180]。

同社でも，例えば1936年2月27日のトップ・マネジメントのある会議において指摘されているように，定型プログラムの簡素化と流れ作業への移行が主要な目標とされている[181]。そこでは，同じ工具や装置から生産されるべき1.3リッター車，1.9リッター車および2.6リッター車の3つのタイプが流れ作業で一緒に生産されうるような設計が検討された[182]。またマンハイム工場でのトラックの組み立てが2つのタイプに対してひとつのラインにおいて既存のシャーシラインと平行して行われるなど[183]，流れ生産の拡大が推し進められた。同社では，コンベア生産への再編成は1930年代全体をとおして取り組まれたが，30年代前半にメルセデス170でもって乗用車の生産がコンベア生産に転換された後に，38年にはマンハイム工場における大量生産の開始でもって，トラック生産の近代化は，第2次大戦勃発までの時期のその頂点に達したとされている[184]。B. P.ベロンによれば，1930年代の半ばおよび末までに，ベルト・コンベアおよび組立ラインが，ウンターテュルクハイム，マンハイム，そしてジンデルフィンゲンの工場の中心的な特徴となっており，そのことは他の工場にもほぼあてはまる[185]。このように大規模な技術的・労働組織的な再編成が実施されたが，1930年代末まで続いたこのような再編成[186]にもかかわらず，20年代半ばから第2次大戦勃発までの時期にみられた第2の近代化の局面において，労働過程のフレキシビリティと生産すべき製品のバリーションの互換性を損なわないようなひとつの合理化の模範が定着したとされている[187]。

乗用車部門では，ドイツの自動車市場の実勢がいわゆる「小型車」を担い手とした大衆自動車市場の開拓・拡大へと強力に展開するなかにあって，むしろ逆にダイムラー・ベンツは，中・高級車に特化するという戦略をとった。その結果，同社の生産体制は，「大づかみに言うと，中級車クラスの年間数千台から最高約18,000台規模に至るまでの**それなりの**量産機構と，高級車・超高級車の年間数百台，数十台，ないしは数台単位でのほぼ完全な手工的個別生産との双方から成り立っている」という状況にあった[188]。こうした戦略的対応の背景には，同社の1934年8月29日に行われた取締役会の会議でも指摘されているように，小型車の重要性を認識しながらも，安価な自動車に関しては当時の激しい競争のなかで，またとくに競争相手の有用でありかつ良いということが明らかになっているような多くの小型車に関しては，有利ではないという認識があった[189]。もとより，ドイツの工場にとっては，アメリカのように大きなロットを確保することは決してできなかったという状況にあったほか，乗用車部門では軍需の獲得はトラック部門のようには意味をもたなかったという事情もあり，アメリカの競争相手に品質で大きく優る自動車を市場に出す場合にのみ同社はこうした競争相手と戦うことができたという事情があった。確かに乗用車部門でも製品の多様性の削減への取り組みはなされたが，フォードの生産構造に到達することはまったくといってよいほどなかった[190]。

一方，トラックの生産では，軍需市場の拡大によって大量生産の可能性が大きく高まったナチス期になって初めて，ある程度の大量生産を可能にするロットが実現された。1920年代には多くの定型をかかえていたために近代化がゆっくりとしかすすまなかったダイムラー・ベンツのトラック生産においても，38年にマンハイム工場におけるコンベアでの流れ生産への転換でもって，大量生産のための決定的な打開がはかられた[191]。またガゲナウ工場でも，上述のようなスターリングラードの戦いでの多くのトラックと牽引車の喪失の結果でもある定型化の一層の推進にともない，4.5トントラックの主力工場の合理化が急速なテンポで取り組まれ，1944年5月から6月にかけて，ベルト・コンベアでの組み立てが開始するようになっている[192]。

しかし，この時期には，最も近代的な生産構造の配備およびそれなりの労働組織の再編成にもかかわらず，生産過程の乱れを最小限に抑えるために，アメリカの自動車産業と比べると高い専門労働者の割合が維持されていた[193]。小さな組の生産と専門労働者の占める割合の高いフレキシブルな生産構造が生み出され，そのような「品質重視のフレキシブルな生産」ともいうべき方法が，1930年代末まで維持されることになった[194]。そこでは，専門労働者のポテンシャリティにも依拠したフレキシブルな生産構造でもって，同社は比較的短い期間にナチスの軍備拡張の要望を満足させることができた。同社の生産構造における人員配置，製品の変更および装備替えのフレキシビリティが，ドイツのすべての金属産業のように，国防軍の多様な軍需品の需要への急速かつ円滑な適応を可能にしたのであった[195]。トラックを生産するガゲナウ工場は国防軍と国家の注文でもってフル操業を行っていたが，同社が1920年代および30年代に官庁向け業務を支配していたという事情は，そのようなフレキシブルな生産構造が築かれていたことによるものであった[196]。ダイムラー・ベンツでは，1939年には輸送機器の生産はほぼもっぱら「官庁向け業務」に転換されたが[197]，M.シュタールマンは，38年にマンハイム工場のトラック生産において始まった労働組織の再編成および技術的近代化はその後に実施された軍需生産における合理化諸方策にとっての模範となったとしている[198]。

ダイムラー・ベンツにおいて1920年代後半に始まり30年代により本格的に展開されたこのような「品質重視のフレキシブルな生産構想」は，「量と質の効果」のひとつの混合形態を意味した。それは，テイラーをモデルとするたんなる「低い信頼の組織」でもって実現されるうるものではなく，アメリカやドイツの他の自動車会社と比べると非常に遅くになって初めて行われた体系的な職務評価の方法の導入や，よりゆるやかな形態であったとはいえ熟練に基づく賃金支払いの要素が，その指標をなすとされている。高い専門労働者比率をもつこのようなフレキシブルな生産構造は，国内市場への集中化にさいして，多くの異なる小さなロットが生産されまた個々の工場の間での移動が可能であるという利点をもっていた。そのことは，生産能力のより高い利用だけでなく，変動する需要構造への適応にも寄与した。そのような専門労働者の占める高い割合が，航空機や船のエンジンの生産の迅速な構築を可能にしたのであり，こうした適応のフレキシビリティが，同社の競争力を確保したのであった[199]。

このように，ダイムラー・ベンツにおいても，1930年代の末には，専用機械，組立コンベアおよび自動搬送コンベアの先駆けが見出されるが，それは島方式的なものにとどまっていた。そこでは，短いサイクルのタクトタイムは存在せず，給付の規制は，大部分の工場では，集団出来高給の特殊な形態に生産労働者を組み込むことによって行われていた。このことは，生産過程の技術的な組織化がフォード社において第1次大戦前にすでにみられたようにはまだすすまなかったとはいえ，そのような組織化がレファ・システムを基礎にした給付の規制の官僚主義的な諸形態にとって代わることができたということのしるしであるといえる[200]。しかし，アメリカの自動車産業と比べると遅れて，また控え目に実施された同社の経営社会組織の合理化および近代化は，1930年代になっても，経営側が意図したようには順調にすすまなかった。配置されたベルト・コンベアは1930年代半ば以降ますます組織的に統合化されたが，コンベアが島方式的に配置されその間に検査所や緩衝在庫が存在していた限りでは，労働者はなお作業のテンポに影響をおよぼしていたとされている(201)。

ただ第2次大戦の勃発にともない，ダイムラー・ベンツでも，自動車の生産においては，民需向けの自動車の生産ではなく国防軍向けの軍需用の自動車，ことに野外走行車や有用車両の生産が支配的となり，乗用車の生産はもはや何ら重要な役割を果さなくなった。これに対して，航空機エンジンや戦車など軍需部門の生産が大きく拡大された(202)。1941年10月23日に行われた取締役会の会議の議事録でも，ウンターテュルクハイム，マンハイムおよびジンデルフィンゲンの工場における自動車の生産のためのプログラムはもはや重要ではなく，ガゲナウにおいてのみなおより強力であったとされている(203)。航空機エンジンや戦車など軍需関連の製品の生産では，組立工程の昇降装置を備えたコンベアや電気トラックが配備されており，大きなロットで生産する「タクト・システム」による最初の流れ生産ラインが生み出されている(204)。そのようなシステムが「基本的な生産過程の進行様式」となっており，例えば新設のベルリン・ゲンスハーゲン航空機エンジン工場の場合，1941年には，1タクト48分で工程が順次進行していくようになった(205)。

専門労働者と柔軟な人員配置も，航空機や船のエンジンの生産の迅速な構築を可能にした(206)。そのさい，労働力不足のために，人事配置の考え方は，戦線に出ない専門労働者が主として船や飛行機のエンジンの生産および戦車の生産に配置されるというように変化した。これに対して，自動車の生産においては，婦人，不熟練労働者および強制労働者としての捕虜がますます多く就業するようになった(207)。その結果，自動車の生産に従事する労働者に占める専門労働者の割合は，個々の諸部門では7%から14%にすぎなかった。例えば1,713人の男子を抱える自動車工場の最大の機械部門でも，わずか232人の熟練をもつ旋盤工がいたにすぎず，その割合は13.5%であった(208)。このように，本来の自動車製造部門では，専門労働者はもはや十分には使用することができなくなり，オペルにおいてもダイムラー・ベンツにおいても，強制労働者の配置が合理化の障害にまで発展したとされている(209)。

以上の考察において，流れ生産方式の導入についてみてきたが，第2次大戦の始まりまでの時期について，H-J.ブラウンは，ドイツ自動車産業における生産組織の種類は供給すべき市場に決定的に規定されており，その限りではこの産業における「アメリカニズム」は選択的に普及したにすぎないとしている(210)。確かに乗用車の生産台数は1938年（274,849台）には33年（92,160台）の約3倍に，バス，ライトバン，トラックのそれは4.8倍（1938年には63,470台）に増加しており(211)，生産量のそれなりの増加はみられた。しかし，世界の総生産台数に占めるアメリカの割合は，1936年にはなお78%を占めていた(212)。そのような状況のもとで，全体的にみれば，第2次大戦の勃発まで，あらゆる近代化の諸努力にもかかわらず，ドイツの自動車産業では，生産されるロットはアメリカにははるかにおよばなかった(213)。アメリカ自動車産業の優位は，同国において標準化および機械化がよりすすんでいたこと，また規模の経済によるものであった(214)。その一方で，ドイツでは，戦時中には乗用車の生産が大幅に削減され，軍需品の生産が拡大されていくなかで，本来の自動車生産の領域においてこのような立ち遅れを克服する可能性は，一層狭められることにならざるをえなかったといえる。

(3)　機械産業における流れ生産方式の導入

さらに機械産業についてみることにしよう。ここでは，ドイツ機械産業の中核的位置を占める工作機械の製造を中心にみることにしよう。第6章でみたように，機械産業でも，市場の制約的条件のもとで，1920年代には，流れ生産の合理化の諸可能性と高度なフレキシビリティの要求とのバランスをとるために，さまざまな諸方法が試みられた。そのような市場の条件は，ナチスの経済の軍事化にともない大きく変化することになった。1936年以降，例えば工作機械をみても，その需要は確実に高まり，生産能力は，第1次大戦の終結以降，初めて完全利用された。また原料の供給は割り当ての担当者である国防軍に最も大きく依存するようになったほか，労働力，とくに専門労働者不足が深刻化した。

これらの3つの諸要因は，工作機械産業に対して，自動機械の使用，その専門化，標準化や作業の分割，機械的に結合された流れ生産ラインの配置をともなうフォード型の工業大量生産への移行を加速するような組織的発展と合理化への圧力をかけることになった(215)。ただそこでは，流れ生産に配置される半熟練労働者を専用機の生産に利用し動員することができなかったので，汎用工作機械とは反対に，一般的には，専用機械は流れ生産では製造されてはいなかった(216)。機械産業では，第2次大戦期に，流れ作業システムがより強力に導入されたかあるいは一層発展したとされている(217)。戦争は従業員の構成の根本的な変化をもたらすことになり，熟練をもつ多くの専門労働力が進んで入隊するなかで，戦争にとって重要な特定の製品の生産増大は，その仕事に関する経験をもたない労働力や外国人の投入を必要にした。そうしたなかで，機械動力によって駆動されるベルト・コンベアを備えた機械の流れ生産ラインが，こうした諸困難からのひとつの打開策を提供することになった(218)。

しかし，機械産業，すなわち工作機械の主たる利用者の軍需品生産への適応は，確かに量的には大きいが質的な変動の激しい需要を生み出した。軍備計画の頻繁な転換，軍需品の定型の多様性および短い技術革新の期間，さらに大量生産のために同じタイプの注文を集めることを困難にした短い納期がそれである。また戦争がすぐに終わるという期待や将来の（世界）市場の条件への工作機械の生産者の持続的な志向によって，企業のフレキシビリティへの伝統的な適応が強化された。工作機械の生産者と利用者にとっては，変化する諸要求への彼らの生産過程の適応能力が，引き続き，最も重要となった。そのような状況のもとでは，硬直的なフォードの流れ作業をモデルとした生産の組織は，機械の製造業者の大部分にとっては，1920年代ほどには魅力的なものではなくなった。それゆえ，ナチス期になっても，工作機械産業は，好調な注文の状況にもかかわらず，流れ生産への慎重かつ弾力的な接近という戦略を継続したのであった(219)。

そのような市場の条件のために，企業における生産の弾力性（フレキシビリティ）に最大の重要性が認められることになった。とくに代表的な工作機械製造企業では，混成的な流れ生産のフレキシブルな諸形態が一層展開され，革新的変革や需要の変動に対する企業の弾力性の目標への伝統的な，強力な志向が，ナチス期にも維持された。そのことが，合理化政策における根本的な破綻を妨げたのであった(220)。

それゆえ，工作機械の製造の全般的状況をみると，W.フェーゼの1939年の指摘によれば，組別生産が実施可能なところではどこでも，生産台数は，機械産業ないし輸送機械産業のその他の諸部門ほどには大きくなかった。自動車の製造では，大規模な組別生産，大量生産さえ問題となったのに対して，工作機械の製造では，同時に生産されるべき部品の数は一般的に10個，20個，最高でも約40個であり，ドイツでは40という一組の数をこえて機械が生産されることはまれなケースであったとされている(221)。またK.ペンツリンは1943年に，例えば航空機，戦車，機関車や大砲などと同様に，工作機械はその数年前にはまだもっぱら個別生産で製造され，組立作業職場で組み立てられていたが，当時，すでにしばしばタクトに基づいて生産されるようになっていたとされている(222)。さらにH.コルベラムも1944年に，工作機械の生産においては，ドイツでも他の諸国と同様に，自動車の製造にみられたような形態で流れ生産を実施しうるような量では製造されてはおらず，拡大された欧州の経済圏向けの工作機械の全体的な需要を考慮した場合でさえ，まぎれもない流れ作業は実施されることができなかったとしている。流れ生産は，特定の作業のグループ，とくに組み立てや生産量の多い部品の生産に限定されざるをえなかった(223)。このように，工作機械の流れ生産は，部品を製造する機械加工工程ではあまり多くはみられず，それが最も よくみられたのは組立工程においてであったといえる。

そこで，流れ生産方式の導入状況をとくに工作機械製造の事例でみておくと，W.フェーゼの1939年の指摘によれば，**ピッツラー工作機械会社**では，すでに数十年来，より大きな台数の機械の生産が取り組まれており，すでに長い間，10台ないし20台の組で機械を生産してきた。とりわけピッツラー・タレット旋盤の生産は非常に大きな台数になったので，すでに1926年に流れ生産の導入の考慮が行われていた。この旋盤の月産生産台数は1939年には合計で約50台であったが，生産をその後も20台の組で行うとすれば，約丸3ヵ月同じ大きさの機械が再び生産可能であったということを考慮に入れることができた。それぞれの大きさの機械が毎月継続して生産されるのではなく，機械が完成してコンベアから取り出され販売のために用意されて初めて，新しい組が生まれることになった。販売が可能となる量は工作機械の種類によって大きく異なっていた。ある大きさのタレット旋盤のように流れ作業がまったく経済的であると思われる機械もある一方で，約丸2ヵ月ないし3ヵ月にわずか10台しか必要とされないような他の機械では，流れ生産にとってはまだまったく機が熟してはいなかった。同社のこの製品への流れ生産の導入は，回転式送り台，主軸台およびベッドという3つの主要なグループにおいて行われた。主軸台とベッドでは，流れ生産のための設備として，チェーンによって引っ張られる牽引車が利用されており，回転式送り台の流れ生産には，手動ないし機械動力で移動する簡単な車が利用された。各製造グループでは，あるいは各組み立てコンベアに対しては，コンベアのそばには，個々の機械の部品をサブグループに組み立てる事前組立のグループが配置されており，事前に加工された機械の部品が，コンベアに到着し，それぞれの位置で組みつけられた。コンベアには，そのところどころに検査所が設置されており，ベッドの組み立ては，例えば12の組立ポイントと2つの検査場所で行われ，スライドヘッドの組み立ては，12の組立ポイントと6つの検査場所で行われた。また回転式送り台の組み立てには，適切な検査場所をもつ20もの組立ポイントがおかれていた。このような流れ作業の導入の成果をみると，機械加工職場では，さまざまな大きさのタレット旋盤の部品の連続的な生産が可能となったことによって期限計画が非常に簡単になったので，期限の遵守の安定性が高まったほか，組み立てでも少なくとも25%から30%の時間の節約が達成された。タレット旋盤への流れ作業による組み立ての導入は，より少ない台数で機械が生産される他の組立職場にも，大きな影響をおよぼすことになった。そこでは，期限の決定の観点から，タレット旋盤の組立職場と同じシステムに基づいて作業が行われるようになった[224]。

また**レーヴェ社**をみると，同社の品種は旋盤，フライス盤および中ぐり盤に限定されていたが，1939年のK.ヘクナーの報告では，個々の部分グループ，とくに駆動装置の組み立ては，当時，一種の流れ生産で行われていた。そこでは，まず例えば20個の駆動装置のケースが組立机の上に順々におかれるか，あるいは必要に応じて簡単な手段でもって固定された。予めきちんと組み合わされた部品の小グループないし新たにはめこまれる部品が各ケースの前におかれ，予め正確に決められた同じ順番で，駆動装置のケースへの部品やその小グループの組みつけが開始された。このような生産および組みつけの方法は，1つないし2つの同種の駆動装置のみに導入されたのではなく，駆動装置部門では，むしろ送り軸旋盤，普通旋盤，多刃旋盤のエプロン，送り歯車箱のようなさまざまな種類の駆動装置のほか，タレットヘッドも，同じ原則に基づいて製造され，組み立てられた[225]。

しかし，これら2社とは異なり，流れ生産の導入には困難をともないそのような生産方式の導入がほとんど行われていない企業もみられた。例えば**ベーリング兄弟社**では，旋盤およびタレット旋盤の生産では，これらの工作機械のさまざまなベッドの長さや多くの専用装置（水冷水装置，テーパ削り装置あるいは写し取り装置，圧搾空気式チャック装置など）のために，他の部門でその価値が証明されていた流れ作業での組み立てを導入することは，不可能であった。また部品製造工程をみても，駆動装置の歯車，シャフト，主軸，軸受けなどのような共通部品は，組別生産が支配的であった工場の一部で生産された。これに対して，共通して利用することのできない部品のみが，個別部品のための加工職場あるいは特別なタイプの部品のための組立職場において生産されていた[226]。

機械産業の合理化，大量生産の限界について，アメリカの戦略爆撃調査団の報告は，資本財産業はその個人主義的特質や競争が激しいという特質のために大量生産の諸方法を採用してこなかったとしている。輸出市場でのこの産業の主たる競争力は，顧客の厳密な諸要求の充足，広範な製品の提供の能力と意思にあった。そこでは，広い範囲の製品を供給することは，より安く供給することよりも重要であるとみなされており，こうした利点を維持するために，この産業は，大量生産の方法を可能にしたかもしれない専門化を回避したとされている。こうした状況は戦時中をみても同様であり，戦争が始まったとき，製造業者に専門化と大量生産の方法の利点を利用させようとする諸努力が行われた。しかし，こうした運動は，ほとんど成果をあげることはなかった。戦略爆撃調査団の報告は，こうした諸方策はこの産業における生産性の向上にはほとんど成果をあげなかったとしており，この産業の全労働力に占める熟練労働者の割合の低下による労働生産性の低下の傾向を斟酌しても，合理化の諸成果はあまり大きなものとはなりえなかったであろうと指摘している[227]。工作機械産業の労働生産性は，労働者1人・1時間当たりのトン数でみると，1942年には39年に比べ10%，43年には18%，44年には24%低下している[228]。アメリカでは，工作機械産業の生産能力の驚くべき増大は，主に，一般機械を製造する工場の工作機械製造への転換によって達成され，機械工場の3分の1は戦時中に工作機械の生産に切り換えられたが，ドイツの機械産業は，その大量生産より以前の方法のおかげで，アメリカの機械産業よりもフレキシブルであったとされている(229)。

また過剰生産能力の存在の影響も大きかった。国内需要の拡大のもとで，機械産業の操業度は1933年4月の32%(230)から36年4月には78.1%に上昇しており(231)，37年12月には100%を超えるに至った(232)。しかし，アメリカの戦略爆撃調査団の報告が指摘しているように，戦時期には，ドイツ産業全体における工作機械は十分に存在していただけでなく，工作機械産業自体においても，この時期をとおしてずっと過剰生産能力が存在していた(233)。工作機械の利用者の内訳をみると，軍需産業の割合が圧倒的に高く，1942年第4四半期には74.3%，44年第2四半期には83%となっていたが(234)，過剰生産能力の存在は，労働力や材料の不足によるよりはむしろ工作機械に対する需要不足によるものであった(235)。このように，ナチス下の軍需市場の著しい拡大にもかかわらず，工作機械産業のような生産財産業部門では，大量生産の展開は実現されることにはならなかったといえる。

第3節　大量生産の推進と軍需市場の限界

これまでの考察において，ナチスの経済の軍事化による軍需市場の拡大という特殊的条件のもとでのフォード・システムの導入についてみてきたが，それは大きな限界をもつものとならざるをえなかった。そこで，つぎに，軍需市場を基礎にした大量生産への取り組みがもたらした結果とそのことのもつ意味について，みておくことにしよう。

まず大量生産の推進における軍需市場の意義と限界についてみると，ナチス期の軍需市場の拡大は，その規模自体でみれば，フォード・システムの導入・展開による大量生産を可能にするものであったが，この点に関してむしろ重要なことは，軍需市場のもつ特質である。軍需市場は確かに規模としては大きかったが，変動もまた激しく，フォード・システムによる大量生産の展開には必ずしも適したものではなかった。すなわち，軍備計画の頻繁な転換，軍需品の定型の多様性および短い技術革新の期間，さらに大量生産のために同じ定型の注文を集めることを困難にしたところのつねにギリギリに差し迫った引き渡し期限がそれである(236)。それゆえ，そこでも，流れ生産の導入を推し進める上で，そのような市場の条件に適応するためのドイツ的な方式の試みが行われざるをえなかった。

もとより，軍需注文の発注のさいには，短い納期および低い生産コストを約束するような企業がとくに優先されており，そのために，大規模な産業コンツェルンへの生産の一層の集中とならんで，一般的に，その生産を徹底的に合理化してきた企業が，古くなった生産設備をもつ企業よりも国家の注文を獲得した(237)。しかし，生産における頻繁な定型の変更や生産目標の転換は，流れ生産の導入・拡大を大きく妨げることになった(238)。それゆえ，ナチス期においても，そのような市場の条件に適応するために，流れ生産の導入を推し進める上で，生産の弾力性（フレキシビリティ）をいかにして確保するかが重要な課題となり，それを可能にするための生産方式の展開が試みられざるをえなかった。この点，自動車のような消費財市場の拡大を基礎にして大量生産が推し進められたアメリカと比べると，大量生産とそのための経営方式の導入・展開のあり方は大きく異なっていたといえる。

また経済の軍事化のもとでの軍需を基礎にした大量生産の推進は，国民経済の発展におよぼす影響という点でも，大きな限界に突きあたらざるをえなかった。経済の軍事化にともなう市場の拡大は一定の短い期間をもって終らざるをえなかっただけでなく，大量生産の効果が軍需という一定の「狭い」範囲に限られるためにそれが国民経済全体にまでおよぶことは少なく，消費財，とくに耐久消費財の大量生産の場合とは異なり，他の産業へのその波及効果は比較的に小さなものにとどまった。

本来，関連産業への需要創出をとおして国民経済への波及効果が大きい自動車産業をみても，乗用車の普及状況については，ナチス期には，「事業所的・営業所的モータリゼーションが主流であって，個人的・大衆的モータリゼーションは，なお初期的段階にとどまっていた(239)」という状況にあった。第2次大戦後のように乗用車が大衆消費財となるには程遠かったといえる。また国家の関与のもとで，航空機や船，戦車のエンジンなどの軍需により直接的に関係する製品の生産に重点がおかれただけでなく，生産の緊急度の等級づけによる優先度の問題は，部品の調達にも大きな影響をおよぼすことになっており[240]，自動車の大量生産は，そのことによっても大きく制約されることになった。その結果，アメリカでは，自動車産業は技術的にも経済的にもひとつの主導的部門であったのに対して，ヨーロッパ，とくにドイツでは，この産業の主導的役割は，本質的には，技術の領域に限定されていたとされている[241]。

ナチス期のドイツ自動車産業の発展とその意義については，ドイツの自動車産業はその誕生から1930年代までの数10年間は何ら基幹産業ではなく，さまざまな産業部門の集合体であったものが[242]，30年代になって初めて経済的にもひとつの重要な産業部門，成長部門に発展したという指摘がみられる[243]。また西牟田祐二氏も，1930年代の後半には，自動車産業の成長のもとでドイツ資本主義の伝統的主要部門が自動車関連分野を急速に拡大させることになり，「『石炭－鉄－鉄道』を中心とした従来の産業的諸連関から，いまや，いわば『自動車工業を中軸とする諸産業の大量生産体制』へと，ドイツ資本主義は大きく構造転換を開始した」と指摘されている[244]。しかし，そのような方向への大きな転換が推し進められながらも，大衆モータリゼーションの進展の立ち遅れから，それが軍需市場への依存というかたちでしか本格的展開へと向かうことができず，民需を基盤としたアメリカ的な発展を十分にとげることができなかったという点にこそ，ナチス期のドイツ的特徴，限界性が示されているといえるであろう。

それだけに，軍需市場の拡大は大きな意味をもっており，自動車産業の生産のうちかなりの部分が軍需生産にあてられたが，そのなかには，航空機や船のエンジン，戦車など本来の自動車生産とは異なる分野の生産が大きな割合を占めるようになっていた[245]。これらの製品分野のもつ関連産業のすそ野の広さは自動車の場合と比べるとはるかに狭く，それだけに，関連する産業諸部門への大量生産の経済波及効果という点でも，限界をもつものにならざるをえなかった。軍需を基礎にした大量生産のこうした限界はまた，関連産業における大量生産とそのための経営方式の導入・展開を大きく制約するという結果にもなった。

このように，軍需市場を基盤とした大量生産の推進は，フォード・システムに代表されるようなアメリカ的な大量生産方式の展開に対して一定の制約をもたらしただけでなく，関連する産業の大量生産を促すことによって広く国民経済全般に大量生産の経済効果が拡大していくというかたちでの展開をはかることができなかった。ドイツにおいてアメリカのような「現代的な」大量生産体制の確立がみられるのは，消費財市場，とくに耐久消費財市場の拡大が本格的にすすむ第2次大戦後のことである。

(1) Institut für Wirtschaftsgeschichte der Akademie der Wissenschaften der DDR, *Produktivkräfte in Deutschland von 1917/18 bis 1945,* Berlin, 1989, S. 91, Rohstoff-Umstellung, *RKW-Nachrichten,* 9. Jg, Heft 10, Oktober 1935, S. 131.

(2) Leitsätz der Rationalisierung, *RKW-Nachrichten,* 12. Jg, Heft 3, Juni 1938, S. 54.

(3) DNA, *Die deutsche Normung 1917-1957,* Berlin, 1957, S. 71, Leistungssteigerung überall, *Zeitschrift des Vereins Deutscher Ingenieure,* Bd. 83, Nr. 26, 1. 7. 1939, S. 787.

(4) Die Bedeutung der Normung für die Industrie, *RKW-Nachrichten,* 10. Jg, Heft 9, September 1936, S. 136.

(5) G. Freitag, 25 Jahre Normung, *Technik und Wirtschaft,* 35. Jg, Heft 11, November 1942, S. 178-179.

(6) R. Hachtmann, *Industriearbeit im 》Dritten Reich《,* Göttingen, 1989, S. 71.

(7) O. Koehn, Normung und Leistungssteigerung, *Zeitschrift des Vereins Deutscher Ingenieure,* Bd. 86, Nr. 45/46, 14. 11. 1942, S. 666, Institut für Wirtschaftsgeschichte der Akademie der Wissenschaften der DDR, *a, a, O.,* S. 91-92, Der Weg der Rationalisierung, *Der Vierjahresplan,* 5. Jg, Folge 12, Juli 1941, S. 658.

(8) J. Schnitt, Das Poteital, *Der Deutsche Volkswirt,* 11. Jg, Nr. 5, 1936/37, 30. 10. 1936, S. 219.

(9) Institut für Wirtschaftsgeschichte der Akademie der Wissenschaften der DDR, *a, a, O.,* S. 92.

(10) Vgl. F. Olk, Kriegsaufgaben der deutschen Werkzeugmaschinenindustrie. Zur Anordnung über die Meldepflicht von Werkzeugmaschinen, *Zeitschrift des Vereins Deutscher Ingenieure,* Bd. 85, Nr. 24, 14. 6. 1941, S. 539-541.

(11) Vgl. Beschränkung der Typen= und Sortenzahl von Erzeugnissen, *RKW-Nachrichten,* 13. Jg, Heft 9, Dezember 1939, S. 176.

(12) R. Hachtmann, *a, a, O.,* S. 77.

(13) E. Buskühl, Der Ruhrbergbau in der Leistungsprobe, *Der Vierjahresplan,* 6. Jg, Folge 5, Mai 1942, S. 218.

(14) O. Koehn, *a, a, O.,* S. 66.

(15) Vgl. Normung, *RKW-Nachrichten,* 18. Jg, Heft 5, September 1944, S. 72.

(16) Vgl. T. Siegel, T. v. Freyberg, *Industrielle Rationalisierung unter dem Nationalsozialisumus,* Frankfurt am Main, New York, 1991, 203-205.

(17) H. Mottek, W. Becker, A. Schröter, *Wirtschaftsgeschichte Deutschlands,* Ein Grndriß, Bd Ⅲ, 2. Aufl., Berlin, 1975, S. 339〔大島隆雄・加藤房雄・田村栄子訳『ドイツ経済史』大月書店，1989年，277ページ〕.

(18) H. Wagner, Normung und Elektrotechnik, *Elektrotechnische Zeitschrift,* 63. Jg, Heft 45/46, 19. 11. 1942, S. 533.

(19) The United States Strategic Bombing Survey, German Electrical Equipment Industry Report, *Final Reports of the United States Strategic Bombing Survey,* No. 48, second edition, Washington, 1947, pp. 2–3, p. 20.

(20) *Ibid.,* p. 13.

(21) Vgl. H. Wagner, *a, a, O.,* S. 531.電機産業でも，工業規格のような産業レベルの規格化・標準化の取り組みとともに企業レベルでの取り組みも強力に推し進められている。例えばジーメンス＆ハルスケのヴェルナーＺ工場では，1934/35年の営業年度をみた場合，中央規格部には7人の要員が働いていた。そのうちの5人は開発活動に，残りの2人は管理活動に従事しており，同部は，主に工場において作り上げられた規格を最終的な形態に仕上げ，ドイツ規格委員会において工場を代表した。Vgl. Jahresbericht der Betriebsleitung Z(BLZ) für das Jahr 1934/35(29. 11. 1935), S. 1 (in: Jahresberichte WWZ 34/35, Herrn Direktor Frenzel), *Siemens Archiv Akten,* 15/Lc815.

(22) W. Braun, Die Elektroindustrie in der deutschen Wirtschaft, *Der Deutsche Volkswirt,* 10. Jg, Nr. 4, 1935/36, 25. 10. 1935, Sonderbeilage: Die Wirtschaft im neuen Deutschland, 11 Folge: Elektroindustrie, S. 11.

(23) Vgl. R. Schiz, Spezialisierung, Typung und Normung im Elektromotorenbau, *Elektrotechnische Zeitschrift,* 61. Jg, Heft 11, 14. 3. 1940, S. 275–276, S. 278.

(24) F. Götz, B. Cernavin, Berechnung von Typenreihen im Drehstrom-Motorenbau, *Elektrotechnische Zeitschrift,* 65. Jg, Heft 21/22, 1. 6. 1944, S. 207.

(25) Elektroindustrie——eine Stütze unseres Rüstungspotentials, *Der Vierjahresplan,* 8. Jg, Folge 2, Februar 1944, S. 45.

(26) Vgl. R. Schiz, *a, a, O.,* S. 277.

(27) *Siemens-Mitteilungen,* 1936, S. 106, G. Leifer, Der Einfluß des planmäßigen Arbeitseinsatzes auf die Leistung der Betriebe, *Der Vierjahresplan,* 3. Jg, Folge 10, Mai 1939, S. 666.

(28) Siemens-Gruppe: Siemens & Halske A.-G., Siemens-Schuckertwerke A.-G., *Der Deutsche Volkswirt,* 13. Jg, Nr. 19, 1938/39, 10. 2. 1939, S. 924.

(29) H. Wagner, *a. a. O.,* S. 530.

(30) Die Funkgeräte: billiger, besser, weniger, *Der Deutsche Volkswirt,* 11. Jg, Nr. 45, 1936/37, 6. 8. 1937, S. 2197.

(31) Konsolidierte Rundfunkwirtschaft, *Der Deutsche Volkswirt,* 13. Jg, Nr. 45, 1938/39, 11. 8. 1939, S. 2238, Rundfunkindustrie in der Umstellung, *Der Deutsche Volkswirt,* 14. Jg, Nr. 20, 1939/40, 16. 2. 1940, S. 616.

(32) Elektroindustrie, *Der Vierjahresplan,* 8. Jg, 1944, S. 45.

(33)　G. Biniek, Normung der Stöpel für die Nachrichtentechnik, *Elektrotechnische Zeitschrift,* 65. Jg, Heft 13/14, 6. 4. 1944, S. 131-132.
(34)　F. Abshagen, G. Koetz, Das Fertigungsprogramm der Glühlampentechnik. Ein Beitrag zur Rationalisierung in der Kriegswirtschaft, *Das Licht,* 13. Jg, Heft 6/7, 20. 7. 1943, S. 79.
(35)　Vgl. H. Freiberger, Die Glühlampe in der Kriegswirtschaft, *Der Vierjahresplan,* 8. Jg, Folge 5, Mai 1944, S. 124, F. Abshagen, G. Koetz, *a. a. O.,* S. 79-80.
(36)　Fortschreitende Normung und Typisierung, *Der Vierjahresplan,* 4. Jg, Folge 1, Januar 1940, S. 13.
(37)　P. Jacottet, N. Lieber, Die Mitarbeit des VDE auf dem Gebiete der Austauschwerkstoffe und der Typenbeschränkung im Freileitungsbau, *Elektrotechnische Zeitschrift,* 64. Jg, Heft 13/14, 8. 4. 1943, S. 196.
(38)　A. Speer, Selbstverantwortung in der Rüstungsindustrie, *Der Vierjahresplan,* 7. Jg, Folge 7, Juli 1943, S. 242.
(39)　P. Jacottet, N. Lieber, *a. a. O.,* S. 197.
(40)　R. Winckler, Die Normung von elektrischen Sammlern (Akkumulatoren), *Elektrotechnische Zeitschrift,* 65. Jg, Heft 27/40, 28. 9. 1944, S. 315.
(41)　Elektroindustrie, *Der Vierjahresplan,* 8. Jg, 1944, S. 45.
(42)　この点について詳しくは，各年度の*Elektrotechnische Zeitschrift*誌を参照。
(43)　W. Feldenkirchen, *Siemens 1918-1945,* München, 1995, S. 199.
(44)　Britisch Intelligence Objectives Sub-Committee, *German Heavy Electrical Industry. Motors and Power Transfomers,* B. I. O. S. Final Report No. 600, London, 1946, p. 3.
(45)　The United States Strategic Bombing Survey, *op. cit.,* p. 39.
(46)　大島隆雄「両大戦間のドイツ自動車工業 (1)——とくにナチス期のモータリゼーションについて——」『愛知大学経済論集』，第126号，1991年7月，10ページ。
(47)　この点については，A. v. Schell, Neue Wege der deutschen Motorisierung, *Der Vierjahresplan,* 3. Jg, Folge 4, Februar 1939, S. 363, A. v. Schell, Nationalsozialistische Wirtschaftsformen und Kraftfahrzeugindustrie, *Der Vierjahresplan,* 3. Jg, Folge 17, September 1939, S. 1011, Die deutsche Motorisierung vor und nach der Typenbereinigung, *Automobiltechnische Zeitschrift,* 42. Jg, Heft 9, 15. 5. 1939, S. 239-241, 大島，前掲論文，10ページ参照。
(48)　Die Typenbegrenzung in der Kraftfahrzeugindustrie, *Der Vierjahresplan,* 5. Jg, Folge 7, April 1939, S. 531, A. v. Schell, Nationalsozialistische Wirtschaftsformen und Kraftfahrzeugindustrie, S. 1011-1012, Die deutsche Motorisierung vor und nach der Typenbereinigung, *Automobiltechnische Zeitschrift,* 42. Jg, Heft 9, 1939, S. 241.
(49)　The United States Strategic Bombing Survey, German Motor Vehicles Industry Report, *Final Reports of the United States Strategic Bombing Survey,* No. 77, second edition, Washington, 1947, p. 11.
(50)　A. v. Schell, Nationalsozialistische Wirtschaftsformen und Kraftfahrzeugindustrie,

S. 1011.

(51)　O. Schwenninger, Fertigungsfragen im Kraftwagenbau, *Maschinenbau,* Bd. 13, Heft 11/12, Juni 1934, S. 316.

(52)　Genormte Automobilteile, *Der Deutsche Volkswirt,* 13. Jg, Nr. 41, 1938/ 39, 14. 7. 1939, S. 2039, A. v. Schell, Nationalsozialistische Wirtschaftsformen und Kraftfahrzeugindustrie, S. 1012.

(53)　Billigere Einzalteile für Kraftfahrzeug, *Der Deutsche Volkswirt,* 12. Jg, Nr. 22, 26. 2. 1937, S. 1054.

(54)　Protokoll Nr. 316 über die Aussprache am 20. September 1938 in Gaggenau(21. 9. 1938), S. 6, *Mercedes-Benz Classic Archiv,* Kissel Technische Protokolle, 1. 30.

(55)　H. Pohl, S. Habeth, B. Brüninghaus, *Die Daimler-Benz AG in den Jahren 1933 bis 1945,* Stuttgart, 1986, S. 65.

(56)　Protokoll der Vorstandssitzung vom 12. November 1937 in U. T. (3. 12. 1937), S. 3, *Mercedes-Benz Classic Archiv,* Kissel Protokolle, Ⅰ/10.ほぼ同様の指摘は，ガゲナウ工場の有用車両の製品プログラムに関する1937年2月の回状にもみられる。Vgl. Rundschreiben Nr. 1629 betreffend Übersicht über das Gaggenauer Nutzwagenprogramm im Jahre 1937(11. 2. 1937), S. 1, *Mercedes-Benz Classic Archiv,* Kissel, Werk Gaggenau, 6. 9.

(57)　Der Brief von Dr. W. Kissel an Herrn Direktor Carl Werner betreffend Typenbegrenzung(29. 11. 1937), S. 1, *Mercedes-Benz Classic Archiv,* Kissel Technische Protokolle, 1. 29.

(58)　大島，前掲論文，10ページ。

(59)　R. Hachtmann, *a. a. O.,* S. 72-73, Fortschrittende Normung und Typisierung, *Der Vierjahresplan,* 4. Jg, 1940, S. 13, T. Meyer, *Die Deimler-Benz AG 1945 bis 1955. Der Wiederaufbau und die strategische Ausrichtung des Fahrzeugsgeschäfts,* 1. Aufl., Stuttgart, 2009, S. 436.

(60)　Vgl. Die Typenbegrenzung in der Kraftfahrzeugindustrie, *Der Vierjahresplan,* 5. Jg, 1939, S. 530-531, Die deutsche Motorisierung vor und nach der Typenbereinigung, *Automobiltechnische Zeitschrift,* 42. Jg, 1939, S. 239-241, R. Hass, Rationalisierung des deutschen Kraftfahrwesen, *Der Deutsche Vokswirt,* 13. Jg, Nr. 20, 1938/39, 17. 2. 1939, S. 953, E. Gentsch, Die Typenbegrenzung in der Kraftfahrzeugindustrie, *Der Deutsche Volkswirt,* 13. Jg, Nr. 25, 1938/39, 24. 3. 1939, S. 1207-1208, P. Kirchberg, Typisierung in der deutschen Kraftfahrzeugindustrie und der Generalbevollmächtigte für das Kraftfahrwesen. Ein Beitrag zur Problematik staatsmonopolistischer Kriegsvorbereitung, *Jahrbuch für Wirtschaftsgeschichte,* 1969, Teil Ⅱ, S. 135-136, H. C. G. v. Seherr-Thoss, *Die deutsche Automobilindustrie,* 2., korrigierte und erweiterte Auflage, Stuttgart, 1979, S. 352-353.

(61)　主要な部品についてみると，定型数は点灯用発電機では164から27に，始動機では113から10に，配電盤ボックスでは114から2に，点火プラグでは35から5に，電球では269から26に，方向指示器では38から2に，オートバイのクラクションでは25から1に，オートバイの始動機では212から19に，燃料コックでは435から4に，回転速度計では215から7に，後部反射板では50から1に，集中注油装置では32から4に，オートバイのサドルでは22から3に，後部座席のサドルでは60から1に減らされいる。A. v. Schell, Nationalsozialistische Wirtschaftsformen und Kraftfahrzeugindustrie, S. 1012.

(62)　大島隆雄「両大戦間のドイツ自動車工業（2）――とくにナチス期のモータリゼーションについて――」，『愛知大学経済論集』，第27号，1991年12月，143ページ。またK. W. Busch, *Strukturwandlungen der Westdeutschen Automobilindustrie. Ein Beitrag zur Erfassung und Deutung einer industriellen Entwicklungsphase im Übergang vom produktionsorientierten zum marktorientierten Wachstum,* Berlin, 1966, S. 31をも参照。

(63)　H-J. Braun, Automobilfertigung in Deutschland von den Anfängen bis zu den vierziger Jahren, H. Niemann, A. Hermann(Hrsg.), *Eine Entwicklung der Motorisierung im Deutschen Reich und den Nachfolgestaaten. Stuttgarter Tage zur Automobil- und Unternehmensgeschichte,* Stuttgart, 1995, S. 65.

(64)　大島，前掲論文（2），143ページ。

(65)　P. Kirchberg, *a. a. O.,* S. 139.

(66)　大島，前掲論文（2），145ページ。

(67)　大島隆雄「第二次世界大戦中のドイツ自動車工業（1）」『愛知大学経済論集』，第132号，1993年7月，69ページ，P. Kirchberg, *a. a. O.,* The United States Strategic Bombing Survey, German Motor Vehicles Industry Report, p. 11.

(68)　Vgl. D. Eichholtz, *Geschichte der deutschen Kriegswirtschaft 1939–1945,* Bd. Ⅱ: 1941-1943, Berlin, 1985, S. 338.

(69)　Schriften der Hamburger Stiftung für Sozialgeschichte des 20. Jahrhunderts (Hrsg.), *Das Daimler-Benz Buch. Ein Rüstungskonzern im ⟩Tausendjährigen Reich⟨,* Nördlingen, 1987, S. 285.

(70)　The United States Strategic Bombing Survey, German Motor Vehicles Industry Report, pp. 19–20.

(71)　Die Umstellung des privaten Kraftwagenbedarfs, *Der Deutsche Volkswirt,* 14. Jg, Nr. 10, 1939/40, 8. 12. 1939, S. 259.

(72)　Daimler-Benz A.-G., Berlin-Stuttgart, *Der Deutsche Volkswirt,* 13. Jg, Nr. 31, 1938/39, 5. 5. 1939, S. 1544.

(73)　Vgl. Protokoll der Sitzung über die Typenbegrenzung bei den LKW. in Untertürkheim am 13. Dezember 1938(19. 12. 1938), S. 1, S. 3, *Mercedes-Benz Classic Archiv,* Kissel Technische Protokolle, 1. 30, Protokoll der Sitzung in U. T. am 10. 1. 39 betreffend Fabrikationsprogramm der Werke Gaggenau und Mannheim auf Grund der Typenbegrenzungsaktion(24. 1. 1939), S. 1-4, *Mercedes-Benz Classic Archiv,* Kissel Technische Protokolle, 1. 30, Protokoll der Sitzung in U. T. am 23. 1. 39 betreffend Typenbegrenzung der LKW für das Werk Gaggenau(27. 1. 1939), S. 2, S. 5, *Mercedes-Benz Classic Archiv,* Kissel Technische Protokolle, 1. 30, Protokoll der Sitzung in U. T. am 20. 3. 39 betreffend Lkw.-Programm Gaggenau(28. 3. 1939),

Mercedes-Benz Classic Archiv, Kissel Technische Protokolle, 1. 30, Protokoll der Vorstandssitzung in UT. am 23./24. März 1942(7. 4. 1942), S. 1, *Mercedes-Benz Classic Archiv,* Kissel Protokolle, I /15.

(74) Schriften der Hamburger Stiftung für Sozialgeschichte des 20. Jahrhunderts (Hrsg.), *a. a. O.,* S. 283.

(75) Vgl. Protkoll der Sitzung in U. T. am 9. 3. 39 betreffend Konstruktion der Lkw.-Typen des Schell-Programmes(14. 3. 1939), S. 1-2, *Mercedes-Benz Classic Archiv,* Kissel Technische Protokolle, 1. 30.

(76) Protokoll über die am Dienstag, dem 1. März 1938, nachmittags 4 Uhr, im Sitzungszimmer 10 der Deutschen Bank, Berlin W. 8., Mauerstrasse 39, abgehaltene Präsidialsitzung der Daimler-Benz Aktiengesselschaft, Stuttgart-Untertürkheim, S. 5, *Mercedes-Benz Classic Archiv,* Kissel Protokolle, I /11.

(77) The United States Strategic Bombing Survey, Daimler-Benz Gaggenau Works, *Final Reports of the United States Strategic Bombing Survey,* No. 82, second edition, Washington, 1947, EXHIBIT D.

(78) K. Lange, Werkzeugmaschinen als Grundlage der Produktionssteigerung, *Der Vierjahresplan,* 3. Jg, Folge 19, Oktober 1939, S. 1134.

(79) J. Free, Maschinen, Organisation und Kriegspotential. Ein kurzer Rückblick auf 50 Jahre Entwicklung und ein Ausblick, *Maschinenbau,* Bd. 22, Heft 1, Januar 1943, S. 3.

(80) Vgl. T. Siegel, T. v. Freyberg, *a. a. O,* S. 211-212.

(81) K. Hegner, Normung im Werkzeugmaschinenbau, *Maschinenbau,* Bd. 20, Heft 5/6, März 1937, S. 170.

(82) Fortschreitende Normung und Typisierung, *Der Vierjahresplan,* 4. Jg, Folge 1, Jamuar 1940, S. 13.

(83) Vgl. H. Kiekebusch, Zur Normung im Werkzeugmaschinenbau. Aufgaben bei den Maschinen spanloser Formung, *Maschinenbau,* Bd. 18, Heft 23/24, Dezember 1939, S. 569.

(84) K. M. Dolezalek, Fließfertigung auf Maschinenstraßen, *Technik und Wirtschaft,* 37. Jg, Heft 3, März 1944, S. 29.

(85) Vgl. F. Olk. *a. a. O,* S. 539-541.

(86) Vgl. Gesell, Typenabrüstung in der Maschinenindustrie(II), *Der Vierjahresplan,* 6. Jg, Fplge 9, September 1942, S. 426-427.

(87) Niederschrift über die zweite Sitzung der Unterkommission für Betriebsnormen am 11. April 1938 in Nürnberg(Betriebskommissionssitzung am 24./25. 5. 38), S. 2-3, S. 7, *MAN Archiv,* 2. 3, Nr. 19.

(88) Niederschrift über die 4. Sitzung der Kommission für Betriebsgeräte am 30. September 1940 in Gustavsburg(Betriebskommissionssitzung am 18./19. Oktober 1940 in Nürnberg), S. 2, *MAN Archiv,* 2. 3, Nr. 24.

(89) Niederschrift über die 5. Sitzung der Kommission für Betriebsgeräte am 12. September 1941 in Nürnberg(Betriebskommissionssitzung am 24. u 25. 11. 1941 in

Hamburg), S. 3-4, *MAN Archiv,* 2. 3, Nr. 26.

(90) Niederschrift über die 6. Sitzung der Kommission für Betriebsgeräte am 3. Juli 1942 in Augsburg (Betriebskommissionssitzung am 6. u 7. Nov. 1942 in Augsburg), S. 5-6, *MAN Archiv,* 2. 3, Nr. 28.

(91) Niederschrift über die 8. Sitzung der Kommission für Betriebsgeräte am 24. Januar 1944 in Nürnberg (Betriebskommissionssitzung am 2. u 3. 6. 44 in Gustavsburg), S. 3, *MAN Archiv,* 2. 3, Nr. 31.

(92) Niederschrift über die Tagung am 15. und 16. 12. 39 in Werk Gustavsburg (Betriebskommissionssitzung am 5./6. 4. 40), S.1-2, *MAN Archiv,* 2. 3, Nr. 23.

(93) Typenbeschränkung von Marine-Verbrennungsmotoren, S. 3, *MAN Archiv,* 1. 3. 3. 5, Akt 17.

(94) Niederschrift über die 9. Sitzung der Kommission für Betriebsgeräte am 9. Februar 1943 in Gustavsburg (Betriebskommissionssitzung am 9. u 10. April 1943 in Nürnberg), S. 4, *MAN Archiv,* 2. 3, Nr. 29.

(95) Vgl. Institut für Wirtschaftsgeschichte der Akademie der Wissenschaften der DDR, *a, a, O.,* S. 93-94.

(96) K-H. Ludwig, *Technik und Ingenieure im Dritten Reich,* Düsseldorf, 1974, S. 421.

(97) R. Hachtmann, *a, a, O.,* S. 77, J. Wussow, Die Schreibmaschine im Krieg, *Der Vierjahresplan,* 7. Jg, Folge 3, März 1943.

(98) H. Wagner, *a, a, O.,* S. 534.

(99) K. Bobek, Rationalisierung und Normen, *Elektrotechnische Zeitschrift,* 66. Jg, Heft 1/2, 11. 1. 1945, S. 4.

(100) Vgl. P. Kirchberg, *a, a, O.,* S. 125-126.

(101) W. v. Schütz, Betriebsführung und Betriebswissenschaft, *Automobiltechnische Zeitschrift,* 45. Jg, Heft 21, 10. 11. 1942, S. 580.

(102) K. Pentzlin, Überwindung der Massenproduktion, *Technik und Wirtschaft,* 36. Jg, Heft 4, April 1943, S. 53.

(103) Aktennotiz betreffend Besprechung am 12. 6. 39 in Ut. über verschiedene Fragen (12. 6. 1939), S. 1, *Mercedes-Benz Classic Archiv,* Kissel Technische Protokolle, 1. 30.

(104) Stand der Typen am 1. August 1939 (7. 8. 1939), S. 1, *Mercedes-Benz Classic Archiv,* Kissel Technische Protokolle, 1. 30.

(105) Protokoll der Vorstandssitzung in U. T. am 5. 12. 1939 (13. 12. 1939), S. 3, *Mercedes-Benz Classic Archiv,* Kissel Protokolle, I /12.

(106) M. Pesch, *Struktur und Funktionsweise der Kriegswirtschaft in Deutschland ab 1942――unter besonderer Berücksichtigung des organisatorischen und produktionswirtschaftlichen Wandels in der Fahrzeugindustrie――,* Köln, 1988, S. 160.

(107) M. Hammer, *Vergleichende Morphologie der Arbeit in der europäischen Autoindustrie: Die Entwicklung zur Automation,* Tübingen, 1959, S. 20.

(108) J. Radkau, *Technik in Deutschland vom 18. Jahrhundert bis zur Heute,* Frankfurt am Main, 2008, S. 295, H. Kern, M. Schumann, *Das Ende der Arbeitsteilung?*

Rationalisierung in der industriellen Produktion : Bestandaufnahme, Trendbestimmung, München, 1984, S. 40.

(109) Vgl. Protokoll der Vorstandssitzung in Untertürkheim am 2. 4. 1940(9. 4. 1940), S. 11, *Mercedes-Benz Classic Archiv,* Kissel Protokolle, I /13, Protokoll der Vorstandssitzung am 21. 1. 41 in Untertürkheim und 22. 1. 41 in Sindelfingen(28. 1. 1941), S. 4, *Mercedes-Benz Classic Archiv,* Kissel Protokolle, I /14, Protokoll der Vorstandssitzung in Untertürkheim am 25./26. 3. 1941 (28. 3. 1941), S. 11, *Mercedes-Benz Classic Archiv,* Kissel Protokolle, I /14, Protokoll der Vorstandssitzung in Untertürkheim am 28. Mai 1941(29. 5. 1941), S. 8, *Mercedes-Benz Classic Archiv,* Kissel Protokolle, I /14.

(110) Protokoll der Vorstandssitzung in Untertürkheim am 2. 4. 1940(9. 4. 1940), S. 12, *Mercedes-Benz Classic Archiv,* Kissel Protokolle, I /13.

(111) Protokoll der Vorstandssitzung am 21. 1. 41 in Untertürkheim und 22. 1. 41 in Sindelfingen(28. 1. 1941), S. 4, *Mercedes-Benz Classic Archiv,* Kissel Protokolle, I /14.

(112) Vgl. Protokoll der Vorstandssitzung in UT. am 3. Juni 1942(17. 6. 1942), S. 5, *Mercedes-Benz Classic Archiv,* Kissel Protokolle, I /15.

(113) Vgl. M. Pesch, *a, a, O.,* S. 212.

(114) *Ebenda,* S. 141.

(115) *Ebenda,* S. 133, S. 208.

(116) The United States Strategic Bombing Survey, Machine Tool Industry in Germany, *Final Reports of the United States Strategic Bombing Survey,* No. 55, second edition, Washington, 1947, p. 7, The United States Strategic Bombing Survey, Machine Tool and Machinery, *Final Reports of the United States Strategic Bombing Survey,* No. 54, second edition, Washington, 1947, pp. 20-21.

(117) The United States Strategic Bombing Survey, Machine Tool Industry in Germany, Exhibit 11-15.

(118) The United States Strategic Bombing Survey, Machine Tool and Machinery, p. 26.

(119) Vgl. R. Boehringer, Spezialisierung, Normung und Typung im deutschen Werkzeugmaschinenbau, *Der Vierjahresplan,* 3. Jg, Folge 18, September 1939, S. 1069.

(120) W. Jensen, A. Raupp, *Die VDF-Fertigung bei Heidenreich & Harbeck,* Hauptausschuss Maschinen beim Reichsminister für Bewaffung und Munition(Hrsg.), *Fliessende Fertigung in deutschen Maschinenfabriken,* Essen, 1943, S. 138.

(121) R. Hachtmann, *a. a. O.,* S. 69.

(122) T. Siegel, T. v. Freyberg, *a, a, O.,* S. 317.

(123) *Ebenda,* S. 367-368.

(124) H. Homburg, *Rationalisierung und Industriearbeit,* Berlin, 1991, S. 527.

(125) Vgl. C. Thieme, *Daimler-Benz zwischen Anpassungskrise, Verdrängungswettbewerb und Rüstungskonjunktur 1919-1936,* 1. Aufl., Stuttgart, 2004, S. 272.

(126) H. Mottek, W. Becker, A. Schröter, *a. a. O.,* S. 141〔前掲訳書，117ページ〕.

(127) R. Hachtmann, *a, a, O.,* S. 77

(128) Vgl. *Ebenda,* S. 80-81.

(129) W. Zollitsch, *Arbeiter zwischen Weltwirtschaftskriese und Nationalsozialismus,* Göttingen, 1990, S. 22.

(130) T. Siegel, T. v. Freyberg, *a. a. O.,* S. 344–345.

(131) *Ebenda,* S. 348.

(132) *Ebenda,* S. 357.

(133) Elektromotorenwerk. Jahresbericht 1935/36(Chronik)(30. 12. 1936), S. 9(in: Chronik 1935/36. Bericht der ZW und der Werke, S. 128), *Siemens Archiv Akten,* 15/Lg562.

(134) T. Siegel, T. v. Freyberg, *a. a. O.,* S. 357.

(135) *Ebenda,* S. 358.

(136) Vgl. *Ebenda,* S. 349. またAEGをみると，1941年2月27日の監査役会の議事録によれば，国内では家庭電気器具の業務は徹底して機能停止に至っており，そのかわりに軍事上重要な製品が現れた。それはほぼもっぱら電気工学の領域においてであり，国内業務全体のうち99%が戦争にとって重要なものであったとされている。Protokoll über die Aufsichtsratssitzung am 27 Februar 1941, S. 2, *Bundesarchiv Berlin,* R8119F, Deutsche Bank, P3360.

(137) Vgl. H. Herfort, Herstellung von Elektrizitätszählern im Fließprozeß, *Feinmechanik und Präzision,* 45. Jg, Heft 14, 8. 9. 1937, S. 205–208.

(138) U. v. Moellendorff, Fertigung der AEG-Rundfunk-Empfänger, *AEG-Mitteilungen,* 29. Jg, Heft 5, September 1933, S. 172.

(139) U. v. Moellendorff, Fertigungsaufgaben im Rundfunkgerätebau, *Werkstattstechnik,* 27. Jg, Heft 24, 15. 12. 1933, S. 484.

(140) Vgl. U. v. Moellendorff, Fertigung der AEG-Rundfunk-Empfänger, S. 173–175.

(141) Vgl. P. Geuter, H. Fery, Prüfung von Rundfunkempfängern am laufenden Band, *Elektrotechnische Zeitschrift,* 55. Jg, Heft 10, 8. 3. 1934, S. 248.

(142) Vgl. U. v. Moellendorff, Leistungssteigerung im Zusammenbau, *Werkstattstechnik und Werksleiter,* 34. Jg, Heft 8, 15. 4. 1940, S. 131.

(143) The United States Strategic Bombing Survey, German Electrical Equipment Industry Report, p. 3.

(144) Vgl. T. Siegel, T. v. Freyberg, *a. a. O.,* S. 345–346.

(145) *Ebenda,* S. 364–365.

(146) *Ebenda,* S. 357.

(147) K. Kaatz, Leistungssteigerung durch Anwendung von Zusammenbaumaschinen, *Maschinenbau,* Bd. 17, Heft 19/20, Oktober 1938, S. 517.

(148) W. Zollitsch, *a. a. O.,* S. 22.

(149) Vgl. T. Siegel, T. v. Freyberg, *a. a. O.,* S. 326.

(150) Technicher Bericht des Siemens-Elektrowärme G. m. b. H. Werks des 3. Vierteljahr(Monate April-Juni) 1934(6. 6. 1934), S. 2(in:Technische Vierteljahresberichte 3. Monate April-Juni 1934), *Siemens Archiv Akten,* Ls101.

(151) T. Siegel, T. v. Freyberg, *a. a. O.,* S. 325–326.

(152) Fleckenstein, Fließzusammenbau von elektrisch beheizten Küchenherden, *Werkstattstechnik und Werksleiter,* 36. Jg, Heft 13/14, Juli 1942, S. 285.
(153) Vgl. T. Siegel, T. v. Freyberg, *a. a. O.,* S. 328-330, S. 352.
(154) Fleckenstein, *a. a. O.,* S. 286.
(155) Vgl. V. Wittke, W*ie entstand industrielle Massenproduktion? Diskontinuierliche Entwicklung der deutschen Elektroindustrie von den Anfängen der „großen Industrie" bis zur Entfaltung des Fordismus(1881-1975)*, Berlin, 1996, S. 153.
(156) V. Köhler, Deutsche Personenwagen-Fabrikate zwischen 1886 und 1965, *Tradition,* 11. Jg, Heft 3, 1966, S. 139.
(157) E. Schütze, Achsschenkelfertigung in Fließarbeit, *Maschinenbau,* Bd. 10, Heft 7, 2. 4. 1931, S. 245.
(158) W. Wahl, *Zwischenbetrieblicher Vergleich in der deutschen Automobilindustrie,* Würzburg, 1938, S. 98.
(159) Das neue Opel-Lastwagenwerk, *Automobiltechnische Zeitschrift,* 39. Jg, Heft 2, 25. 1. 1936, S. 39-40.
(160) H. C. G. v. Seherr-Thoss, *a. a. O.,* S. 295, J. Bonig, *Die Einfürung von Fließbandarbeit in Deutschland bis 1933,* Teil I , Münster, Hamburg, 1993, S. 445.
(161) K. Stodieck, Entwurf und Bau mechanischer Werkstätten, *Maschinenbau,* Bd. 15, Heft 5/6, März 1936, S. 137.
(162) Das neue Opel-Lastwagenwerk, *Automobiltechnische Zeitschrift,* 39. Jg, 1936, S. 39-40, H. C. G. v. Seherr-Thoss, *a. a. O.,* S. 295.
(163) Das neue Opel-Lastwagenwerk, *Automobiltechnische Zeitschrift,* 39. Jg, 1936, S. 40.
(164) Die Tagung der Automobil- und Flugtechnischen Gesellschaft am 25. Februar 1937 anläßlich der 33. ordentlichen Mitgliederversammlung, *Automobiltechnische Zeitschrift,* 40. Jg, Heft 7, 10. 4. 1937, S. 179.
(165) E. Hundt, Besuch bei OPEL in Brandenburg, *Motorschau,* 1. Jg, Heft 4, Juni 1937, S. 355.
(166) Das neue Opel-Lastwagenwerk, *Automobiltechnische Zeitschrift,* 39. Jg, 1936, S. 41-42.
(167) K. Stodieck, *a. a. O.,* S. 137.
(168) Vgl. Das neue Opel-Lastwagenwerk, *Automobiltechnische Zeitschrift,* 39. Jg, 1936, S. 41-42.組立工程における作業については，E. Hundt, *a. a. O.,* S. 355をも参照。
(169) M. Stahlmann, *Die Erste Revolution in der Autoindustrie,* Frankfurt am Main, New York, 1993, S. 88, H. C. G. v. Seherr-Thoss, *a. a. O.,* S. 295, Das neue Opel-Lastwagenwerk, *Automobiltechnische Zeitschrift,* 39. Jg, 1936, S. 40.
(170) *Ebenda,* S. 40.
(171) *Ebenda,* S. 40-41, K. Stodieck, *a. a. O.,* S. 137, H. C. G. v. Seherr-Thoss, *a. a. O.,* S. 295.
(172) Das neue Opel-Lastwagenwerk, *Automobiltechnische Zeitschrift,* 39. Jg, 1936, S. 40-41.

(173) Die Tagung der Automobil- und Flugtechnischen Gesellschaft am 25. Februar 1937 anläßlich der 33. ordentlichen Mitgliederversammlung, *Automobiltechnische Zeitschrift,* 40. Jg, 1937, S. 180.
(174) *Ebenda,* S. 179.
(175) Schriften der Hamburger Stiftung für Sozialgeschichte des 20. Jahrhunderts (Hrsg.), *a. a. O.,* S. 285.
(176) The United States Strategic Bombing Survey, Adam Opel, Rüsselsheim, *Final Reports of the United States Strategic Bombing Survey,* No. 81, second edition, Washington, 1947, p. 5.
(177) M. Stahlmann, *a. a. O.,* S. 88.
(178) M. Stahlmann, Von der Wekstatt zur Lean-Production. Arbeitsmanagement und Arbeitsbeziehungen im sozialen Wandel, *Zeitschrift für Unternehmensgeschichte,* 39. Jg, Heft 3, 1994, S. 227.
(179) W. Feldenkirchen, „*Vom Guten das Beste*“, Band 1, Die ersten 100 Jahre (1883–1983), 1. Aufl., München, 2003, S. 149.
(180) E. Hundt, Besuch bei Daimler-Benz, *Motorschau,* 1. Jg, Heft 3, Mai 1937, S. 250.
(181) Protokoll über die Präsidialsitzung der Daimler-Benz A. G. am Donnerstag, dem 27. Februar 1936 im Eichensaal der Deutschen Bank und Discont-Gesellschaft, Berlin W8, S. 4, *Mercedes-Benz Classic Archiv,* Kissel Protokolle, I /9.
(182) Vgl. Protokoll über die Präsidialsitzung der Daimler-Benz Aktiengesellschaft in Berlin am 27. 2. 36 11 Uhr vormittags, S. 8, *Mercedes-Benz Classic Archiv,* Kissel Protokolle, I /9.
(183) Protokoll der Sitzung in Bruchsal am 30. 12. 36 betr. Lastwagen-Fabrikation im Werk Mannheim (5. 1. 1937), S. 3, *Mercedes-Benz Classic Archiv,* Kissel Technische Protokolle, 1. 29.
(184) M. Stahlmann, Management, Modernisierung- und Arbeitspolitik bei der Daimler-Benz AG und ihren Vorläuferunternehmen von der Jahrhundertwende bis zum Zweiten Weltkrieg, *Zeitschrift für Unternehmensgeschichte,* 37. Jg, 1992, S. 167.
(185) B. P. Bellon, Mercedes *in Piece and War,* New York, 1990, p. 224. 1940年9月20日のダイムラー・ベンツの取締役会における会議の議事録では，全体的にみればマンハイムではトラックの生産のために大規模な設備が生み出されているが，そこでの流れ生産は同じ部品のみを生産することができたとされている。またガゲナウ工場も4.5トントラックのためによりよいライン生産が組織されるべきとされたが，それはマンハイム工場での3トントラックの生産と同じ規模ではなかったとされており，工場間や製品間での状況の相違もみられた。Protokoll der Vorstandssitzung in U. T. am 20. 9. 1940 (30. 9. 1940), S. 2, *Mercedes-Benz Classic Archiv,* Kissel Protokolle, I /13.
(186) M. Stahlmann, *Die Erste Revolution in der Autoindustrie,* S. 175.
(187) *Ebenda,* S. 243–244.
(188) 西牟田祐二『ナチズムとドイツ自動車工業』有斐閣，1999年，168ページ。
(189) Vgl. Protokoll der Vorstandssitzung der Daimler-Benz Aktiengesellschaft in

Stuttgart-Untertürkheim am 29. August 1934, S. 2-3, *Mercedes-Benz Classic Archiv,* Kissel Protokolle, I /8.

(190)　M. Stahlmann, *Die Erste Revolution in der Autoindustrie,* S. 176.

(191)　Vgl. *Ebenda,* S. 176-177, M. Stahlmann, Management, Modernisierung- und Arbeitspolitik, S. 167.

(192)　Schriften der Hamburger Stiftung für Sozialgeschichte des 20. Jahrhunderts (Hrsg.), *a. a. O.,* S. 285-286.

(193)　M. Stahlmann, Management, Modernisierung- und Arbeitspolitik, S. 167.

(194)　*Ebenda,* S. 175, S. 178.

(195)　M. Stahlmann, *Die Erste Revolution in der Autoindustrie,* S. 186, S. 245-247.

(196)　*Ebenda,* S. 177. W. Feldenkirchen, „*Vom Guten das Beste*“ , S. 149. 1937年4月9日の監査役会の議事録によれば，ダイムー・ベンツでは，この時期には官庁向け業務は全業務の40％を占めていた。Protokoll über die am Freitag, den 9. April 1937, in Stuttgart-Untertürkheim im Sitzungssaal der Gesellschaft abgehaltene Aufsichtsratssitzung der Daimler-Benz A. G., S. 5, *Mercedes-Benz Classic Archiv,* Kissel Protokolle, I /10. またオペルでも，円滑な生産の進行と効果的なベルトコンベア生産の展開が，航空機関連の軍需品の受注増大にとっての前提条件となっていた。J. Weis, *Die deutsche Automobilindustrie in der nationalsozialistischen Kriegswirtschaft ——Opel, Daimler-Benz und Volkswagen,* 1. Aufl., München, 2004, S. 13.

(197)　M. Stahlmann, *Die Erste Revolution in der Autoindustrie,* S. 247.

(198)　M. Stahlmann, Management, Modernisierung- und Arbeitspolitik, S. 174.

(199)　Vgl. *Ebenda,* S. 177-179.

(200)　M. Stahlmann, Von der Wekstatt zur Lean-Production, S. 227.

(201)　M. Stahlmann, *Die Erste Revolution in der Autoindustrie,* S. 186-187.

(202)　Der Brief an die Rüstungsinspektion im Wehrkreis V z. Hd. des Herrn Oberstleutnant Klett (9. 12. 1939), *Mercedes-Benz Classic Archiv,* Kissel, Werk Untertürkheim, 6. 1, Protokoll der Vorstandssitzung in U. T. am 12. 10. 39 (20. 10. 1939), S. 7, *Mercedes-Benz Classic Archiv,* Kissel Protokolle, I /12, Protokoll der Vorstandssitzung am 21. 1. 41 in Untertürkheim und 22. 1. 41 in Sindelfingen (28. 1. 1941), S. 2, *Mercedes-Benz Classic Archiv,* Kissel Protokolle, I /14, Protokoll der Vorstandssitzung in Untertürkheim am 28. Mai 1941 (29. 5. 1941), S. 7, *Mercedes-Benz Classic Archiv,* Kissel Protokolle, I /14, M. Stahlmann, *Die Erste Revolution in der Autoindustrie,* S. 245.

(203)　Protokoll der Vorstandssitzung in Ut. am 23. Oktober 1941 (23. 10. 1941), S. 4, *Mercedes-Benz Classic Archiv,* Kissel Protokolle, I /14.

(204)　Schriften der Hamburger Stiftung für Sozialgeschichte des 20. Jahrhunderts (Hrsg.), *a. a. O.,* S. 230-231.

(205)　西牟田，前掲書，253ページ。

(206)　Der Brief an den Herrn Reichsstatthalter Gauleiter Wilhelm Murr vom 2. Dezember 1939 über die Entwicklung der Gefolgschaftsstärke der Werke

Untertürkheim, S. 3, *Mercedes-Benz Classic Archiv,* Kissel, Werk Untertürkheim, 6. 1.

(207) M. Stahlmann, Von der Wekstatt zur Lean-Production, S. 229.

(208) M. Stahlmann, *Die Erste Revolution in der Autoindustrie,* S. 247.

(209) M. Stahlmann, Von der Wekstatt zur Lean-Production, S. 229.

(210) H-J. Braun, *a. a. O.,* S. 67-68.

(211) Vgl. *Statistisches Handbuch von Deutschland 1928-1944,* Munchen, 1949, S. 301.

(212) H. Ruelberg, Die deutsche Kraftfahrzeug-Industrie im Aufschwung, *Der Deutsche Volkswirt,* 12. Jg, Nr. 21, 1937/38, 18. 2. 1938, S. 969.

(213) M. Stahlmann, Von der Wekstatt zur Lean-Production, S. 228.

(214) J. M. Laux, *The European Automobil Industry,* New York, 1992. p. 112.

(215) Vgl. T. Siegel, T. v. Freyberg, *a, a, O.,* S. 274-275.

(216) Vgl. F. Wommerlsdorf, Einfluß der Serien- und Massenfertigung auf den Bau von Normal- und Spezialmaschinen, Hauptausschuss Maschinen beim Reichsminister für Bewaffung und Munition (Hrsg.), *a, a, O.,* S. 223-224.

(217) R. Hachtmann, *a. a. O.,* S. 79.

(218) K. M. Dolezalek, *a. a. O.,* S. 29.

(219) Vgl. T. Siegel, T. v. Freyberg, *a. a. O.,* S. 268-269.

(220) Vgl. *Ebenda,* S. 275-276.

(221) W. Fehse, Fließzusammenbu der Pittler-Revolverdrehbänke, *Werkstattstechnik und Werksleiter,* 33. Jg, Heft 5, 1. 3. 1939, S. 142.

(222) K. Pentzlin, *a. a. O.,* S. 52.

(223) H. Kolveram, *Der Gruppenakkord in der Industrie,* Berlin, 1944, S. 45.

(224) Vgl. W. Fehse, *a. a. O.,* S. 142-144.

(225) Vgl. K. Hegner, Der Getriebebau in den Loewe-Fabriken, *Werkstattstechnik und Werksleiter,* 33. Jg, Heft 5, 1. 3. 1939, S. 126-128.

(226) Vgl. J. Martin, Vom Rohwerkstoff zur fertigen Boehringer-Werkzeugmaschine, *Werkstattstechnik und Werksleiter,* 33. Jg, Heft 5, 1. 3. 1939, S. 125-126. 例えばMANのアウグスブルク工場の小型エンジンの生産では1936年に流れ生産での組み立てが組織されており［Fließarbeit in der Werk Augsburg (2. 3. 1940), *MAN Archiv,* 2. 3. 4. 8］，流れ生産方式の展開は比較的遅くにすすんだといえる。

(227) The United States Strategic Bombing Survey, Machine Tool and Machinery, p. 26.

(228) *Ibid,* p. 89.

(229) *Ibid,* p. 27.

(230) *Maschinenbau,* Bd. 12, Heft 13/14, Juli 1933, S. 314.

(231) *Maschinenbau,* Bd 15, Heft 15/16, August 1936, S. 462.

(232) *Maschinenbau,* Bd 17, Heft 7/8, April 1938, S. 199.

(233) The United States Strategic Bombing Survey, Machine Tool Industry in Germany, p. 3, p. 5.

(234) The United States Strategic Bombing Survey, Machine Tool Industry and Machinery as Capital Equipment, p. 19.

(235) *Ibid,* p. 20.

(236) T. Siegel, T. v. Freyberg, *a, a, O.,* S. 268, J. Weis, *a, a, O.,* S. 21, S. 25.

(237) Vgl. R. Hachtmann, *a. a. O.,* S. 73, Die Betriebsgrößen in Kriegswirtschaftlicher Beurteilung, *Der Vierjahresplan,* 4. Jg, Folge 3, Februar 1940, S. 103-104.

(238) R. Hachtmann, *a. a. O.,* S. 80, E Welter, *Falsch und Richtung planen. Eine kritische Studie über die deutsche Wirtschaftslenkung im Zweiten Weltkrieg,* Heidelberg, 1954, S. 29-31, G. Janssen, *Das Ministerium Speer. Deutschlands im Krieg,* Frankfurt am Main, Berlin, 1968, S. 179.

(239) 大島，前掲「両大戦間のドイツ自動車工業（2)」，126ページ。

(240) Vgl. Protokoll der Vorstandssitzung in Untertürkheim am 28. Mai 1941 (29. 5. 1941), S. 7, *Mercedes-Benz Classic Archiv,* Kissel Protokolle, I /14.

(241) Institut für Wirtschaftsgeschichte der Akademie der Wissenschaften der DDR, *a. a. O.,* S. 31.

(242) A. Kugler, Von der Werkststt zum Fließband. Etappen der frühen Automobilproduktion in Deutschland, *Geschichte und Gesellschaft,* 13. Jg, Heft 1, 1987, S. 307.

(243) Vgl. *Ebenda,* S. 339, M. Stahlmann, *Die Erste Revolution in der Autoindustrie,* S. 60, M. Tessner, *Die deutsche Automobilindustrie im Strukturwandel von 1919 bis 1938,* Köln, 1994, S. 183.

(244) 西牟田，前掲書，141ページ。

(245) この点については，The United States Strategic Bombing Survey, Adam Opel, Russelsheim, p. 1, The United States Strategic Bombing Survey, Volkswagen-Werke, Fallersleben, *Final Reports of the United States Strategic Bombing Survey,* No. 88, second edition, Washington, 1947, p. 4, Britisch Intelligence Objectives Sub-Committee, *BMW Passenger Car and Generator Engines,* FIAT Final Report No. 687, London, 1946, p. 1などを参照。

結章　研究の総括と本書のインプリケーション

本書は，国際比較，ことにドイツとほぼ同じ時期にいちはやく独占形成を果たしただけでなく経営方式の代表的モデルを生み出してきたアメリカとの国際比較の視点から，また産業間や企業間の比較の視点のもとに，19世紀末の独占形成期から第2次大戦終結までの時期のドイツにおける企業経営の展開を考察し，その特徴と意義を明らかにしようとするものであった。そこでは，独占形成期から第1次大戦までの時期，ヴァイマル期およびナチス期のそれぞれの発展段階における世界資本主義とそのもとでのドイツ資本主義の歴史的条件をふまえて，各時期の主要な経営現象を取り上げ，そのドイツ的な現象形態，諸特徴が第2次大戦終結までの歴史的過程のなかにいかに貫徹しているかという点の解明を試みてきた。同時にまた，企業経営の特殊ドイツ的な展開，同国に特徴的な経営のスタイルは，社会経済においてどのような帰結をもたらしたのか，同国の資本主義発展のあり方をいかに規定することになったのかという点を明らかにしようとしてきた。

そのさい，問題意識の背後にあるのは，第2次大戦後のドイツの資本主義と企業経営の発展との関連であり，序章の冒頭で示されたような日本とは大きく異なる発展，ことにEUを基盤とした今日の状況にも通じる，ドイツの発展のあり方にとっての「ヨーロッパ」という地域的条件のもつ意義であった。すなわち，①ヨーロッパ市場で棲み分け，地域に根ざしたドイツ企業の経営展開，資本蓄積の構築，②そのような経営展開と資本蓄積，ドイツ資本主義の再生産構造の基盤を整備・強化するための欧州統合の推進という，2つの意味でのヨーロッパ化が推進されてきた第2次大戦後の時期とは異なる，同地域のもつ意義である。

本章では，これまでの考察結果を総括し，以上の分析からどのようなインプリケーションが得られるのかという点について，明らかにしていくことにしよう。まず第1節では，本書において対象とされた企業経営の主要な領域について，考察結果の総括を行うなかで，第2次大戦終結までの時期のドイツ資本主義と企業経営の特徴を明らかにしていく。それをふまえて，第2節では，企業経営の展開における戦前と戦後の「連続性」とそのことのもつ意義について考察を行うことにする。

第1節　第2次大戦終結までの時期のドイツ資本主義と企業経営

1　ドイツ資本主義の発展の特殊性と企業経営

まず第2次大戦終結までの時期のドイツ資本主義と企業経営についていえば，この時期のドイツ資本主義の特殊性は，生産力と市場との間の不均衡というかたちで市場問題に集約的に現れ，そのことが，企業経営の展開，生産力発展の最大の隘路をなした。すなわち，第2次大戦前には，植民地経済圏による閉鎖的な貿易関係，ヨーロッパレベルでの各国の保護主義的政策，世界恐慌後の経済のブロック化の動きなどのもとで，輸出市場の閉塞性によってドイツ資本主義の再生産構造（蓄積構造）における限界性が規定されていたといえる。それは，いわば一国資本主義を前提として植民地市場と輸出市場の面から各国が個別的対応によって支えるというかたちでの再生産構造であり，市場面での世界的な政策的対応の欠如にみられる国際協調体制の弱さによる限界を示すものであった。第2次大戦前には，戦後のような市場と資本の世界的連鎖の拡大・深まりという状況にはなっておらず，この点が，ドイツの企業と資本主義の発展にとって，大きな制約要因となった。例えば資本の世界的連鎖という面でみても，1924年に始まるドーズ・プランによるアメリカの資本援助の展開は，アメリカの多様な政治的・経済的利害によって規定されており，信用の供与の前提としてドイツの金本位制への復帰が強制されるなど，制約的条件が強かった。

ドイツ資本主義の生成・発展のあり方にも規定された国内市場の狭隘性に加えて，第1次大戦の敗北によって一切の植民地が失われたほか，激しいインフレーションにより国内市場は一層狭隘になっており，それだけに輸出市場のもつ意義が一層高まった。しかし，国際市場を基盤とした発展は，上述のような制約的条件によって大きな限界が画されていたといえる。確かに第1次大戦後の時期には，対ソビエト政策という観点からも，資本主義圏における国際的な経済関係の深まりが強まったが，ドイツの企業と資本主義の帰趨を決めるともいうべき1920年代の合理化運動の展開も，29年の世界恐慌にともなう輸出市場の閉塞性とアメリカによる資本の引き揚げのもとで，大きな限界に突きあたらざるをえなかった。その後のナチス期における「広域経済圏」の構想に基づく展開も，ヨーロッパを基盤とした十分な発展につながるものでは必ずしもなかったといえる。

こうした資本主義諸国間の協調体制の弱さ・限界のもとで，第2次大戦前にもすでにヨーロッパ地域はドイツの貿易，ことに輸出の約3分の2を占めていたにもかかわらず，ドイツの狭隘な国内市場の限界をカバーするかたちでの再生産構造の展開を可能にする条件は，与えられるには至らなかった。そうしたなかで，ドイツは，輸出市場，ことにその中核をなすヨーロッパ市場を生産力発展，再生産構造に十分に生かすことができなかった。それには，戦後のような市場と資本の世界的連鎖の広がり・深まりというかたちでの資本主義経済のグローバルな関連に至ってはいなかったということが関係している，また，ヨーロッパを基軸とする発展の限界は，第2次大戦後の消費財市場の拡大を基礎にした大量生産の展開を基軸とする「現代的」ともいえる経済発展がドイツのみならずヨーロッパの有力な諸国においても立ち遅れていたということによるものでもあった。

またドイツは，第2次大戦前にも，重化学工業部門を中核とした発展をとげ，これらの産業の国際競争力を強化してきたが，第2次大戦終結までの時期には，ヨーロッパ地域では，その経済発展のあり方もあり，戦後のようなとくに機能面にポイントをおいた品質重視という市場は発展しなかった。第2次大戦後，ドイツ企業は，アメリカの技術と経営方式を導入しながらも，ヨーロッパの技術・機能重視という市場特性にあわせた修正・展開をはかることによって，こうした市場に適合的な企業経営のトータルなシステムを構築し，ドイツ本国を含む同地域を基盤とした発展をとげてきた(1)。多様化高品質生産(2)の展開は，それを反映したものであるといえるが，戦前には，独自的な試みがなされたにもかかわらず，製品差別化をひとつの基軸とする戦後型のドイツ的な国際競争力の基盤を構築することができなかったということも，限界性を規定するものであった。

以上のような基本的な条件の枠組みのもとで，第2次大戦終結までの時期におけるドイツの企業経営の展開は，特殊的なかたちをとった。先進的な経営モデルをなしてきたアメリカの経営方式の導入・展開（「アメリカ化」）という点でみれば，それが可能となった「戦後」とは対照的に可能ではなかった「戦前」というとらえ方ができる。第2次大戦終結までの時期については，アメリカ的な経営方式の展開の立ち遅れ，同国とは異なる特殊ドイツ的な経営のあり方は，経営者や管理者という行為者の「意思」の欠如ではなく「条件性」の欠如によって規定されたものであり，むしろドイツ的な条件への適応であった。

そこで，以下では，本書で取り上げた企業経営の主要な領域について，これまでの考察結果を総括するかたちで，主要特徴を明らかにしていくことにしよう。ここでは，アメリカとの比較の視点からみることによって，ドイツ的特質をより明確にしていく。

2　ドイツにおける企業経営の展開とその主要特徴

(1)　企業集中の展開とその主要特徴

まず企業集中についてであるが，ここでは，1870年代に始まり20世紀初頭に至る独占形成期と1920年代の時期を取り上げてみていくことにする。独占形成期には，第1次企業集中運動と呼ばれる企業の結合の大きな波が，アメリカとドイツにおいていちはやくおこった。両国の間では，その経済的背景はほぼ共通しているにもかかわらず，集中のあり方は大きく異なるものであった。ドイツでは，早熟的なカルテルの形成，カルテルが優勢なかたちでの企業集中の展開という特徴がみられたが，それは同国の資本主義発展の特殊性に強く規定されたものであった。ドイツの独占形成は，もちろん急速な工業生産力の発展と国内市場の吸収能力との間の大きなギャップとそれによる蓄積条件の変化にその構造的基盤があった。しかし，むしろ狭隘な国内市場のもたらす限界への対応が輸出増進のためのダンピングを不可避にし，国内市場における低落傾向にある価格を維持することが資本蓄積の生命線とならざるをえなかったという事情があった。企業集中の展開によるいちはやい独占形成が早熟的なカルテルの成立というかたちをとったのも，そのような事情によるものであった。

しかしまた，そのような独占形成の仕方は，同国に特徴的な独占規制のあり方とも深く関係していた。ドイツでは，第2次大戦終結までの時期には，アメリカとは大きく異なり，カルテルに対しては国家による強い独占規制の政策がとられず，むしろ産業政策や貿易政策の観点からそれを容認する国家の施策がとられた。しかもそれが保護関税制度と一体となって有効に機能するかたちとなっていた。もちろん国際カルテルの展開もみられたが，保護関税政策によって価格のより低い輸入品に対する国産品の競争力の確保をはかることでカルテルの成立を容易にし，またそれが有効に機能しうる条件が生み出された。

生産過程が複雑で製品が多様な電機産業や機械産業とは異なり，製品が斉一的で品種の限定された石炭業や銑鉄の製品分野のような原料部門では，その原料を利用ないし加工して生産される製品の生産量によって必要消費量が規定されるという事情もあり，カルテルは比較的有効に機能しえた。しかしまた，そのことは，生産財産業優位のドイツの産業構造的特質を一層強めることになるとともに，アメリカのようなトラストによる合理化機能を軸とした，寡占的競争に適合的な体制への展開，特定工場への生産の集中・専門化による合理化の展開が遅れることにもなった。生産割当カルテルによる生産量の制限・抑制の効果には限界があっただけでなく，そのような生産調整の方法が中心となっていたことは，トラストによる合理化の展開を制約することにもなった。これらのことは，アメリカ企業とドイツ企業の競争力の格差を生む大きな要因のひとつにもなった。またトラストの合理化機能による生産コストの低減が追求された場合に比べると，カルテルによる価格維持の目標となる水準それ自体もその分だけ高くならざるをえず，そのことは，価格カルテルの効果を制約する要因となりえたといえる。

1920年代には，新たな企業集中の展開によってこの点が大きく克服されることになった。この時期には，第2次企業集中運動と呼ばれる大規模な集中・結合の波が再びアメリカとドイツを舞台としておこった。この時期の企業集中運動は，第1次大戦後の深刻な過剰資本の存在のもとで産業再編成をめざす企業集中として展開されたという点に，主要特徴をみることができる。しかし，より具体的にみれば，アメリカの場合には，その最も重要な特徴は「垂直的統合」にあり，そこでは，関連する異種生産過程や異種事業領域の結合などがみられた[(3)]。これに対して，ドイツでは，企業集中による過剰生産能力の整理とそれをとおしての生産組織の再編成，産業再編成が最も重要な経営課題となり，それがよりドラスティックに推し進められた。この時期のドイツの企業集中がトラストの形態をもって展開されたのも，そのような事情と深く関係している。そこでは，トラストによって成立した企業の工場全体のなかで閉鎖や設備の廃棄の対象となるものが選別され，さらに閉鎖されずに残された工場全体のなかで，立地条件や技術水準に照らして最適な工場への製品別生産の集中・専門化をはかるというかたちで，生産組織の再編成が推し進められた。それは，アメリカの独占形成期のトラストの合理化機能を一層進化させたものであり，今日みられるような企業集中による合理化と基本的に同様の機能をもつ先進的なものであった。

しかも，1920年代後半の企業集中の主要特徴のひとつは，とくに重工業や化学産業にみられるように，すでにコンビネーション化された企業の間のトラスト化であったという点にあり，そのことのもつ意義は大きかった。すなわち，例えば鉄鋼業に最も典型的な事例がみられるように，最終の工程部門である圧延部門における製品別生産の集中・専門化によってそこで生産されるべき各種の製品の生産能力が特定の工場に割り当てられるだけでなく，その前に位置する諸工程における生産能力の割り当ても，それによって規定されることになった。それゆえ，そのような継起的に関連する諸工程を結合していない企業同士の合同と比べ，製品別生産の集中・専門化を一層徹底したかたちで行うことができたのであり，トラスト全体の生産組織の再編成をよりドラスティックに推し進めることができた。このようなトラストの形態での企業集中による産業合理化の推進は，個別企業レベルの合理化の本格的展開のためのいわば準備段階としての性格をもつものであり，特定の製品の量産化を実現するための条件をつくりあげようとするものであった。

(2)　労働管理システムの変革とその主要特徴

つぎに労働管理システムについてみると，19世紀末から第1次大戦までの時期には，国際競争，とくにアメリカ企業との激しい競争に直面するなかで，内部請負制度のもとでの各職場の分散的な，また資本サイドからみれば間接的な管理の形態のもつ限界への対応として，管理の改革が取り組まれた。そこでは，一方では，アメリカで生まれたテイラー・システムの導入が試みられるとともに，他方では，計画と執行の分離をはかるためのドイツ独自の取り組みも行われた。しかし，ドイツ資本主義の生成・発展のあり方，特殊性に規定された相対的に低い労働力コスト，狭隘な国内市場のために，また労働側の反対などのために，そのような取り組みは，十分にすすむことにはならなかった。こうした変革を推進したのは，労働集約的な生産過程の特質をもつ電機産業や機械産業のなかでも，とくに輸出市場への進出を強力に推し進めようとした一部の大規模企業に限られていた。しかもこれらの産業の企業でも，多くの場合，そのような変革は本格的に推し進められるには至らず，テイラー・システムを構成する個別の諸要素を導入するという事例がみられた。

そのような状況に大きな変化がみられたのは，第1次大戦後，ことに1920年代の相対的安定期のことであった。この時期には，それまでの状況を規定していた諸要因は大きく変化し，合理化運動の展開のもとで，テイラー・システムの導入は大きく進展し，多くの産業の企業において労働組織の変革がもたらされることになった。しかし，そこでも，合理化運動が国民経済的な観点から取り組まれたこと，労働側の反対・抵抗などもあり，ドイツ版テイラー・システムとでもいうべきレファ・システムという独自の方式に修正されることになった。そのようなかたちでのテイラー・システムの導入の本格化は，課業の設定を通じて計画機能と執行機能の分離の実現を実現するものであった。それによって，作業速度の決定に関する主導権が労働者の側から企業の側に移され，労働力の支出過程そのものに対する企業による直接的な管理・統制を行うための基礎が築かれた。それゆえ，いわば修正テイラー・システムであるレファ・システムの導入は，合理化を強力に推し進めんとするドイツ企業にとっては，第1次大戦前からのテイラー・システムの導入の大きな前進を意味するものであり，レファ・システムによって，工業企業の労働組織が再編成されていくことになった。こうして，アメリカに比べ立ち遅れていた労働管理システムの近代化が，実現することになった。

1920年代のドイツの特殊的条件のもとで誕生したレファ・システムは，その後のナチス期には，国家の強力な関与のもとに一層の発展をみることになり，企業へのその導入がすすんだ。レファ・システムは，その対象を時間研究から作業研究の領域にも拡大しながら普及した。しかしまた，ヴァイマル期とは大きく異なり，このシステムは，労働者に対する統制やナチスのイデオロギーの強化という国家の目的の影響のもとにおかれざるをえなかった。その結果，ドイツ労働戦線のような半国家的組織の関与によって，むしろ「中立性」，「客観性」の確保というレファの本来の目標からは大きく遠ざかってしまう結果となった。レファ・システムの利用は，軍需生産の一層の増大をはかる必要性と労働力不足のもとで，急速に拡大していくことになり，軍需関連の産業においてとくに重要な役割を果たすべきものとされた。しかしまた，ナチス国家による経済政策の統制が軍需産業部門に集中していたために，政府によって重視されなかったその他の産業部門，とくに消費財産業では，作業研究・時間研究の立ち遅れがもたらされることにもなった。

(3) フォード・システムの導入とその主要特徴

さらにフォード・システムの導入についてみると，流れ作業方式を展開する上での基礎をなす生産の標準化においては，第1次大戦中にみられた軍需品生産のための規格を制定する規格局の設立や統一的な工業規格の創出・制定を任務とするドイツ工業規格委員会の設立（1917年）など，すでに1910年代にその組織的な取り組みの始まりがみられる。しかし，それが本格的にすすむのは1920年代のことであった。そこでは，1926年にドイツ規格委員会が設立され，規格化・標準化・定型化の取り組みが，「標準化運動」として，同委員会の関与のもとに組織的に推し進められた。こうして，規格化の思考が，大企業や軍需企業においてのみならず広く中小企業のレベルにまで浸透するに至った。なかでも生産の標準化の取り組みがすすんでいたのは電機，自動車，機械といった加工組立産業であったが，1920年代にはなおアメリカに比べ生産と消費の標準化が立ち遅れていた。そのことは，大量生産を展開する上でも限界を画する要因のひとつとなった。

その後のナチス期には，軍需生産の増強という課題のもとに，標準化の進展における限界を克服するための取り組みが，国家の関与・強制というかたちで展開されることにあった。しかし，そうしたテコ入れが最も強く実施された自動車産業をみても，標準化の進展にはなお限界があり，そのことは量産化の障害ともなった。また本来大量生産が最も求められていたはずの軍需品でも，定型化・規格化が十分にすすんだとはいえず，軍需品の定型の多様性が，流れ生産方式による大量生産の展開とその効果を制約する重要な要因のひとつになった。第2次大戦期にも，標準化の取り組みは，国家の政策として一層強力に推進された。しかしなお，標準化の進展がアメリカと比べると立ち遅れていたという状況は，克服されることにはならなかった。この点，古くから他の諸国と比べても市場が同質的であり(4)，そのことも基礎となって生産と消費の標準化が大きく進展していたアメリカとは，大きく異なっている。

また流れ生産方式の導入についてみると，電機，自動車および機械の加工組立産業諸部門が中心をなしたが，ヴァイマル期には，産業部門の間でも，またそのなかの製品部門の間でも差異がみられた。国内市場の狭隘性と輸出市場の諸困難という厳しい市場の条件のもとで，そのようなアメリカ的生産・管理方式の導入のある程度の進展は，これらの産業部門のわずかな企業において，あるいはその先端工場，特定の工程部門や製品部門においてみられたにすぎない。また多くの場合，フォード・システムのような市場の変動に対して「硬直的な」システムではなく，アメリカの場合よりも少ない生産量でも大量生産の効果が得られ，定型の多様性や市場の変動に対して「柔軟性」（フレキシビリティ）をある程度確保できるような生産方式の導入が試みられた。アメリカ的な発展を実現しえたケースはごくわずかであり，実際には，多くの場合，フォード・システムそれ自体は，ドイツにおいて当時目標とされたまさに「理念型」にとどまったといえる。

ナチス期には，軍需市場の著しい拡大のもとで，大量生産の可能性が与えられ，電機産業にみられたように，フォード的な大量生産のためのほぼ「アメリカ」的な販売条件が生まれることになった。しかし，軍需品の定型の多様性，短い納期，軍備計画の頻繁な転換にともなう設計の変更要請や需要の激しい変動という軍需市場の特殊的条件のために，そのような市場の諸要求に対して生産をいかにフレキシブルに適応させるかということが，重要な課題となった。

その結果，フォード・システムの導入の試みは，基本的には，1920年代の特殊ドイツ的な制約的条件の延長線上で展開されざるをえなかった。この点，拡大する国内市場，とくに消費財市場を基礎にして生産を拡大することができたアメリカと比べると，大量生産システムの展開のあり方は大きく異なることになった。

このような大量生産システムとしてのフォード・システムの展開におけるドイツ的なあり方，限界はまた，関連産業，さらには国民経済全般への大量生産の経済効果の波及という面でも，大きな限界をもたらした。ヴァイマル期には，国内市場の狭隘性，国内市場での外国，ことにアメリカ企業との競争の激化，輸出市場における諸困難という厳しい市場の条件のもとで，本来大量生産を主導すべき自動車産業の大量生産が大きく立ち遅れたことの影響は大きかった。自動車産業の大量生産の立ち遅れは，生産のプロセスからみて前に位置する多くの関連産業に対して十分な需要の拡大をもたらすことができず，それらの産業における大量生産の展開とそれを基礎にした発展を大きく制約する結果となった。同時にまた，関連産業の大量生産への制約は自動車産業自体の生産コストの引き下げの制約要因にもなった。こうした点は機械産業にもあてはまり，自動車産業の大量生産の立ち遅れが，機械産業の大量生産にとっての制約要因となっただけではなく，機械の製造コストを高いものにした。そのことは，機械加工を行うための工作機械の利用にさいして，大量生産への移行を推し進めてきている電機産業などの部門においても合理化の制約要因ともなった。国内外の厳しい市場の条件のもとで本来大量生産を主導すべき自動車産業の発展，そこでの大量生産が立ち遅れたことの意味は大きく，合理化をテコとした資本蓄積の推進それ自体が同時にそのための需要＝市場を形成・創出していくというかたちでの展開(5)をはかることができなかったという点に，またこうした産業連関のからみあいがもたらした制約という点に，この時期のドイツの限界性が示されているといえる。

しかしまた，ナチス期においても，大量生産の効果が軍需という一定の「狭い」範囲に限られており，さらに消費財，とくに耐久消費財の大量生産の場合とは異なり，関連産業のすそ野の広さという面からも，他の産業への需要創出による経済的波及効果は比較的小さなものにとどまらざるをえなかった。そのため，軍需産業の大量生産による経済波及効果が国民経済全体にまでおよぶことは少なかった。また経済の軍事化にともなう市場の拡大は，一定の短い期間をもって終らざるをえず，それゆえ，消費財，ことに自動車のような耐久消費財の大量生産による経済波及効果が大きかったアメリカとは異なり，ドイツでは，軍需品の大量生産の経済効果が国民経済全体に十分な効果をもたらすには至らなかったといえる。そのようないわば現代的な大量生産の展開・普及がドイツにおいて本格的にすすみ，アメリカとの差異が解消されるのは，消費財市場の本格的拡大・発展がすすむ第2次大戦後のことになる。

(4)　企業構造の変化，管理機構の再編とその主要特徴

つぎに企業構造の変化，管理機構の再編についてみると，19世紀末から20世紀初頭，さらに第1次大戦の始まりまでの時期には，現代のビッグ・ビジネスの原型をなすような企業構造の変化と組織の変革がみられた。ドイツでも，19世紀末からの企業規模の拡大，垂直的統合の進展，多角化の部分的な進展のもとで，複数の事業単位と階層的な管理機構をもつ「近代企業」(6)の生成・発展がみられた。そこでは，多くの場合，アメリカと同様に，垂直的統合の展開にともなう管理上の問題への対応として集権的な職能部制組織が形成された。また一部の大規模企業では，取締役会のなかの業務執行を代表して行う経営執行委員会のような組織の設置や，それを補佐するためのスタッフ的機能を果す各種委員会組織の設置がみられた。こうして，アメリカと同様に，20世紀の企業を代表するような「垂直統合型」の企業構造(7)への変革と管理機構の整備がすすむことになった。

当時のドイツでは，アメリカと比べると多角化がすすんでいる傾向にあったが，多くの場合，それは既存の事業分野のなかで関連製品への拡大をはかるものであった。独占形成期から第1次大戦までの時期の多角化は，1920年代にみられたような主要事業以外の分野への多角化ではなく，また明確な成長戦略として推し進められることも少なかった。それゆえ，生産，販売や購買などの面で条件が大きく異なる複数の製品系列が扱われることはほとんどなく，1920年代にみられたような企業管理の諸問題がひきおこされることは少なかった。その結果，ほとんどの場合，分権的事業部制組織のような管理機構が生み出さ

れる必要はなく，電機産業のジーメンスの事例が重要な例外をなした。

またドイツにおいても，アメリカと同様に，所有者経営者の後退と専門経営者の台頭という傾向がみられた。家族のもつ経済的な機能性やそれに代わる有効な手段の未発達のゆえに，初期の資本主義の展開においては，家族が重要な役割を果した。しかし，株式会社形態での多くの企業の設立やその急速な，また一部では垂直的な拡大は，経営者企業の躍進を加速した。とはいえ，経営者企業のより大きな成長は，合理化と企業合同が本格的に展開される第1次大戦後のことであった。ただそのときでさえ，最大100の企業のなかに多くの企業者企業が残っており，ドイツでは，アメリカと比べると，なお所有者経営者の影響が強かったといえる。しかしまた，そのような企業のタイプと経営者の問題を考える場合，電機企業のジーメンスとAEGにみられるように，家族企業と経営者企業とを比べても，一層寡占的になっていく市場の発展が必然的に戦略をますます似たものにしたという点もみられる。それゆえ，企業の成長のための課題にいかに対応するか，その経営行動とのかかわりをふまえて理解することが重要であるといえる。また経営者の経歴についてみると，専門経営者は所有者経営者よりも中等教育や高等教育を受けていた場合が多かった。しかし，経営者の地位に就く前提として中等教育や高等教育が資本所有にとって代る傾向はゆっくりと進行し，長期的にすすんだにすぎない。この点でも，専門経営者の養成においていちはやく大学や大学院（ビジネススクール）での高度な専門教育が大きな役割を果したアメリカと比べると，大きな違いがあった。

さらに第1次大戦後になると，トラスト形態での企業集中の本格的な進展や多角化の先駆的展開にともない，組織革新が取り組まれた。この時期の代表的事例はIGファルベンと合同製鋼にみることができる。これらの企業の組織の変革は，1920年代半ばの企業集中と合理化（製品別生産の集中・専門化）の展開にともなう管理上の問題への対応であった。産業規模レベルでの企業集中が行われた結果，その巨大な企業の諸活動を効率的に管理し，統制し，また調整をはかるために，そこに結合された多くの企業・工場・販売組織などをいかにして再編成し，企業組織全体の合理化を行うかということが，重要な課題となった。また多くの工場の間での製品別生産の集中・専門化は，トラスト全体における一種の「契約による分業」の観点から各製品別に市場を分割し，生産の割当を行うものであった。そのさい，閉鎖されずに残された各工場は，製品別あるいは地域別に分散しており，特定の製品ないし関連する製品を生産する工場群が，主要な地域に形成されることになった。これらの各工場にとっては，独自の生産計画を策定し最も有利な条件のもとで生産を行うことが，主要な課題となり，その効率的な遂行のための手段として，「分権的集権」の原則のもとに生産組織の再編成が取り組まれることになった。そこでは，ひとつのまとまりをもった経営単位をなす地域ごとの工場グループへの管理の分権化によって現業部門のレベルの積極的なイニシアティブの向上をはかることが，めざされた。またトップ・マネジメントの業務執行の効率化のために，取締役会のなかに業務執行を代表して行う組織が設けられ，それを補佐するためのスタッフ的機能を果す各種委員会組織が設置されるなど，本社管理機構の整備もはかられた。

この時期にはまた，IGファルベンでは，事業の多角化の推進にともない，それまで本格的にみられることのなかった管理上の諸問題に直面することになり，それへの組織面での対応として，3つの製品別の事業部と取締役会のより少人数の代表執行機関である中央委員会の設置からなる新しい管理機構が生み出された。同社は，この時期におけるドイツ企業の組織革新の代表的事例をなした。しかし，アメリカのデュポン社の成功とは対照的に，そのような組織革新は，大きな限界をもつものとなった。トップ・マネジメントの業務を現業的業務から切り離す上で重要な意味をもつ製品別事業部の設置に関しては，その数は事業領域全体や各事業領域間の相違という面からみても少なかった。そのため，職能部制組織において生産，販売や購買などにおいて異なる条件をもつ複数の製品系列が扱われるさいに発生する管理上の問題を十分に克服しうるものではなかった。また事業部が独立採算制のプロフィット・センターとして機能しなかったこと，経営者の戦略的意思決定を補佐するゼネラル・スタッフとしての機能を果たす組織の未整備なども，組織革新を大きな限界をもたらす要因となった。こうした組織の変革の成否は，IGファルベンの最大の競争相手であるデュポンとの対比でみると，その後の企業の発展にとっても大きな影響をおよぼすことになった。

第2節　企業経営の展開における戦前と戦後の「連続性」とその意義

以上の考察をふまえて，つぎに，本書の考察から得られるインプリケーションについてみることにする。第2次大戦終結までの時期におけるドイツ資本主義の発展の特殊性は，市場条件とそれに規定された競争構造のもたらす制約というかたちで，企業経営の展開のなかに貫いているといえる。しかしまた，この時期における企業経営の展開は第2次大戦後の出発条件をいかに築くものであったのか，また戦後への継承性という点でどのような意義をもったのかということが，重要な問題となってこよう。この点は，戦前と戦後の「連続性」と「不連続性」という問題に関係するものでもある。

第2次大戦後の時期をみた場合，その当初にみられたドイツをはじめとするヨーロッパの主要諸国とアメリカとの生産力格差，したがってまた経済格差は，1950年代および60年代の経済成長期をとおして大きく縮小し，キャッチアップがすすむことになった。その意味でも，生産力構造は平準化する傾向にあったが，それを可能にした条件は，市場と生産力の両面にみられる。

市場の面では，労資の同権化の本格的確立による国内市場基盤の整備に加えて，自由貿易体制と国際通貨体制，さらにヨーロッパにおける共同市場化による市場の世界的連鎖の関係が形成されたことがあげられる。また戦後には労資の同権化の本格的確立の傾向がヨーロッパの主要諸国でもみられたことも，ドイツにとって輸出における非常に高い比率を占める同地域を基軸とした発展の重要な基盤をなした。このように，市場の面では，まさに戦前と戦後の大きな「断絶」・「不連続性」があり，そのことが大きな意味をもった。また生産力の面では，第2次大戦後のその重要な基盤はアメリカの技術と経営方式によって与えられたが，同国主導の生産性向上運動の国際的展開のもとで，それらの学習・導入のための有利な枠組みが築かれたことが大きな意味をもった(8)。

このようにして，戦後には，アメリカの技術と経営方式を基軸とする同国の生産力構造の導入がドイツにおいても本格的にすすむことになった。経営方式についてみた場合，その主要なもののいくつかの部分は，すでに戦前に導入の取り組みが行われてきたものであり，戦前と戦後の間に「連続性」がみられる。こうした「連続性」という点に関しては，必ずしも直接的な連続性ではなくても戦前の企業経営の展開が戦後のあり方に影響をおよぼすというかたちで継承されていった部分がみられる。それゆえ，戦前の展開をたんに限界性としてのみ捉えるのではなく，その積極的な意義についても正確に把握することが重要であろう。

そのような意味において，戦後の展開にとって積極的な意義をもった戦前の企業経営の展開としては，例えばレファ協会の過程研究の取り組み，それをとおして開発され展開されたレファ・システムのもつIEの導入に対する影響・意義がある。ドイツでは，1920年代以来のレファ協会のような過程研究に従事する独自的な機関の活動の歴史があり，ナチス期には，時間研究から作業研究，ことに作業設計の領域へのレファの活動の拡大とレファ・システムの企業への普及がすすんだ。そのことが，それまでの蓄積を基礎にした戦後のIEの導入，ドイツ的諸要素とアメリカ的諸要素との混合というかたちでの展開の重要な要因となった。IEの紹介や教育コースの開催などにおいて，レファ協会が強く関与し，主導性を発揮した。レファは，アメリカの既定時間法としては，ワーク・ファクター法を支持してその利用のためのライセンスを取得するかたちで，その普及に取り組んできた。しかし，1970年代初頭までの戦後の経済成長期には，レファは，自らのシステムを優先せずにワーク・ファクター法を促進することはほとんどなかった。レファによる自らのシステムの優先という状況のもとで，IEの影響を受けながらもレファの考え方に基づく作業研究の構築・展開がめざされた。このように，いわばレファ・システムのなかへのIEの方法の組み入れがすすむなど(9)，アメリカで生み出されたIEの手法の導入においても，ドイツ的なあり方・展開を規定する重要な要因をなした。

またフォード・システムについてみても，戦前のドイツ的な展開の要素が戦後に継承されており，積極的な意義をもったという部分がみられる。ヴァイマル期には，消費財市場の拡大に恵まれたアメリカとは大きく異なる市場の制約的条件のもとで，フォード・システムのような市場の変動に対して「硬直的な」システムではなく，アメリカの場合よりも少ない生産量でも大量生産の効果が得られ，定型の多様性や市場の変動に対して「柔軟性」（フレキシビリティ）をある程度確保できるような生産方式の導入が試みられた。それは，同種の製品の大量需要を必要とするばかりでなく製品間の需要変動に対しても硬直的な

「専用化」の論理に基づく生産編成ではなく,「汎用化」の論理に基づく生産編成を基礎にしたものであった。第2次大戦後になって市場の条件が大きく変化し,大量生産の展開の基礎が与えられることになったとはいえ,こうしたあり方は,市場の規模自体ではアメリカと比べると制約されていたという条件のもとで大量生産への移行を実現していく上で重要な意味をもったといる。

さらに1970年代以降の時期には,資本主義の構造変化のもとで,市場の条件の大きな変化に対応するために多品種戦略が展開されたが,1品種当たりの生産ロットの縮小と製品間での需要変動にも対応しうるような,生産のフレキシビリティを組み込んだ生産システムが求められることになった(10)。1920年代のドイツにおいて単品種の大量生産の実現が可能ではなかったという初期的な市場の制約的条件と70年代以降の市場の条件とでは,その性格は大きく異なるとはいえ,戦前のフォード・システムの上述の如きドイツ的なバリアントは,70年代以降の対応においても重要な意味をもつ諸要素を多分に含むものであったといえる。また価格弾力性の低いより上級の製品セグメントへの特化によるニッチ戦略のもとでの「品質重視のフレキシブルな生産構想」という,自動車産業でみられたドイツ的な展開は,製品の機能面での高い品質の確保や労働力のフレキシビリティの確保を可能にする労働者の熟練・技能の要素を生かした戦後の生産のあり方に受け継がれていく要素をもつものであった。戦前にみられたこれらの生産システムのドイツ的展開は,戦後の多様化高品質生産にも受け継がれていくことになり,ドイツ企業の国際競争力を支えるシステムの重要な基盤を提供するものでもあった。

この点に関しては,すでに第2次大戦前においてもドイツおよびヨーロッパの市場構造・特性がアメリカのそれとは異なっていたということも重要である。他の諸国に比べ市場が同質的であったアメリカとは異なり,ドイツおよびヨーロッパでは消費者の個人主義が消費の標準化を妨げるという傾向がみられたほか,多様な民需品や中間財の市場の存在があり,その背後には消費生活様式の特質があった。それらは,ドイツの国内市場の狭隘性や輸出市場における困難性と同様に,戦前のフォード・システムのドイツ的展開を規定する重要な要因のひとつをなしたといえる(11)。それだけに,この時期にみられた大量生産方式のドイツ的展開の試みは,第2次大戦後,技術・機能面に重点をおいた品質重視というドイツおよびヨーロッパの市場構造にあわせたものづくり，生産システムの展開にも受けつがれていくことになった。

さらに企業の組織構造の変革をみても，同様に戦前のドイツ的な展開の要素が戦後に受け継がれ生かされていったという面がみられる。確かに1920年代から30年代初頭にかけてIGファルベンにおいて多角化への対応として取り組まれた組織革新は，アメリカのデュポンの成功とは対照的に，失敗に終わった。しかし，その経験は，例えば同じ化学産業のヘキストにおいて事業部制組織の導入にあたりIGファルベンの委員会組織のあり方が手本とされる(12)など，第2次大戦後に受け継がれた部分もみられる。そのことは，ドイツ企業の経営観やそれまでの経営・管理の伝統などとも深いかかわりをもって，戦後のアメリカ的な事業部制組織の導入のなかにあって，ドイツ的なあり方を模索(13)する上で影響をおよぼすことになった。

また1920年代のトラスト形態による製品別生産の集中・専門化の推進というかたちでの，企業集中をテコとした生産組織の再編成，産業再編成についてみても，それは，第2次大戦後の占領政策のもとで解体された独占企業のその後の再結合における再編に受け継がれたという面がみられる。重工業では，戦後の独占企業の解体によってそれまでの巨大な企業の経営単位は，いくつかの後継企業に分割された。しかし，1950年代以降の再結合にともなうコンツェルン体制の新展開において，再び結合された企業の内部のみならず，企業間・企業グループ間においても，分業化と専門化の利点の追求による量産効果の発揮ための体制の整備が推し進められることになった。そうした展開は，「製品補完による分業」というかたちで，寡占的競争に適合的な，市場セグメントを重視した企業行動を展開するための体制を強化しようとするものであった(14)。それは，1920年代の合同製鋼トラストでみられたような「契約による分業」に基づく生産組織の再編の原理を，第2次大戦後に解体された大企業の再結合によって生まれた新しい企業グループ内の「製品補完」というかたちでの分業関係の構築に応用するものでもあり，そのことにより量産効果の実現を保証しうるような体制を築こうとするものであったといえる。

このように，第2次大戦終結までの時期における企業経営のドイツ的な展開の部分には，戦後のあり方にも受け継がれていく独自的要素が多分に含まれていたといえる。戦前には，国内市場の制約的条件，市場面での国際協調体制の欠如・弱さという国際的な政治経済的枠組みのもとで，企業経営の限界が大きく画されていた。しかし，この時期の企業経営のドイツ的なあり方については，それが戦後に受け継がれ発展のひとつの重要な基礎を提供することにもなったという積極的な意義をも適切に評価することが重要である。

（1）この点については，拙書『現代のドイツ企業』森山書店，2013年を参照。

（2）この点については，同書，結章，W. Streeck, German Capitalis：Do It Exist? Can It Survive? C. Crouch, W. Streeck (eds.), *Political Economy of Modern Capitalism：Mapping Convergence and Diversity,* London, 1997〔山田鋭夫訳『現代の資本主義制度』NTT出版，2001年〕, W. Abelshauser, *Kulturkamp. Der deutsche Weg in die neue Wirtschaft und die amerikanische Herausforderung,* Berlin, 2003, Ⅲ〔雨宮昭彦・浅田進史訳『経済文化の闘争――資本主義の多様性を考える』東京大学出版会，2009年，Ⅲ〕を参照。また多様化高品質生産とも深いかかわりをもつ生産体制・生産システムの「ドイツ・モデル」の社会的コンテキスト（社会的制度的背景）をめぐる問題については，宗像正幸「『ドイツ・モデル』の社会的コンテキストについて」『商学論究』（関西学院大学），第47巻第1号，1997年7月を参照。

（3）仲田正機『現代企業構造と管理機能』中央経済社，1983年，80-81ページ，100ページおよび119ページ参照。

（4）A. D. Chandler, Jr, *The Visible Hand,* Harvard University Press, 1977, p. 498〔鳥羽欣一郎・小林袈裟治訳『経営者の時代』，下巻，東洋経済新報社，1979年，852ページ〕.

（5）この点の重要性については，安保哲夫「資本輸出分析ノート（二）　相対的安定期ドイツの産業合理化とアメリカの資本輸出――わが国における研究の紹介とコメント――」『社会労働研究』（法政大学），第17巻第3・4号，1971年3月，181ページ参照。

（6）ここでの「近代企業」の概念については，A. D. Chandler, Jr., *op. cit.,* p. 1〔前掲訳書，上巻，4-5ページ〕を参照。

（7）20世紀型企業の「垂直統合型」という構造的特質とその意義については，拙書『現代経営学の再構築』森山書店，2005年，第4章を参照。

（8）第2次大戦後の生産性向上運動の展開とアメリカによる支援については，拙書『戦後ドイツ資本主義と企業経営』森山書店，2009年，第2章を参照。

（9）この点については，前掲拙書『現代のドイツ企業』，第3章第1節を参照。

（10）この点について詳しくは，同書，第8章第1節を参照。

（11）第2次大戦前のドイツおよびヨーロッパの市場構造とも関連して，今久保幸生氏は，電機産業について，「大戦間期の『ドイツ的流れ作業』志向は，当時の時代的制約に条件づけられはしたが，生活様式や消費形態でのドイツ独自の変化に応じ，生産の柔軟性や多様性の契機を採り入れた個性的で新しいモデルへの試みでもあった」と指摘されている。そのような流れ作業の展開は，「戦前から第二次大戦後までを貫く，アメリカと比較して狭い内外市場，特殊仕様を望む需要，顧客の嗜好の変わり易さ，といった民生用・産業用を貫くドイツ市場の類型的・独自的要因に規定され，そうした市場特性に適合的な『大量生産』への工夫でもあった」とされており，そこでは，「市場の背後にある消費行動および社会生活様式のドイツ的（ないしヨーロッパ的）なあり方」が重視されている。今久保幸生「大戦間期ドイツ電機工業における流れ作業の導入と展開——研究動向の整理——」『経済論叢』（京都大学），第167巻第3号，2001年3月，19ページおよび21ページ。

(12)　Vgl. K. Winnacker, *Nie den Mut verlieren. Erinnerungen an Schicksalsjahre der deutschen Chemie*, Düsseldorf, 1971. S. 184〔児玉信次郎・関　英夫・向井幸雄訳『化学工業に生きる』鹿島研究所出版会，1974年，146ページ〕。

(13)　この点について詳しくは，前掲拙書『戦後ドイツ資本主義と企業経営』，第13章を参照。

(14)　戦後の占領政策によって解体された企業の再結合にともなうこうしたコンツェルン体制の新しい展開については，前掲拙書『現代のドイツ企業』，第2章を参照。

索　引

あ行

か行

さ行

た行

な行

ま行

や行

ら行

わ行

著者略歴

山崎敏夫（やまざき としお）

1962年　大阪府に生まれる
1985年　同志社大学商学部卒業
1990年　同志社大学大学院商学研究科後期博士課程単位取得
1989年　高知大学人文学部に勤務，助手，専任講師，助教授をへて
1994年　立命館大学経営学部助教授
現　在　立命館大学経営学部教授　博士（経営学）

主要著書
『ドイツ企業管理史研究』森山書店，1997年
『ヴァイマル期ドイツ合理化運動の展開』森山書店，2001年
『ナチス期ドイツ合理化運動の展開』森山書店，2001年
『現代経営学の再構築』森山書店，2005年
『戦後ドイツ資本主義と企業経営』森山書店，2009年
『現代のドイツ企業』森山書店，2013年
German Business Management : A Japanese Perspective on Regional Development Factors, Springer, 2013（2014年度日本比較経営学会学術賞を受賞）

ドイツ戦前期経営史研究（せんぜんき けいえい し けんきゅう）

2015年10月21日　初版第１刷発行

著　者　©山　崎　敏　夫（やま ざき とし お）

発行者　菅　田　直　文

発行所　有限会社　森山書店　〒101-0054　東京都千代田区神田錦町1-10林ビル
TEL 03-3293-7061 FAX 03-3293-7063　振替口座 00180-9-32919

落丁・乱丁本はお取りかえします　印刷／製本・シナノ書籍印刷

ISBN 978-4-8394-2156-4